KB145109

물리 서버　방화벽　CPU　메모리　네트워크　물리 네트워크 장비　연결 포트 혹은 가상 스위치　가상 데스크탑

하이퍼바이저　가상화 플랫폼　가상 서버　가상 방화벽　가상 네트워크 장비　VI 관리자　실시간 VM 이관

라우터　핵심 스위치　랙 상단 스위치　스키마 혹은 데이터 모델　정책　범용 머신이 처리할 수 있는 문서　사람이 읽을 수 있는 문서

기성 환경　관리 시스템　원격 관리 시스템　활성 처리　컴포넌트 혹은 프로그램　제품, 시스템 혹은 애플리케이션　서비스 에이전트

메시지 큐　저장소 혹은 스토리지 장치　공유 스토리지　메모리 상태 데이터　상태 데이터와 서비스 (상태 정보를 유지하는 서비스)　상태 데이터가 있는 저장소　그리드 서비스

서비스　서비스 구성　서비스 계층　서비스 계약 (협의된 순환 개념)　분리 서비스 계약　서비스 인벤토리

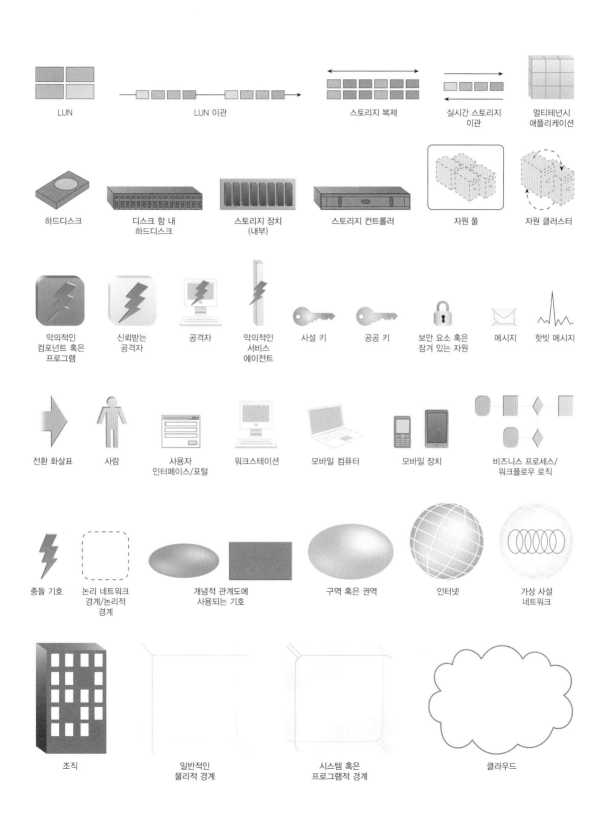

LUN

LUN 이관

스토리지 복제

실시간 스토리지 이관

멀티테넌시 애플리케이션

하드디스크

디스크 함 내 하드디스크

스토리지 장치 (내부)

스토리지 컨트롤러

자원 풀

자원 클러스터

악의적인 컴포넌트 혹은 프로그램

신뢰받는 공격자

공격자

악의적인 서비스 에이전트

사설 키

공공 키

보안 요소 혹은 잠겨 있는 자원

메시지

핫빗 메시지

전환 화살표

사람

사용자 인터페이스/포털

워크스테이션

모바일 컴퓨터

모바일 장치

비즈니스 프로세스/ 워크플로우 로직

충돌 기호

논리 네트워크 경계/논리적 경계

개념적 관계도에 사용되는 기호

구역 혹은 권역

인터넷

가상 사설 네트워크

조직

일반적인 물리적 경계

시스템 혹은 프로그램적 경계

클라우드

클라우드 컴퓨팅

개념에서 설계, 아키텍처까지

클라우드 컴퓨팅

개념에서 설계, 아키텍처까지

토마스 얼, 자이엄 마흐무드, 리카르도 푸티니 지음
강송희, 강서연, 김인정 옮김

에이콘

가족과 친구들에게
– 토마스 얼

조야, 한야, 오자르에게 사랑을 담아
– 자이엄 마흐무드

실비아, 루이자, 이사도라, 루카스에게
– 리카르도 푸티니

이 책에 쏟아진 찬사

IT에서 '최첨단 기술의 총체' 이상이라 할 수 있는 클라우드 컴퓨팅은 뜬구름 잡기에 급급하고 충분한 사례가 없어 어려움을 겪고 있다. 이 책의 저자는 이 중요한 기술의 이론과 토대를 압축해 이해하기 쉬운 실제 사례를 들어 설명한 책을 시기적절하게 내놓았다. 클라우드로 여행하는 데 중요한 안내서가 될 것이다.

스콧 모리슨
레이어7 테크놀로지스(Layer 7 Technologies) / CTO

다양한 차원의 주제를 다루면서 클라우드 컴퓨팅의 종합적인 그림을 제공하는 매우 잘 쓰여진 훌륭하고 명쾌한 책이다. 이 책에 제시된 사례 연구는 조직에서 클라우드 컴퓨팅을 활용할 수 있도록 실증적인 관점을 제공한다. 이 책은 기술 측면부터 클라우드 컴퓨팅이 제공하는 비즈니스 가치에 이르기까지 광범위한 주제를 다룬다. 이 주제에 대한 가장 완벽한 참고서라 할 수 있으며, 클라우드 컴퓨팅 업계 종사자거나 클라우드 컴퓨팅 개념과 실제 구현에 대해 깊이 있는 통찰력을 얻고자 하는 사람이라면 반드시 읽어야 할 책이다.

수잔 디수자
KBACE 테크놀로지스 / SOA/BPM 프랙티스 리더

클라우드 컴퓨팅의 개념과 아키텍처, 기술에 대해 빈틈없고 상세하게 설명한다. 초보자와 전문가 모두에게 훌륭한 참고서이며, 클라우드 컴퓨팅에 관심 있는 IT 전문가라면 반드시 읽어야 할 책이다.

앙드레 토스트
IBM 소프트웨어 그룹 / 책임기술직

클라우드 컴퓨팅에 관한 양서다. 클라우드 도입을 위한 분류 체계, 기술 및 아키텍처 개념에서 중요한 비즈니스 고려 사항에 이르기까지 콘텐츠를 다루는 방식이 매우 인상적이다. 실제로 이 책은 기술 패러다임에 대한 포괄적인 시각을 보여준다.

카필 배크시

시스코 시스템즈 / 아키텍처 및 전략 담당

토마스 얼이 집필한 모든 책을 읽어봤는데, 이 책은 또 한 권의 역작이다. 또한 가장 복잡한 주제의 중대한 핵심 개념과 기술 정보를 논리적이고 이해하기 쉬운 방식으로 풀어 쓰는 그의 희귀한 능력을 잘 드러내주는 책이기도 하다.

멜라니 앨리슨

인티그레이티드 컨설팅 서비스 / 의료기술 프랙티스 부문 수석

애플리케이션이나 인프라를 클라우드로 이관하고자 하는 회사들은 업계에 범람하는 용어와 과대 포장 상술에 길을 잃곤 한다. 이 책은 이러한 과대 포장을 벗겨 내고 조사에서 계약, 구현 및 폐기에 이르기까지 클라우드 서비스 제공자와 특정 조직이 맞물리는 데 필요한 것들을 상세하게 조망한다. 실제로 특정 회사가 IaaS, PaaS, SaaS 솔루션을 도입해서 얻는 혜택과 도전 과제들을 설명하고 풀어나간다.

케빈 데이비스

박사 겸 솔루션 아키텍트

기술과 비즈니스 양 측면에서 클라우드 컴퓨팅 기술의 포괄적이고 업체 중립적인 범위를 설명해준다. 이는 클라우드 아키텍처 및 클라우드 플랫폼의 실제 동작 요소를 포함하는 메커니즘에 대한 깊이 있는 분석을 제공한다. 독자들에게 기본적인 클라우드 비즈니스 모델을 선택하고 정의할 수 있도록 독자들에게 폭넓은 시각을 제공하기 위해 비즈니스 측면도 상세하게 기술한다. 토마스 얼이 집필한 이 책은 클라우드 컴퓨팅의 기초와 심층 지식을 쌓기 위한 훌륭한 자원이다.

매시커 마헨드라 수크매니가라

액센츄어 / 통신 미디어 및 테크놀로지 컨설턴트

토마스 얼은 자신만의 독특하고 박식한 스타일로, 클라우드 컴퓨팅에 대한 포괄적이고 결정적인 책을 출간했다. 이전 걸작 『SOA: 서비스 지향 아키텍처』(에이콘, 2006)처럼 이 책은 CxOs, 클라우드 아키텍트 및 클라우드 소프트웨어 자산을 제공하는 관련 개발자 커뮤니티에 기여할 것이라 확신한다. 토마스 얼을 비롯한 저자진은 인터넷 아키텍처 및 가상화를 중심으로 돌아가는 클라우드 컴퓨팅의 핵심에 대한 설명을 놓치지 않으면서, 클라우드 아키텍처, 클라우드 제공 모델, 클라우드 거버넌스 및 경제학을 문서화했고, 명확하고 상세하게 설명하고자 혼신을 다했다. 이 우수 도서에 검토자로 참여해 이 책에 담긴 내용을 사전 검토하면서 꽤 많은 것을 배웠다. 이 필독서는 모든 사람의 서가에 꼭 꽂혀 있어야 한다.

비제이 스리니바산
코그니전트 테크놀로지 솔루션즈 / 기술 분야 수석 아키텍트

이 책에서 논의되는 주제의 풍부함과 깊이가 매우 인상적이다. 이 책에서 다루는 넓고 깊은 설명으로 독자는 짧은 시간 내에 전문가가 될 수 있을 것이다.

제이미 라이언
레이어7 테크놀로지스 / 솔루션 아키텍트

명쾌한 설명, 합리화 및 구현 방법의 구조화는 토마스 얼이 집필한 모든 책에서 강점이 되었던 접근법이었다. 이 책도 예외는 아니다. 클라우드 컴퓨팅의 최종적이자 필수적인 범위를 다룰 뿐 아니라, 이러한 내용들을 매우 포괄적이며 종합적인 방식으로 설명한다. 무엇보다도 이 책은 관련 '서비스 기술' 시리즈 도서들의 규범을 따르기에, 해당 시리즈 도서들의 확장판처럼 읽힌다. 이 책은, 지난 십 년간 최다 판매고를 올린 IT 작가 중 한 명인 토마스 얼의 또 다른 베스트셀러가 되리라 확신한다.

세르게이 포포프
리버티 글로벌 인터내셔널 / SOA/보안 분야 책임 엔터프라이즈 아키텍트

클라우드 설계 및 의사 결정에 관여하는 사람이라면 누구나 읽어야 할 책이다! 통찰력이 넘치는 이 책은 클라우드 컴퓨팅 개념, 아키텍처 모델과 기술에 대한 내용을 심도 있고, 객관적이며 업체 중립적으로 다룬다. 이는 클라우드 환경이 동작하는 방식, 솔루션을 클라우드로 이관하거나 설계하는 방식에 대해 명확하게 이해할 필요가 있는 사람들에게 매우 가치 있는 책이 될 것이다.

기 제이슨 티벨트
모션10 / 대표 아키텍트

클라우드 컴퓨팅은 몇 년간 주목을 받아 왔으나 아직도 용어를 비롯해 개발자 및 배포자에게 가져올 수 있는 영향에 많은 혼란이 있다. 이 책은 이러한 두리뭉실한 구름 뒤에 무엇이 있는지 파악할 수 있도록 추상적이거나 고수준으로 조망하지 않고 이해가 쉬운 실제적인 길을 열어준다. 클라우드 위에 애플리케이션을 개발하기 위한 계획을 세울 때 필요한 것들과 클라우드에서 제공되는 애플리케이션이나 서비스를 사용할 때 찾아봐야 할 것들에 대한 상세한 내용들을 담고 있다. 지금도 진화하고 있는 클라우드 패러다임에 대해 이 정도 수준의 상세함을 담은 책은 거의 찾아볼 수 없다. 이 책은 아키텍트와 개발자 모두의 필독서다.

마크 리틀 박사
레드햇 부사장

클라우드 뒤에 숨어 있는 개념 및 역학을 종합적으로 탐구하는 책이다. 클라우드 환경이 기능하고 설계되는 방식, 비즈니스에 미칠 수 있는 영향에 대한 상세한 내용에 관심이 있는 사람들을 대상으로 쓰여졌다. 클라우드 컴퓨팅 도입을 진지하게 검토하고 있는 모든 조직에게 적합한 책이다. 여러분이 클라우드 컴퓨팅 로드맵을 확립하는 길을 열어 줄 것이다.

데미안 마셰
독일 철도 / SOA 아키텍트

내가 읽어본 클라우드 컴퓨팅 책들 중 최고다. 업체 기술에 중립적이면서 완성도가 높으며, 주요 개념들을 잘 구조화되고 이해가 쉬운 방법으로 훌륭하게 설명하고 있다. 모든 정의를 훑어가면서 클라우드 솔루션에 접근하거나 솔루션을 평가할 필요가 있는 조직과 전문가들에게 많은 힌트를 제공해준다. 이 책은 클라우드 컴퓨팅 기술에서 근본적인 역할을 담당하는 주제들을 모두 설명하며, 명확하게 정리된 정의들을 빈틈없이 다룬다. 다이어그램은 이해하기 쉽고 간결하게 독립적으로 구성돼 있다. 다양한 기술과 전문성, 배경을 지닌 모든 독자는 이 책에 담긴 모든 개념을 무리 없이 쉽게 이해할 수 있을 것이다.

안토니오 브루노
UBS AG / 인프라 및 자산 관리자

클라우드 컴퓨팅의 실체에 초점을 맞춘 종합적인 양서로, 많은 조직들이 클라우드 도입 프로젝트를 성공적으로 구축하도록 이끄는 기반이 될 것이다. 또한 클라우드 컴퓨팅에 관심이 있거나 클라우드 도입 프로젝트에 참여하는 IT 인프라 아키텍트와 애플리케이션 아키텍트라면 반드시 읽어야 할 참고서다. 클라우드 기반 아키텍처를 구축할 필요가 있는 사람들, 그리고 조직에 클라우드 컴퓨팅 기술 도입을 고려하는 고객들에게 그 필요성을 설명해야 하는 사람들에게 굉장히 실용적이고 종합적인 정보를 제공해준다.

조안 쿰프스
리얼돌멘 / SOA 아키텍트

클라우드 서비스와 클라우드 서비스 설계 이슈에 관한 훌륭한 기반 지식을 제공해주는 책이다. 각 장에서는 클라우드 기술 관점에서 생각하는 법을 배우는 데 필요한 핵심 이슈를 강조한다. 이는 클라우드 컴퓨팅이 사용자 서비스를 가상 자원 및 애플리케이션과 연결하는 데 핵심적인 역할을 하는 오늘날의 비즈니스 및 기술 환경에서 굉장히 중요하다.

마크 스킬턴
캡제미니 / 글로벌 인프라 서비스의 전략 및 기술 사무국 이사 클라우드 컴퓨팅에 관한 개념, 기술 및 비즈니스 모델을 다루는 잘 구성된 책이다. 클라우드 컴퓨팅에 관한 종합적인 용어와 개념을 설명하여 클라우드 컴퓨팅 전문가들이 표준화된 언어로 상호 의사소통할 수 있게 한다. 이해하기 쉽게 기술돼 있으며 토마스 얼이 앞서 출간한 책들과 유사점이 많다. 초보자와 경력이 있는 전문가 모두에게 필독서가 될 것이다.

지앤 "제프" 종
퓨트렌드 테크놀로지 / CTO이자 SOA 및 클라우드 컴퓨팅 수석 아키텍트

클라우드 컴퓨팅의 기본적인 용어와 패턴을 정의하며, 클라우드 종사자들에게 유용한 참고서가 된다. 멀티테넌시multitenancy부터 하이퍼바이저hypervisor에 이르는 갖가지 개념들을 간결하고 명료한 방식으로 기술했다. 사례 연구는 훌륭한 사례를 제공한다.

토마스 르빅 박사
ipt / 수석 아키텍트

이 분야에 종사하는 학생들은 광범위하고 명확하게 설명된 이 책으로 클라우드 컴퓨팅 관련 내용을 쉽게 이해할 수 있으며 효과적으로 학습할 수 있다. 비즈니스 분석에서 IT 구현, 법제 및 재무 감사에 이르기까지 다양한 분야의 교수들은 이 책을 강의 자료로 활용할 수 있다. 모든 분야, 모든 등급의 애플리케이션 IT 전문가들이 이 책이 특정 업체나 브랜드에 얽매이지 않고 솔루션을 설계할 수 있도록 돕는 실용적이고 유용한 참고서 생각할 것이라 믿어 의심치 않는다.

알렉산더 그로모프
국가 연구 대학 '경제학 고등 대학(HSC, Higher School of Economics)' /
과학 및 교육부 이사, 정보 통제 기술 센터, 비즈니스 정보학 부처의 BPM 분야 의장

변화무쌍한 클라우드 기술에 관한 관련 정보를 종합적으로 집대성한 개요서다. 또한 차세대 컴퓨팅 모델로서의 클라우드 패러다임의 근원과 위치를 탄탄하고 명쾌하게 묘사한다. 모든 장은 세밀하게 작성됐고 이해하기 쉽게 구성돼 있다. 비즈니스 및 IT 전문가에게 헤아릴 수 없을 정도로 유익한 책이 될 것이다. 이제 기존 클라우드 컴퓨팅의 세계를 뒤흔들어 새롭게 구성할 준비가 됐다.

페스루 라지
와이프로 / 엔터프라이즈 아키텍처 컨설턴트이자 박사

가장 급속도로 진화 중인 기술 영역의 시험대에서 살아남을 탁월한 클라우드 컴퓨팅 책이다. 이 책은 클라우드 컴퓨팅의 높은 복잡성을 쉽게 분석할 수 있게 이해하기 쉬운 부분들로 나누는 데 훌륭하게 기여했다. 자주 반복되는 기본적인 설명을 넘어, 기본 개념과 구성 요소뿐 아니라 클라우드 컴퓨팅 환경을 이루는 메커니즘과 아키텍처를 조사한다. 이 책의 접근 방식은 독자들의 이해를 바닥에서부터 위로 단계적으로 쌓아 올리는 것이다.

클라우드 컴퓨팅과 같이 빠르게 진화하는 분야에서는 상세한 부분에 집중하다 큰 그림을 놓치기 쉽다. 업체 중심의 상세성 대신 개념 및 아키텍처 모델에 초점을 맞춰 독자들이 복잡한 주제에 대한 필수적인 지식을 빠르게 얻을 수 있게 한다.

책의 마지막 부분에서는 여러 개념을 집대성한다. 따라서 클라우드 컴퓨팅으로의 전환을 언제, 어떻게 시작할 것인지 평가하는 모든 의사 결정자가 필수적으로 읽어야 한다.

기본 및 심화 주제를 모두 종합적으로 탄탄하게 다루기 때문에, 클라우드를 처음 접하든 이미 경험해 봤든 상관없이 책상이나 이북 리더에 넣어두고 참고해야 할 귀중한 자원이 됐다.

클라우드 환경을 구현하거나 평가하고자 하는 사람이나 차세대 IT를 형성할 새로운 분야에 대해 학습하고자 하는 사람들에게 이 책을 적극 권장한다.

크리스토프 시트코
마이크로소프트 / 수석 기술 전략가 및 클라우드 솔루션 이사

클라우드 컴퓨팅을 학습하고 이해하고자 하는 사람과 클라우드 시스템과 솔루션을 선정하거나 구축할 필요가 있는 IT 전문가 및 관리자들에게 훌륭한 자료가 되는 책이다. 클라우드 개념, 모델, 기술 및 메커니즘에 기초를 제공하며, 업체 중립적이기 때문에 오랜 시간 동안 귀중한 자산으로 남을 것이다. 오라클 고객 및 파트너, 사용자들이 클라우드 컴퓨팅으로 용이하게 전환할 수 있도록 이 책을 추천할 것이다. SOA 매니페스토가 성취한 것에 견주어 볼 때, 클라우드 컴퓨팅 매니페스토의 근간을 차지하게 될 가능성이 크다.

위르겐 크레스
오라클 유럽지부 / 퓨전 미들웨어 파트너 도입

클라우드 컴퓨팅 아이디어는 기술 자원 및 상호 네트워크 관점에서 볼 때 새롭거나 과다하게 복잡한 것은 아니다. 새로운 혁신은 바로 비즈니스 민첩성을 실현하는 클라우드 컴퓨팅 방식의 성장 및 성숙도와 전략에 있다.

뒤돌아 볼 때 '유틸리티 컴퓨팅'이라는 용어는 최근 '클라우드 컴퓨팅'만큼 정보통신 산업을 사로잡거나 휘저어놓지 못했다. 그럼에도 준비 완료된 가용 자원이 등장한 덕택에 실용적이거나 서비스 기능이 정보 기술 자원 및 서비스에 대한 접근을 아웃소싱하는 핵심이 됐다. 이러한 관점에서 클라우드 컴퓨팅은 인터넷을 통한 비즈니스 및 소비자 정보 서비스 용도의 유연하고 비용 효율적인 검증된 플랫폼으로 자리잡았다.

클라우드 컴퓨팅은 비즈니스 및 정보 기술 리더들이 컴퓨팅 자원을 구축하고 유지 보수하는 것과 반대로 이를 통합하고 공유하는 것에 대한 잠재성을 깨닫게 되면서 업계의 판도를 뒤바꿔놓았다.

겉보기에는 클라우드 컴퓨팅의 혜택이 끝이 없고 오픈소스든, 전망이 있는 상용 솔루션이든 서비스를 제공할 업체가 적지 않아 보인다. 하지만 이러한 과대 포장 효과를 넘어서서 클라우드의 많은 측면들이 실제로 확대된 서비스 역량 및 잠재적 효율성으로 인해 새로운 고려 사항을 만들어 내기도 했다. 이제 정보 기술 관리 모범 사례를 활용해서 기존의 전형적인 비즈니스 문제를 클라우드 컴퓨팅으로의 전환으로 해결하는 과정을 보여줄 수 있게 됐다. 경제적 파급 효과의 경우 사용한 만큼 지불한다는 원칙과 컴퓨터 독립적인 서비스의 개념들이 주류가 될 준비를 마쳤다. 이제 클라우드 컴퓨팅의 성능뿐 아니라 경제 및 환경적 영향 또한 계량할 수 있다.

클라이언트 서버 모델에서 서비스지향으로의 아키텍처 변경은 조립 및 재사용이 가능한 코드의 진화로 이어졌다. 수년 동안 많은 시행 착오가 있기는 했지만, 지금은 비용을 절감하고 비즈니스 민첩성을 증대하기 위한 모범 사례와 패턴을 파악하는 데 사용되는 사실상 표준이 됐다. 이는 컴퓨터 소프트웨어 산업의 설계 방식, 구성 요소 및 공학을 발전시켜왔다. 비교적 광범위한 클라우드 컴퓨팅의 수용 및 도입은 정보와 기술 자원 관리에 혁신을 일으키는 중이다. 이제

하드웨어 및 소프트웨어 역량을 대규모로 아웃소싱해 엔드 투 엔드 비즈니스 자동화 요구 사항을 만족시킬 수 있는 능력을 갖췄다. 막스와 로자노는 이러한 역량의 출현과 진보된 소프트웨어 설계의 필요성을 "이제 언제 어디서나 거의 원하는 양 그대로 데이터에 접근해서 수집, 변환, 처리할 수 있는 역량을 갖게 됐다."고 이야기한다. 제약 사항은 많은 부분이 서비스와 구성 요소가 얼마나 클라우드화됐는지나 클라우드를 인지하고 있는지에 달려 있고, 따라서 향상된 소프트웨어 아키텍처가 필요하다(에릭 A. 막스, 로베르토 로자노가 지은 『클라우드 컴퓨팅의 경영진 안내서 Executive Guide to Cloud Computing』(Wiley, 2010)를 참조하라).

서비스 아키텍처를 통한 재사용의 혁신 덕분에 지원해야 할 컴퓨팅 플랫폼의 수와 관계없이 비즈니스 목표에 초점을 맞출 수 있게 됐다. 실제로 적용할 수 있는 자원 관리의 대안으로서, 클라우드 컴퓨팅은 소매, 교육, 공공 부문에서 우리가 컴퓨팅 솔루션을 생각하던 방식을 근본적으로 바꿔놓는 중이다. 클라우드 컴퓨팅 아키텍처와 표준의 활용은 최소한의 비즈니스 목표를 달성하기 위해 컴퓨팅 솔루션이 제공되는 방식과 플랫폼 다양성의 방향을 이끌게 된다.

토마스 얼의 책은 지난 십 년간 기술 산업을 이끌어 온 서비스 기술을 쉽고 재미있게 기술한다. 토마스의 원칙 및 개념, 패턴, 표현 방식을 정리하기 위한 노력은 정보 기술 공동체에 실제로 성공적으로 클라우드 컴퓨팅 목표를 달성할 수 있는 토대를 마련하는 진화된 소프트웨어 아키텍처 접근법을 보여줬다. 클라우드 컴퓨팅은 이제 더 이상 두리뭉실하게 포괄적인 영향을 미치는 먼 미래의 개념이 아니라, 주류 정보 기술 서비스 옵션이자 자원 제공 방식이 됐다는 점이 여기서 가장 중요한 핵심이다.

이 책은 클라우드 컴퓨팅의 정의를 넘어서 업계에 일상적인 운영과 대비되는 가상화, 그리드, 지속 성장 전략을 나란히 제시한다. 토마스 얼을 비롯한 저자진은 클라우드 컴퓨팅의 핵심 요소, 역사, 혁신, 수요에 대해 처음부터 끝까지 독자를 이끌어준다. 사례 연구와 아키텍처 모델을 통해 서비스 요구 사항, 인프라, 보안, 대상 컴퓨팅 자원의 아웃소싱을 명확하게 설명한다.

토마스는 이 책에서 예리한 분석과 신뢰성 있는 아키텍처 중심 관행 및 원칙을 제시해서 관련 업계에 자신의 통찰을 드러낸다. 각자의 흥미나 경험 수준과 관계없이, 독자들은 깊이 있고 업체 중립적인 이 클라우드 컴퓨팅 책에서 틀림없이 명확한 가치를 찾게 될 것이다.

파멜라 와이즈 마르티네즈
발명가이자 미국 에너지부 및 국가 핵 안보국 수석 아키텍트

(이 글에 담긴 견해는 기고자의 사견일 뿐이며, 미국 정부, 미국 정부 에너지부,
국가 핵 안보국의 입장과는 무관함을 밝힌다.)

파멜라 와이즈 마르티네즈^{Pamela Wise Martinez}

공학 석사 학위를 받았고, 미국 에너지부(Department of Energy) 및 국가 핵 안보국(NNSA, National Nuclear Security Administration)에서 수석 아키텍트를 맡고 있다. 시스템 엔지니어링뿐 아니라 비즈니스 애플리케이션 개발, 네트워크, 엔터프라이즈 전략 및 구현 부문에 20년 이상의 경력을 지닌 전략적 C레벨 자문가, 발명가, 비즈니스 분석가이자 정보 엔지니어다.

특허 고안자로서 보안, 전문가 시스템, NANO 기술, 모바일 인프라에 관한 광범위한 연구를 진행해왔다. 이미 접촉 없이 모바일을 통해 수행할 수 있는 안전한 생체 인식형 스마트 지불 결제 기술 특허 외에 안전한 모바일 금융 시장에 기반한 안전한 휴대형 단말기, 비즈니스 방식, 장치에 관한 특허를 출원했다. 나머지 특허는 서비스 기술에 관한 것으로 현재 출원 대기 중이다.

신규 기술의 리더이자 미래 학자로서, 수많은 정부 및 민간 단체와 협력 파트너십을 형성하기 위한 최첨단 하이 프로파일의 국가 시스템을 구축하고 제공해왔다. 이벤트 및 서비스 기반 아키텍처의 성능에 관한 수석 네트워크 분석가의 역할을 맡아왔으며, 현재는 NNSA에서 신규 서비스지향 기술의 기술적 측면을 비즈니스와 정렬하는 일을 담당하고 있다. 엔터프라이즈 구성 요소와 SOA 계획 및 설계를 위한 모델링 네트워크와 프로비저닝 분야에 혁신적인 서비스 계층화 접근법을 창안했으며, 현재는 OneArchitecture–SmartPath 접근 방식을 선도하고 있다. 조지 워싱턴 대학교에서 엔지니어링 관리 및 기술 과학 석사 학위를 수여받았으며 ISACA에서 엔터프라이즈 정보 기술 전문가 인증(CGEIT, Certified in the Governance of Enterprise Information Technology)을 받았다.

지은이 소개

토마스 얼^{Thomas Erl}

가장 인기 있는 IT 작가이자 아키투라 교육^{Arcitura Education}의 창업자다. 「서비스 테크놀로지 매거진^{Service Technology Magazine}」의 편집자며, '토마스 얼의 프렌티스 홀 서비스 기술 시리즈'의 시리즈 에디터다. 전 세계적으로 17만 5,000부 이상 판매된 이 책들은 글로벌 베스트셀러가 됐고, 이전에 IBM, 마이크로소프트, 오라클, 인텔, 액센츄어, IEEE, HL7, MITRE, SAP, 시스코, HP 같은 주요 IT 조직의 책임급 이상 인력들에 의해 검증 및 보증됐다. 아키투라 교육의 CEO로서 CloudSchool.com™ 및 SOASchool.com®과의 협력 하에 전 세계적으로 인정받는 클라우드 전문가 인증^{CCP, Cloud Certified Professional}과 SOA 전문가 인증^{SOACP, SOA Certified Professional} 같은 인증 프로그램을 위한 커리큘럼을 개발해왔으며, 이러한 인증 프로그램을 통해 전 세계적으로 수천만 명의 IT 전문가를 통해 업체 중립적으로 업계의 공식 인증을 받아왔다. 20여 개 이상의 국가를 순회하며 연사이자 강사로 활동하고, 서비스 기술 심포지움이나 가트너 행사 같은 국제 컨퍼런스에 정기적으로 참석해왔다. 「월 스트리트 저널」과 「CIO 매거진」을 비롯한 다수의 출판물에 100개 이상의 기사와 인터뷰를 게재했다.

자이엄 마흐무드^{Zaigham Mahmood}

박사이자, 6권의 책을 출판한 작가며, 이 중 4권은 클라우드 컴퓨팅에 관한 것이다. 영국 데베시스 교육의 기술 컨설턴트이자, 영국 더비 대학교의 연구 교수다. 또한 국제 교육학 연구 기관에서 객원 교수 자리를 겸임하고 있다. 공인 클라우드 교육자며, 국제 SOA, 클라우드, 서비스 기술 심포지움의 정규 연사로 100개 이상의 기사를 기고했다. 연구 분야는 분산 컴퓨팅, 프로젝트 관리, 전자 정부 등이다.

리카르도 푸티니^{Ricardo Puttini}

브라질의 여러 주요 정부 조직에서 15년의 경력을 쌓아 온 책임자급 IT 컨설턴트다. 서비스지향, 서비스지향 아키텍처 및 클라우드 컴퓨팅에 관한 여러 학부 및 대학원 과정에서 강의를 해왔다. 2011년 봄에 열린 4번째 국제 SOA 심포지움 및 제3회 국제 클라우드 심포지엄의 관리위원이었다. 2004년 브라질리아 대학교에서 통신 네트워크 분야 박사 학위를 수여받았고, 1998년부터 전자공학부의 강의를 해왔다. 박사 학위 과정 중 프랑스 렌에 위치한 전기 공학 대학교^{SUPELEC, L'Ecole Supérieure d'Électricité}에서 18개월 연수를 거쳤으며, 이때부터 분산 시스템 아키텍처와 보안에 대한 연구를 시작했다.

목차

들어가며

1장

지난 수십년 간 비즈니스 중심의 아웃소싱 개념이 나타났고 유틸리티 컴퓨팅의 기술 중심적 개념은 비교적 이와 평행선을 그리며 발전했다. 결국 이들이 만나 '클라우드 컴퓨팅'이라 불리게 됐고, 다른 IT 트렌드 이상의 영향력이 있음이 밝혀졌다. 이는 나아가 비즈니스의 목표를 기술적 역량과 조율하고 발전시킬 수 있는 계기가 됐다.

이러한 기회를 이해하는 사람들은 클라우드 플랫폼의 검증되고 성숙한 구성 요소를 활용해 기존의 전략적 비즈니스 목표를 달성할 뿐 아니라, 비즈니스 운영을 최적화할 수 있는 범위 내에서 클라우드 기반 혁신이 새로운 목표와 방향을 설정해 나가도록 유도할 수도 있다.

성공의 첫 걸음은 교육이다. 클라우드 컴퓨팅 도입은 쉬운 일이 아니다. 현재 클라우드 컴퓨팅 시장은 규제되지 않고 있다. 실제로 '클라우드'로 브랜드화된 모든 제품과 기술이 클라우드 컴퓨팅의 이점을 실현할 수 있을 만큼 성숙한 것도 아니다. 혼란을 더욱 가중시키는 것은 IT 관련 도서와 미디어에 클라우드 기반 모델과 프레임워크에 관한 서로 다른 정의나 해석이 떠돌아다니고 있어, 여러 IT 전문가가 각기 다른 유형의 클라우드 컴퓨팅 전문 지식을 습득하게 된다는 것이다.

다음으로는 클라우드 컴퓨팅이 본질적으로 서비스 프로비저닝의 한 형태라는 사실이다. 우리가 기용하거나 아웃소싱하고자 하는 IT 관련, 또는 그 외의 모든 유형의 서비스와 마찬가지로 다양한 품질과 신뢰성을 가진 서비스 제공 업체로 구성된 시장을 마주하게 된다. 일부는 매력적인 요율과 조건을 제시하지만, 입증되지 않은 사업 내역을 가지고 있거나 독점적인 환경을 요구할 수 있다. 일부는 견고한 사업 환경을 갖고 있으면서 높은 요율과 유연하지 않은 계약 조건을 내세울 수도 있다. 나머지 업체들은 투기적이거나 단기적인 벤처 사업장으로, 예기치 못하게 사라지거나 단기간에 인수되곤 한다.

교육의 중요성을 다시 한 번 살펴보자. 비즈니스에 무지한 상황에서 클라우드 컴퓨팅을 도입하는 것보다 더 큰 위험 요소는 없다. 클라우드 컴퓨팅 도입의 실패는 관련 IT 부서에 영향을 미칠 뿐만 아니라 실제로 도입 이전의 상황보다 더 나쁜 상황으로 퇴보할 수도 있다. 게다가 경쟁 업체들이 목표를 성공적으로 달성한 경우 경쟁력이 하락하기도 한다.

클라우드 컴퓨팅은 많은 이점을 제공하지만 로드맵 자체는 위험과 모호성, 미숙함으로 가득 차 있다. 클라우드의 비전을 구체화하기 위한 가장 좋은 방법은 어떻게, 어느 정도로 프로젝트가 진행돼야 하는지에 대한 합당한 의사 결정을 내려서 여정의 각 단계에 대해 미리 다이어그램을 그려보는 것이다. 클라우드 컴퓨팅 도입 범위는 이러한 접근법만큼 중요하며, 이두 가지 측면은 제품 업체나 클라우드 업체, 자칭 클라우드 전문가에 의해서가 아니라 비즈니스 요구 사항에 따라 결정돼야 한다. 조직의 비즈니스 목표는 도입의 각 완료 단계에서 충족됐는지 측정할 수 있어야 한다. 이를 통해 범위, 접근법 및 프로젝트의 전반적인 방향을 검증할 수 있다. 달리 말하면, 이는 프로젝트가 비즈니스 목표에 부합함을 의미한다.

업계 관점에서 클라우드 컴퓨팅에 대한 업체 중립적인 이해를 확보하면, 사실상 무엇이 클라우드와 연관돼 있고, 연관돼 있지 않은지, 무엇이 조직의 비즈니스 요구 사항과 연관돼 있고, 연관돼 있지 않은지를 파악하고 결정하는 데 필요한 명확성을 얻을 수 있다. 이러한 정보를 바탕으로 조직의 비즈니스가 성공하는 데 있어 가장 중요한 분야에 집중할 수 있도록 클라우드 컴퓨팅 제품과 서비스 제공 업체 데이터를 취사 선택할 수 있는 기준을 확립할 수 있다. 이 책은 이러한 기준을 확립할 수 있도록 도와줄 것이다.

-토마스 얼

1.1 이 책의 목적

이 책은 상용 클라우드 컴퓨팅 산업, 클라우드 컴퓨팅 공급 업체 플랫폼, 클라우드 컴퓨팅 업계 표준 조직 및 실무자가 이끌어 온 혁신 및 기여에 대해 2년 이상 연구하고 분석한 결과다.

이 책의 목적은 성숙하고 검증된 클라우드 컴퓨팅 기술과 사례를 분석해 잘 정의된 개념, 모델, 기술 메커니즘과 아키텍처로 분류하는 것이다. 그 결과, 이 책을 구성하는 각 장은 클라우드 컴퓨팅 개념과 기술의 기본적인 측면들에 대한 탄탄한 학술적 토대를 마련한다. 이 책에서 다루는 주제의 범위는 업체 중립적인 용어와 표현으로 기술됐고, 전체적으로 클라우드 컴퓨팅 업계와 같은 방향을 유지할 수 있도록 조심스럽게 정의했다.

1.2 이 책이 다루지 않는 범위

이 책은 업체 중립적이기 때문에 클라우드 컴퓨팅 업체의 제품, 서비스, 기술에 대한 정보를 담고 있지 않다. 대신 제품에 특화된 정보나 업체 제품 관련 문서의 내용을 보완해준다.

상용 클라우드 컴퓨팅을 처음 접한다면 이 책을 시작점으로 잡고, 이후에 업체 제품군에 대한 책과 강의를 통해 공부할 것을 권한다.

1.3 이 책의 대상 독자

- 업체 중립적인 클라우드 컴퓨팅 기술, 개념, 메커니즘, 모델에 대한 정보가 필요한 IT 현업 종사자 및 전문가
- 클라우드 컴퓨팅에 관한 비즈니스 및 기술적 영향과 관련해 명쾌함이 필요한 IT 관리자 및 의사 결정 책임자
- 근본적인 클라우드 컴퓨팅 주제에 관해 탄탄한 연구 결과와 잘 정의된 학술적 정보가 필요한 교수, 학생, 교육 기관
- 클라우드 컴퓨팅 자원의 도입에 따른 잠재적인 경제적 이점과 실현 가능성을 평가할 필요가 있는 비즈니스 관리자
- 현대적인 클라우드 플랫폼을 구성하는 다양한 동작 요소를 이해하고자 하는 기술 아키텍트와 개발자

1.4 이 책의 구성

이 책은 도입부와 사례 연구에 대한 배경 지식을 담고 있는 1장과 2장으로 시작한다. 이어지는 장들은 다음과 같이 구성된다.

- 1부: 클라우드 컴퓨팅 기초
- 2부: 클라우드 컴퓨팅 메커니즘
- 3부: 클라우드 컴퓨팅 아키텍처
- 4부: 클라우드 실전
- 5부: 부록

1부. 클라우드 컴퓨팅 기초

1부에 속한 네 개의 장은 이어지는 장들을 위한 준비 단계로 도입 주제를 다룬다. 3장과 4장은 사례 연구를 포함하지 않는다.

3장. 클라우드 컴퓨팅의 이해

클라우드 컴퓨팅의 역사를 간략히 집고 비즈니스 동인에 대한 논의와 기술적 혁신, 기본 용어와 개념을 소개하고, 클라우드 컴퓨팅 도입을 통해 얻을 수 있는 일반적인 혜택과 도전 과제를 기술한다.

4장. 기본 개념과 모델

일반적인 클라우드의 특성과 역할, 범위에 따른 클라우드 제공 및 배치 모델을 상세하게 다룬다.

5장. 클라우드를 가능하게 하는 기술

데이터 센터, 가상화, 웹 기반 기술을 포함해 현대적인 클라우드 컴퓨팅 플랫폼과 혁신을 가능하게 하는 최첨단 기술을 소개한다.

6장. 클라우드 보안 기초

일반적인 클라우드 보안 위협과 공격에 대한 설명을 포함해, 클라우드 컴퓨팅과 관련되고 두드러지는 보안 주제와 개념을 소개한다.

2부. 클라우드 컴퓨팅 메커니즘

기술 메커니즘은 일반적으로 특정 컴퓨팅 모델이나 플랫폼과 구별되는 잘 정의된 **IT** 산출물을 나타낸다. 클라우드 컴퓨팅의 기술 중심적 특성은 기본적인 메커니즘 구현체의 다양한 조합을 통해 어떤 방식으로 솔루션이 구성될 수 있는지 파악할 수 있도록 공식적인 수준의 메커니즘을 확립할 필요가 있다.

2부에서는 클라우드 환경 내에서 범용적이거나 특수한 형태의 기능을 구현하기 위해 사용되는 20가지의 기술 메커니즘을 공식적으로 문서화한다. 각 메커니즘에 대한 설명은 용례를 보여주는 사례 연구를 포함한다. 메커니즘의 활용은 3부, '클라우드 컴퓨팅 아키텍처'에서 좀 더 상세하게 다룬다.

7장. 클라우드 인프라 메커니즘

논리 네트워크 경계, 가상 서버, 클라우드 스토리지 장치, 클라우드 사용 모니터, 자원 복제, 기성 환경을 포함해 클라우드 플랫폼을 이루는 근본적인 기술 메커니즘을 다룬다.

8장. 전문화된 클라우드 메커니즘

자동 확장 리스너, 로드 밸런서, 서비스 수준 합의서^{SLA, Service-Level Agreement} 모니터, 사용량당 과금 모니터, 감사 모니터, 장애 조치 시스템, 하이퍼바이저, 자원 클러스터, 다중 장치 중개자, 상태 관리 데이터베이스를 포함해 다양한 특화 기술 메커니즘을 다룬다.

9장. 클라우드 관리 메커니즘

원격 운영 시스템, 자원 관리 시스템, **SLA** 관리 시스템, 과금 관리 시스템을 포함해 클라우드 기반 IT 자원의 실제 운영 및 관리를 구현하는 메커니즘을 설명한다.

10장. 클라우드 보안 메커니즘

6장에서 다룬 보안 위협들을 완화하고 방지하는 데 활용될 수 있는 암호화, 해싱, 디지털 서명, 공개키 기반 구조 PKI, Public Key Infrastructure, ID와 접근 관리 시스템 IAM, Identity and Access Management, 싱글 사인온 SSO, Single Sign-On, 클라우드 기반 보안 그룹과 보안 강화 가상 서버 이미지를 포함해 보안 메커니즘을 다룬다.

3부. 클라우드 컴퓨팅 아키텍처

클라우드 컴퓨팅 영역 내의 기술 아키텍처는 광범위하게 적용되는 아키텍처 계층과 수많은 별개의 아키텍처 모델에서 나타나는 요구 사항과 고려 사항을 소개한다.

3부를 구성하는 장들은 2부에서 소개된 클라우드 컴퓨팅 메커니즘을 토대로 29가지의 클라우드 기반 기술 아키텍처를 기술하고, 기초, 심화, 특화 클라우드 아키텍처와 관련해 다양한 메커니즘 조합으로 구성된 시나리오를 공식적으로 문서화했다.

11장. 기본 클라우드 아키텍처

기본 클라우드 아키텍처 모델은 베이스라인 기능과 역량을 확립한다. 11장에서 다루는 아키텍처는 워크로드 분배, 자원 풀링, 동적 확장, 탄력적 자원 용량, 서비스 부하 분산, 클라우드 버스트, 탄력적 디스크 프로비저닝, 이중화 스토리지가 있다.

12장. 심화 클라우드 아키텍처

심화 클라우드 아키텍처 모델은 여러 기본 모델을 토대로 직접 구성된 정교하고 복잡한 환경을 만들어낸다. 12장에서 다루는 아키텍처는 하이퍼바이저 클러스터링, 부하 분산된 가상 서버 인스턴스, 무중단 서비스 재배치, 무정지, 클라우드 밸런싱, 자원 예약, 동적 장애 감지와 복구, 베어 메탈 프로비저닝, 신속한 프로비저닝과 스토리지 워크로드 관리를 포함한다.

13장. 특화 클라우드 아키텍처

특화 클라우드 아키텍처 모델은 뚜렷한 기능적 영역을 다룬다. 13장에서 다루는 아키텍처는 직접 I/O 접근, 직접 LUN 접근, 동적 데이터 정규화, 탄력적 네트워크 용량, 교차 스토리지 장치 수직 계층화, 내부 스토리지 장치 수직 데이터 계층화, 부하 분산 가상 스위치, 다중 경로 자원 접근, 영구 가상 네트워크 구성, 가상 서버를 위한 이중화 물리 연결, 스토리지 유지 보수 기간 관리를 포함한다. 13장은 사례 연구를 포함하지 않는다.

4부. 클라우드 실전

클라우드 컴퓨팅 기술과 환경은 다양한 규모로 도입할 수 있다. 어떤 조직은 선별된 IT 자원을 클라우드로 이관하면서 다른 모든 IT 자원을 온프레미스^{on-premise}로 둘 수도 있고, 조직 내 IT 자원의 많은 부분을 클라우드 플랫폼에 이관함으로써 상당한 의존 관계를 형성할 수도 있으며, IT 자원을 생성하기 위해 클라우드 환경을 사용할 수도 있다.

어떤 조직이든지 재정적 투자와 비즈니스 영향, 다양한 법적 고려 사항을 포함하는 일반적인 요인들을 짚고 넘어가기 위해 실질적이고 비즈니스 중심적인 관점에서 잠재적인 도입을 평가하는 일은 매우 중요하다. 4부를 구성하는 장들은 클라우드 기반 환경의 현실적인 고려 사항과 관련된 주제들을 다룬다.

14장. 클라우드 전달 모델 고려 사항

클라우드 환경은 클라우드 소비자의 요구 사항에 대응해 클라우드 제공 업체가 구축하고 진화시킬 필요가 있다. 클라우드 소비자는 스스로의 관리 책임 하에 클라우드에 IT 자원을 생성하거나 이관할 수 있다. 14장은 제공 업체와 소비자 관점에서 클라우드 배치 모델에 관한 기술적인 이해를 제공하며, 클라우드 환경의 내부 동작 계층과 아키텍처 계층에 대한 통찰을 드러낸다.

15장. 비용 지표와 가격 결정 모델

클라우드 환경과 관련된 통합 및 소유 비용을 계산하기 위해 네트워크, 서버, 스토리지 및 소프트웨어 사용에 대한 비용 지표를 다양한 공식과 함께 기술한다. 15장은 클라우드 제공자가 사용하는 일반적인 비즈니스 용어와 관련된 비용 관리 주제에 대한 논의로 결론을 맺는다.

16장. 서비스 품질 지표와 SLA

서비스 수준 규약은 클라우드 서비스를 위한 보상 및 사용 조항을 확립하며, 클라우드 소비자와 제공 업체 간에 합의된 비즈니스 용어들로 결정되곤 한다. 16장은 클라우드 제공 업체의 보장 조항이 SLA를 통해 어떤 방식으로 표현되고 구조화되는지에 관한 통찰을 일반적인 SLA 가치를 계산하기 위한 가용성, 신뢰성, 성능, 확장성, 회복성과 같은 일반적인 지표 및 공식과 함께 제공한다.

5부. 부록

부록 A. 사례 연구 결론

사례 연구의 개별적인 이야기에 대한 결론을 도출하고 각 조직들의 클라우드 컴퓨팅 도입에 관한 노력 결과를 요약한다.

부록 B. 산업 표준 기관

산업 표준 기관과 클라우드 컴퓨팅 산업을 지원하기 위한 노력을 기술한다.

부록 C. 특성과 메커니즘 간 매핑

클라우드의 특성을 클라우드 컴퓨팅 메커니즘과 매핑 mapping 하는 표를 제공해, 각 특성을 확실히 습득할 수 있도록 돕는다.

부록 D. TIA-942 데이터 센터 기관

TIA-942 데이터 센터를 위한 통신 인프라 표준을 참조해 일반적인 데이터 센터 설비에 대한 간략한 조망과 분석을 제공한다.

부록 E. 최근 기술

클라우드 컴퓨팅에 영향을 미쳤다고 분석되는 두 가지 주요 기술인 자율 컴퓨팅과 그리드 기술을 간략하게 논의한다.

부록 F. 클라우드 프로비저닝 계약

클라우드 제공 업체와 클라우드 소비자 조직 간에 성립되는 실제 계약은 광범위한 특수 용어와 고려 사항을 포함하는 명백한 법적 계약이다. 부록 F는 클라우드 프로비저닝 계약의 전형적인 부분들을 강조하고 추가적인 지침을 제공한다.

부록 G. 클라우드 사업 사례

클라우드 컴퓨팅 도입에 필요한 비즈니스 사례를 구성하는 데 시작점으로 활용될 수 있는 항목의 체크리스트를 제공한다.

1.5 이 책의 형식

그림과 기호

이 책은 다이어그램을 그림으로 포함하고 있다. 그림 전체에 걸쳐 사용되는 주요 기호들은 책 표지 안쪽에 있는 기호 범례에 개별적으로 설명돼 있다. 이 책에 수록된 모든 그림의 영문 원본 고해상도 버전은 www.servicetechbooks.com과 www.informit.com/title/9780133387520 에서 다운로드할 수 있다.

중점 요약

빠른 참조를 위해 1부, '클라우드 컴퓨팅 기초'의 3장에서 6장까지는 해당 절의 주제문을 선별해 주요 항목 리스트 형태로 수록한 '중점 요약'으로 끝을 맺는다.

1.6 추가 정보

토마스 얼의 프렌티스 홀 서비스 기술 시리즈에 대한 보충 자료와 정보를 제공한다.

업데이트와 정오표, 자료(www.servicetechbooks.com)

다른 시리즈의 책에 관한 정보와 다양한 보충 자료는 책 시리즈의 공식 웹 사이트인 www.servicetechbooks.com에서 찾을 수 있다. 수정된 내용을 확인하려면 정기적으로 이 사이트를 방문할 것을 권장한다.

한국어판은 에이콘출판사 도서정보 페이지 http://acornpub.co.kr/book/cloud-computing 에서 찾아볼 수 있다.

도입 참조 명세(www.servicetechspecs.com)

클라우드 컴퓨팅 산업 표준 전용 절로 주요 표준 조직에서 생성 및 관리하는 원본 명세 문서들을 제공하는 중심 포털이다.

서비스 기술 매거진(www.servicetechmag.com)

「서비스 기술 매거진」은 아키투라 교육과 프렌티스 홀에서 제공하는 월간 출판물이며, 토마스 얼의 프렌티스 홀 서비스 기술 시리즈와 공식적으로 연관돼 있다. 서비스 기술 매거진은 업계 전문가와 종사자가 작성한 전문 기사, 사례 연구, 논문을 발행한다.

국제 서비스 기술 심포지움(www.servicetechsymposium.com)

이 사이트는 국제 서비스 기술 심포지움 회담 시리즈 전용 사이트다. 이 행사는 전 세계에서 개최되며 토마스 얼의 프렌티스 홀 서비스 기술 시리즈의 작가들을 자주 초청한다.

클라우드란 무엇인가?(www.whatiscloud.com)

기본 클라우드 컴퓨팅 주제를 다루는 이 책에서 발췌한 참조용 사이트다.

REST란 무엇인가?(www.whatisrest.com)

이 웹 사이트는 REST 아키텍처와 제약 사항들을 간결하게 조망한다. REST 서비스는 클라우드 서비스를 위한 구현 매개체의 대안 중 하나로 5장에서 다룬다.

클라우드 컴퓨팅 디자인 패턴(www.cloudpatterns.org)

이 사이트에는 클라우드 컴퓨팅 디자인 패턴의 주 카탈로그가 게시돼 있다. 이 책에 기술된 메커니즘들은 이미 확보된 사례와 기술 기능 집합을 나타내는 다양한 디자인 패턴을 위한 구현 옵션으로 참조할 수 있다.

서비스지향(www.serviceorientation.com)

이 사이트는 서비스지향 패러다임, 관련 원칙, 서비스지향 기술 아키텍처 모델을 정의하고 기술

하는 논문, 책 발췌문 등 다양한 내용을 제공한다.

CloudSchool.com™ 클라우드 전문가 인증 CCP, Certified Cloud Professional (www.cloudschool.com)

클라우드 컴퓨팅에 관한 특수 영역에 전용된 클라우드 전문가 인증 커리큘럼을 기술, 아키텍처, 거버넌스, 보안, 용량, 가상화 및 스토리지를 포함해 수록한 공식 사이트다.

SOASchool.com® SOA 전문가 인증 SOACP, SOA Certified Professional (www.SOASchool.com)

서비스지향 아키텍처와 서비스지향에 관한 특수 영역 전용의 SOA 전문가 인증 커리큘럼 분석, 아키텍처, 거버넌스, 보안, 개발, 품질 보증이 수록된 공식 사이트다.

통지 서비스

이 시리즈의 신간 소식, 새로운 보충 자료, 또는 앞서 언급한 자료 사이트의 주요 변경에 대해 자동으로 알림을 받으려면 www.servicetechbooks.com에서 알림 신청서를 작성하거나 notify@arcitura.com으로 빈 이메일을 하나 보내면 된다.

사례 연구는 조직이 클라우드 컴퓨팅 모델과 기술을 평가, 활용 및 관리하는 다양한 시나리오를 보여준다. 이 책에서는 사례 분석 대상으로 서로 다른 업계에 있는 세 개의 조직을 선정했으며, 2장에서는 그 조직들의 고유한 비즈니스, 기술, 아키텍처 목표를 소개한다.

사례 연구 대상으로 선정된 조직은 다음과 같다.

- ATN Advanced Telecom Networks : 통신 업계에 네트워크 장비를 공급하는 글로벌 기업
- DTGOV: 공공 부문에 IT 인프라 및 기술 서비스를 전문으로 제공하는 공기업
- 이노바르토스 테크놀로지: 어린이를 위한 가상 장난감과 교육 엔터테인먼트 제품을 개발하는 중견 기업

1부를 제외한 각 부는 장으로 구성돼 있고, 대부분의 장에서 실증 사례 연구를 하나 이상 포함한 사례 연구 분석 절을 수록하고 있다. 각 사례에 대한 결론은 부록 A에서 찾아볼 수 있다.

사례 연구 배경

2.1 사례 연구 1. ATN

ATN은 전 세계의 통신 업계에 네트워크 장비를 제공하는 회사다. ATN은 지난 수 년간 크게 성장했으며, 인터넷 및 GSM, 셀룰러 제공 업체의 인프라 부품을 전문으로 다루는 회사를 비롯한 여러 인수 합병 건을 추진해 제품군을 확장했다. 이제 ATN은 광범위한 통신 인프라 구성 요소의 선도적인 공급 업체가 됐다. 그러나 최근 시장의 압박이 거세지면서 비용 절감을 위한 신규 기술들을 활용해 경쟁력과 효율성을 증대하기 위한 방법을 모색하기 시작했다.

기술 인프라와 환경

ATN은 다양한 인수 합병을 거치면서 매우 복잡한 이기종 IT 환경을 조성하게 됐다. 각 인수 합병 건이 성사된 이후 적절한 통합 과정이 수행되지 않아, 비슷한 애플리케이션이 동시에 실행되면서 유지 관리 비용이 증가했다. 설상가상으로 2010년에는 ATN이 주요 유럽 통신 업체와 또다시 합병되면서 대규모의 다른 애플리케이션들을 더 추가하게 됐다. 이에 따라 성장에 걸림돌이 될 만큼 IT환경이 복잡해지면서 ATN 이사회 안건에 상정될 정도로 심각한 우려를 낳게 됐다.

비즈니스 목표와 신규 전략

ATN 경영진은 통합 전략을 추진하고 애플리케이션 관리 및 운영을 해외에 아웃소싱하기로 결정했다. 이로 인해 비용은 절감됐지만 안타깝게도 전반적인 운영 비효율을 해결하지는 못했다. 애플리케이션은 여전히 쉽게 통합할 수 없는 중복된 기능 요소들로 점철돼 있었다.

점차 아웃소싱만으로는 불충분함이 명백해졌고, 결국 전체 IT 환경의 아키텍처를 변경해야만 성공할 수 있는 "통합 Consolidation"이 유일하게 가능성 있는 대안이 됐다.

그 결과, ATN은 클라우드 컴퓨팅 도입의 가능성을 타진하기로 했다. 하지만 ATN은 초기 문의 단계에서 클라우드 제공 업체와 클라우드 기반 제품의 엄청난 다양성에 압도되고 말았다.

로드맵과 구현 전략

ATN은 클라우드 컴퓨팅 기술 및 업체를 어떻게 선택해야 할지 확신할 수 없었다. 많은 솔루션이 불완전해 보였고 신규 클라우드 기반 제품들이 시장에 계속 등장하고 있었다.

초기 클라우드 컴퓨팅 도입 로드맵은 아래의 몇 가지 핵심 사항을 해결하기 위해 논의됐다.

- **IT 전략:** 클라우드 컴퓨팅 도입은 현재 IT 프레임워크의 최적화를 촉진시키고 단기 투자를 줄이면서, 장기적인 비용을 절감하기 위해 필요한 것이다.

- **비즈니스 혜택:** ATN은 현재의 애플리케이션과 IT 인프라 구성 요소 중에서 어느 것이 클라우드 컴퓨팅 기술을 활용했을 때 목표로 한 최적화 및 비용 절감을 달성할 수 있는지 판단해야 했다. 사업성 즉, 비즈니스 가치를 증대하기 위해서는 비즈니스 민첩성 및 확장성, 신뢰성 향상과 같은 추가적인 클라우드 컴퓨팅 혜택이 구현될 필요도 있다.

- **기술 고려 사항:** 가장 적합한 클라우드 제공 및 배치 모델, 클라우드 업체, 제품을 선택하기 위한 선정 기준이 확립될 필요가 있다.

- **클라우드 보안:** 애플리케이션과 데이터를 클라우드로 이관하는 데 맞닥뜨릴 수 있는 위험 요소를 파악해야 한다.

ATN은 클라우드 제공 업체에 위탁할 경우 애플리케이션과 데이터에 대한 통제권을 상실해 결과적으로 내부 정책과 통신 시장 규제를 위반하게 될까 우려하고 있다. 또한 기존 레거시 애플리케이션이 어떤 방식으로 신규 클라우드 기반 도메인에 통합될 수 있을지 의문이다.

ATN은 간단명료한 행동 계획을 수립하기 위해 클라우드 컴퓨팅 IT 자원의 전환과 통합에 관한 기술 아키텍처 전문 지식으로 유명한 CloudEnhance라는 독립 IT 컨설팅 회사와 계약을 맺는다. CloudEnhance 컨설턴트는 다음과 같이 다섯 단계로 구성된 평가 프로세스를 제안하는 것으로 작업에 착수했다.

1. 복잡성, 업무 중요도, 사용 빈도, 활성 사용자 수와 같은 요인들을 측정하기 위해 기존 애플리케이션에 대한 간략한 평가를 수행한다. 클라우드 환경으로 이관하는 데 가장 적합한 대상 애플리케이션을 선정하기 위해 식별된 요인들을 우선순위에 따라 나열한다.

2. 조직 소유의 평가 도구를 활용해 선별된 각 애플리케이션을 좀 더 상세하게 평가한다.

3. 클라우드 기반 애플리케이션 간 상호 작용과 ATN의 기존 인프라 및 레거시 시스템과의 통합, 개발, 배포 프로세스의 흐름을 볼 수 있는 대상 애플리케이션 아키텍처를 개발한다.

4. 클라우드 준비 비용, 애플리케이션 변환과 상호 작용을 위해 필요한 노력, 이관 및 구현의 용이성과 다양한 잠재적인 장기 혜택과 같은 성과 지표를 기반으로 예측되는 비용 절감 효과를 문서화하는 예비 비즈니스 사례를 작성한다.

5. 파일럿 애플리케이션을 위한 상세 프로젝트 계획을 개발한다.

ATN은 위 프로세스에 따라 상대적으로 저위험의 비즈니스 영역을 자동화하는 애플리케이션들을 선별해 최초 프로토타입을 만들었다. 이 프로젝트에서 ATN은 다양한 기술을 활용해 해당 비즈니스 영역의 여러 소규모 애플리케이션들을 PaaS 플랫폼으로 이관한다. ATN은 이 프로토타입이 성공하자 긍정적인 결과와 피드백을 바탕으로 다른 영역에서도 유사한 기대 효과를 얻기 위해 전략적인 계획에 착수한다.

2.2 사례 연구 2. DTGOV

DTGOV는 1980년대 초 사회 보장부 산하로 창설된 공기업이다. 사법하에 사회 보장부의 IT 운영을 공기업으로 분산함에 따라 DTGOV는 자체 IT 엔터프라이즈를 관리하고 발전시키는 데 상당한 유연성을 갖게 됐고 자율적인 관리 구조를 구축했다. 창립 당시 DTGOV는 약 1,000명의 직원을 두고, 전국 60여개 지역에 지사를 운영하며, 2개의 메인 프레임 기반 데이터 센터를 운영했다. 시간이 흐름에 따라 DTGOV는 300개 이상의 지역에 지사 사무소를 설립하고 직원이 3,000명이 넘는 규모로 확장했으며, 메인 프레임과 저수준 플랫폼 환경 기반의 데이터 센터를 세 개 정도 운영하게 됐다. 주요 서비스는 전국의 사회 보장 혜택을 처리하는 것과 관련돼 있다.

DTGOV는 지난 20년간 고객 포트폴리오를 확대해왔으며, 지금은 다른 공공 부문 조직에 서비스를 제공하면서 서버 호스팅과 서버 코로케이션colocation 같은 기본적인 IT 인프라와 서비스를 제공한다. 일부 고객은 DTGOV에 애플리케이션의 운영, 유지 보수 및 개발을 아웃소싱하기도 했다.

DTGOV는 다양한 IT 자원 및 서비스를 포괄하는 상당히 큰 규모의 고객 계약을 확보하고 있다. 하지만 이러한 계약 및 서비스, 관련 서비스 수준들은 표준화돼 있지 않아, 협의된 서비스 제공 조건들은 각 고객들에게 독자적으로 맞춤 제공되고 있었다. 결과적으로 DTGOV의 운영은 점차 복잡해지고 관리가 어려워지고 있으며, 이로 인해 효율이 낮아지고 비용이 증가됐다.

DTGOV 이사회는 얼마 전 서비스 포트폴리오를 표준화해 전반적인 회사 구조를 개선할 수 있음을 깨달았다. 이는 IT 운영과 관리 모델의 리엔지니어링을 의미하는 것이었다. 이 프로세스는 명확하게 정의된 기술 생명주기, 통합 조달 정책, 새로운 인수 관행의 확립을 통해 하드웨어 플랫폼을 표준화하는 것부터 시작한다.

기술 인프라와 환경

DTGOV는 세 개의 데이터 센터를 운영 중이다. 하나는 저수준 플랫폼 서버 전용이고, 다른 두 개는 메인 프레임과 저수준 플랫폼을 모두 운영한다. 메인 프레임 시스템은 사회 보장부에서 모두 예약해둔 상태로 아웃소싱할 수 없다.

데이터 센터 인프라는 약 20,000평방 피트의 컴퓨터실 공간으로 이뤄져 있고 다양한 하드웨어 구성으로 100,000대 이상의 서버를 운영 중이다. 총 스토리지 용량은 대략 10,000테라 바이트다. DTGOV의 네트워크는 메시 토폴로지로 구성된 데이터 센터를 연결하는 이중화된 고속 데이터 링크로 이뤄져 있다. 네트워크는 주요 국내 통신사들의 네트워크를 상호 연결하기 때문에 인터넷 연결 자체는 제공자 독립적이라 볼 수 있다. 서버 통합과 가상화 프로젝트가 5년 동안 진행됐기 때문에 하드웨어 플랫폼의 다양성이 상당히 줄어들었다. 그 결과, 하드웨어 플랫폼과 관련된 투자 및 운영 비용의 추적 및 관리 체계가 크게 개선됐다. 하지만 고객 서비스의 맞춤 요구 사항 때문에 소프트웨어 플랫폼과 구성은 여전히 엄청나게 다양하다.

비즈니스 목표와 신규 전략

DTGOV 서비스 포트폴리오 표준화의 주된 전략 목표는 비용 효율화와 운영 최적화 수준을 높이는 것이다. 내부 경영진 위원회가 설립돼 이러한 계획을 위한 방향, 목표 및 전략적 로드맵을 정의했다. 위원회는 클라우드 컴퓨팅을 일종의 길잡이로서의 대안이자, 서비스 및 고객 포트폴리오의 다각화와 향상을 위한 기회로 인식했다.

로드맵은 다음 중점 사항들을 다룬다.

- **비즈니스 혜택:** 클라우드 컴퓨팅 제공 모델의 범위 내에서 서비스 포트폴리오 표준화와 관련된 구체적인 기대 효과를 정의할 필요가 있다. 예를 들어 IT 인프라와 운영 모델의 최적화를 통해 직접적이고 측정 가능한 비용 절감 효과를 얻을 수 있는가?
- **서비스 포트폴리오:** 어떤 서비스가 클라우드 기반으로 서비스돼야 하고, 어떤 고객들에게 확장돼야 하는가?
- **기술적 도전 과제:** 클라우드 컴퓨팅 모델의 런타임 처리 요구 사항과 관련된 현재 기술 인프라의 제약 사항을 이해하고 문서화해야 한다. 클라우드 기반 서비스 제품을 개발하는 경우 필요한 선행 투자 비용을 최소화하기 위해 기존 인프라를 최대한 활용해야 한다.
- **가격 정책과 SLA:** 적절한 계약, 가격 정책, 서비스 품질 전략을 정의할 필요가 있다. 적합한 가격 정책과 SLA가 행동 계획에 맞게 결정할 필요가 있다.

한 가지 해결되지 않은 우려 사항은 현재 계약의 형식에 대한 변경과, 이것이 어떤 방식으로 비즈니스에 영향을 미칠 것인가에 관한 것이다. 많은 고객들이 클라우드 계약과 서비스 제공 모델의 도입을 원하지 않거나, 도입할 준비가 돼 있지 않을 수 있다. 이는 현재 DTGOV 고객 포트폴리오의 90퍼센트가 운영 방식을 갑작스럽게 전환할 수 있을 만한 자율성이나 민첩성을 갖고 있지 않은 전형적인 공공 기관들로 이뤄져 있다는 사실을 고려할 때 더 심각해진다. 따라서 이관 프로세스가 길어질 것이라 예측할 수 있으며, 로드맵이 적절하고 명료하게 정의되지 않을 경우 위험해질 수 있다. 추가적인 미해결 이슈는 공공 부문의 IT 계약 규제와 관련된 것으로 기존 규정이 클라우드 기술을 담기에는 미비하고 불명확할 수 있다는 점이다.

로드맵과 구현 전략

앞서 언급한 문제를 해결하기 위해 몇 가지 평가 활동이 시작됐다. 첫 번째는 기존 고객을 대상으로 클라우드 컴퓨팅에 대한 이해 수준, 진행 중인 이니셔티브와 계획을 파악하기 위한 설문 조사를 진행하는 것이었다. 대부분의 응답자는 클라우드 컴퓨팅 트렌드를 인식하고 있고 이미 풍부한 지식을 갖고 있었으며, 이는 긍정적인 조사 결과로 나타났다.

서비스 포트폴리오에 대한 조사에서 호스팅과 코로케이션과 같이 명확하게 식별된 인프라 서비스가 밝혀졌다. 기술 전문성과 인프라 평가 결과 DTGOV IT 요원들의 전문 영역은 데이터 센터 운영과 관리임이 밝혀졌다.

조사 결과를 바탕으로 위원회는 다음과 같은 결정을 내렸다.

1. 클라우드 컴퓨팅 프로비저닝 전략의 시작점으로 IaaS를 대상 제공 플랫폼으로 선택한다.
2. 클라우드 제공 업체의 전문 지식과 경험을 충분히 갖춘 컨설팅 회사와 계약을 맺어 위 전략에 영향을 줄 수 있는 사업적, 기술적 문제를 정확하게 파악하고 시정한다.
3. 두 개의 데이터 센터에 통합 플랫폼과 신규 하드웨어 자원을 배치해, 초기 IaaS 제공 서비스를 프로비저닝하는 데 사용할 신뢰성 있는 신규 환경을 구축한다.
4. 파일럿 프로젝트를 구축하고 계약 조건, 가격 정책 및 서비스 수준 정책과 모델을 정의하기 위해 클라우드 기반 서비스를 도입할 계획을 가진 세 명의 고객을 찾아본다.
5. 공식적으로 다른 고객에게 서비스를 제공하기 전, 초기 6개월 간 세 명의 선별된 고객의 서비스 프로비저닝을 평가한다.

파일럿 프로젝트가 진행되면서 신규 웹 기반 관리 환경이 가상 서버의 자체 프로비저닝뿐 아니라 SLA 및 재무 추적 기능을 실시간으로 제공할 수 있도록 릴리즈됐다. 파일럿 프로젝트는 매우 성공적이었고, 다른 고객들에게 클라우드 기반 서비스를 제공하는 다음 단계로 넘어갈 수 있었다.

2.3 사례 연구 3. 이노바르토스 테크놀로지

이노바르토스^{innovartus} 테크놀로지의 주요 비즈니스 라인은 어린이용 가상 장난감과 교육 엔터테인먼트 제품을 개발하는 것이다. 이 서비스는 PC와 모바일 장치에 적합한 맞춤형 가상 게임을 롤플레잉 모델 형태로 웹 포털을 통해 제공하며, 이 게임은 사용자들이 간단한 교육 퀘스트를 완료한 후 제공되는 가상 액세서리를 착용할 수 있는 가상 장난감(자동차, 인형, 애완동물)을 만들고 조작할 수 있도록 한다. 주 사용자층은 12세 이하의 어린이들이다. 이노바르토스는 나아가 사용자들끼리 아이템을 교환하고 공동체 활동을 할 수 있도록 소셜 네트워크 환경을 마련해뒀다. 이 모든 활동은 부모들이 감시하거나 추적할 수 있고, 부모들은 어린이들이 플레이할 특정 퀘스트를 만들어 게임에 참여할 수도 있다.

이노바르토스 애플리케이션에서 가장 가치 있고 혁신적인 기능은 자연스러운 인터페이스 개념에 기반한 실험적인 최종 사용자 인터페이스에 있다. 사용자는 음성 명령이나 웹 캠으로 캡처한 간단한 제스처, 또는 태블릿 화면을 직접 터치함으로써 상호 작용할 수 있다.

이노바르토스 포털은 처음부터 클라우드 기반이었다. 본래 PaaS 플랫폼을 통해 개발됐고 이후로 동일한 클라우드 제공 업체가 운영해왔다. 하지만 최근 이 환경이 이노바르토스 사용자 인터페이스 프로그래밍 프레임워크의 기능에 영향을 주는 여러 기술적 한계를 드러냈다.

기술 인프라와 환경

공유 파일 저장소와 다양한 생산성 도구 같은 이노바르토스의 사무 자동화 솔루션들도 클라우드 기반이다. 온프레미스 기업 IT 환경은 상대적으로 소규모이며 대부분 작업 영역 장치, 노트북, 그래픽 설계 워크스테이션으로 구성돼 있다.

비즈니스 목표와 전략

이노바르토스는 웹 기반 및 모바일 기반 애플리케이션용으로 사용되는 IT 자원의 기능을 다각화해왔다. 또한 애플리케이션을 국제화하려는 노력을 강화해왔다. 웹 사이트와 모바일 애플리케이션은 현재 5개 국어로 제공되고 있다.

로드맵과 구현 전략

이노바르토스는 클라우드 기반 솔루션을 지속적으로 구축할 계획이지만, 현재 클라우드 호스팅 환경에는 극복해야 하는 한계가 있다.

- 예측이 어렵고 증가한 클라우드 소비자 상호 작용을 수용하기 위해 확장성을 개선할 필요가 있다.
- 현재 예상보다 잦은 다운 타임을 방지하기 위해 서비스 수준을 개선할 필요가 있다.
- 타사와 비교했을 때 현재 클라우드 제공 업체의 임대 요율이 높기 때문에 비용 효율성을 개선할 필요가 있다.

이러한 요인들과 기타 요인 때문에 이노바르토스는 더 큰 규모의 글로벌 클라우드 제공 업체를 활용하기로 했다.

이관 프로젝트의 로드맵은 다음 핵심 사항을 포함한다.

- 계획된 이관의 위험과 영향도에 관한 기술적, 경제적 보고서
- 신규 클라우드 제공 업체를 선정하기 위한 선정 기준에 초점을 맞춘 의사 결정 트리 및 철저한 연구 전략
- 기존 클라우드 서비스 아키텍처 중 얼마나 많은 부분이 현재 클라우드 제공자 환경에 종속적인지 파악하기 위한 애플리케이션 이식성 평가

나아가 이노바르토스는 현재 클라우드 제공 업체가 어떤 방법으로, 그리고 어느 정도까지 이관 프로세스를 지원하고 협력해줄 것인지 우려하고 있다.

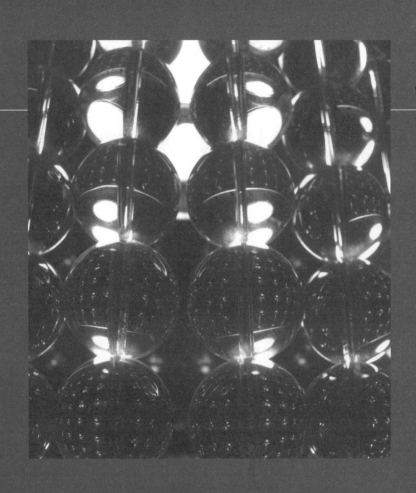

1

클라우드 컴퓨팅 기초

1부의 각 장에서는 추후 설명하는 개념과 용어를 확립한다. 클라우드 컴퓨팅에 관한 기본 지식을 갖고 있다 할지라도 3장과 4장은 검토해볼 필요가 있다. 해당 기술 및 보안에 대한 사전 지식이 있는 경우 5장 및 6장은 선택적으로 건너뛰어도 무방하다.

클라우드 컴퓨팅의 이해

3장은 클라우드 컴퓨팅의 개요를 설명하는 두 개의 장 중 첫 번째 장으로 클라우드 컴퓨팅의 간략한 역사와 관련 사업 및 기술 동인에 대한 소개로 시작한다. 이어서 기본 개념과 용어에 대한 정의, 클라우드 컴퓨팅 도입 시의 주요 이점과 고려 사항을 설명한다.

3.1 기원과 영향력

역사

'클라우드' 컴퓨팅이라는 개념의 시작은 1961년 컴퓨터 학자인 존 맥카시[John McCarthy]가 제안한 유틸리티 컴퓨팅에 대한 개념으로 거슬러 올라간다. 존 맥카시는 "미래의 컴퓨터가 내가 주창하는 형태로 발전한다면, 언젠가 컴퓨팅은 전화 시스템과 같은 공공 유틸리티 시설로서 구성될 것이다 ...(중략)... 또한 이때의 유틸리티 컴퓨팅 환경은 주요 산업의 기반이 될 수 있다."라고 언급했다.

1969년, 인터넷의 태동이 됐던 **ARPANET**[Advanced Research Projects Agency NETwork] 프로젝트의 수석 과학자 레오나르도 클레인록[Leonard Kleinrock]은 "지금의 컴퓨터 네트워크는 아직 유아기에 머물러 있지만 앞으로 더욱 성장하고 정교해져 머지않아 '컴퓨터 유틸리티 시설'이 널리 확산될 것이다."라고 말했다.

대중들은 1990년대 중반부터 등장하기 시작한 다양한 검색 엔진(야후!, 구글), 이메일 서비스(핫메일, 지메일), 개방형 퍼블리싱 플랫폼(마이스페이스, 페이스북, 유튜브) 등 갖가지 소셜 미디어(트위터, 링크드인)를 통해 인터넷 기반의 컴퓨터 유틸리티를 활용해 왔다. 이러한 서비스는 소비자 중심이었지만 현대 클라우드 컴퓨팅의 기반이 되는 핵심 개념을 대중화하고 검증했다.

1990년대 후반 세일즈포스닷컴(Salesforce.com)은 원격 프로비저닝된 서비스를 기업에 도입하는 개념을 창시했다. 2002년, 아마존닷컴(Amazon.com)은 아마존 웹 서비스$^{AWS, Amazon Web Services}$ 플랫폼을 출시했다. 아마존 웹 서비스는 원격으로 프로비저닝된 스토리지, 컴퓨팅 자원 및 비즈니스 기능을 제공하는 기업 중심의 서비스다.

1990년대 초반에 네트워크 업계에서 '네트워크 클라우드'나 '클라우드'라는 미묘하게 다른 용어가 소개됐다. 무선 통신망에서도 '클라우드'라는 용어를 사용하긴 했지만, 여기서의 클라우드는 패킷 스위칭 방식으로 다양한 공공 네트워크와 준공공 네트워크 사이에서 데이터가 전달되는 방식을 일컫는 추상 계층$^{abstraction layer}$을 의미했다. 이때의 네트워킹 방식은 로컬 네트워크의 한 종단점$^{end-point}$에서 광대역 네트워크의 '클라우드'로 데이터를 전송하고, 종착지인 최종 종단점에서 분해^{decompose}되는 것이었다. 네트워크 업계에서는 여전히 클라우드라는 용어를 사용하고 있는데, 이는 유틸리티 컴퓨팅의 기초가 되는 초창기 수용형 개념으로 간주된다.

2006년까지 클라우드 컴퓨팅은 상업적 영역에 등장하지 않았다. 이때 아마존은 기업용 애플리케이션을 구동시키기 위한 컴퓨팅 자원과 프로세싱 파워를 '임대'하는 EC2$^{Elastic Compute Cloud}$ 서비스를 시작했다. 같은 해에 구글 앱스$^{Google Apps}$도 브라우저 기반의 기업용 애플리케이션 서비스를 제공하기 시작했고, 3년 후 구글 앱 엔진은 역사의 한 획을 긋게 됐다.

정의

가트너^{Gartner} 보고서는 전략적 기술 영역의 최상위에 위치하는 클라우드 컴퓨팅을 "확장 가능하고^{Scalable} 탄력적인 IT 기능이 인터넷을 사용하는 외부의 고객들에게 서비스 형태로 제공되는 컴퓨팅 방식이다."라고 정의하면서 클라우드 컴퓨팅이 산업 동향으로서 얼마나 중요한지를 재차 확인시켰다.

이는 2008년의 정의를 약간 수정해 '대량으로 확장할 수 있는'이라고 설명했던 것을 '확장 가능하고 탄력적인'으로 바꾼 것으로 기존에는 대규모의 수직적 확장 능력 개념을 포괄하는 확장성의 중요성을 강조했다.

포레스터 리서치Forrester Research는 클라우드 컴퓨팅에 대해 '인터넷 기술을 통해 사용량에 따라 과금하거나 셀프서비스하는 방식으로 제공되는 표준화된 IT 기능(서비스, 소프트웨어, 혹은 인프라)'라고 정의했다.

업계 전반에 받아들여진 정의는 미국국립표준기술연구소NIST, the National Institute of Standards and Technology가 제시했다. NIST는 2009년 처음 발표했던 정의를 추가 검토하고 업계 정보를 수용해 2011년 9월 개정한 버전을 발표했다.

"클라우드 컴퓨팅은 컴퓨팅 자원(예: 통신망, 서버, 저장 장치, 애플리케이션, 서비스)에 언제 어디서나 필요에 따라 편리하게 네트워크를 통해 접근하는 기능을 제공하는 모델이다. 이러한 컴퓨팅 자원은 최소한의 관리로 신속하게 프로비저닝되고 배포될 수 있다. 클라우드 모델은 5가지 기본 특성과 3가지 서비스 모델, 4가지 배포 모델로 이뤄진다."

이 책에서는 간결하게 "클라우드 컴퓨팅은 원격지에서 제공하는 확장성 있는 자원의 사용 모델을 도입한 분산 컴퓨팅의 특수한 형태다."라고 정의한다.

이 단순화된 정의는 클라우드 컴퓨팅 업계 내의 다양한 조직이 제시한 다른 정의와 맥을 같이한다. NIST 정의에서 언급된 클라우드 컴퓨팅의 특성, 서비스 모델 및 배포 모델은 4장에서 더 자세히 다룬다.

사업적 동인

클라우드의 기술 계층을 자세히 살펴보기 전에 업계 리더들을 클라우드 산업으로 이끈 동기를 이해할 필요가 있다. 여기에서는 현대 클라우드 기반 기술을 발전시킨 주요 사업 동인들을 살펴보겠다.

지금부터 설명할 사업 동인들은 4장 이후에서 다룰 특성, 모델, 메커니즘의 기원이 됐으며, 클라우드와 클라우드 컴퓨팅 시장을 형성하는 데 중요한 역할을 했다. 어떤 조직에는 비즈니스 자동화 요구 사항을 충족시키는 클라우드 컴퓨팅을 도입하는 동기가 됐고, 이외의 조직에는 소비자의 요구를 충족시키기 위해 클라우드 환경을 제공하는 기관이나 클라우드 기술 제공 업체가 되는 동기가 됐다.

용량 계획

용량 계획이란 조직의 IT 자원, 상품, 서비스의 미래 수요를 가늠하고 충족시키는 공정을 말한다. 이런 맥락에서 용량은 IT 자원이 주어진 시간 내에 달성할 수 있는 일의 최대치를 나타낸다. IT 자원의 용량과 수요 사이의 간극은 시스템을 비효율적(과잉 공급)이게 하거나 사용자의 요구 사항을 충족시킬 수 없게(공급 부족) 만든다. 따라서 용량 계획은 예측 가능한 효율과 성능을 달성하기 위해 이 간극을 최소화하는 데 중점을 둔다. 용량 계획을 위한 전략은 다음과 같다.

- **리드 전략** Lead Strategy : 수요를 예상해 IT 자원 용량 추가
- **지연 전략** Lag Strategy : IT 자원이 최대 용량에 도달했을 때 용량 추가
- **일치 전략** Match Strategy : 수요가 증가하는 만큼 조금씩 IT 자원 용량 추가

용량 계획은 사용량의 변동을 예측해야 하기에 어려움이 있다. 인프라에 불필요한 초과 지출 없이 최대 사용량 요구 사항에 맞춰 균형을 유지해야 한다. 예를 들어 최대 사용 부하 Peak usage requirement 를 충족시키기 위해 IT 인프라를 갖추는 것은 부적절하게 많은 재정 투자를 초래한다. 이 경우에 투자를 조절하면 용량 임계치가 낮아져 사용상 제약이나 트랜잭션 손실을 가져올 수 있다.

비용 절감

IT 비용과 비즈니스 성과를 직접 비교하기는 어렵다. IT 환경의 성장은 대개 최대 사용 요구량 평가에 맞춰 이뤄진다. 새롭게 확장되는 비즈니스 자동화를 지원하는 데는 더 많은 투자가 필요하다. 주어진 자동화 솔루션의 사용 가능성은 기본 인프라의 처리 능력에 의해 제한되기 때문에 이러한 투자의 대부분은 인프라 확장에 쓰인다.

여기서 새로운 인프라를 구축하기 위한 비용과 지속적으로 유지하는 비용, 이 두 가지가 설명돼야 한다. 운영 오버헤드는 IT 예산에서 상당한 비중을 차지하며, 종종 선행 투자 비용을 초과한다. 인프라와 관련한 운영 오버헤드는 다음과 같은 것들이 있다.

- 환경 유지를 위해 필요한 기술 인력
- 추가적인 테스트와 배포 사이클에 필요한 업그레이드와 패치
- 전원 및 냉각 장치에 필요한 유틸리티 요금과 자본 비용 투자
- 인프라 자원을 보호하기 위해 유지, 강화해야 하는 보안과 접근 제어 수단

- 라이선스와 지원 협약을 추적 및 관리하기 위한 관리자와 회계 담당자

내부 기술 인프라를 유지하는 것은 기업의 예산에 복합적인 영향을 주는 부담스러운 책임을 수반할 수 있다. 그 결과 IT 부서는 잠재적으로 응답성과 수익성, 전반적인 진화를 저하시키면서 사업 자원을 고갈시키는 요인이 될 수도 있다.

조직의 민첩성

기업은 내외부적 요인으로 발생하는 변화에 성공적으로 대처하기 위해서 적응하고 진화할 수 있는 역량이 필요하다. 조직의 민첩성은 조직이 변화에 대응하는 능력을 측정한 것이다.

IT 기업은 종종 예측하고 계획했던 범위를 넘어 IT 자원을 확장함으로써 변화에 대응해야 한다. 예를 들어 기존 용량 계획 작업 시 예산에 제약이 있었던 경우, 시스템이 사용량 변동에 대응하지 못하게 저해하는 인프라가 있을 수 있다. 또한 비즈니스 요구 사항 및 우선 순위를 변경하면 이전보다 가용성과 신뢰성이 높은 IT 자원을 필요로 할 수도 있다. 예측 가능한 사용량을 지원할 수 있는 인프라가 충분히 갖춰져 있어도 사용 특성상 호스팅 서버를 다운시키는 런타임 예외 사항이 발생할 수 있다. 인프라의 신뢰성 관리 부족은 고객의 요구에 대한 응답성을 저하시켜 비즈니스 전체의 연속성을 위협할 수 있다.

좀 더 넓은 시각으로 보면 신규, 또는 확장된 비즈니스 자동화 솔루션을 구현하는 데 필요한 선행 투자와 인프라 유지 비용이 오히려 사업을 운영하는 데 이상적이지 못한 품질의 IT 인프라로 귀결될 수 있으며, 그로 인해 현장의 요구 사항을 충족시킬 수 있는 능력이 떨어질 수 있다.

그러나 더 심각한 것은 더 이상 비용을 감당하기 힘들다는 이유로 인프라 예산 검수를 통해 자동화 솔루션을 사용하지 않기로 결정할 수도 있다는 것이다. 이러한 대응 방식은 조직이 시장의 요구 사항, 경쟁력, 전략적 사업 목표를 유지하는 데 오히려 방해가 될 수 있다.

기술 혁신

잘 확립된 기술은 영감을 불러일으키거나 새로운 기술 혁신을 유도하고 구축하는 기반이 된다. 이 절에서는 클라우드 컴퓨팅에 주요한 영향을 미친 기존 기술을 간략히 설명하겠다.

클러스터링

클러스터는 서로 연결돼 단일 시스템으로 작동하는 독립적인 IT 자원의 그룹이다. 이중화와 장

애 조치 ^{failover} 기능이 클러스터에 내재돼 있기 때문에 가용성과 신뢰성이 증가하고 시스템 장애율은 낮아진다.

하드웨어를 클러스터링하기 위한 일반적인 전제 조건은 각 구성 요소 시스템이 동일한 기종의 하드웨어와 운영체제로 이뤄져야 한다는 것이다. 이는 한 구성 요소에 장애가 발생했을 때 이를 비슷한 성능의 다른 구성 요소로 대체할 수 있어야 하기 때문이다. 클러스터를 구성하는 구성 요소 장치는 전용 고속 통신 링크를 통해 동기화돼야 한다.

이중화와 장애 조치 ^{failover} 의 기본 개념은 클라우드 플랫폼의 핵심 개념이다. 클러스터링 기술은 8장, '자원 클러스터 메커니즘 설명'에서 더욱 자세히 다룰 것이다.

그리드 컴퓨팅

컴퓨터 그리드는 컴퓨팅 자원이 하나 이상의 논리적인 풀로 구성된 플랫폼을 제공한다. 이 풀은 집합적으로 고성능의 분산 그리드를 제공하는데, 이를 '슈퍼 가상 컴퓨터'라고 부르기도 한다. 그리드 컴퓨팅은 훨씬 느슨하게 결합 및 분산돼 있다는 점에서 클러스터링과는 차이가 있다. 결과적으로 그리드 컴퓨팅 시스템은 서로 다른 기종이 지역적으로 분산돼 있는 시스템으로, 클러스터 컴퓨팅 기반의 시스템으로 지원할 수 없는 컴퓨팅 자원에도 사용할 수 있다.

그리드 컴퓨팅은 1990년대 초반 이래로 컴퓨팅 과학 분야에서 꾸준히 주목 받는 연구 분야가 됐다. 그리드 컴퓨팅 프로젝트가 이룬 기술적 진보는 특히 네트워크 접근, 자원 풀링, 확장성, 탄력성 같은 공통의 기능과 관련된 클라우드 컴퓨팅 플랫폼과 메커니즘의 다양한 측면에 영향을 미쳤다. 이런 유형의 기능은 그리드 컴퓨팅과 클라우드 컴퓨팅 각각의 접근법에 따라 밝힐 수 있다.

예를 들어 그리드 컴퓨팅은 컴퓨팅 자원에 배포되는 미들웨어 계층에 기반을 둔다. 이러한 IT 자원은 작업 부하 분산과 조정 기능을 구현하는 그리드 풀의 구성 요소가 된다. 이 중간 계층은 부하 분산 로직과 장애 조치 제어, 자동 구성 관리 등을 포함하는데, 이는 클라우드 컴퓨팅 기술과 비슷하다(일부는 더욱 정교하다). 그래서 사람들은 클라우드 컴퓨팅을 초창기 그리드 컴퓨팅에서 파생된 것으로 분류하기도 한다.

가상화

가상화는 IT 자원의 가상 인스턴스를 만드는 데 사용되는 기술 플랫폼을 말한다. 가상화 소프트웨어 계층은 물리적인 IT 자원이 그들 자신의 여러 가상 이미지를 제공하도록 허용해 프로세싱 용량을 여러 사람이 공유할 수 있게 한다.

가상화 기술이 출현하기 전에 소프트웨어는 정적인 하드웨어 환경에 고정됐다. 가상화 프로세스는 가상화된 환경에서 구동되는 에뮬레이션 소프트웨어로 하드웨어 요구 사항을 시뮬레이션할 수 있어 소프트웨어와 하드웨어의 종속성을 해소한다.

다양한 클라우드의 특성 및 메커니즘은 가상화 기술을 토대로 하고 있다. 클라우드 컴퓨팅이 발전할수록 기존 가상화 플랫폼의 성능, 신뢰성, 확장성의 한계를 극복하기 위해 현대적인 가상화 기술이 등장하고 부각되고 있다.

현대 클라우드 기술의 시초로서 현재의 가상화 기술이 선보이고 있는 다양한 가상화의 종류와 기술 계층은 5장에서 논의한다.

기술 혁신 vs. 기술 활성화^{Enabling Technology}

현재 클라우드 기반 플랫폼에 기여하고 있는 여러 기술 영역을 강조하는 것은 중요한 일이다. 이는 클라우드를 가능케 하는 지원 기술로 구별되며, 자세한 내용은 5장에서 다룰 것이다.

- 광대역 네트워크와 인터넷 아키텍처
- 데이터 센터 기술
- (현대)가상화 기술
- 웹 기술
- 멀티 테넌트 기술
- 서비스 기술

위에 열거한 클라우드를 가능케 하는 지원 기술은 클라우드 컴퓨팅이 공식적으로 출현하기 전부터 이미 다양한 형태로 존재해 왔다. 클라우드 컴퓨팅의 지속적인 진화로 인해 일부는 더 정교해졌고 때로는 재정의되기도 했다.

핵심 요약

- 클라우드 컴퓨팅의 필요성을 부각하고 구축되게 했던 주요한 사업적 동인으로는 용량 계획,비용 절감, 조직적 민첩성이 있다.
- 클라우드 컴퓨팅의 주요 특징 및 측면에 영향을 줬던 주요 기술 혁신은 클러스터링, 그리드 컴퓨팅, 전통적인 가상화 기술이 있다.

3.2 기본 개념과 용어

3.2절에서는 클라우드 및 초기 산물들과 관련해 근본이 되는 개념과 양상을 대표하는 기본 용어를 다룬다.

클라우드

그림 3.1
클라우드 환경의
경계를 나타내는 기호

클라우드는 확장 가능하고 측정된 IT 자원을 원격으로 프로비저닝하기 위해 고안된 고유한 IT 환경을 일컫는다. 이 용어는 분산된 IT 자원에 원격으로 접속하는 네트워크인 인터넷에 대한 은유에서 비롯됐다. 클라우드 컴퓨팅이 IT 업계에 공식적인 산업 부문이 되기 전에 클라우드(구름 모양의) 기호는 웹 기반 아키텍처의 명세서나 문서에서 인터넷을 나타내는 데 사용됐다. 그림 3.1에서 볼 수 있듯이 이제는 클라우드 환경의 경계를 나타내는 데 사용된다.

인터넷에서 '클라우드'라는 용어와 클라우드 기호를 구별하는 것은 중요하다. 원격으로 IT 자원을 프로비저닝하는 데 사용되는 특정 환경으로서 클라우드는 명확한 경계를 갖는다. 현재는 인터넷을 통해 접근할 수 있는 많은 개별 클라우드가 존재하고 있다.

인터넷은 여러 웹 기반 IT 자원에 대한 개방된 접근을 허용하는 반면. 클라우드는 대개 개인에게 속하며 제한된 접근을 허용한다.

인터넷은 월드와이드웹^{World Wide Web}을 통해 게시된 콘텐츠 기반의 IT 자원에 접근하게 한다. 반면 클라우드 환경에서 제공되는 IT 자원은 백엔드 처리 기능과 이러한 기능에 대한 사용자 기반 접근을 제공한다. 또 하나의 주요한 차이점은 클라우드는 인터넷 프로토콜과 기술 기반으로 이뤄지지만 꼭 웹 기반일 필요는 없다는 것이다. 프로토콜은 미리 정의되고 구조화된 방식으로 컴퓨터가 서로 통신하기 위한 기준과 방법을 말한다. 클라우드는 IT 자원에 원격으로 접속할 수 있게 하는 방식의 프로토콜을 모두 사용할 수 있다.

노트
이 책에서는 지구본 기호를 사용해서 인터넷을 나타낸다.

IT자원

IT 자원은 물리 또는 가상의 IT 관련 산물을 말한다. 가상 서버나 사용자 소프트웨어 프로그램과 같은 소프트웨어 기반의 자원과 물리 서버, 네트워크 장비와 같은 하드웨어 기반의 자원을 모두 포함한다(그림 3.2).

| 물리적 서버 | 가상 서버 | 소프트웨어 프로그램 | 서비스 | 저장 장치 | 네트워크 장치 |

그림 3.2
IT 자원의 예제와 이를 나타내는 기호

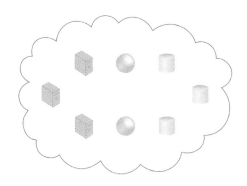

그림 3.3
클라우드가 8개의 IT 자원을 제공한다.
3대의 가상 서버, 2개의 클라우드 서
비스, 3대의 저장 장치.

그림 3.3은 클라우드 기반 환경의 경계를 나타내기 위해 클라우드 기호가 어떻게 쓰이는지 보여준다. 그림에 있는 IT 자원은 결국 클라우드 기반의 IT 자원이라고 볼 수 있다.

IT 자원과 관련된 기술 아키텍처와 다양한 상호 작용 시나리오는 그림 3.3처럼 다이어그램diagram으로 표현될 수 있다. 이를 이용해 작업할 때 주의해야 할 사항은 다음과 같다.

- 클라우드 기호의 경계 안에 있는 IT 자원들이 클라우드가 제공하는 이용 가능한 모든 IT 지원을 나다내는 것은 아니다. 특정 수제를 설명하기 위해 IT 자원의 부분 집합이 강조돼 나타난다.

- 주제와 관련된 관점에 집중하려면 기술 아키텍처를 이루는 추상적 관점을 제공하는 다이어그램이 많이 필요하다. 이는 다이어그램에는 실제 기술 세부 사항의 일부분만 보

여진다는 것을 의미한다.

게다가 어떤 다이어그램은 클라우드 기호 외부의 IT 자원을 나타내기도 할 것이다. 이는 클라우드 기반이 아닌 IT 자원을 나타내기 위해 사용된다.

온프레미스

클라우드는 원격으로 접근되는 개별적인 환경으로서 IT 자원의 배포를 위한 하나의 옵션에 해당한다. 전통적으로 IT 기업에서 제공되는 IT 자원은 조직의 경계 안에 있는 IT 엔터프라이즈 자체에 위치하는 것으로 간주돼 왔다. '온프레미스'는 "제어되는 IT 환경이 클라우드 기반이 아닌 것을 전제로 한다."는 것을 말한다. 이 용어는 IT 자원이 클라우드 기반의 대안으로 사용된다는 뜻이다. 온프레미스되는 IT 자원은 클라우드 기반이 될 수 없으며 그 반대도 마찬가지다.

주의 사항은 다음과 같다.

- 온프레미스된 IT 자원은 클라우드 기반의 IT 자원에 접근하고 통신할 수 있다.
- 온프레미스된 IT 자원은 클라우드로 이관될 수 있으며, 이는 클라우드 기반의 IT 자원으로의 변경을 의미한다.
- IT 자원은 온프레미스 환경과 클라우드 환경에 중복 배포될 수 있다.

온프레미스와 클라우드 기반 IT 자원의 차이점이(4장, '클라우드 배포 모델'에서 다룰) 프라이빗 클라우드와 혼동된다면, 대체 수식어를 사용할 수 있다.

클라우드 소비자와 클라우드 제공자

클라우드 기반의 IT 자원을 제공하는 측을 클라우드 제공자라 하고, 이를 사용하는 측을 클라우드 소비자라 한다. 이러한 용어는 클라우드나 클라우드 제공 계약과 관련된 조직이 부여하는 역할을 대표한다. 4장 '역할과 경계'에서 이런 역할을 정의한다.

확장

IT 자원 관점에서의 확장은 IT 자원을 사용량 요구에 따라 늘이거나 줄일 수 있는 능력을 말한다.

확장의 형태는 다음과 같다.

- 수평적 확장: 외부 확장과 내부 확장
- 수직적 확장: 상향 확장과 하향 확장

다음 두 부분에서 이를 간략히 설명한다.

수평적 확장

같은 형태의 IT 자원의 할당이나 배포를 수평적 확장이라 한다(그림 3.4). 자원의 수평적 할당은 외부로의 확장을 의미하고, 자원의 수평적 배포는 내부로의 확장을 의미한다. 클라우드 환경에서 일반적인 확장의 형태는 수평적 확장이다.

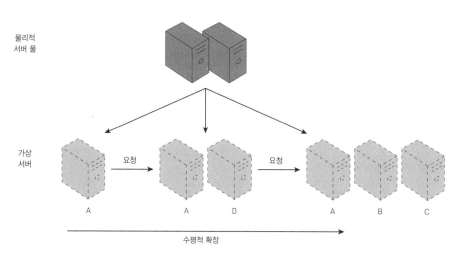

그림 3.4
IT 자원(가상 서버 A)에 같은 IT 자원(가상 서버 B와 C)를 추가해 확장했다.

수직적 확장

IT 자원이 더 높거나 낮은 사양의 다른 자원으로 교체될 때, 이를 수직적 확장이라 한다(그림 3.5). 특히 더 높은 사양의 IT 자원으로의 교체를 상향 확장이라 하며 더 낮은 사양으로의 확장을 하향 확장이라 한다. 교체가 일어날 때 다운 타임이 발생하기 때문에 클라우드 환경에서 수직적 확장은 일반적이지 않다.

그림 3.5
IT 자원(2개의 CPU가 장착된 가상 서버)은 데이터 저장 능력이 증가된 좀 더 높은 성능의 IT 자원(4개의 CPU가 장착된 물리적 서버)으로 교체돼 상향 확장됐다.

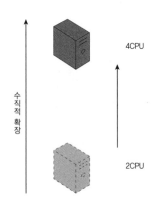

표 3.1은 수평적 확장, 수직적 확장과 관련된 장단점을 간략히 보여준다.

수평적 확장	수직적 확장
저비용(하드웨어 컴포넌트 이용)	고비용(특성화된 서버)
IT 자원 즉시 이용 가능	정상적인 경우 IT 자원 즉시 이용 가능
자원 복제 및 자동 확장	대개 추가 설정이 필요
추가 IT 자원 필요	추가 IT 자원 필요 없음
하드웨어 용량에 제약을 받지 않음	최대 하드웨어 용량에 제약을 받음

표 3.1
수평적 확장과 수직적 확장의 비교

클라우드 서비스

클라우드가 원격에서 접근 가능한 환경이기는 하지만 클라우드 내의 모든 IT 자원에 원격 접근이 가능한 것은 아니다. 예를 들어 클라우드 내의 데이터베이스나, 물리 서버가 같은 클라우드 안에 있는 IT 자원만 접근할 수 있다. 원격 사용자가 접근할 수 있게 하려면 공개된 API를 이용한 소프트웨어 프로그램이 특별히 배포돼야 한다.

클라우드 서비스는 클라우드를 통해 원격으로 접근할 수 있는 모든 IT 자원이다. 서비스지향 아키텍처와 같은 서비스 기술 영역하에 있는 다른 IT 분야와 달리, 클라우드 컴퓨팅의 맥락에서 '서비스'라는 용어의 범주는 굉장히 방대하다. 클라우드 서비스는 메시징 프로토콜을 사용하거나 관리 도구, 대규모 환경 및 기타 IT 자원을 위한 원격 접근 지점으로 호출되는 기술 인터페이스가 있는 간단한 웹 기반 소프트웨어 프로그램으로 존재할 수 있다.

그림 3.6의 노란 동그라미는 간단한 웹 기반 소프트웨어 프로그램으로 제공되는 클라우드 서비스를 나타낸다. 다른 IT 자원 기호는 클라우드 서비스가 제공하는 접근 특성에 따라 오른쪽 그림의 상황에서 사용된다.

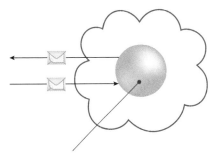

원격에서 접근되는 웹 서비스 형태로 제공되는 클라우드 서비스

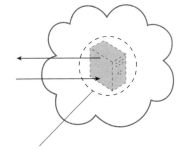

원격에서 접근되는 가상 서버 형태로 제공되는 클라우드 서비스

그림 3.6
공개된 기술 인터페이스를 갖는 클라우드 서비스가 클라우드 외부 사용자에 의해 접근되고 있다(좌). 가상 서버로 존재하는 클라우드 서비스는 클라우드 경계 밖에서부터 접근되고 있다(우). 좌측의 클라우드 서비스는 클라우드 서비스의 공개 기술 인터페이스에 접근할 수 있게 고안된 사용자 프로그램에 의해 호출된다. 우측의 클라우드 서비스는 원격지의 가상 서버에 로그인한 사용자에 의해 접근된다.

클라우드 컴퓨팅의 원동력은 소비자가 원격에서 사용할 수 있는 기능을 제공하면서 다른 IT 자원을 캡슐화해 서비스로서 IT 자원을 제공하는 데 있다. 일반적인 유형의 클라우드 서비스를 위한 많은 모델이 등장했으며, 대부분의 서비스에는 '서비스로서as-a-service'라는 접미사가 붙는다.

클라우드 서비스 소비자

클라우드 서비스 소비자는 클라우드 서비스에 접근할 때 소프트웨어 프로그램에 의해 부여되는 일시적인 런타임 '역할'이다.

그림 3.7에서 볼 수 있듯이 클라우드 서비스 소비자의 일반적인 형태는 서비스 계약이 맺어진 클라우드 서비스에 원격에서 접근할 수 있는 소프트웨어 프로그램과 서비스를 포함한다. 또한 소프트웨어가 구동되는 워크스테이션과 랩탑 컴퓨터, 모바일 기기 등을 포함한다.

소프트웨어
프로그램   서비스   워크스테이션   랩탑   모바일 기기

그림 3.7
클라우드 서비스 소비자의 예시. 소프트웨어 프로그램 또는 하드웨어 장치(여기서는 클라우드 서비스 소비자의 역할을 하는 소프트웨어 프로그램이 구동되는 장치를 말한다)가 될 수 있다.

3.3 목표와 이점

클라우드 컴퓨팅을 도입해서 얻을 수 있는 이점을 알아본다.

노트
이후에 나오는 부분에서는 '퍼블릭 클라우드'와 '프라이빗 클라우드'라는 용어를 사용한다. 이 용어들은 4장의 '클라우드 배포 모델' 부분에서 설명하겠다.

투자 절감과 비례 비용

낮은 가격으로 대량의 물건을 구입하는 도매업자와 비슷하게 퍼블릭 클라우드 제공자는 클라우드 소비자에게 매력적인 가격에 임대 패키지를 제공해 IT 자원을 대량 획득하게 하는 비즈니스 모델에 기반을 둔다. 이는 조직이 인프라를 직접 구매하지 않고 성능 좋은 인프라에 접근할 수 있는 계기가 됐다.

일반적으로 클라우드 기반 IT 자원에 투자하는 경제적인 목적은 하드웨어와 소프트웨어의 구입 및 유지 비용인 선행 IT 투자 비용을 절감하거나 완전히 없애는 데 있다. 클라우드의 측정된 사용량 특성은 예상 자본 지출을 대체하는 측정된 운영 비용(비즈니스 성과와 직접적으로 연관된)을 허용하는 기능 집합을 나타내며, 이를 비례 비용$^{Proportional\ Costs}$이라고 한다.

기업은 선행된 재정 투자 계획을 없애거나 최소화해 소규모로 시작할 수 있고 필요에 따라 IT 자원 할당을 늘릴 수 있다. 게다가 선행 자본 비용의 절감은 자본이 핵심 비즈니스 투자로 돌아가게 한다. 가장 기본적인 형태의 비용 절감 기회는 주요 클라우드 제공자가 대규모 데이터 센터를 구축 및 운영함으로써 얻게 된다. 이런 데이터 센터는 일반적으로 저렴한 비용으로 부동산, IT 전문가, 네트워크 대역폭을 확보할 수 있는 곳에 위치하게 되며 이는 자본과 운영 비용 절감을 가져온다.

이와 같은 이론적 근거는 운영체제나 미들웨어 또는 플랫폼 소프트웨어, 애플리케이션 소프트웨어에도 적용된다. 여러 클라우드 소비자들이 IT 자원의 집합을 이용하고 공유해 가용성이 극대화된다. 운영 비용과 비효율성은 클라우드 아키텍쳐, 관리 및 거버넌스를 최적화하기 위한 검증된 모범 사례와 패턴을 적용함으로써 더욱 감소시킬 수 있다.

클라우드 소비자가 얻는 혜택은 다음과 같다.

- 단기간(예: 시간당 프로세서)을 기준으로 컴퓨팅 자원 사용료를 먼저 지급하고 필요 없

을 때 컴퓨팅 자원을 방출하는release 온디맨드식의 접근

- 사용 가능한 컴퓨팅 자원에 제약이 없다는 인식. 이로 인해 프로비저닝을 준비할 필요가 없다.
- 기가바이트 단위로 저장 디스크 공간을 확보하는 식의 미세한 IT 자원의 조절이 가능하다.
- 인프라의 추상화로 장치나 장소에 구애받지 않고 필요할 때 애플리케이션을 쉽게 제거할 수 있다.

예를 들어 배치 처리 중심의 작업이 많은 기업은 애플리케이션 소프트웨어를 확장하는 만큼 작업을 빠르게 처리할 수 있다. 한 시간에 100대의 서버를 사용하는 비용이 100시간에 한 대의 서버를 사용하는 비용과 같다. 이처럼 많은 초기 투자 비용 없이도 대규모 컴퓨팅 인프라를 확보할 수 있는 IT 자원의 '탄력성'은 놀라운 것이다.

많은 사람들이 클라우드 컴퓨팅의 경제적 혜택을 쉽게 받아들이지만 실제 경제적으로 계산하고 측정하는 것은 복잡할 수 있다. 클라우드 컴퓨팅 도입 전략을 진행할지 결정하는 것은 단순히 임대 비용과 구매 비용을 비교하는 것 이상의 문제다. 예를 들어 동적 확장과 과잉 공급(과소 사용) 및 공급 부족(과도한 작업)의 위험을 관리함으로써 얻을 수 있는 경제적 이익도 고려해야 한다. 15장에서는 상세한 재무적 비교와 평가를 수행하기 위한 일반적인 기준과 공식을 살펴보겠다.

노트

클라우드가 제공하는 비용 절감의 한 축이 바로 IT 서비스 프로비저닝의 기술 및 운영 구현 세부 사항을 클라우드 소비자로부터 받아 즉시 사용 가능 또는 규격품 형태로 패키징하는 '서비스로서의' 사용 모델이다. 이러한 서비스 기반 제품은 온프레미스 솔루션과 동등한 성능하에 비교했을 때 IT 자원의 개발, 배포, 관리를 간소화하고 신속하게 처리한다. 결과적으로 필요한 IT 전문 지식과 소요 시간을 절약하는 것이 중요하며 이는 클라우드 컴퓨팅 도입의 정당성을 구체화하는 데 도움이 될 수 있다.

확장성 증대

클라우드는 IT 자원을 클라우드 소비자에게 온디맨드 또는 클라우드 소비자의 직접 구성을 통해 즉시 및 동적으로 할당할 수 있다. 이는 IT 자원 풀과 함께 활용할 수 있는 도구 및 기술을 제공하기 때문에 가능하다. 이를 통해 클라우드 소비자는 클라우드 기반 IT 자원을 확장해 처리

요구의 변동 및 피크 작업 부하를 자동 또는 수동으로 수용할 수 있다. 마찬가지로 처리 요구가 감소함에 따라 클라우드 기반 IT 자원을 (자동 또는 수동으로) 해제할 수 있다.

그림 3.8은 24시간 동안의 사용 요구량 변동 예를 보여준다.

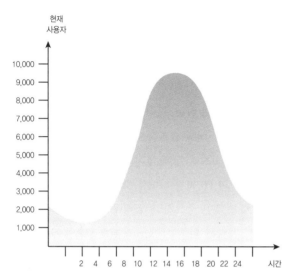

그림 3.8 기업(조직)의 24시간 동안 IT 자원 요구량 변화

IT 자원의 확장을 유연하게 하는 클라우드 고유의 내장 기능은 앞서 언급한 비례 비용 혜택과 직접적인 연관이 있다. 확장과 관련해서는 자동화된 축소로 경제적 이득을 얻을 수 있을 뿐 아니라 IT 자원의 기능이 예측 불가능한 사용량 요구를 항상 충족시켜 사용량 임계치에 도달했을 때 발생할 수 있는 잠재적 손실을 피할 수 있게 한다.

노트

확장성 증대가 가져오는 이득은 사업적 동인 부분에서 설명한 용량 계획 전략과 관련이 있다.

지연, 매치 전략은 클라우드가 IT 자원을 필요할 때마다 확장할 수 있기 때문에 가능한 것이다.

가용성과 신뢰성 증대

IT 자원의 가용성과 신뢰성은 눈에 보이는 사업적 이익과 직접적인 관련이 있다. 서비스 중단은 IT 자원이 사용자에게 개방되는 시간을 제한하므로 IT 자원의 사용과 수익을 제한한다. 바로 복구되지 않는 런타임 실패는 사용량이 많은 시기에 더 큰 영향을 받는다. 사용자의 요구에 맞춰 IT 자원을 공급할 수 없을 뿐 아니라 예측하지 못한 실패로 사용자의 신뢰가 깨질 수 있다.

일반적인 클라우드 환경의 특징은 서비스 중단을 최소화 또는 제거할 수 있게 클라우드 기반 IT 자원의 가용성을 증대시키고 런타임 오류 조건의 영향을 최소화하기 위해 신뢰성을 높이는 고유한 기능을 제공한다는 것이다.

특히,

- 가용성이 증대된 IT 자원은 더 오랜 시간 동안 접근 가능하다(예: 하루 24시간 중 22시간). 클라우드 제공자는 대개 높은 가용성을 보장하는 '탄력적인' IT 자원을 제공한다.
- 신뢰성이 증대된 IT 자원은 예외 발생 상황을 더욱 효과적으로 방지하고 복구할 수 있다. 클라우드 환경의 모듈화된 아키텍처는 확장된 장애 조치 기능을 지원해 신뢰성을 증대시킨다. 조직이 클라우드 기반 서비스와 IT 자원 임대를 고려할 때 클라우드 제공자가 제공하는 SLA를 주의 깊게 평가하는 것은 중요하다. 클라우드 환경이 매우 높은 가용성과 신뢰성을 제공하더라도 실제 계약된 의무 사항을 기술한 SLA에 있는 보증 내역을 다 준수하지 못할 수 있다.

핵심 요약

- 클라우드 환경은 실제 사용한 만큼만 청구되는 사용량당 과금 방식으로, 임대되는 IT 자원의 풀을 제공하는 광범위한 인프라로 구성된다. 온프레미스 환경과 비교할 때, 클라우드는 측정된 사용량에 비례하는 초기 투자 비용과 운영 비용을 절감할 수 있다.
- IT 자원을 확장하는 클라우드의 내장 기능은 조직이 사용자의 요구를 거부하게 되는 미리 설정된 임계치에 제약을 받지 않고 예측 불가능한 사용량 변동에 맞춰 조절할 수 있게 한다. 반대로 필요한 확장을 줄이는 클라우드의 기능은 비례 비용 혜택과 직접적으로 관련되는 기능이다.
- IT 자원의 가용성과 신뢰성을 높일 수 있도록 클라우드 환경을 활용해, 조직은 서비스 품질을 증대시키고, 예측하지 못한 런타임 실패로 인한 사업적 손실을 최소화하거나 제거할 수 있다.

3.4 위험과 고려 사항

퍼블릭 클라우드의 IT 자원을 사용하는 클라우드 소비자와 관련된 주요 고려 사항을 살펴보도록 한다.

보안 취약성 증가

비즈니스 데이터가 클라우드로 옮겨간다는 것은 데이터 보안에 대한 책임이 클라우드 제공자와 공유된다는 것을 의미한다. IT 자원을 원격으로 사용하려면 클라우드 소비자가 외부 클라우드를 포함하도록 신뢰 경계를 확장해야 한다. 퍼블릭 클라우드와 달리, 클라우드 소비자와 클라우드 제공자가 동일하거나 호환성 있는 보안 프레임워크를 지원하지 않는 이상 취약점 없이 신뢰 경계를 확장시키는 보안 아키텍처를 구축하는 것은 매우 어려울 수 있다.

신뢰 경계의 중첩으로 인해 클라우드 제공자가 클라우드 소비자의 데이터에 권한 있는 접근을 얻을 수 있게 된다. 데이터 보안의 범위는 이제 클라우드 소비자와 클라우드 공급자가 모두 적용하는 보안 제어 및 정책으로 제한된다. 나아가 클라우드 기반의 IT 자원은 대개 공유되기 때문에 여러 클라우드 고객의 신뢰 경계가 중첩될 수 있다.

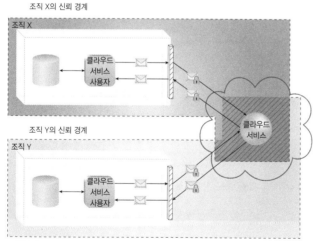

그림 3.9
대각선으로 칠해진 영역이 두 조직의 신뢰 경계가 겹치는 부분이다.

신뢰 경계의 중첩과 데이터의 노출 증가는 악의적인 클라우드 소비자(사람 또는 자동화된)에게 IT 자원을 공격하거나 비즈니스 데이터를 도용하고 손상시킬 수 있는 기회를 더 많이 제공할 수 있다. 그림 3.9는 동일한 클라우드 서비스에 접근하는 두 조직이 각각의 신뢰 경계를 클라우드로 확장해 중첩되는 신뢰 경계가 생성되는 시나리오를 보여준다.

클라우드 제공자가 두 클라우드 서비스 소비자의 보안 요구 사항을 수용하는 보안 메커니즘을 제공하는 것은 어려울 수 있다. 중첩된 신뢰 경계는 곧 보안 위협이며 6장에서 자세히 다룬다.

운영 관리 제어의 축소

클라우드 소비자는 대개 온프레미스 IT 자원보다는 낮은 수준의 관리 제어권을 할당받는다. 이는 클라우드 제공자가 클라우드를 운영하는 방법 및 클라우드와 클라우드 소비자 간 통신에 필요한 외부 연결과 관련된 위험을 초래할 수 있다.

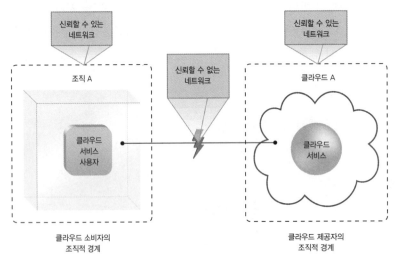

그림 3.10
신뢰도가 낮은 네트워크 연결은 클라우드 소비자와 클라우드 제공자 환경 사이의 통신 품질을 저하시킨다.

다음 예제를 살펴보자.

- 신뢰도가 낮은 클라우드 제공자는 클라우드 소비자에게 발행된 SLA의 보증 사항을 유

지하지 못할 수 있다. 이는 클라우드 서비스에 의존하는 클라우드 소비자 솔루션의 품질을 저해한다.

- 클라우드 소비자와 클라우드 제공자 사이의 지리적인 거리가 멀수록 네트워크 홉 수가 많아져 지연 시간의 변동과 잠재적인 대역폭 제약이 있을 수 있다.

그림 3.10은 두 번째 시나리오를 보여준다.

SLA, 기술 점검, 모니터링과 결부된 법적 계약은 관리적인 위험 요인과 이슈들을 완화시킨다.

클라우드 관리 시스템은 클라우드 컴퓨팅의 '서비스로서'의 특성에 따라 SLA를 바탕으로 구축된다. 클라우드 소비자는 실제 제공되는 서비스 수준을 계속 모니터링하고 클라우드 제공자가 만든 품질 보증서를 계속 주시하고 있어야 한다.

클라우드 소비자에게 운영 제어 수준을 다양하게 제공하는 클라우드 제공 모델에 대해서 4장에서 자세히 살펴본다.

클라우드 제공자 사이의 제한된 이식성

클라우드 컴퓨팅 업계 내에 확립된 산업 표준이 없기 때문에 퍼블릭 클라우드는 일반적으로 다양한 범위에서 독점적이다. 독점 환경에 종속된 맞춤형 솔루션을 보유한 클라우드 소비자가 한 클라우드 제공자에서 다른 제공자로 이동하는 것은 어려운 일이다.

이식성은 클라우드 소비자 IT 자원과 데이터를 클라우드 간에 이동하는 데 미치는 영향을 측정하는 척도다(그림 3.11).

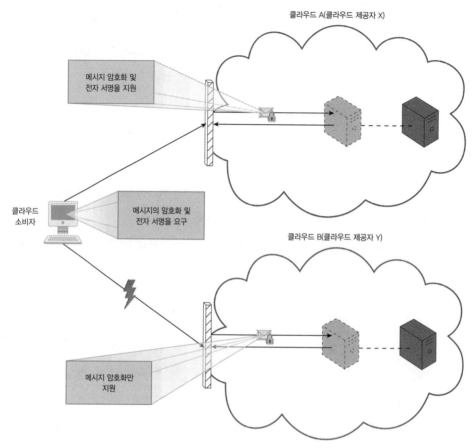

그림 3.11
클라우드 B의 클라우드 제공자는 클라우드 A와 똑같은 보안 기술을 지원하지 않기 때문에 클라우드 소비자의 애플리케이션을 클라우드 A에서 B로 이식할 경우 이식성 수준이 낮다고 할 수 있다.

다중 영역 규제와 법적 이슈

타사^{third-party} 클라우드 제공 업체는 더욱 저렴하고 편리한 지리적 장소에 데이터 센터를 구축할 수 있다. 클라우드 소비자는 퍼블릭 클라우드가 제공하는 IT 자원과 데이터의 실제 위치를 알지 못하는 경우가 많다. 어떤 조직에서는 업계나 정부의 데이터 개인정보보호 및 저장소 정책에 관한 규제와 관련된 심각한 법적 문제가 발생할 수 있다. 예를 들어 영국에는 영국 시민과 관련된 개인 정보는 영국 내에 보관해야 한다는 법이 있다.

또 다른 잠재적 법적 이슈는 데이터에 대한 접근성 및 공개와도 관련이 있다. 어떤 국가에는 특정 형태의 데이터는 특정 정부에 공개해야 한다는 법이 있다. 예를 들어, 미국에 위치한 클라우드를 사용하는 유럽의 클라우드 소비자들의 데이터는 미국 정부 기관을 통해(미국 애국 법에 의해) 유럽 내 다른 국가들의 데이터보다 쉽게 접근될 수 있다. 대부분의 규제 프레임워크는 데이터가 외부 클라우드 제공자의 인프라에 위치해 있더라도 궁극적으로 클라우드 소비자 조직에 보안, 무결성, 데이터 저장소에 대한 책임이 있다고 인식한다.

핵심 요약

- 클라우드 환경은 다수의 클라우드 소비자가 IT 자원을 공유하는 중복된 신뢰 경계와 관련된 여러 가지 보안적인 어려움을 가져올 수 있다.
- 클라우드 소비자의 운영 관리는 플랫폼을 넘어 클라우드 제공자가 행사하는 제어로 인해 클라우드 환경에 제약을 받는다.
- 클라우드 기반 IT 자원의 이식성은 개별 클라우드 각 특성에 의해 제한된다.
- 제3자인 클라우드 제공자가 제공하는 데이터와 IT 자원의 지리적 위치는 클라우드 소비자의 제어를 벗어나며 다양한 법적, 규제적 고려 사항을 야기한다.

기본 개념과 모델

4장에서는 클라우드를 구분하는 조직의 역할 및 특성 정의와 더불어 클라우드가 제공하는 서비스를 분류하고 정의하는 데 사용되는 기본 모델과 가장 일반적인 서비스 오퍼링을 다룬다.

4.1 역할과 경계

조직과 인력은 클라우드 및 호스팅된 IT 자원과 어떤 방식으로 관련 있고 상호 작용하는지에 따라 각기 다른 역할이 부여된다. 앞으로 소개할 역할은 클라우드 기반 활동에 참여해 책임을 수행한다. 다음 절에서는 이런 역할을 정의하고 각각의 주요 상호 작용을 설명한다.

클라우드 제공자

클라우드 기반의 IT 자원을 제공하는 조직을 클라우드 제공자라 한다. 클라우드 제공자인 조직은 합의된 SLA 내용에 따라 클라우드 소비자가 사용할 클라우드 서비스를 만든다. 클라우드 제공자는 전체적인 클라우드 인프라 운영에 필요한 관리와 통제의 책임을 맡는다. 클라우드 제공자는 일반적으로 클라우드 소비자에게 임대할 IT 자원을 자체적으로 소유하고 있으나 일부 클라우드 제공자는 다른 클라우드 제공자로부터 임차한 IT 자원을 재판매하기도 한다.

클라우드 소비자

클라우드 소비자는 IT 자원을 제공하는 클라우드 제공자와 공식적인 계약이나 협의를 맺은 조직(또는 개인)이다. 특히 클라우드 소비자는 클라우드 서비스에 접근하기 위해 클라우드 서비스 소비자를 사용한다(그림 4.1).

이 책에 있는 그림에서는 클라우드 소비자로 표현된 기호에 항상 명시적으로 클라우드 소비자라고 기재하지는 않는다. 대신 통상적으로 원격에서 클라우드 기반 IT 자원에 접근하는 조직이나 개인을 클라우드 소비자라고 한다.

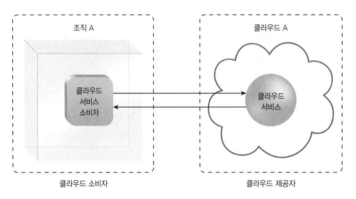

그림 4.1
클라우드 소비자(조직 A)는 (클라우드 A를 소유한) 클라우드 제공자가 제공하는 클라우드 서비스와 상호 작용한다. 조직 A 안에서 클라우드 서비스 소비자는 클라우드 서비스에 접속하기 위해 사용된다.

노트

이 책에서 클라우드 기반 IT 자원과 클라우드 소비자 조직 사이의 상호 작용 시나리오를 묘사할 때 클라우드 서비스 소비자와 클라우드 소비자라는 용어를 어떻게 사용해야 하는지에 대한 엄격한 기준은 없다. 전자는 주로 클라우드 서비스의 기술적 계약이나 API와의 인터페이스 역할을 하는 소프트웨어 프로그램 및 애플리케이션을 지칭할 때 사용된다. 후자는 더 넓은 의미로 쓰이는데, 사용자 인터페이스에 접근하는 조직이나 개인, 클라우드나 클라우드 기반 IT 자원, 클라우드 제공자와 상호 작용하는 클라우드 소비자의 역할을 하는 소프트웨어 프로그램 등에 사용된다. 클라우드 소비자라는 용어는 기술적이고 사업적인 맥락에서 소비자 제공자 관계의 서로 다른 유형을 설명하는 그림에 사용될 수 있어 의도적으로 광범위하게 적용하기도 한다.

클라우드 서비스 소유자

법적으로 클라우드 서비스를 소유하고 있는 개인이나 조직을 클라우드 서비스 소유자라 한다. 클라우드 서비스 소유자는 클라우드 서비스가 있는 클라우드를 소유한 클라우드 소비자가 될 수도 있고 클라우드 제공자가 될 수도 있다.

예를 들어, 클라우드 X의 클라우드 소비자나 클라우드 X의 클라우드 제공자가 클라우드 서비스 A를 소유할 수 있다(그림 4.2와 4.3).

제3자인 클라우드가 제공하는 클라우드 서비스를 소유한 클라우드 소비자가 꼭 클라우드 서비스의 사용자(또는 소비자)일 필요는 없다. 일부 클라우드 소비자 조직은 대중이 클라우드 서비스를 이용할 수 있게 할 목적으로 다른 조직이 소유한 클라우드 내의 클라우드 서비스를 개발하고 배포한다.

클라우드 서비스 소유자가 클라우드 자원 소유자가 아닌 이유는 클라우드 서비스 소유자의 역할이 클라우드 서비스(3장에서 설명했듯이 클라우드 내에 있는, 외부에서 접근 가능한 IT 자원을 말한다)에만 적용되기 때문이다.

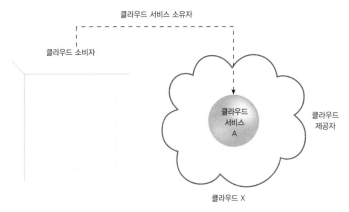

그림 4.2
클라우드에서 자체적으로 제공하는 서비스를 배포할 때 클라우드 소비자는 클라우드 서비스 소유자가 된다.

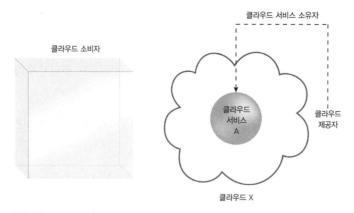

그림 4.3
다른 클라우드 소비자가 사용하도록 자체적으로 제공하는 클라우드 서비스를 배포할 때 클라우드 제공자는 클라우드 서비스 소유자가 된다.

클라우드 자원 관리자

클라우드 자원 관리자는 클라우드 기반 IT 자원(클라우드 서비스도 포함) 관리를 담당하는 개인이나 조직을 말한다. 클라우드 자원 관리자는 클라우드 서비스가 존재하는 클라우드의 클라우드 소비자나 클라우드 제공자가 될 수 있다(또는 그에 속할 수 있다). 또는 클라우드 기반 IT 자원을 관리하기로 계약을 맺은 제3의 조직이 될 수도 있다(또는 그에 속할 수 있다).

예를 들어, 클라우드 서비스 소유자는 클라우드 서비스를 관리하도록 클라우드 자원 관리자와 계약을 맺는다(그림 4.4와 4.5).

클라우드 자원 관리자를 클라우드 서비스 관리자라고 지칭하지 않는 이유는 클라우드 자원 관리자가 클라우드 서비스로 존재하지 않는 클라우드 기반의 IT 자원을 관리해야 하는 책임이 있기 때문이다. 예를 들어, 클라우드 자원 관리자가 클라우드 제공자에 속한다면(또는 계약돼 있다면) 원격에서 접근할 수 없는 IT 자원은 클라우드 자원 관리자가 관리할 것이다(이런 류의 IT 자원은 클라우드 서비스로 분류되지 않는다).

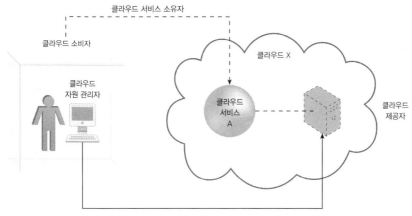

클라우드 소비자의 클라우드 자원 관리자는 가상 서버가 호스팅하는 클라우드
서비스에 원격으로 접근한다.

그림 4.4
클라우드 자원 관리자는 클라우드 소비자 조직에 있을 수 있으며, 클라우드 소비자에 속하는 원격에서 접근 가능한 IT 자원을
관리한다.

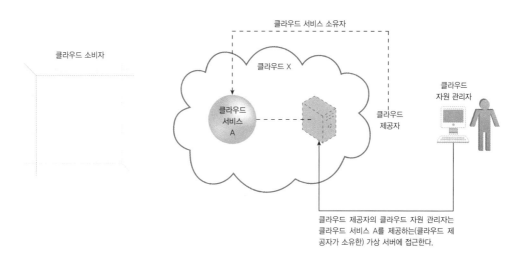

클라우드 제공자의 클라우드 자원 관리자는
클라우드 서비스 A를 제공하는(클라우드 제
공자가 소유한) 가상 서버에 접근한다.

그림 4.5
클라우드 자원 관리자는 클라우드 제공자의 내외부적으로 이용할 수 있는 IT 자원을 관리하는 클라우드 제공자 조직에 있을 수
있다.

추가적인 역할

미국 국립표준기술연구소 클라우드 컴퓨팅 참조 아키텍처[NIST Cloud Computing Reference Architecture]는
다음과 같은 역할을 정의한다.

- **클라우드 감사관** [Cloud Auditor] : 클라우드 환경을 독립적으로 평가하는(승인 받은) 제3자는
  클라우드 감사관 역할을 한다. 클라우드 감사관의 책임은 보안 제어와 개인 정보 영향
  도, 성능 평가를 포함한다. 클라우드 감사관 역할의 주된 목적은 클라우드 소비자와 클
  라우드 제공자 간의 신뢰 관계를 견고히 할 수 있도록 편향되지 않은(가능한 한 공개적
  인 지지를 받는) 평가를 제공하는 것이다.
- **클라우드 중개자** [Cloud Broker] : 클라우드 소비자와 클라우드 제공자 사이의 클라우드 서비
  스 사용을 협상하고 관리하는 주체에게 부여되는 역할이다. 클라우드 중개인이 제공하
  는 서비스는 서비스 중개[intermediation], 집계[aggregation] 및 차용 거래[arbitrage]가 포함된다.
- **클라우드 캐리어** [Cloud Carrier] : 클라우드 소비자와 클라우드 제공자 간 유선 수준 연결을
  제공하는 주체를 클라우드 캐리어라 한다. 주로 네트워크와 전기 통신 제공자에게 부
  여되는 역할이다.

위의 역할들은 필요하지만 이 책에서 다루는 대부분의 아키텍처 관련 시나리오에서는 언급하지
않는다.

조직적 경계

조직적 경계는 조직이 소유하고 관리하는 IT 자원을 둘러싸고 있는 물리적인 경계를 말한다. 조
직적 경계는 실제 조직이 아니라 IT 자원과 IT 자산의 조직적인 경계를 의미한다. 이와 비슷하
게 클라우드에도 조직적 경계가 있다(그림 4.6).

신뢰 경계

조직이 클라우드 기반 IT 자원에 접근하는 클라우드 소비자의 역할을 정의할 때, 클라우드 환경
의 일부분을 포함하기 위해 조직의 물리적 경계를 넘어서 신뢰 영역을 확장할 필요가 있다.

신뢰 경계는 IT 자원을 신뢰할 수 있는 범위를 표현하기 위해 물리적 경계를 넘어 확장되는 논
리적인 경계다(그림 4.7). 클라우드 환경을 분석할 때 신뢰 경계는 클라우드 소비자 조직에서 제
기한 신뢰 문제와 가장 밀접한 관련이 있다.

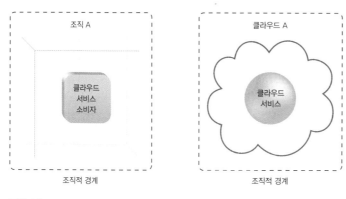

그림 4.6
점선으로 표시된 클라우드 소비자(좌)와 클라우드 제공자(우)의 조직적 경계

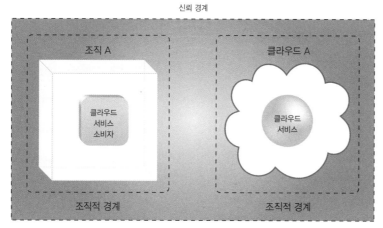

그림 4.7
확장된 신뢰 경계는 클라우드 제공자와 클라우드 소비자의 조직적 경계를 포함한다.

노트

클라우드 환경과 관련된 또 다른 경계로 논리적 네트워크 경계가 있다. 이는 클라우드 컴퓨팅 메커니즘으로 분류되며 7장에서 다룬다.

4.2 클라우드의 특징

확장 가능하며 측정된 IT 자원을 원격에서 효율적으로 제공하기 위해서는 IT 환경에 몇 가지 기능이 필요하다. IT 환경이 효율적인 클라우드가 되기 위해서는 이러한 특징들이 필요하다.

다음 6가지 특징은 클라우드 환경에서 주요하게 쓰인다.

- 온디맨드식의 사용
- 유비쿼터스 접근
- 멀티테넌시(그리고 자원 풀링)
- 탄력성
- 사용량 측정
- 복원력

클라우드 제공자와 클라우드 소비자는 주어진 클라우드 플랫폼이 제공하는 가치를 측정하기 위해 위의 특징들을 개별적, 종합적으로 평가한다. 클라우드 기반 서비스와 IT 자원이 각각의 특징들을 상속받고 보여주더라도, 대개는 이런 특징들이 더 많이 지원되고 활용될수록 더 많은 가치를 창출한다.

노트

NIST의 클라우드 컴퓨팅 정의에서는 5가지 특징만 정의하고 있으며, 복원력은 제외됐다. 복원력은 보편적인 클라우드 특성으로 정의돼야 할 중요한 요소다.

온디맨드식의 사용

클라우드 소비자는 IT 자원을 자유롭게 자체 공급하는 클라우드 기반 IT 자원에 일방적으로 접근할 수 있다. 한 번 설정하면 더 이상의 클라우드 소비자나 클라우드 제공자의 개입 없이 자체 공급되는 IT 자원의 사용이 자동화된다. 그 결과 온디맨드식의 사용 환경이 가능하다. 온디맨드식의 셀프서비스 사용으로 알려진 이 특징은 주류의 클라우드에서 확립된 서비스 기반의 특징과 사용 중심의 기능을 가능하게 한다.

유비쿼터스 접근

언제 어디에서나 접근이 가능하다는 특징은 넓은 영역에서 클라우드 서비스에 접근할 수 있다는 것을 의미한다. 클라우드 서비스에 어디서나 접근 가능하도록 하기 위해서는 장비와 전송 프로토콜, 인터페이스, 보안 기술의 지원이 필요하다. 이런 수준의 접근을 가능하게 하기 위해 클라우드 서비스 아키텍처를 여러 클라우드 서비스 소비자의 요구 사항에 맞춰 적용해야 한다.

멀티테넌시(그리고 자원 풀링)

여러 소비자에게 프로그램 인스턴스를 제공해 각 소비자가 독립적으로 사용하게 하는 소프트웨어 프로그램의 특징을 멀티테넌시라 한다. 클라우드 제공자는 가상화 기술을 필요로 하는 멀티테넌시 모델을 이용해 여러 클라우드 서비스 소비자가 사용할 수 있게 IT 자원을 풀링한다. IT 자원은 멀티테넌시 기술을 바탕으로 클라우드 서비스 소비자의 요구에 따라 동적으로 할당, 재할당될 수 있다. 클라우드 제공자는 여러 클라우드 소비자에게 서비스하는 대규모 IT 자원을 풀링한다. 물리적 IT 자원과 가상의 IT 자원은 클라우드 소비자의 요구에 따라 동적으로 할당, 재할당되는데, 일반적으로 통계적 다중화 방식을 바탕으로 한 실행을 따른다. 자원 풀링은 대개 멀티테넌시 기술을 기반으로 달성되며 멀티테넌시 특징에 의해 포함된다. 자세한 설명은 11장의 '자원 풀링 아키텍처' 부분을 참고하길 바란다.

그림 4.8과 4.9는 단일 소유 환경과 멀티테넌시 환경 간의 차이를 나타낸다.

그림 4.8
단일 소유 환경에서 각 클라우
드 소비자는 분리된 IT 자원 인
스턴스를 갖는다.

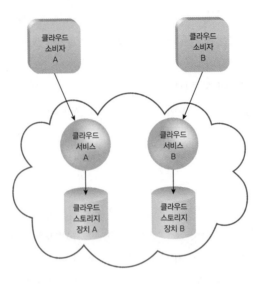

그림 4.9
멀티테넌시 환경에서는 클라우
드 스토리지 장치 같은 IT 자원
하나의 인스턴스가 여러 소비자
에게 제공된다.

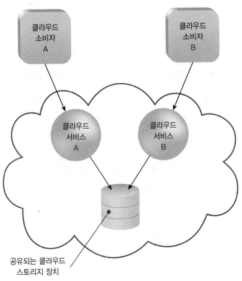

그림 4.9에서 볼 수 있듯이 멀티테넌시는 여러 클라우드 소비자가 서로 다른 소비자와 함께 사용하고 있다는 것을 인식하지 못한 채 같은 IT 자원 또는 IT 자원 인스턴스를 사용하게 한다.

탄력성

탄력성은 클라우드가 런타임 상황에서 필요한 만큼 또는, 클라우드 소비자나 클라우드 사용자가 미리 정해놓은 만큼 투명하게 IT 자원을 확장하는 자동화된 능력이다. 탄력성은 주로 투자절감 및 비례 비용 이익과 밀접한 관련이 있기에 클라우드 컴퓨팅 도입 시 핵심 평가 요소가 된다. 광범위한 IT 자원을 소유하고 있는 클라우드 제공자는 방대한 범위의 탄력성을 제공한다.

사용량 측정

사용량 측정의 특징은 주로 클라우드 소비자가 사용한 IT 자원의 사용량을 기록하는 클라우드 플랫폼의 능력을 말한다.

클라우드 제공자는 무엇을 측정했는지를 기준으로 즉, 실제 사용한 IT 자원 또는 IT 자원에 접속한 시간에 대해서 클라우드 소비자에게 청구한다. 이런 맥락에서 사용량 측정은 온디맨드 특성과 밀접한 관련이 있다.

사용량 측정은 청구를 목적으로 한 통계에만 국한되지 않는다. 사용량 측정은 일반적인 IT 자원 모니터링, 관련된 사용 보고(클라우드 제공자와 클라우드 소비자 모두에게)에 사용된다. 따라서 사용량 측정은(이후 클라우드 배포 모델 부분에 나올 프라이빗 클라우드 배포 모델에 적용되는) 사용에 대해 청구하지 않는 클라우드와도 관련이 있다.

복원력

복원이 가능한 컴퓨팅은 물리적인 위치를 넘어 IT 자원을 중복 구현해 배포한 시스템 장애 조치의 형태다. IT 자원은 사전 설정에 따라 한쪽의 용량이 부족해지면 자동으로 중복 구현된 다른쪽으로 처리를 넘긴다. 클라우드 컴퓨팅 내에서 복원력은 같은(그러나 물리적으로 다른 곳에 있는) 클라우드나 여러 클라우드를 아우르는 범위 안에 있는 중복 IT 자원을 나타낸다. 클라우드 소비자는 클라우드 기반 IT 자원의 복원력을 활용해 신뢰성과 가용성을 모두 높일 수 있다(그림 4.10).

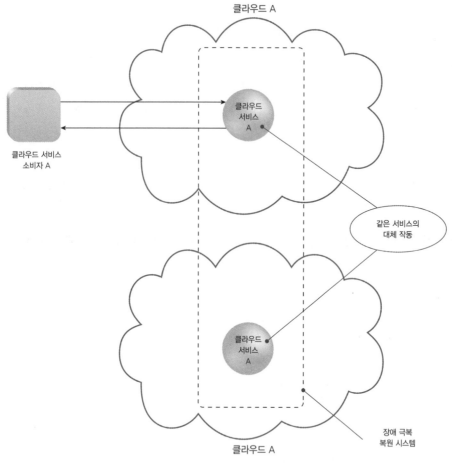

그림 4.10
클라우드 B 내부에 있는 클라우드 서비스 A의 중복 구현을 제공하는 복원 시스템. 클라우드 A에서 클라우드 서비스 A를 이용할 수 없게 됐을 때 대체 작동을 제공한다.

핵심 요약

- 온디맨드식의 사용은 클라우드 소비자가 자체 공급하는 능력으로 클라우드 제공자와의 상호 작용 없이 클라우드 기반의 서비스를 사용한다. 이 특징은 IT 자원의 사용량을 측정하는 클라우드의 능력인 측정된 사용량과 관련이 있다.

- 어디서나 접근할 수 있는 클라우드의 특징은 여러 클라우드 서비스 소비자가 클라우드 기반 서비스에 접근 가능하게 한다. 반면 다중 사용은 IT 자원의 한 인스턴스가 동시에 여러 클라우드 소비자에게 서비스를 투명하게 제공하는 능력을 말한다.

- 탄력성은 IT 자원을 자동으로 투명하게 확장하거나 축소하는 클라우드의 능력을 말한다. 복원력은 클라우드에 내재된 대체 작동 특성과 관련이 있다.

98

4.3 클라우드 제공 모델

클라우드 제공 모델은 클라우드 제공자가 제공하는 미리 준비된 특정 IT 자원의 조합이다. 가장 널리 확립되고 공식화된 일반적인 클라우드 제공 모델 세 가지는 다음과 같다.

- IaaS^{Infrastructure-as-a-Service}
- PaaS^{Platform-as-a-Service}
- SaaS^{Software-as-a-Service}

위의 세 가지 모델은 4장의 '클라우드 제공 모델 조합' 부분에서 자세히 다루게 될, 하나의 클라우드 영역이 다른 클라우드 영역을 어떻게 포함하는지와 관련이 있다.

노트

위의 세 가지 기본적인 클라우드 전달 모델의 변형이 많이 등장했으며, 각각은 IT 자원의 개별적인 조합으로 구성된다. 예는 다음과 같다.

- 서비스형 스토리지(Storage-as-a-Service)
- 서비스형 데이터베이스(Database-as-a-Service)
- 서비스형 보안(Security-as-a-Service)
- 서비스형 통신(Communication-as-a-Service)
- 서비스형 통합(Integration-as-a-Service)
- 서비스형 테스팅(Testing-as-a-Service)
- 서비스형 프로세스(Process-as-a-Service)

클라우드 전달 모델이 클라우드 서비스 제공의 여러 형태로 분류되기 때문에 클라우드 전달 모델은 클라우드 서비스 전달 모델이라고도 불린다.

IaaS

IaaS^{Infrastructure-as-a-Service} 제공 모델은 클라우드 서비스 기반 인터페이스와 툴을 이용해 접근하고 관리하는 인프라 중심의 IT 자원으로 구성된 필요 시설이 자체적으로 구비된 IT 환경을 말한다. 이러한 환경은 하드웨어, 네트워크, 접속, 운영체제, 있는 그대로의 IT 자원들을 포함한다. 전통적인 호스팅이나 아웃소싱 환경과 달리 IaaS는 IT 자원을 가상화하고 패키지화해 버들로 제공해서 간단하게 런타임 선행을 확장하고, 원하는 대로 인프라를 만들 수 있다. IaaS 환경의 일반적인 목표는 클라우드 소비자에게 클라우드를 설정하고 활용하는 높은 수준의 제어 및 책임을 제공하는 것이다. 일반적으로 IaaS가 제공하는 IT 자원은 미리 설정돼 있지 않으며 직접적인 관리의 책임이 클라우드 소비자에게 있다. 따라서 이 모델은 클라우드 소비자가 원하는 클라우드 기반 환경에 고수준의 제어가 필요한 클라우드 소비자들이 사용한다.

클라우드 제공자들은 때로 클라우드 환경을 확장하기 위해 나머지 클라우드 제공자로부터 IaaS를 제공받는 계약을 맺을 것이다. 다른 클라우드 제공자들의 IaaS 상품이 제공하는 IT 자원의 유형과 브랜드는 매우 다양할 수 있다. IaaS 환경을 바탕으로 이용 가능한 IT 자원은 대개 초기화된 가상 인스턴스 형태로 제공된다. 전형적인 IaaS 환경의 중심에 있는 주요한 IT 자원은 바로 가상 서버. 그림 4.11에서 볼 수 있듯이 가상 서버는 프로세서 용량, 메모리, 스토리지 공간과 같은 하드웨어 요구 사항에 맞춰 임대된다.

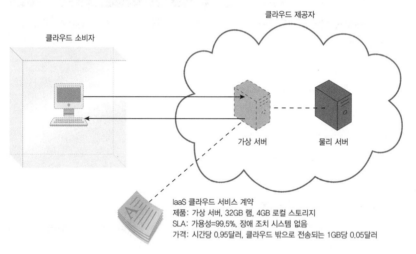

그림 4.11
클라우드 소비자는 IaaS 환경에 있는 가상 서버를 이용하고 있다. 클라우드 소비자는 용량, 성능, 가용성과 같은 특징과 관련해 클라우드 제공자가 계약 시 보증한 범위 안에서 사용한다.

PaaS

PaaS[Platform-as-a-Service] 제공 모델은 이미 배포 및 설정된 IT 자원으로 구성된, 미리 정의된 사용할 준비가 돼 있는 환경을 말한다. 특히 PaaS는 주문 제작 애플리케이션의 전달 생명주기를 지원하기 위해 패키지화돼 있는 제품과 도구로 구성된 미리 만들어진 환경을 사용한다(그리고 주로 환경에 의해 정의된다).

클라우드 소비자가 PaaS 환경을 사용하거나 투자하는 공통적인 이유는 다음과 같다.

- 클라우드 소비자는 확장성과 경제적 이유 때문에 온프레미스 환경을 클라우드로 확장하고 싶어 한다.
- 클라우드 소비자는 온프레미스 환경을 완전히 대체해 사용할 준비가 돼 있는 환경을 사용한다.
- 클라우드 소비자는 클라우드 제공자가 돼 또 다른 외부의 클라우드 소비자가 사용할 수 있는 클라우드 서비스를 배포하기를 원한다.

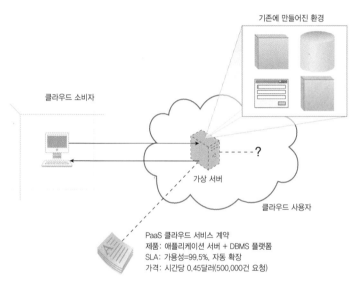

그림 4.12
클라우드 소비자가 기존에 만들어진 PaaS 환경에 접속하고 있다. 물음표는 클라우드 소비자에게 플랫폼 구현의 자세한 사항을 고의적으로 감춰 놓았음을 의미한다.

클라우드 소비자는 기존에 만들어진 플랫폼에서 작업하면서 IaaS 모델을 통해 제공되는 IT 자원의 인프라를 설정하고 유지하는 관리적 책임을 면제받는다. 반면, 클라우드 소비자에게는 플랫폼을 제공하는 기반 IT 자원에 대한 저수준의 제어가 부여된다(그림 4.12).

PaaS 제품은 다른 개발 스택과 함께 이용할 수 있다. 예를 들어 구글 앱 엔진은 자바와 파이썬 기반의 환경을 제공한다.

기존에 만들어진 환경은 7장, '클라우드 인프라 메커니즘'에서 더 자세히 설명하겠다.

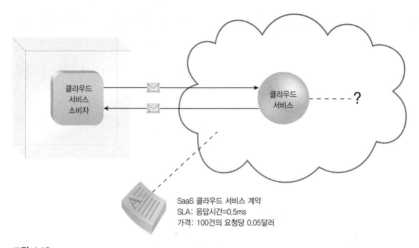

클라우드 서비스 계약
SLA: 응답시간=0.5ms
가격: 100건의 요청당 0.05달러

그림 4.13
클라우드 서비스 소비자는 클라우드 서비스 계약에 주어진 접근을 갖게 되는데 기반 IT 자원이나 구현 상세 내역에는 접근할 수 없다.

SaaS

공유되는 클라우드 서비스 형태의 제품이나 일반적인 유틸리티로 이용 가능한 소프트웨어 프로그램이 SaaS^Software-as-a-Service 제공의 전형적인 모습이다. SaaS 제공 모델은 재사용 가능한 클라우드 서비스를 다양한 클라우드 소비자가 널리(때로는 상업적으로) 이용하게 한다. 전체 시장은 여러 목적과 조건으로 임대되고 사용되는 SaaS 제품 위주로 형성된다(그림 4.13).

클라우드 소비자는 SaaS 구현에 매우 제한적인 관리 제어 권한을 갖는다. 관리 제어 권한은 대부분 클라우드 제공자에게 주어지며 법적으로 클라우드 서비스 소유자 역할을 하는 주체가 소유한다. 예를 들어 PaaS 환경에서 작업하면서 클라우드 소비자 역할을 하는 조직은 SaaS를 제공해서 같은 환경에서 배포하기로 한 클라우드 서비스를 구축할 수 있다. 한 조직이 제공하는 SaaS 기반의 클라우드 서비스를 클라우드 소비자인 다른 조직이 이용 가능하므로 효과적으로 클라우드 제공자의 역할을 하게 된다.

클라우드 제공 모델 비교

클라우드 제공 모델 사용과 구현에 있어 각기 다른 관점을 비교하는 세 개의 표를 제공한다. 표 4.1은 제어 수준을 대조하며 표 4.2는 전형적인 책임과 사용을 비교한다.

클라우드 전달 모델	클라우드 소비자의 제어 수준	클라우드 소비자가 사용할 수 있는 기능
SaaS	사용 및 사용 관련 설정	프론드엔드의 사용자 인터페이스에 접근
PaaS	제한적인 관리	플랫폼 사용과 연관된 IT 자원에 대한 중간 수준의 관리자 권한 제어
IaaS	모든 관리	가상 인프라와 관련된 IT 자원에 대한 완전한 접근, 가능한 대로 기반 물리적 IT 자원까지 접근

표 4.1
전형적인 클라우드 전달 모델 제어 수준의 비교

클라우드 전달 모델	클라우드 소비자 활동	클라우드 제공자 활동
SaaS	클라우드 서비스의 사용 및 설정	• 클라우드 서비스의 구현, 관리, 유지 보수 • 클라우드 소비자의 사용 모니터링
PaaS	클라우드 서비스와 클라우드 기반 솔루션 개발, 테스트, 배포, 관리	• 플랫폼 사전 설정 및 기반 인프라, 미들웨어, IT 자원 제공 • 클라우드 소비자의 사용 모니터링
IaaS	기반 인프라의 초기 설정 및 필요한 소프트웨어의 설치, 관리, 모니터링	• 물리적 프로세싱, 스토리지, 네트워킹, 호스팅 제공 및 관리 • 클라우드 소비자의 사용 모니터링

표 4.2
클라우드 전달 모델과 관련해 클라우드 소비자와 클라우드 제공자가 수행하는 활동

클라우드 제공 모델 조합

모델들의 조합 적용을 좀 더 자세히 살펴볼 기회를 감안해 세 가지 기본적인 클라우드 전달 모델은 자연적인 프로비저닝 계층으로 구성된다. 다음 부분에서는 두 가지 일반적인 조합과 관련된 고려 사항을 중점적으로 다룬다.

IaaS + PaaS

PaaS 환경은 물리와 가상 서버, **IaaS** 환경에서 제공되는 다른 IT 자원들과 맞먹는 기반 인프라 위에 구성된다. 그림 4.14는 두 모델이 어떻게 개념적으로 결합돼 한 계층의 아키텍치기 되는지를 보여준다.

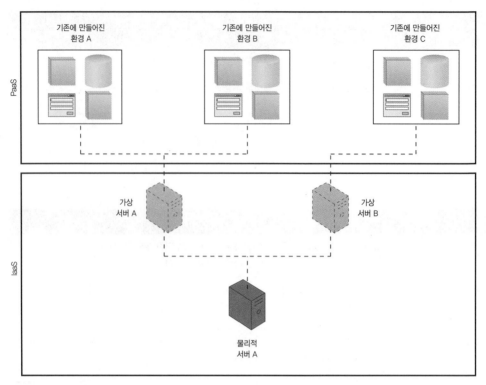

그림 4.14
IaaS 환경 하에 제공되는 IT 자원을 기반으로 하는 PaaS 환경

클라우드 제공자는 대개 클라우드 소비자가 PaaS 환경을 이용할 수 있도록 클라우드에서 IaaS 환경을 제공할 필요가 없다. 그렇다면 그림 4.15에서 보여주는 아키텍처적 관점은 얼마나 유용하며 적용 가능한 것일까? PaaS 환경을 제공하는 클라우드 제공자가 또 다른 클라우드 제공자의 IaaS 환경을 임차했다고 하자.

이러한 배치의 동기는 경제적인 요인의 영향 때문이거나 첫 번째 클라우드 제공자가 다른 클라우드 소비자를 지원하는 데 용량이 초과할 것 같기 때문이다. 또는 그림 4.15에 나타나듯이 특정 클라우드 소비자가 데이터는 물리적으로 특정 지역(첫 번째 클라우드 제공자의 클라우드가 있는 곳이 아닌)에 보관돼야 한다는 법적 요건을 제기했을 수 있다.

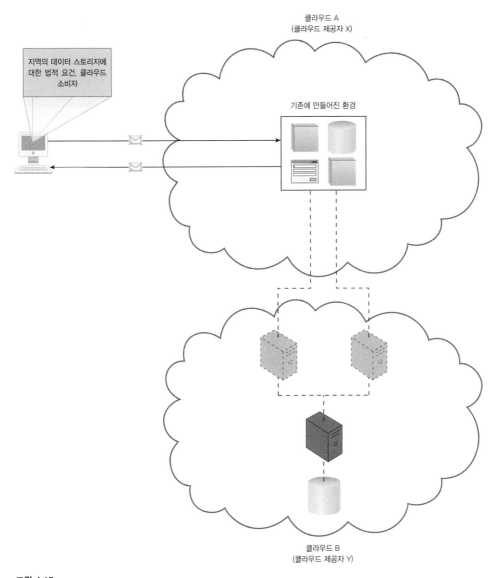

그림 4.15

클라우드 제공자 X와 Y의 계약 예시. 클라우드 X가 제공하는 서비스는 물리적으로 클라우드 제공자 Y에 속한 가상 서버에서 제공된다. 특정 지역에 저장돼야 한다는 법적 요건을 가진 민감한 데이터는 물리적으로 특정 지역에 위지한 클라우느 B에 서장된다.

IaaS + PaaS + SaaS

세 가지 클라우드 제공 모델이 결합돼 IT 자원 계층을 수립할 수도 있다. 예를 들어 클라우드 소비자 조직은 상용 제품으로 사용될 수 있는 클라우드 소비자의 **SaaS** 클라우드 서비스를 개발하고 배포하기 위해 그림 **4.15**에 보이는 선행하는 계층의 아키텍처 위에 더해 **PaaS** 환경이 제공하는 미리 만들어진 환경을 사용할 수 있다(그림 4.16).

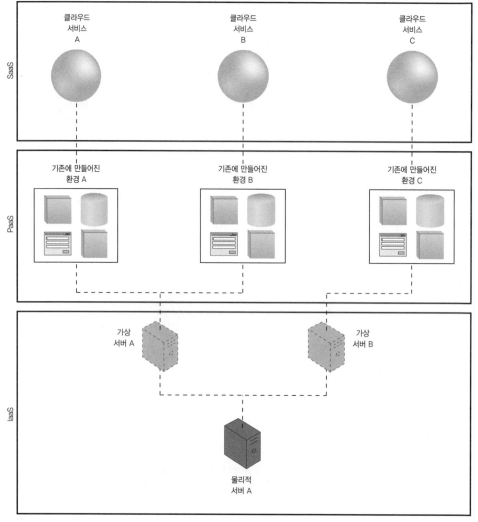

그림 4.16
세 개의 SaaS 클라우드 서비스 구현을 호스팅하는 IaaS와 PaaS 환경으로 구성된 아키텍처의 계층

- IaaS 클라우드 제공 모델은 클라우드 소비자에게 그대로의 인프라 기반 IT 자원에 대한 고수준의 관리적 제어를 제공한다.

- PaaS 클라우드 제공 모델은 클라우드 제공자가 클라우드 소비자가 구축하고 배포할 수 있는 이미 설정된 환경을 제공하게 한다.

- SaaS는 클라우드가 호스팅하는 상업적 제품으로 포지셔닝될 수 있는 공유되는 클라우드 서비스를 위한 클라우드 제공 모델이다.

- IaaS와 PaaS, SaaS의 여러 조합이 가능하며, 클라우드 소비자와 클라우드 사용자가 기본 클라우드 제공 모델에 의해 구축된 자연적인 계층 구조를 활용하기 위해 어떻게 선택하느냐에 따라 달라진다.

<u>4.4</u> 클라우드 배포 모델

클라우드 배포 모델은 클라우드 환경의 특정 형태를 말하는 것으로 주로 소유권과 규모, 접근 방법에 의해 분류된다.

일반적인 클라우드 배포 모델 네 가지는 다음과 같다.

- 퍼블릭 클라우드
- 커뮤니티 클라우드
- 프라이빗 클라우드
- 하이브리드 클라우드

다음 부분에서 각각에 대해 설명한다.

퍼블릭 클라우드

퍼블릭 클라우드는 제3자인 클라우드 제공자가 소유하고 공개적으로 접근 가능한 클라우드 환경이다. 퍼블릭 클라우드 내에 있는 IT 지원은 대개 앞서 기술된 클라우드 제공 모델을 통해 제공되며 클라우드 소비자에게 유상으로 제공되거나 다른 수익원(광고와 같은)을 통해 상용화된다.

클라우드 제공자는 퍼블릭 클라우드와 IT 자원을 창조하고 지속적으로 관리할 책임이 있다. 이후의 장에서 살펴볼 많은 시나리오와 아키텍처들은 퍼블릭 클라우드 및 퍼블릭 클라우드 IT 자원의 제공자와 소비자 간 관계와 연관돼 있다.

그림 4.17은 시장의 주요 판매자에 초점을 맞춘 퍼블릭 클라우드의 일부분을 보여준다.

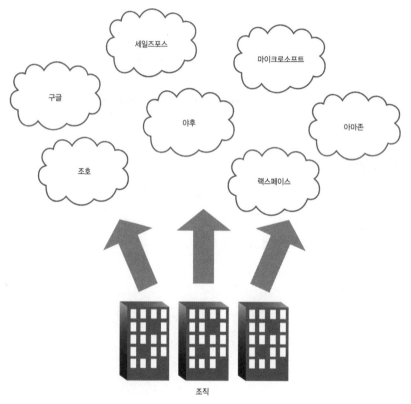

그림 4.17
여러 클라우드 제공자가 제공하는 클라우드 서비스와 IT 자원에 접근하는 클라우드 소비자의 역할을 하는 조직

커뮤니티 클라우드

커뮤니티 클라우드는 특정 커뮤니티의 클라우드 소비자에게만 접근이 허용된다는 점을 제외하고는 퍼블릭 클라우드와 비슷하다. 커뮤니티 클라우드는 커뮤니티 멤버나 제한적인 접근을 갖는 퍼블릭 클라우드를 제공하는 제3자 클라우드 제공자가 동시에 소유할 수 있다. 커뮤니티의

구성원인 클라우드 소비자는 커뮤니티 클라우드를 정의하고 발전시키는 책임을 공유한다(그림 4.18).

커뮤니티의 회원에게 모든 클라우드의 IT 자원에 대한 접근이나 제어를 보장할 필요는 없다. 커뮤니티 외부의 주체는 커뮤니티가 허가하지 않는 한 접근 권한을 가질 수 없다.

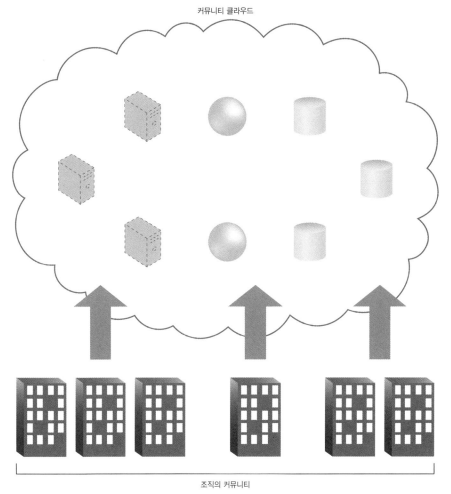

4.18
커뮤니티 클라우드로부터 IT 자원에 접근하는 조직의 커뮤니티 예시

프라이빗 클라우드

프라이빗 클라우드는 하나의 조직이 소유한다. 프라이빗 클라우드는 조직이 조직 내의 다른 지역, 부서에 의해 IT 자원에 대한 접근을 집중화하기 위해 클라우드 컴퓨팅 기술을 사용할 수 있게 한다. 프라이빗 클라우드가 제어된 환경에 존재할 때 3장, '위험과 고려 사항'에서 언급한 문제점들은 적용되지 않는다.

프라이빗 클라우드의 사용은 조직적인 신뢰 경계가 정의되고 적용되는 방법을 변화시킨다. 프라이빗 클라우드 환경의 실제 관리는 내부 또는 외주 인력에 의해 수행된다.

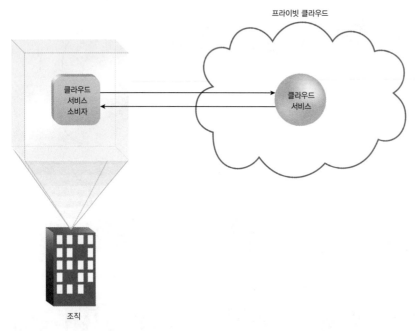

그림 4.19
조직의 온프레미스 환경에 있는 클라우드 서비스 소비자가 가상 프라이빗 네트워크를 통해 같은 조직의 프라이빗 클라우드에서 호스팅되는 클라우드 서비스에 접근한다.

프라이빗 클라우드를 사용하는 한 조직은 기술적으로 클라우드 소비자가 되는 것과 동시에 클라우드 제공자가 된다(그림 4.19). 이러한 역할은 다음과 같이 구분된다.

- 분리된 조직적 부서는 대개 클라우드를 제공하는 역할을 한다(즉, 클라우드 제공자의 역할을 한다).
- 프라이빗 클라우드에 접근을 요청하는 부서는 클라우드 소비자의 역할을 한다.

프라이빗 클라우드에서는 온프레미스와 클라우드 기반 용어를 정확하게 사용하는 것이 매우 중요하다. 프라이빗 클라우드가 물리적으로 조직 내부 온프레미스돼 있더라도 IT 자원이 클라우드 소비자에게 원격에서 제공되는 한 클라우드 기반으로 여겨진다. 클라우드 소비자의 역할을 하는 부서가 프라이빗 클라우드 외부에서 호스팅하는 IT 자원은 프라이빗 클라우드 기반 IT 자원과 비교하면 온프레미스로 간주된다.

하이브리드 클라우드

하이브리드 클라우드는 두 가지 이상의 클라우드 배포 모델로 구성된 클라우드 환경이다. 예를 들어 클라우드 소비자는 민감한 데이터를 처리하는 클라우드 서비스는 프라이빗 클라우드에, 덜 민감한 클라우드 서비스는 퍼블릭 클라우드에 배포할 것이다. 이러한 조합의 결과가 바로 하이브리드 배포 모델이다(그림 4.20).

하이브리드 배포 아키텍처는 클라우드 환경 간의 잠재적 차이와 프라이빗 클라우드 제공자 조직과 퍼블릭 클라우드 제공자 사이의 관리 책임 분리 등의 이유로 만들고 관리하기 복잡하며, 고려 사항이 많을 수 있다.

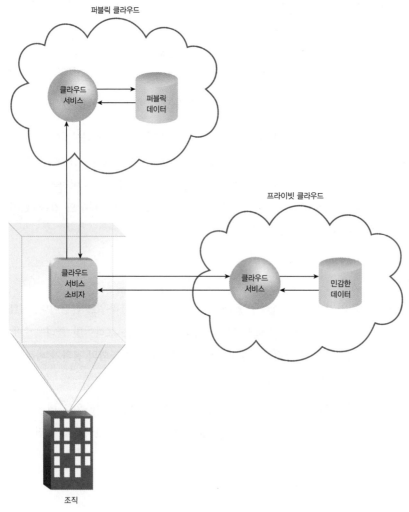

그림 4.20

프라이빗 클라우드와 퍼블릭 클라우드를 모두 사용하는 하이브리드 클라우드 아키텍처를 사용하는 조직

기타 클라우드 배포 모델

기본적인 클라우드 배포 모델의 다양한 변형이 있다. 예는 다음과 같다.

- 가상 프라이빗 클라우드: 전용 클라우드 또는 호스티드 클라우드로 알려진 모델로 퍼블릭 클라우드 제공자에 의해 호스팅되고 관리되는 필요 시설이 모두 구비된 클라우드 환경이다.
- 상호 클라우드: 상호 연결된 두 개 이상의 클라우드로 구성된 아키텍처를 기반으로 하는 모델이다.

핵심 요약

- 퍼블릭 클라우드는 제3자가 소유하고 일반적으로 상용화된 클라우드 서비스와 IT 자원을 클라우드 소비자 조직에 제공한다.
- 프라이빗 클라우드는 개별 조직이 소유하고 조직 내에 온프레미스된다.
- 커뮤니티 클라우드는 대개 클라우드 소비자 그룹에 접근이 제한되며, 소유권 책임이 공유된다.
- 하이브리드 클라우드는 두 가지 이상의 클라우드 배포 모델의 조합이다.

클라우드를
가능하게 하는 기술

현재의 클라우드는 현대 클라우드 컴퓨팅과 관련된 주요 기능과 특성을 활성화하는 다양한 기술이 뒷받침하고 있다. 5장에서는 다음 기술에 대해 다룬다.

- 광대역 네트워크와 인터넷 아키텍처

- 데이터 센터 기술

- 가상화 기술

- 웹 기술

- 멀티테넌시 기술

- 서비스 기술

클라우드 컴퓨팅의 발전이 클라우드를 가능하게 하는 기술의 영역이 진화하는 데 도움이 되기도 했으나 각 기술은 클라우드 컴퓨팅이 출현하기 이전부터 존재했고 성숙해져 왔다.

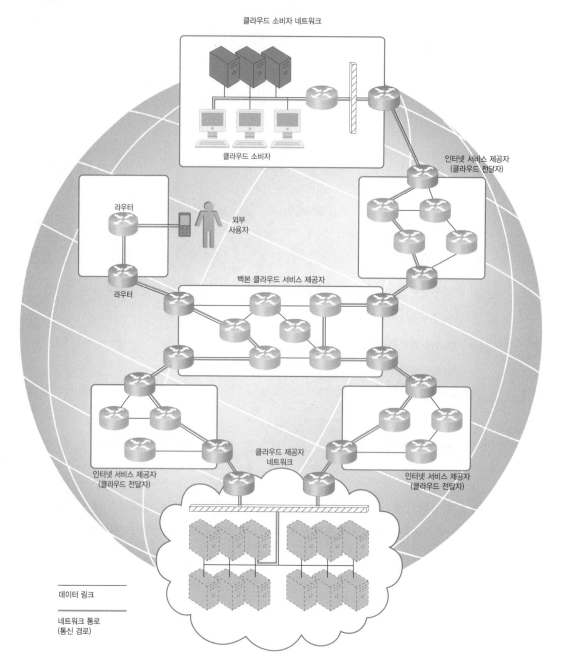

클라우드 소비자 네트워크

클라우드 소비자

인터넷 서비스 제공자
(클라우드 전달자)

라우터

외부
사용자

라우터

백본 클라우드 서비스 제공자

인터넷 서비스 제공자
(클라우드 전달자)

클라우드 제공자
네트워크

인터넷 서비스 제공자
(클라우드 전달자)

데이터 링크

네트워크 통로
(통신 경로)

그림 5.1
ISP 인터네트워킹 설정에 따라 동적 네트워크 라우터를 통해 메시지가 전달되는 모습

5.1 광대역 네트워크와 인터넷 아키텍처

모든 클라우드는 네트워크에 연결돼야 하며, 이로 인해 인터네트워킹 의존성을 형성한다.

인터네트워크, 다른 말로 인터넷은 IT 자원의 원격 제공을 가능하게 하고 어디서나 네트워크에 접속할 수 있게 직접적으로 지원한다. 대부분의 클라우드는 인터넷으로 이용 가능하지만 클라우드 소비자는 프라이빗 네트워크를 사용할지, LAN 전용선을 이용해 클라우드에 접속할지 선택할 수 있다. 따라서 클라우드 플랫폼의 잠재력은 인터넷 연결성과 서비스 품질의 진화와 함께 성장한다.

인터넷 서비스 제공자

인터넷 서비스 제공자ISP, Internet Service Provider가 설치하고 배포한 인터넷의 가장 큰 백본 네트워크는 전 세계 각국의 네트워크를 연결하는 중심 라우터에 의해 전략적으로 연결돼 있다. 그림 5.1에서 볼 수 있듯이 ISP 네트워크는 다른 ISP 네트워크와 다양한 조직들을 연결한다.

인터넷의 개념은 분산된 프로비저닝과 관리 모델에 기반을 두고 있다. ISP는 자유롭게 네트워크를 배포, 운영, 관리하며 상호 연결을 위한 파트너 ISP를 선택한다. 분산된 개체가 궁극적으로 인터넷을 지배한다. 인터넷주소관리기구ICANN, Internet Corporation for Assigned Names and Numbers는 인터넷 통신을 감리 및 조율한다.

정부법과 규제법은 국경 안팎에서의 조직과 ISP들의 서비스 프로비저닝 조건에 영향을 준다. 인터넷의 특정 영역은 여전히 국가적 관할권과 법적 경계의 구분을 필요로 한다.

인터넷의 토폴로지는 핵심 프로토콜을 바탕으로 연결된 동적이며 복잡한 ISP의 집합이 됐다. 상호 연결된 주요 노드에서 더 작은 브랜치가 확장되고, 인터넷이 가능한 전자기기에 도달하기까지 더 작은 네트워크를 통해 브랜치가 뻗어 나간다.

1, 2, 3계층으로 구성된 계층적인 토폴로지를 통해 세계를 아우르는 연결이 가능하게 됐다(그림 5.2). 중심의 1계층은 대규모로 이뤄져 있고 대용량으로 연결돼, 세계적 네트워크를 관장하는 국제적 클라우드 제공자는 2계층의 대형 지역 제공자와 연결된다. 1계층 제공자와 연결된 2계층의 인터넷 서비스 제공자는 3계층의 지역 인터넷 서비스 제공자와도 연결된다. 모든 ISP는 인터넷 연결이 가능하기 때문에 클라우드 소비자와 클라우드 제공자는 1계층을 사용하는 제공자와

직접 연결할 수 있다.

인터넷과 ISP 네트워크의 라우터와 통신망은 셀 수 없이 많은 트래픽 생산 경로에 산재돼 있는 IT 자원이다. 두 인터네트워킹 아키텍처를 구성하는 두 가지 중요한 요소는 비연결형 패킷 교환 (데이터그램 네트워크)과 라우터 기반 상호 접속이다.

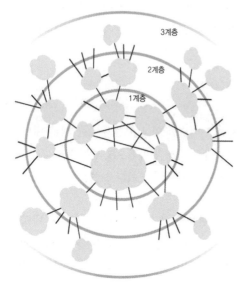

그림 5.2
인터넷의 인터네트워킹 구조 요약

비연결형 패킷 교환(데이터그램 네트워크)

종단간(송신-수신 쌍) 데이터 흐름은 네트워크 스위치와 라우터를 통해 수신, 처리되는 제한된 크기의 패킷으로 나뉘며, 패킷은 큐에 대기한 후 중간 노드에서 다음 노드로 전송된다. 각 패킷은 인터넷 프로토콜IP, Internet Protocol이나 맥MAC, Media Access Control 주소와 같은 필수적인 위치 정보를 가지며 모든 소스, 중개, 대상 노드에서 처리되고 전송된다.

라우터 기반 상호 접속

라우터는 패킷을 전송하는 여러 네트워크에 연결된 장치다. 연속된 패킷이 한 데이터 플로우의 일부일 때 라우터는 소스 노드와 대상 노드 사이의 통신 경로상에 있는 다음 노드의 위치를 알려주는 네트워크 토폴로지 정보를 유지하면서 각 패킷을 개별적으로 처리하고 전송한다. 라우터는 패킷 근원지와 패킷 목적지에 모두 접근할 수 있기 때문에 패킷 전달을 위한 네트워크 트래픽과 가장 효율적인 홉의 궤간을 관리한다.

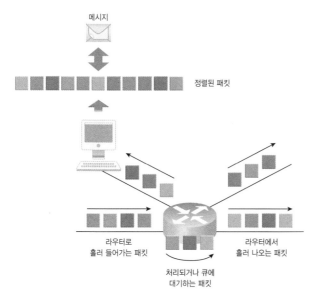

그림 5.3
패킷을 메시지로 정렬해주는 라우터에 의해 인터넷을 통해 움직이는 패킷들이 여러 방향으로 전송된다.

뒤죽박죽인 패킷 그룹이 들어오면서 메시지가 합쳐지는 인터네트워킹의 기본적인 메커니즘이 그림 5.3에 나타나 있다. 묘사된 라우터는 여러 데이터 플로우로부터 패킷을 받고 전송한다.

클라우드 제공자와 클라우드 소비자를 연결하는 통신 경로는 여러 ISP 네트워크와 연관이 있을 것이다. 인터넷의 그물망 구조가 런타임 시 결정되는 여러 네트워크 경로를 사용해 인터넷 호스트(종단점 시스템)를 연결한다. 그러므로 여러 네트워크 경로의 사용이 라우팅 변동성과 지연을 야기고 네트워크 고장이 동시에 발생하더라도 통신이 유지될 수 있다.

다음의 사항들이 인터넷의 인터네트워킹 계층을 구현하고 다른 네트워크 기술과 상호 작용하는 ISP에 적용된다.

물리 네트워크

IP 패킷은 이더넷, ATM 네트워크, 3G 모바일 HSDPA와 같이 인접한 노드를 연결하는 기반 물리 네트워크를 통해 전송된다. 물리 네트워크는 이웃 노드 간의 데이터 전송을 통제하는 데이터 링크 계층과 유선 및 무선 미디어를 통해 데이터 비트를 전송하는 물리 계층으로 구성된다.

전송 계층 프로토콜

전송 제어 프로토콜TCP, Transmission Control Protocol과 사용자 데이터그램 프로토콜UDP, User Datagram Protocol 같은 전송 계층 프로토콜은 인터넷에서의 데이터 패킷 방향 지시를 용이하게 하는 종단 간 통신 지원을 제공하는 IP를 사용한다.

애플리케이션 계층 프로토콜

HTTP와 이메일에 사용되는 SMTP, P2P에 사용되는 BitTorrent, IP 전화에 사용되는 SIP 같은 프로토콜은 전송 계층 프로토콜을 사용해 인터넷에 특정 데이터 패킷 전송 방법을 표준화하고 가능하게 한다. 여러 다른 프로토콜 역시 애플리케이션 중심의 요구 사항을 충족시키고 인터넷과 LAN에 데이터를 전송하는 방법으로 TCP/IP나 UDP를 사용한다.

그림 5.4는 인터넷 참조 모델과 프로토콜 스택을 나타낸다.

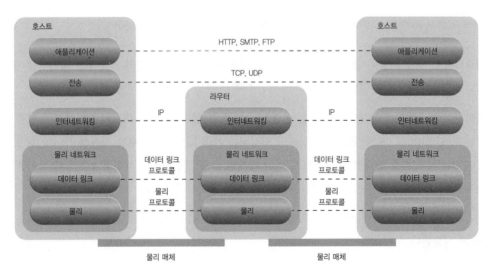

그림 5.4
인터넷 참조 모델과 프로토콜 스택

기술과 사업적 고려 사항

접속 문제

전통적인 사내 배포 모델에서 엔터프라이즈 애플리케이션과 다양한 IT 솔루션은 대개 조직의 자체 데이터 센터에 위치한 중앙 서버와 스토리지 장치에서 제공됐다. 스마트폰이나 랩탑 컴퓨터 같은 종단 사용자 장치는 중단이 없는 인터넷 접속을 제공하는 네트워크를 통해 데이터 센터에 접근한다.

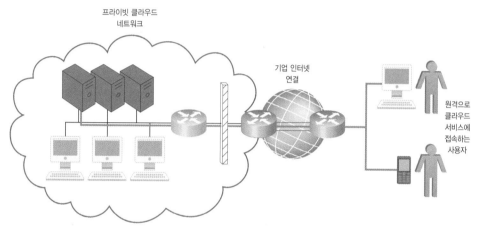

그림 5.5
프라이빗 클라우드의 인터네트워킹 아키텍처. 클라우드를 구성하는 물리적 IT 자원이 조직 내에 위치하며 관리된다.

TCP/IP는 **LAN**을 이용한 인터넷 접속과 사내 데이터 교환을 용이하게 한다(그림 5.5). 보통 클라우드 모델로 불리지는 않지만 이런 설정은 중, 대규모 사내 네트워크에서는 많이 구현돼 왔다.

전통적인 사내 배포 모델을 사용하는 조직은 인터넷으로 통하는 네트워크 트래픽에 직접 접근할 수 있으며 방화벽과 모니터링 소프트웨어를 사용해 기업 네트워크를 완벽히 통제하고 보호할 수 있다. 이런 조직에는 IT 자원과 인터넷 연결을 설치, 운영, 유지하는 책임이 부여된다.

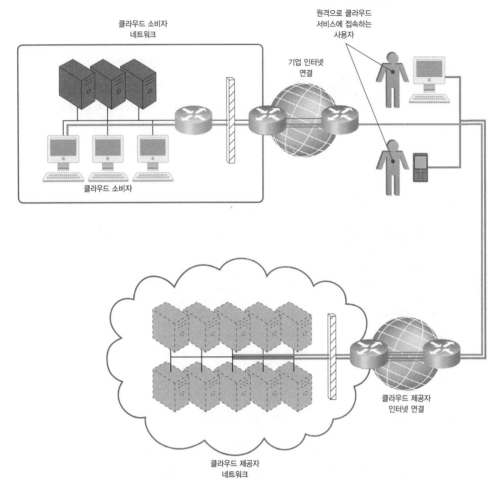

그림 5.6
인터넷 기반 클라우드 배포 모델의 인터네트워킹 아키텍처. 인터넷은 인접하지 않은 클라우드 소비자, 로밍 사용자, 클라우드 제공자 네트워크 간의 연결 에이전트다.

인터넷을 통해 네트워크에 연결된 종단 사용자 장치는 클라우드에 있는 중앙 서버와 애플리케이션에 지속적인 접근이 가능하다(그림 5.6).

사용자 기능에 적용되는 클라우드의 가장 중요한 특성은 사용자가 기업 네트워크의 안에 있든지 밖에 있든지 상관없이 동일한 네트워크 프로토콜을 이용해 어떻게 중앙 IT 자원에 접근할 수

124

있을 것인가와 관련이 있다. 사용자가 클라우드 기반 IT 자원의 물리적 위치를 고려하지 않더라도, IT 자원이 사내에 있는지, 인터넷 기반인지 여부가 내부 · 외부의 사용자들이 어떻게 서비스에 접근하는지에 영향을 준다(표 5.1).

사내 IT 자원	클라우드 기반 IT 자원
내부 사용자 장치가 기업 네트워크를 통해 기업 IT 서비스에 접근한다.	내부 사용자 장치가 인터넷 연결을 통해 기업 IT 서비스에 접근한다.
내부 사용자가 외부 네트워크에서 로밍하면서 기업 네트워크를 통해 기업 IT 서비스에 접근한다.	내부 사용자가 클라우드 제공자의 인터넷 연결을 통한 외부 네트워크에서 로밍하면서 기업 IT 서비스에 접근한다.
외부 사용자가 기업 인터넷 연결을 통해 기업 IT 서비스에 접근한다.	외부 사용자가 클라우드 제공자의 인터넷 연결을 통해 기업 IT 서비스에 접근한다.

표 5.1
사내와 클라우드 기반 인터네트워킹의 비교

클라우드 제공자는 클라우드 기반 IT 자원이 인터넷을 통해 내부와 외부의 사용자 모두에게 접근 가능하도록 쉽게 설정할 수 있다(그림 5.6에서 보여줬듯이). 이러한 인터네트워킹 아키텍처는 어디서나 기업 IT 솔루션에 접근하고자 하는 내부 사용자에게도 이익을 가져올 뿐 아니라 인터넷 기반 서비스를 외부 사용자에게 제공해야 하는 클라우드 소비자에게도 이득이 된다. 주요 클라우드 제공자는 개별 조직의 연결성보다 뛰어난 인터넷 연결성을 제공하며 클라우드 제공자의 가격 결정 모델의 일부로 추가적인 네트워크 사용 요금을 부과한다.

네트워크 대역폭과 대기 시간 문제

종단 간 대역폭은 네트워크를 ISP에 연결하는 데이터 링크의 대역폭에 의해 영향을 받을 뿐 아니라 중간 노드를 연결하는 공유 데이터 링크의 전송 용량에도 영향을 받는다. ISP는 종단 간 연결성 보장에 필요한 중심 네트워크를 구현하기 위해 광대역 네트워크 기술을 사용한다. 동적 캐싱, 압축, 선인출pre-fetching과 같은 웹 가속화 기술이 사용자 연결성을 꾸준히 향상시킴에 따라 이런 형태의 대역폭은 꾸준히 증가하고 있다.

시간 지연이라고도 하는 대기 시간은 패킷이 한 데이터 노드에서 다른 노드로 전송되는 데 걸리는 시간이다. 대기 시간은 데이터 패킷 경로의 각 중간 노드를 지날 때마다 증가한다. 네트워크 인프라의 전송 큐는 네트워크 대기 시간을 증가시키는 중부하 조건을 야기할 수 있다. 네트워크는 인터넷 대기 시간을 변화시키고 종종 예측할 수 없는 공유 노드의 트래픽 상태에 의존적이다.

'최선의 노력' 서비스 품질QoS, Quality-of-Service의 패킷 네트워크는 보통 선착순 방식으로 패킷을 전송한다. 트래픽의 우선순위가 정해져 있지 않을 때 혼잡한 네트워크 경로를 사용하는 데이터 플로우는 대역폭 감소나 대기 시간 증가, 패킷 손실의 형태로 서비스 수준 저하를 겪게 된다.

패킷 스위칭의 특성은 데이터 패킷이 인터넷 네트워크 인프라를 통해 전송될 경로를 동적으로 선택할 수 있게 한다. 데이터 패킷의 전달 속도는 네트워크 혼잡과 같은 상태에 민감하고 균일하지 않기 때문에 종단간 QoS는 동적 선택의 영향을 받는다.

IT 솔루션은 네트워크 대역폭과 대기 시간에 영향을 받는 비즈니스 요구 사항에 대해 평가될 필요가 있다. 대역폭은 상당한 양의 데이터가 클라우드 안팎으로 전송돼야 하는 애플리케이션에 매우 중요하며 대기 시간은 빠른 응답 시간의 요구 사항을 갖는 애플리케이션에 중요하다.

클라우드 전달자와 클라우드 제공자 선택

클라우드 소비자와 클라우드 제공자 간 인터넷 연결의 서비스 수준은 ISP에 의해 결정되는데 ISP는 대개 서로 다르고, 경로 내에 여러 ISP 네트워크를 포함한다. 여러 ISP를 아우르는 QoS 관리는 사실상 매우 어려우며 종단 간 서비스 수준이 비즈니스 요구 사항을 충족시키기 위해서는 양측 클라우드 전달자의 협조가 필요하다.

클라우드 소비자와 클라우드 제공자는 클라우드 애플리케이션의 연결성과 신뢰성의 필수적인 수준을 달성하기 위해 추가적인 비용이 들더라도 여러 클라우드 전달자를 사용할 필요가 있을 것이다. 따라서 클라우드의 도입은 유연한 대기 시간과 대역폭 요건을 갖는 애플리케이션에 좀 더 용이할 것이다.

- 클라우드 소비자와 클라우드 제공자는 통신을 위해 인터넷을 이용하며, 인터넷은 분산된 프로비저닝과 관리 모델에 기반해 어떠한 중앙의 개체에 의해 통제되지 않는다.

- 인터네트워킹 아키텍처의 주요 요소는 비연결형 패킷 교환과 라우터 기반 상호 접속이며, 이 요소들은 네트워크 라우터와 스위치를 사용한다. 네트워크 대역폭과 대기 시간은 네트워크 혼잡에 큰 영향을 받는 QoS에 영향을 주는 특성이다.

5.2 데이터 센터 기술

지역적으로 분산된 IT 자원을 그대로 두는 것보다 가까운 것들은 그룹을 형성하면 전원 공유, IT 자원 사용의 공유를 통한 더 높은 효율성과 IT 인력에 좀 더 나은 접근성을 제공한다. 자연스럽게 대중화된 데이터 센터 개념이 가지는 장점이 바로 이것이다. 현대의 데이터 센터는 서버, 데이터베이스 네트워킹이나 통신 장치, 소프트웨어 시스템과 같은 집중화된 IT 자원을 보관하는 데 사용되는 특화된 IT 인프라의 형태로 존재한다.

데이터 센터는 전형적으로 다음의 기술과 요소로 구성된다.

가상화

데이터 센터는 물리적 IT 자원과 가상화된 IT 자원 모두를 포함한다. 물리적 IT 자원 계층은 하드웨어 시스템과 운영체제와 함께 컴퓨팅/네트워킹 시스템과 장비를 저장하는 시설 인프라를 가리킨다(그림 5.7).

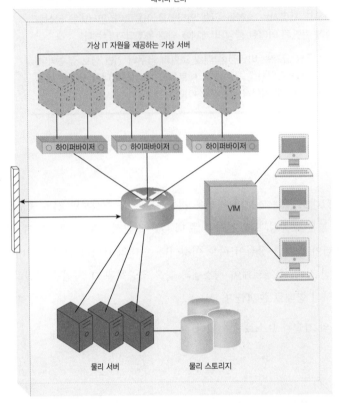

그림 5.7
물리적 IT 자원이 지원하는 가상 IT 자원을 제공하기 위해 사용되는 데이터 센터의 공통 컴포넌트

물리적 컴퓨팅 및 네트워킹 자원을 가상화된 컴포넌트로 추상화해 자원을 좀 더 손쉽게 할당, 운영, 해제, 모니터링, 통제할 수 있는 가상화 플랫폼에 기반을 둔 운영 및 관리 도구가 가상화 계층의 통제와 자원 추상화를 담당한다.

가상화 컴포넌트는 '가상화 기술' 절에서 더 자세히 살펴보겠다.

표준화와 모듈화

데이터 센터는 표준화된 하드웨어상에 구축되고, 확장성, 성장, 빠른 하드웨어 교체를 지원하는 장비와 시설 인프라의 여러 독립적인 구성 요소를 모은 모듈화된 아키텍처를 이용해 설계된다.

128

모듈화와 표준화는 조달, 획득, 배포, 운영, 유지 보수에 대한 규모의 경제를 가능하게 하기 때문에 투자 및 운영 비용을 절약하는 핵심적인 요건이다.

복잡한 설정을 지원하는 데 더 적은 물리적 컴포넌트가 필요하기 때문에 공통적인 가상화 전략 및 지속적으로 물리적 장치의 성능과 용량을 향상시키는 것이 IT 자원의 통합을 돕는다. 통합된 IT 자원은 여러 시스템에 사용될 수 있으며 여러 클라우드 소비자들이 공유할 수 있다.

자동화

데이터 센터는 감독 없이 프로비저닝, 설정, 패치, 모니터링과 같은 작업을 자동화하는 특화된 플랫폼을 갖고 있다. 데이터 센터 관리와 플랫폼이 진화하면서 자체 설정과 자체 복구같은 자동화된 컴퓨팅 기술이 가능해졌다. 자동화 컴퓨팅은 '부록 E'에서 논의하겠다.

원격 운영과 관리

데이터 센터의 IT 자원의 운영 및 관리 작업 대부분은 네트워크의 원격 콘솔과 관리 시스템을 통해 수행된다. 기술 인력들은 장비 관리나 배선 연결, 하드웨어 수준의 설치 및 유지 보수와 같은 아주 특별한 경우를 제외하고는 서버를 보유하고 있는 공간에 방문할 필요가 없다.

높은 가용성

데이터 센터의 정전은 데이터 센터의 서비스를 이용하는 조직의 비즈니스 연속성에 막대한 영향을 끼치기 때문에 데이터 센터는 가용성을 유지하기 위한 높은 수준의 중복성을 가지고 설계되고 운영된다. 데이터 센터는 시스템 실패에 대비해 통신 링크와 클러스터링된 하드웨어의 로드 밸런싱과 함께 중복되고 방해 받지 않는 전원 공급, 배선, 환경적 제어 서브 시스템을 갖추고 있다.

보안 인식 설계와 운영, 관리

데이디 센디는 비즈니스 데이터를 저장하고 처리하는 중앙 집중 구조이기 때문에 물리적 및 논리적 접근 통제와 데이터 복구 전략과 같은 보안과 관련된 요구 사항을 엄격하고 포괄적으로 적용해야 한다.

때때로 사내 데이터 센터를 구축하고 운영하는 것이 매우 비싸기 때문에 데이터 센터 기반의 IT 자원의 아웃소싱은 수 세기에 걸쳐 업계의 공통된 관행이 돼 왔다. 그러나 아웃소싱 모델은 종종 장기적인 고객의 계약이 필요하며 어디서나 접근 가능함, 온디맨드 프로비저닝, 빠른 탄력성과 사용량당 과금 체계와 같은 클라우드 고유의 특성을 통해서 풀어낸 문제들에 대해 탄력성을 제공할 수 없다.

시설

데이터 센터 시설은 특화된 컴퓨팅, 스토리지, 네트워크 장비에 맞춰 설계된 장소다. 다양한 전원 공급, 배선 연결, 열, 통풍, 공기 조절/냉난방, 화재 보호 등과 같은 관련된 서브 시스템을 조절하는 환경 제어 장치 등 몇 개의 기능적인 레이아웃 영역으로 구성된다.

주어진 데이터 센터 시설의 장소와 레이아웃은 분리된 공간으로 나뉜다. '부록 D'에서는 데이터 센터에 있는 공통적인 공간과 시설에 대해 자세히 알아본다.

컴퓨팅 하드웨어

데이터 센터에서 일어나는 대용량 프로세싱의 대부분은 상당한 컴퓨팅 능력과 스토리지 용량을 갖춘 표준화된 상품 서버에 의해 수행된다. 일부 컴퓨팅 하드웨어 기술은 다음과 같은 모듈화된 서버로 통합된다.

- 전원, 네트워크 내부 냉각을 위해 상호 연결된 표준 랙으로 구성된 랙 마운트 폼 팩터 서버 디자인
- x86-32bits, x86-64, RISC와 같은 여러 하드웨어 프로세싱 아키텍처 지원
- 표준화된 랙만큼 작은 공간에 수백 개의 프로세싱 코어를 가지고 있는 전원 효율적인 멀티코어 CPU 아키텍처
- 하드디스크, 전원 공급 장치, 네트워크 인터페이스, 스토리지 컨트롤러 카드 같이 전원 차단 없이 추가/제거될 수 있으며 중복 구성된 컴포넌트

고밀도 서버 기술 같은 컴퓨팅 아키텍처는 랙 내장 물리적 상호 접속[blade enclosure], 섬유(스위치), 공유 전원 공급 단위 및 냉각 팬을 사용한다. 상호 접속은 물리적 공간과 전원을 최적화하면서 컴포넌트 간 네트워킹과 관리를 향상시킨다. 이러한 시스템은 전형적으로 개별적인 서버의 전

원 차단 없는 교체$^{hot\text{-}swapping}$, 확장, 교체^{replacement}, 유지 보수를 지원하는데, 이는 컴퓨터 클러스터를 기반으로 한 고장 방지 시스템의 배포를 용이하게 한다.

현대 컴퓨팅 하드웨어 플랫폼은 일반적으로 원격 관리 콘솔에서 하드웨어 IT 자원을 설정, 모니터링, 통제할 수 있는 업계 표준의 특허가 등록된 운영 및 관리 소프트웨어 시스템을 지원한다. 잘 구축된 관리 콘솔에서 운영자 한 사람이 수백에서 수천에 달하는 물리적 서버, 가상 서버, 기타 IT 자원을 관리할 수 있다.

스토리지 하드웨어

데이터 센터는 대용량 스토리지 필요를 충족시킬 수 있는 방대한 양의 디지털 정보를 유지하는 특화된 스토리지 시스템을 보유한다. 이러한 스토리지 시스템은 배열로 구조화된 수많은 하드디스크를 저장하는 컨테이너로 이뤄진다.

스토리지 시스템은 다음 기술과 관련이 있다.

- **하드디스크 배열:** 이러한 배열은 태생적으로 여러 물리적 드라이버 사이에 데이터를 나누고 복제하며 여분의 디스크를 포함해 성능과 중복성을 향상시킨다. 이 기술은 때로 전형적으로 하드디스크 배열 컨트롤러를 통해 실현되는 레이드$^{RAID, Redundant\ Arrays\ of\ Independent\ Disks}$ 스키마를 사용해 구현된다.

- **입출력 캐싱:** 주로 데이터 캐싱을 이용해 디스크 접근 시간과 성능을 향상시키는 하드디스크 배열 컨트롤러를 이용해 수행된다.

- **전원 차단 없이 교체 가능한 하드디스크:** 전원 차단 없이 배열에서 안전하게 제거될 수 있다.

- **스토리지 가상화:** 가상 하드디스크와 스토리지 공유로 이루어진다.

- **빠른 데이터 복제 메커니즘:** 차후 리로딩이나 가상 또는 물리 하드디스크 용량 및 파티션을 복사하는 용량 복제$^{volume\ cloning}$를 위해 가상 머신의 메모리에서 하이퍼바이저가 읽을 수 있는 파일 형태로 저장하는 스냅샷 기능을 포함한다.

스토리지 시스템은 전형적으로 삭제 가능한 미디어에 의존해 백업과 복구 시스템으로 사용되는 자동화된 테이프 라이브러리와 같은 제3의 중복을 포함한다. 이런 형태의 시스템은 네트워크 연결된 IT 자원이나 스토리지 시스템이 컴퓨팅 IT 자원에 호스트 버스 어댑터^{HBA}를 사용해 직접 연결되는 디스^{DAS, Direct-Attached Storage}의 형태로 존재한다. 네트워크에 연결된 IT 자원의 경우는 네트워크를 통해 스토리지 시스템이 하나 이상의 IT 자원에 연결된다.

네트워크 연결된 스토리지 장치는 다음 분류 중 하나에 속한다.

- **스토리지 에어리어 네트워크**^{SAN, Storage Area Network}: 물리적 데이터 스토리지 미디어는 전용 네트워크를 통해 연결되며 SCSI^{Small Computer System Interface}와 같은 업계 표준 프로토콜을 이용해 블록 수준의 데이터 스토리지 접근을 제공한다.
- **네트워크 결합 스토리지**^{NAS, Network-Attached Storage}: 하드 드라이브 배열은 네트워크를 통해 연결하고 네트워크 파일 시스템^{NFS, Network File System}이나 서버 메시지 블록^{SMB, Server Message Block}과 같은 파일 중심의 데이터 접근 프로토콜을 이용해 데이터 접근을 돕는 전용 장치에 포함되고 관리된다.

NAS, SAN, 더욱 발전된 스토리지 시스템의 옵션은 컨트롤러 중복, 냉각 중복, RAID 스토리지 기술을 이용한 하드디스크 배열을 통해 많은 컴포넌트에 내고장성^{fault tolerance}을 제공한다.

네트워크 하드웨어

데이터 센터는 여러 수준의 연결성을 가능하게 하기 위해 대규모의 네트워크 하드웨어를 필요로 한다. 네트워크 인프라의 단순화된 버전으로 데이터 센터는 5개의 네트워크 서브시스템으로 분할되는데 각 구현에 사용된 공통 요소에 대해서는 뒤에서 설명하겠다.

전달자와 외부 네트워크 상호 접속

인터네트워킹 인프라와 관련된 서브시스템으로 대개 외부 WAN과 데이터 센터의 LAN 사이의 라우팅을 제공하는 백본 라우터와 방화벽, VPN 게이트웨이 같은 주변 네트워크 보안 장치로 구성된다.

웹 계층 로드 밸런싱과 가속화

XML 전처리기, 암복호화 기기, 내용 인식 라우팅을 수행하는 7계층 스위칭 장치와 같은 웹 가속화 장치로 구성된다.

LAN 섬유

LAN 섬유는 내부의 LAN을 구성하며 데이터 센터의 네트워크에 연결 가능한 IT 자원에 대한 높은 성능과 중복 연결성을 제공한다. 네트워크 통신을 용이하게 하고 초당 10기가 비트까지 속도를 내도록 운영하는 여러 네트워크 스위치로 구현된다. 이런 고급 네트워크 스위치는 LAN을 VLAN으로 분리, 링크 통합, 네트워크 간 라우팅 제어, 로드 밸런싱, 장애 조치와 같은 여러 가상화 기술을 수행할 수 있다.

SAN 섬유

서버와 스토리지 시스템 간의 연결을 제공하는 스토리지 에어리어 네트워크[SANs]의 구현과 관련된 SAN 섬유는 대개 파이버 채널[FC, Fibre Channel], 파이버 채널 오버 이더넷[FCoE, Fibre Channel over Ethernet], 인피니밴드[InfiniBand] 네트워크 스위치로 구현된다.

NAS 게이트웨이

이 서브시스템은 NAS 기반 스토리지 장치에 부착점을 제공하고 SAN과 NAS 장치 사이의 데이터 전송을 돕는 프로토콜 전환 하드웨어를 구현한다.

데이터 센터 네트워크 기술에는 중복되거나 내고장성의 설정을 사용해 충족될 수 있는 확장성과 높은 가용성이라는 운영상의 요구 사항이 있다. 앞의 5가지 네트워크 서브시스템은 데이터 센터의 중복성과 다수의 실패에도 특정 수준의 서비스를 유지할 수 있는 충분한 IT 자원을 가지고 있음을 확증하는 신뢰성을 증대시킨다.

초고속의 네트워크 광학 링크는 초당 기가 비트 단위의 채널을 밀집 파장 분할 다중화[DWDM, Dense Wavelength-Division Multiplexing]와 같은 다중 처리 기능을 이용해 하나의 광학 섬유로 통합한다. 여러 지역에 걸쳐 있으며 서버 팜, 스토리지 시스템, 중복 데이터 센터를 상호 연결하는 데 사용되는 광학 링크는 전송 속도와 복원력을 향상시킨다.

기타 고려 사항

IT 하드웨어는 대개 5~7년의 생명주기를 지속하기 때문에 급격한 기술 노후화가 이뤄진다. 장비를 교체하려는 지속적인 요구는 하드웨어의 혼합 즉, 이질성이 전체 데이터 센터의 운영과 관리를 복잡하게 만드는 결과를 낳는다(가상화를 통해 부분적으로 완화할 수 있지만).

보안 역시 데이터 센터의 역할과 방대한 양의 데이터를 고려할 때 매우 중요한 문제다. 수많은 보안 주의 사항이 있지만 한 데이터 센터 시설에서 배타적으로 데이터를 저장하는 것은 데이터가 개별적으로 연결되지 않은 컴포넌트에 분산돼 있는 것보다 훨씬 더 강력한 보안 공격에 위협을 받을 수 있다.

핵심 요약

- 데이터 센터는 서버, 데이터베이스, 소프트웨어 시스템과 같은 중앙 집중화된 IT 자원을 저장하는 특화된 IT 인프라다.
- 데이터 센터 IT 하드웨어는 전형적으로 향상된 컴퓨팅 능력과 스토리지 용량을 가진 표준화된 상품 서버로 구성된다. 스토리지 시스템 기술은 디스크 배열과 스토리지 가상화를 포함한다. 스토리지 용량을 증가시키는 데 사용되는 기술로 DAS와 SAN, NAS가 있다.
- 컴퓨팅 하드웨어 기술은 랙 마운트 서버 배열과 멀티코어 CPU 아키텍처를 포함한다. 네트워크 연결성을 향상시키기 위해 내용 인식 라우팅, LAN과 SAN 섬유, NAS 게이트웨이와 같은 특화된 대용량 네트워크 하드웨어와 기술이 사용된다.

5.3 가상화 기술

가상화는 물리적 IT 자원을 가상의 IT 자원으로 전환시키는 과정이다. 대부분의 형태의 IT 자원은 가상화될 수 있다.

- **서버:** 물리 서버는 가상 서버로 추상화될 수 있다.
- **스토리지:** 물리 스토리지 장치는 가상 스토리지 장치나 가상 디스크로 추상화될 수 있다.
- **네트워크:** 물리 라우터와 스위치는 VLAN과 같은 논리적인 네트워크 섬유로 추상화될 수 있다.
- **전원:** 물리적 UPS와 전원 분배 장치는 가상 UPS라 일컬어지는 장비로 추상화될 수 있다.

앞으로 서버 가상화 기술을 통한 가상 서버의 구축과 배포를 중점적으로 다룬다.

노트

이 책에서 가상 서버와 가상 머신^{VM, Virtual Machine} 용어는 동의어로 사용한다.

가상화 소프트웨어를 바탕으로 새로운 가상 서버를 구축하는 첫 번째 단계는 물리적 IT 자원의 할당이다. 이후에 운영체제를 설치한다. 가상 서버는 가상 서버가 구축된 운영체제에 독립적인 게스트 운영체제를 사용한다.

가상 서버에서 구동되는 게스트 운영체제와 애플리케이션 소프트웨어 모두 가상화 프로세스를 인식하지 못한다. 가상화된 IT 자원은 마치 독립적인 물리 서버에서 구동되는 것처럼 설치되고 실행된다. 가상 시스템에서 구동되면서 프로그램이 물리 시스템상에서 구동되도록 하는 실행의 획일성이 가상화의 중요한 특징이다. 게스트 운영체제는 가상화 환경에서 구동될 수 있도록 고객화나 설정, 패치 필요가 없는 소프트웨어 제품과 애플리케이션을 매끄럽게 사용할 것을 요구한다.

가상화 소프트웨어는 가상화 소프트웨어가 접근할 수 있는 호스트나 물리 호스트라 불리는 물리적 서버에서 구동된다. 특히 가상화 소프트웨어 기능은 가상 머신 관리와 관련이 있으며 표준 운영체제에 구축돼 있지 않은 시스템 서비스를 포함한다.

이는 때로 가상화 소프트웨어가 가상 머신 관리자나 하이퍼바이저라고 알려진 가상 머신 모니터^{VMM, Virtual Machine Monitor}라고 일컬어지는 이유이기도 하다(하이퍼바이저는 8장, '전문화된 클라우드 메커니즘'에서 살펴볼 것이다).

하드웨어 독립성

IT 하드웨어 플랫폼에서 운영체제의 설정과 애플리케이션 소프트웨어의 설치는 여러 가지 소프트웨어 하드웨어 간 의존성을 낳는다. 가상화되지 않은 환경에서 운영체제는 특정 하드웨어 모델에 맞춰 설정되고 IT 자원이 수정될 필요가 있으면 재설정을 한다.

가상화는 IT 하드웨어를 에뮬레이트되고 표준화된 소프트웨어 기반 복제품으로 옮기는 전환 과정이다. 하드웨어 독립성을 통해 가상 시버는 다른 가상 호스트로 손쉽게 이전될 수 있고 자동으로 여러 하드웨어 소프트웨어 간 비호환성 문제를 해결할 수 있다. 결과적으로 가상 IT 자원을 복제하고 조작하는 것은 물리적 하드웨어를 복제하는 것보다 훨씬 쉽다. 3부에서 다룰 '아키텍처 모델'에서 다양한 예제를 소개한다.

서버 통합

가상화 소프트웨어가 제공하는 조작 기능은 여러 가상 서버가 같은 가상 호스트 내에 동시에 생성될 수 있게 한다. 가상화 기술은 여러 가상 서버가 하나의 물리적 서버를 공유할 수 있게 한다. 이 과정을 서버 통합이라고 하며 주로 하드웨어 활용성과 로드 밸런싱, 이용 가능한 IT 자원의 최적화를 증가시키기 위해 사용된다. 그 결과로 나타나는 유연성은 여러 가상 서버가 여러 게스트 운영체제에서 구동될 수 있음을 의미한다.

기본적인 용량은 직접적으로 공통의 클라우드 특징, 즉 온디맨드 사용, 자원 풀링, 탄력성, 확장성, 복원력을 지원한다.

자원 복제

가상 서버는 하드디스크 내용의 바이너리 파일 형태로 복사해 보유하고 있는 가상 디스크 이미지로 생성된다. 이런 가상 디스크 이미지는 호스트의 운영체제에 접근 가능하며 복사, 이동, 붙여넣기와 같은 간단한 파일 작업을 이용해 가상 서버를 복제, 이관, 백업할 수 있다.

조작과 복제의 용이성이 가상화 기술의 가장 중요한 특징 중 하나다. 이는 다음의 기능을 가능하게 한다.

- 즉각적인 배포를 지원하는 가상 디스크 이미지의 pre-packaging을 위해 가상 하드웨어 용량과 게스트 운영체제, 추가 애플리케이션 소프트웨어를 포함하도록 설정된 표준화된 가상 머신 이미지 생성
- 수평적/수직적 확장을 빠르게 할 수 있는 가상 머신의 새로운 인스턴스 이관 및 배포의 즉시성 증가
- 가상 서버의 메모리와 하드디스크 이미지의 상태를 호스트 기반의 파일로 저장해서 VM 스냅샷을 즉각 생성하고 롤백하는 능력(운영자는 손쉽게 스냅샷을 변환하고 가상 머신을 직전의 상태로 복구할 수 있다)
- 중요 IT 자원과 애플리케이션의 여러 인스턴스 생성과 효율적인 백업과 복구 절차로 인한 비즈니스 연속성의 지원

운영체제 기반 가상화

운영체제 기반 가상화는 호스트 운영체제라 불리는 기존 운영체제에 가상화 소프트웨어를 설치하는 것이다(그림 5.8). 예를 들어 사용자의 워크스테이션에 특정 버전의 윈도우가 설치돼 있는 사용자가 가상 서버를 구축하고 다른 프로그램과 같이 호스트 운영체제에 가상화 소프트웨어를 설치하기 원한다고 하자. 이 사용자는 하나 이상의 가상 서버를 생성하고 운영하기 위해 이 애플리케이션을 사용할 필요가 있다. 사용자는 생성된 가상 서버에 직접 접근하기 위해 가상화 소프트웨어를 사용할 필요가 있다. 호스트 운영체제는 필요한 지원과 함께 하드웨어 장치를 제공할 수 있기 때문에 하드웨어 드라이버가 가상화 소프트웨어에 맞지 않더라도 운영체제 가상화가 하드웨어 호환성 문제를 해결할 수 있다.

가상화에 의한 하드웨어 독립성은 하드웨어 IT 자원을 좀 더 유연하게 사용할 수 있게 한다. 예를 들어 호스트 운영체제가 물리 컴퓨터에서 이용 가능한 5개의 네트워크 어댑터를 제어하는 데 필요한 소프트웨어를 가지고 있는 시나리오를 생각해보자. 가상화된 운영체제가 물리적으로 5개의 네트워크 어댑터를 가질 수 없더라도 가상화 소프트웨어는 가상 서버에서 이용 가능한 5개의 네트워크 어댑터를 만들 수 있다.

그림 5.8
운영체제 기반 가상화의 여러 논리적 계층으로, 가상 머신이 먼저 전체 호스트 운영체제에 설치되고 그 후 가상 머신을 생성하기 위해 사용된다.

가상화 소프트웨어는 운영을 위해 특정 소프트웨어가 필요한 하드웨어 IT 자원을 여러 종류의 운영체제와 호환되는 가상화된 IT 자원으로 변경한다. 호스트 운영체제는 그 자체로 완전한 운영체제이기 때문에 관리 도구로 이용 가능한 여러 운영체제 기반 서비스를 물리 호스트를 관리하는 데 사용할 수 있다.

이러한 서비스의 예는 다음과 같다.

- 백업과 복구

- 디렉터리 서비스로 통합

- 보안 관리

운영체제 기반 가상화는 다음의 성능 오버헤드와 관련한 요구 사항과 문제점을 해결할 수 있다.

- 호스트 운영체제는 CPU, 메모리, 다른 하드웨어 IT 자원을 소비한다.

- 게스트 운영체제로부터의 하드웨어 관련 호출은 하드웨어로 들고나는 여러 계층을 거치게 돼 전체적인 성능을 저하시킨다.

- 각 게스트 운영체제에 대한 개별적인 라이선스와 더불어 대개 호스트 운영체제를 위해 라이선스가 필요하다.

운영체제 기반 가상화와 관련한 고려 사항은 가상화 소프트웨어와 호스트 운영체제를 구동시키는 데 필요한 처리 오버헤드다. 가상화 계층을 구현하는 것은 전체 시스템 성능에 부정적인 영향을 미친다. 결과 영향을 측정, 모니터링, 관리하는 것은 매우 어려울 수 있다. 시스템 작업 부하와 소프트웨어 및 하드웨어 환경, 정교화된 모니터링 도구에 관한 전문 지식을 필요로 하기 때문이다.

하드웨어 기반 가상화

호스트 운영체제를 우회하기 위해 물리 호스트 하드웨어에 가상화 소프트웨어를 온프레미스하는 것이다. 운영체제 기반 가상화와 맞물려 있다(그림 5.9). 가상 서버가 호스트 운영체제의 중재 작업 없이 하드웨어와 통신하게 만들어 하드웨어 기반 가상화는 더욱 효율적이게 된다.

그림 5.9
다른 호스트 운영체제를 필요로 하지 않는
하드웨어 기반 가상화의 여러 논리적 계층

가상화 소프트웨어는 전형적으로 이런 형태의 처리를 위한 하이퍼바이저로 불린다. 하이퍼바이저는 무시할 만한 스토리지 공간을 필요로 하는 단순한 사용자 인터페이스를 갖는다. 가상화 관리 계층을 구축하기 위해 하드웨어 관리 기능을 다루는 소프트웨어의 계층으로 존재한다. 표준 운영체제 기능이 많이 구현되지 않더라도 장치 드라이버와 시스템 서비스는 가상 서버의 프로비저닝을 위해 최적화된다. 기본적으로 동일 하드웨어 플랫폼과 여러 가상 서버가 통신할 수 있게 하는데, 필연적인 성능 오버헤드를 최적화하기 위해 이런 형태의 가상화 시스템이 사용된다.

하드웨어 기반 가상화의 주요 문제점 중 하나는 하드웨어 장치와의 호환성이다. 가상화 계층은 호스트 하드웨어와 직접 통신하도록 설계된다. 즉, 모든 관련 장치 드라이버와 지원 소프트웨어가 하이퍼바이저와 호환돼야 한다는 것이다. 하드웨어 장치 드라이버는 운영체제만큼 하이퍼바이저 플랫폼을 사용할 수 없을 것이다. 호스트 운영과 관리 특징은 일반적인 운영체제에 비해 많은 고급 기술을 포함하지는 않는다.

가상화 관리

물리적인 대응을 이루는 부분과 반대로 여러 관리 작업은 가상 서버를 이용하면 쉽게 할 수 있다. 현대의 가상화 소프트웨어는 관리 작업을 자동화하고 가상화 IT 자원에 대한 전체적인 운영 부담을 덜어주는 여러 가지 고급 관리 기능을 제공한다.

가상화 IT 자원 관리는 때로 집합적으로 가상 IT 자원을 관리하며 컨트롤러로 더 잘 알려진 전용 컴퓨터에서 구동되는 중앙 집중된 관리 모듈에 의존적인 가상화 인프라 관리^{VIM, Virtualization Infrastructure Management} 도구가 지원한다. VIM은 9장에서 다룰 '자원 관리 시스템' 메커니즘에 포함된다.

기타 고려 사항

- **성능 오버헤드:** 가상화는 자원 공유와 복제가 거의 일어나지 않고 높은 작업 부하를 갖는 복잡한 시스템에는 이상적이지 않다. 형편없이 만들어진 가상화 계획은 엄청난 성능 오버헤드를 초래할 수 있다. 오버헤드 문제를 바로잡기 위해 사용되는 일반적인 전략은 반가상화라 불리는 기술로, 소프트웨어 인터페이스를 근본 하드웨어와 완전히 똑같지는 않지만 비슷한 가상 머신에 제공하는 가상화 기술이다. 소프트웨어 인터페이스는 게스트 운영체제의 처리 오버헤드를 경감시키기 위해 수정되는 대신 관리하기는 더 어려워진다. 이 접근 방식의 주요 약점은 게스트 운영체제를 반가상화 애플리케이션 인터페이스에 맞춰야 한다는 것이다. 이는 솔루션 이식성을 감소시키면서 표준 게스트 운영체제의 사용을 악화시킬 수 있다.

- **특정 하드웨어 호환성:** 특화된 하드웨어를 제공하는 많은 하드웨어 판매자가 가상화 소프트웨어와 호환되는 장치 드라이버 버전을 구비하고 있지는 않을 것이다. 또한 소프트웨어 자체가 최근 배포된 하드웨어 버전과 호환되지 않을 것이다. 이러한 비호환성 문제는 구축된 하드웨어 플랫폼과 가상화 소프트웨어 제품을 사용하면 해결할 수 있다.

- **이식성:** 다양한 가상화 솔루션을 구동시키는 가상화 프로그램에 대한 관리 환경을 구축하도록 프로그램화된 관리 인터페이스 비호환성이 이식성의 갭을 야기할 수 있다. 이식성에 대한 우려를 완화시키기 위해 가상화 디스크 이미지 포맷의 표준화를 위한 오픈 가상화 포맷 OVF, Open Virtualization Format이 사용된다.

핵심 요약

- 서버 가상화는 IT 하드웨어를 가상화 소프트웨어를 이용해 가상 서버로 추상화하는 과정이다.
- 가상화는 하드웨어 독립성, 서버 통합, 자원 복제를 제공하며 자원 풀링과 탄력적인 확장성을 지원한다.
- 가상 서버는 운영체제 기반이나 하드웨어 기반 가상화를 통해 실현된다.

5.4 웹 기술

클라우드 컴퓨팅의 인터네트워킹과 웹 브라우저 일반성, 웹 기반 서비스 배포의 용이성에 대한 근본적인 의존성 때문에 일반적으로 웹 기술은 클라우드 서비스를 위한 구현의 수단 및 관리 인터페이스로 사용된다.

이 절에서는 기본적인 웹 기술을 소개하고 웹 기술과 클라우드 서비스의 관계를 논한다.

자원 vs. IT 자원

월드와이드웹을 통해 접근 가능한 부산물들을 자원이나 웹 자원을 일컫는다. 이는 3장에서 소개되고 정의된 IT 자원보다 포괄적인 용어다. 클라우드 컴퓨팅이라는 맥락에서 IT 자원은 소프트웨어나 하드웨어 기반의 물리적 또는 가상의 IT 관련 부산물을 말한다. 그러나 웹상에서의 자원은 월드와이드웹을 통해 접근 가능한 넓은 범위의 부산물을 말한다. 예를 들어 웹 브라우저를 통해 접근되는 JPG 이미지 파일은 자원으로 간주한다. 일반적인 IT 자원의 예시는 3장의 'IT 자원 부분'을 참고하기 바란다.

더불어 자원이라는 용어는 독립된 IT 자원으로 존재하지 않는 일반적인 형태의 처리 가능한 부산물을 나타내기 위해 더 넓은 개념으로 사용된다. 예를 들어 CPU와 RAM 메모리는 자원 풀(8장에서 설명할)로 분류되는 유형의 자원이며 실제 IT 자원에 할당될 수 있다.

기본 웹 기술

월드와이드웹은 인터넷을 통해 접근되는 상호 연결된 IT 자원 시스템이다. 웹의 두 가지 기본 요소는 웹 브라우저 클라이언트와 웹 서버다. 프록시, 캐싱 서비스, 게이트웨이, 로드 밸런서와 같은 다른 컴포넌트들은 확장성, 보안과 같은 웹 애플리케이션 특징을 향상시키기 위해 사용된다. 이런 추가적인 요소들은 클라이언트와 서버 사이에 위치한 계층적 아키텍처에 놓인다.

다음의 세 가지 기본적인 요소들이 웹의 기술 아키텍처를 이룬다.

- URL^{Uniform Resource Locator}: 웹 기반 자원을 가리키는 식별자를 생성하는 표준 문법으로 논리적 네트워크 위치를 사용해 구성된다.
- HTTP^{Hypertext Transfer Protocol}: WWW를 통해 내용과 데이터를 교환하기 위해 사용되는 기본적인 통신 프로토콜이다. URL은 HTTP를 통해 전송된다.
- **마크업 언어**^{HTML, XML}: 마크업 언어는 웹 중심 데이터와 메타데이터를 표현하는 수단을 제공한다. 두 가지 기본적인 마크업 언어에는 (웹 페이지를 표현하기 위해 사용되는)

HTML과 (메타데이터를 통한 웹 기반 데이터와 관련해 사용되는 단어의 정의를 위한) XML이 있다.

예를 들어 웹 브라우저는 인터넷상의 웹 자원을 읽고, 쓰고, 갱신하고, 삭제하는 등의 작업을 요청할 수 있으며, URL을 통해 웹 자원을 식별하고 찾는다. HTTP를 이용해 자원 호스트로 전달된 요청 역시 URL에 의해 식별된다. 웹 서버는 웹 자원을 찾고 요청된 동작을 수행하며 응답을 클라이언트에 전송한다. 응답은 HTML과 XML 문장으로 구성된 내용으로 이뤄져 있을 것이다.

웹 자원은 하이퍼텍스트와 반대되는 그래픽, 오디오, 비디오, 평문과 같은 매체 수단인 하이퍼미디어로 표현되고 URL은 하나의 문서에서 여러 번 참조될 수 있다. 특정 형태의 하이퍼미디어 자원은 추가적인 소프트웨어나 웹 브라우저 플러그인 없이는 표현되지 않을 수 있다.

웹 애플리케이션

웹 기반 기술을 사용하는 (사용자 인터페이스의 표현을 위해 웹 브라우저에 의존적인) 분산된 애플리케이션을 웹 애플리케이션이라 한다. 이러한 애플리케이션은 높은 접근성 때문에 모든 종류의 클라우드 기반 환경에서 찾아볼 수 있다.

그림 5.10은 기본 3계층 모델을 기반으로 하는 웹 애플리케이션에 대한 일반적인 아키텍처적 추상 개념을 나타낸다. 첫 번째 계층은 프레젠테이션 계층이라 불리며 사용자 인터페이스를 나타낸다. 중간 계층은 애플리케이션 로직을 구현하는 애플리케이션 계층이며, 세 번째 계층은 지속적인 데이터 스토어를 구성하는 데이터 계층이다.

프레젠테이션 계층은 클라이언트와 서버 양측에 컴포넌트가 있다. 웹 서버는 클라이언트의 요청을 받아 정적 웹 콘텐츠로 직접 요청된 자원과 애플리케이션 로직에 따라 생성되는 동적 웹 콘텐츠로 간접 요청된 자원을 추출한다. 웹 서버는 요청된 애플리케이션 로직을 실행하기 위해 하나 이상의 기반 데이터베이스와 관련된 애플리케이션 서버와 통신한다.

PaaS 기성 환경은 클라우드 소비자가 웹 애플리케이션을 개발하고 배포할 수 있게 한다. 전형적인 PaaS는 웹 서버와 애플리케이션 서버, 데이터 스토리지 서버 환경의 분리된 인스턴스를 제공한다.

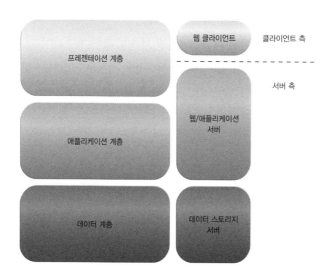

그림 5.10
웹 애플리케이션의
세 가지 기본 아키텍처 계층

프레젠테이션 계층

웹 클라이언트 　클라이언트 측

서버 측

애플리케이션 계층

웹/애플리케이션
서버

데이터 계층

데이터 스토리지
서버

노트
URL, HTTP, HTML, XML에 대한 더 자세한 정보는 www.servicetechspecs.com에 있다.

핵심 요약

- 웹 기술은 주로 클라우드 서비스 구현과 클라우드 기반 IT 자원의 원격 관리를 위한 프론트엔드에 사용된다.
- 웹 아키텍처의 기본적인 기술은 URL, HTTP, HTML, XML을 포함한다.

5.5 멀티테넌시 기술

멀티테넌시 애플리케이션 설계는 여러 테넌트가 같은 애플리케이션 로직에 동시 접근할 수 있도록 하기 위해 생겨났다. 각 테넌트는 다른 테넌트가 같은 애플리케이션을 사용하고 있다는 것을 인식하지 못한 채 사용하고 관리하며 전용 소프트웨어 인스턴스를 통해 원하는 대로 만드는 애플리케이션의 뷰를 갖는다.

멀티테넌시 애플리케이션은 테넌트가 자신의 소유가 아닌 데이터와 설정 정보에 접근하지 않는 것을 보장한다. 테넌트는 다음과 같이 애플리케이션의 특성들을 개별적으로 원하는 대로 만들 수 있다.

- **사용자 인터페이스:** 테넌트는 애플리케이션 인터페이스를 특화된 룩 앤드 필로 정의할 수 있다.
- **비즈니스 프로세스:** 테넌트는 애플리케이션에 구현된 비즈니스 프로세스의 규칙, 로직, 워크플로우를 원하는 대로 만들 수 있다.
- **데이터 모델:** 테넌트는 애플리케이션 데이터 구조에 있는 필드를 포함하거나 제외, 재명명하기 위해 애플리케이션의 데이터 스키마를 확장할 수 있다.
- **접근 제어:** 테넌트는 사용자와 그룹에 대한 접근 권한을 독립적으로 통제할 수 있다.

멀티테넌시 애플리케이션 아키텍처는 단일 소유 애플리케이션보다 훨씬 복잡하다. 멀티테넌시 애플리케이션은 개별 테넌트의 운영 환경을 분리하는 보안 수준은 유지하면서 여러 사용자에 의한 (포털, 데이터 스키마, 미들웨어, 데이터베이스를 포함하는) 다양한 부산물을 공유해야 한다.

멀티테넌시 애플리케이션의 기본 특징은 다음과 같다.

- **사용 분리:** 한 테넌트의 사용 행위가 다른 테넌트의 애플리케이션 가용성과 성능에 영향을 주지 않는다.
- **데이터 보안:** 테넌트는 다른 테넌트에 속한 데이터에 접근할 수 없다.
- **복구:** 백업과 복구 처리는 각 테넌트의 데이터에 독립적으로 수행된다.
- **애플리케이션 업그레이드:** 테넌트는 공유 소프트웨어 산출물의 동시 업그레이드에 의해 영향을 받지 않는다.
- **확장성:** 애플리케이션은 존재하는 테넌트의 사용량 증가나 테넌트 수의 증가를 수용하

기 위해 확장할 수 있다.

- **사용량 측정:** 테넌트는 실제 소비된 애플리케이션 프로세싱과 특징에 대해서만 과금된다.

- **데이터 계층 분리:** 테넌트는 다른 테넌트와 독립적인 데이터베이스, 테이블, 스키마를 갖는다. 그렇지 않으면 데이터베이스, 테이블, 스키마는 의도적으로 테넌트들 간에 공유되도록 설계될 수 있다.

동시에 두 명의 다른 테넌트가 사용하는 멀티테넌시 애플리케이션이 그림 5.11에 그려져 있다. 이런 형태의 애플리케이션은 일반적으로 SaaS에서 구현된다.

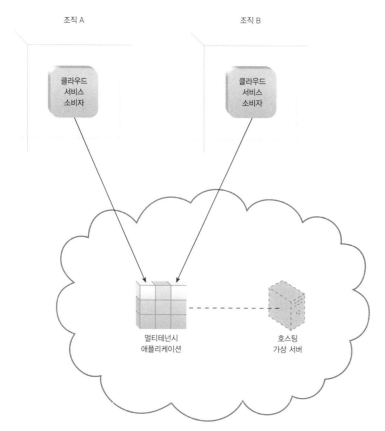

그림 5.11
여러 클라우드 서비스 소비자에게 동시에 서비스하는 멀티테넌시 애플리케이션

5.6 서비스 기술

서비스 기술 영역은 서비스형 클라우드 전달 모델의 기본을 형성하는 클라우드 컴퓨팅의 기본 토대다. 클라우드 기반 환경을 실현하고 구축하는 일부 주요 서비스 기술을 소개한다.

웹 서비스

SOAP 기반이라는 접두사를 가지는 웹 서비스는 웹 기반 서비스 로직을 나타낸다. 산업 표준에 의한 **XML**과 더불어 웹 서비스 뒤의 핵심 기술들은 다음과 같다.

- **웹 서비스 기술 언어**^{WSDL, Web Service Description Language}: 이 마크업 언어는 웹 서비스의 개별 동작 및 각 동작의 인풋과 아웃풋 메시지를 포함한 API를 정의하는 **WSDL**의 정의를

내리기 위해 사용된다.

- **XML 스키마 정의 언어**(XML 스키마): 웹 서비스에서 교환되는 메시지는 XML을 사용해 표현돼야 한다. XML 스키마는 XML 기반 웹 서비스에 의해 교환되는 인풋 및 아웃풋 메시지의 데이터 구조를 정의하기 위해 생겨났다. XML 스키마는 WSDL 정의에 직접 연결되거나 내장될 수 있다.

- **SOAP:** 단순 객체 접근 프로토콜^{Simple Object Access Protocol}로 알려진 이 표준은 웹 서비스에 의해 교환되는 요청 및 응답 메시지에 사용되는 일반적 메시징 형식이다. SOAP 메시지는 바디와 헤더 부분으로 구성된다. 바디는 주 메시지 콘텐츠를 저장하며 헤더는 런타임 시 처리되는 메타데이터를 포함하기 위해 사용된다.

- **전역 비즈니스 레지스트리**^{UDDI, Universal Description, Discovery, and Integration}: 이 표준은 WSDL 정의가 발견 목적의 서비스 카탈로그의 일부로 공개될 수 있는 서비스 레지스트리를 규제할 수 있게 한다.

이 4가지 기술이 웹 서비스 기술의 제1세대를 형성했다(그림 5.12). 2세대 웹 서비스 기술의 종합적 집합(대개 WS*라 일컬어지는)은 보안, 신뢰성, 트랜잭션, 라우팅, 비즈니스 프로세스 자동화와 같은 다양한 부가 기능을 해결하기 위해 개발돼 왔다.

노트

웹 서비스 기술에 대해 더 알려면 토마스 얼의 『Web Service Contract Design and Versioning for SOA』(Prentice Hall, 2008)를 읽어보기 바란다. 이는 제1, 2세대 웹 서비스 표준을 기술적으로 상세히 다룬다. 더 많은 정보는 www.servicetechbooks.com/wsc에서 볼 수 있다.

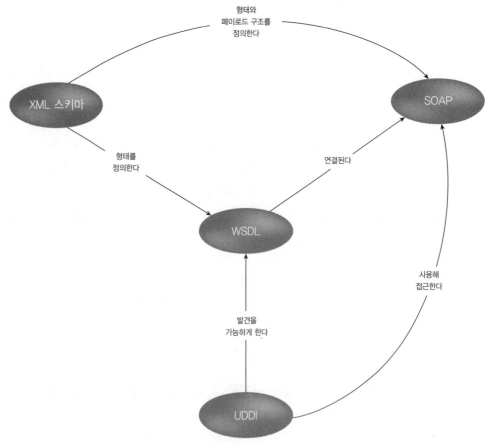

그림 5.12
1세대 웹 서비스 기술이 각각 어떻게 관련 있는지에 대한 개요

REST 서비스

REST 서비스는 월드와이드웹의 속성을 에뮬레이트하기 위한 서비스 아키텍처를 구성하는 일련의 제약 사항에 따라 설계된다. 그 결과 핵심 웹 기술의 사용에 의존하는 서비스(웹 기술 부분에서 소개된)를 구현하게 된다.

웹 서비스와 달리 **REST** 서비스는 독립적인 기술 인터페이스를 갖는 대신 HTTP를 통해 수립되는 통일 계약^{uniform contract}으로 알려진 공통의 기술 인터페이스를 공유한다.

REST 설계의 6가지 제약은 다음과 같다.

- 클라이언트 서버
- 상태 비보존
- 캐시
- 인터페이스/통일 계약
- 계층적 시스템
- 주문형 코드

각 설계의 제약 사항은 www.whatisrest.com에 자세히 기술돼 있다.

<table>
<tr><td align="center">노트</td></tr>
<tr><td>REST 서비스에 대해 더 알려면 토마스 얼의 『SOA with REST』(Prentice Hall, 2012)를 읽어보기 바란다. 이 제목은 제1, 2세대 웹 서비스 표준을 기술적으로 상세히 다룬다. 더 많은 정보는 www.servicetechbooks.com/rest에서 볼 수 있다.</td></tr>
</table>

서비스 에이전트

서비스 에이전트는 런타임 시 메시지를 가로채도록 설계된 이벤트 기반 프로그램이다. 능동형과 수동형 서비스 에이전트가 있으며 둘 다 클라우드 환경에 보편적이다. 능동형 서비스 에이전트는 메시지의 콘텐츠를 가로채고 읽는다. 주로 메시지 콘텐츠(대부분 메시지 헤더 데이터와 소량의 바디 콘텐츠)를 변경시키거나 메시지 경로 자체를 변경한다. 반면 수동형 서비스 에이전트는 메시지 콘텐츠를 변경하지 않는다. 대신 메시지를 읽고 모니터링이나 로깅, 보고의 목적으로 콘텐츠의 특정 부분을 캡처한다.

클라우드 기반 환경은 시스템 수준의 사용 및 탄력적 확장과 사용량당 과금과 같은 특성을 즉시 수행할 수 있게 하기 위해 요구되는 런타임 모니터링 및 측정을 수행하기 위해 만들어진 서비스 에이전트에 매우 의존적이다.

2장에 기술된 여러 메커니즘은 서비스 에이전트의 형태로 존재하거나 서비스 에이전트의 사용에 의존적이다.

서비스 미들웨어

서비스 기술 하에 있는 것은 메시지 기반 미들웨어^{MOM, Messaging-Oriented Middleware} 플랫폼에서 진화한 거대한 미들웨어 플랫폼 시장으로, 메시지 기반 미들웨어는 복잡한 서비스 구성을 수용하도록 설계된 정교한 서비스 미들웨어 플랫폼 통합을 용이하게 한다.

서비스 컴퓨팅과 관련된 가장 대표적인 미들웨어 플랫폼의 두 가지 형태는 엔터프라이즈 서비스 버스^{ESB, Enterprise Service Bus}와 통합 플랫폼이다. **ESB**는 서비스 중개자, 라우팅, 메시지 대기와 같은 다양한 중재 프로세싱 특징을 수반한다. 통합 환경은 서비스의 런타임 구성 요소들을 구동시키는 워크플로우 로직을 제공하고 실행하기 위해 설계된다.

서비스 미들웨어의 두 형태 모두 클라우드 기반 환경에서 배포되고 운영될 수 있다.

핵심 요약

- 웹 서비스와 REST 서비스 같은 웹 기반 서비스는 웹 기술에 기반한 표준화된 통신 프레임워크를 수립하는 비전매 특허 통신과 기술 인터페이스 정의에 의존적이다.
- 서비스 에이전트는 클라우드 내의 다양한 기능에 적용될 수 있는 이벤트 기반 런타임 프로세싱을 제공한다. 운영체제와 클라우드 기반 제품의 일부로 자동 설치된다.
- ESB와 통합 플랫폼 같은 서비스 미들웨어는 클라우드에 배포될 수 있다.

DTGOV는 각 데이터 센터에 다음과 같은 컴포넌트로 구성된 클라우드 인지형 인프라를 조립했다

- 데이터 센터 시설 계층 내에 있는 모든 중심 서브 시스템의 중복 설정을 제공하는 3계층 시설 인프라

- 전력 및 급수 불능 시 발전과 상수도를 위한 능력이 내장된 유틸리티 서비스 제공자에 중복 연결

- 전용선을 통한 세 데이터 센터 사이의 초고 주파수 대역폭 상호 연결을 제공하는 인터네트워크

- 각 데이터 센터에서 여러 ISP에 중복적인 인터넷 연결 및 주요 관리 클라이언트에 DTGOV를 상호 연결해주는 GOV 엑스트라넷

- 클라우드 인지형 가상화 플랫폼에 의해 추상화된 더 높은 집합 능력을 갖는 표준 하드웨어

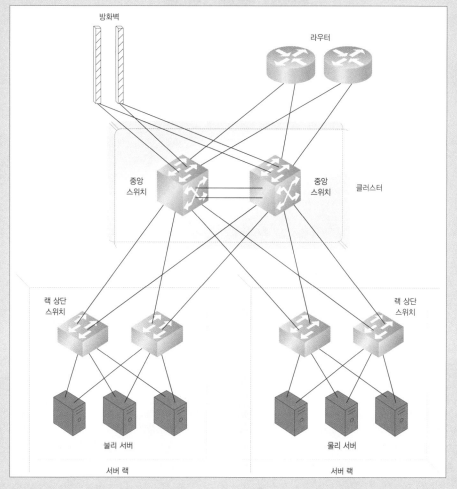

그림 5.13
DTGOV 데이터 센터 내부의 서버 네트워크 연결

물리 서버는 각 물리 서버에 연결된 두 개의 중복 랙 상단의 라우터 스위치(3계층)를 갖는 서버 랙에 구성된다. 이 라우터 스위치는 클러스터로 설정된 LAN 중앙 스위치와 상호 연결된다. 중앙 스위치는 인터네트워킹 능력과 네트워크 접근 제어 능력을 가진 방화벽을 제공하는 라우터와 연결된다. 그림 5.13은 데이터 센터 내부에 위치한 서버 네트워크 연결의 물리적 레이아웃을 나타낸다. 스토리지 시스템과 서버를 연결하는 분리된 네트워크는 클러스터된 스토리지 에어리어 네트워크(SAN, Storage Area Network) 스위치 및 다양한 장치에 비슷한 중복 연결과 함께 설치된다(그림 5.14).

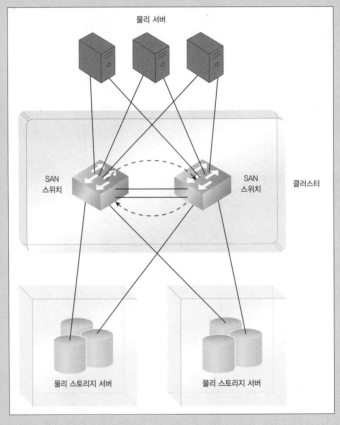

그림 5.14
DTGOV 데이터 센터 내부의 스토리지 시스템 네트워크 연결

그림 5.15는 DTGOV 법인 인프라 내의 각 데이터 센터 쌍 사이에 구축된 인터네트워킹 아키텍처를 보여준다. 그림 5.14와 5.15에서 볼 수 있듯 상호 연결된 물리 IT 자원과 물리적 계층의 가상화 IT 자원을 결합하는 것은 동적이고 잘 관리되는 설정과 가상화 IT 자원의 할당을 가능하게 한다.

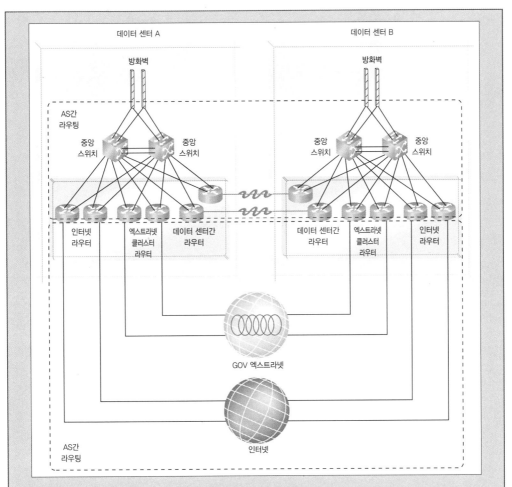

그림 5.15

DTGOV 데이터 센터의 각 쌍 사이에 비슷하게 구현된 두 데이터 센터 사이의 인터네트워킹 설정. DTGOV 인터네트워크 는 인터넷상의 자율 시스템(AS, Autonomous System)이 되도록 고안된다. 데이터 센터와 LAN을 서로 연결하는 선을 의 미하는 것은 AS 내부 라우팅 도메인을 정의한다. 외부의 ISP로의 상호 연결은 인터넷 트래픽을 형성하고 로드 밸런싱과 장애 조치를 위한 유연한 설정을 가능하게 하는 AS간 라우팅 기술을 바탕으로 제어된다.

클라우드 보안 기초

6장에서는 클라우드의 기본적인 정보 보안을 다루는 용어와 개념을 소개하고 퍼블릭 클라우드 환경에 가해지는 일련의 위협과 공격을 정의한다. 10장에서 소개하는 클라우드 보안 메커니즘은 이러한 위협에 대응하기 위한 보안 통제를 구축한다.

6.1 기본 용어와 개념

정보 보안은 컴퓨터 시스템과 데이터의 무결성, 이에 대한 접근을 보호하는 기법과 기술, 규제, 행위의 복합적 총체다. IT 보안 방안은 악의적인 의도와 의도치 않은 사용자의 실수 모두로부터 파생되는 위협과 방해를 방어하는 데 목표를 둔다.

이 절에서는 클라우드 컴퓨팅에 관련된 기본적인 보안 용어를 정의하고 관련 개념을 기술한다.

기밀성

기밀성은 권한이 부여된 자만 접근을 허용하는 특징을 말한다(그림 6.1). 클라우드 환경에서 기밀성은 주로 이동 중인 데이터와 스토리지 내 데이터에 접근을 제한하는 방식으로 유지된다.

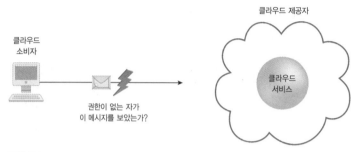

그림 6.1
클라우드 소비자가 클라우드 서비스로 발행한 메시지는 권한이 없는 주체가 접근하거나 읽지 않았을 때만 기밀성이 있는 정보로 간주된다.

무결성

이는 권한이 없는 주체에 의해 변경되지 않았다는 의미다(그림 6.1). 클라우드에서 데이터 무결성을 고려할 때 중요한 쟁점은 클라우드 소비자가 클라우드 서비스에 보낸 데이터와 클라우드 서비스가 받은 데이터가 일치함을 보증할 수 있는지의 여부다. 무결성은 데이터가 어떻게 저장되고 처리되며 클라우드 서비스와 클라우드 기반 IT 자원에 의해 추출되는지까지 포함한다.

신뢰성

신뢰성^{Authenticity}은 인증된 출처에서 제공됐다는 의미다. 이 개념은 상호 작용의 인증을 부정하거나 반박할 수 없는 부인 방지를 포함한다. 부인 방지가 되는 상호 작용에서의 인증은 이 상호 작용이 인증된 출처와 유일하게 연결됐다는 증거를 제공한다. 예를 들어 사용자가 접속 기록 생성 없이 부인 방지되는 파일을 받았다면 이 파일에 접근할 수 없다.

가용성

가용성은 특정 시간 동안 접속 및 사용이 가능하다는 특징이다. 전형적인 클라우드 환경에서 클라우드 서비스의 가용성은 클라우드 제공자와 클라우드 전달자가 책임을 공유한다. 클라우드 소비자는 클라우드 서비스 소비자에게 미치는 클라우드 기반 솔루션의 가용성을 공유한다.

위협

위협은 프라이버시를 침해하거나 손상하려는 시도를 방어하는 데 도전하는 잠재적인 보안 침해다. 수동이나 자동으로 조장된 위협은 모두 취약성이라고 불리는 약점을 틈타 설계된다. 위협이 수행되면 곧 공격이 된다.

취약성

취약성은 불충분한 보안 통제로 인해 보호나 기존 보안 통제를 능가하는 공격에 침해될 수 있는 약점이다. IT 자원 취약성에는 설정 부족, 보안 정책의 약점, 사용자 실수, 하드웨어나 펌웨어의 약점, 소프트웨어 버그, 취약한 보안 아키텍처 등 다양한 원인이 있을 수 있다.

위험

위험은 어떤 행위가 야기할 수 있는 손실이나 손상 가능성이다. 위험은 대개 위협 수준과 알려진 취약성의 수를 기준으로 측정된다. IT 자원에 대한 위험을 측정하는 데 사용되는 두 가지 지표는 다음과 같다.

- IT 자원의 취약성을 파고드는 위협의 확률
- 구성하고 있는 IT 자원 손실의 기댓값

위험 관리와 관련된 자세한 사항은 6장의 후반부에서 다룰 것이다.

보안 통제

보안 통제는 보안 위협을 예방하거나 대응하고, 위험을 줄이거나 피하기 위해 사용하는 대책이다. 보안 대책 사용 방법에 대한 자세한 사항은 민감하고 중요한 IT 자원을 최대한 보호하기 위해 시스템이나 서비스, 보안 계획을 어떻게 구현할 것인지 일련의 규칙과 지침을 담은 보안 정책에 기술된다.

보안 메커니즘

대책은 대개 IT 자원, 정보, 서비스를 보호하는 방어 프레임워크를 구성하는 컴포넌트인 보안 메커니즘으로 기술된다.

보안 정책

보안 정책은 일련의 보안 규칙과 규제를 수립한다. 보안 정책은 규칙과 규제를 어떻게 구현하고 강화할지 정한다. 예를 들어 보안 정책은 보안 통제와 보안 메커니즘의 배치와 사용을 결정한다.

핵심 요약

- 기밀성, 무결성, 진실성, 가용성은 보안 측정과 관련된 특징이다.
- 위협, 취약성, 위험은 보안의 부족이나 불안을 측정하고 평가하는 것과 관련된 특징이다.
- 보안 통제, 보안 메커니즘, 보안 정책은 보안 향상을 지원하는 대책 그리고 안전 장치 구축과 관련된 특징이다.

6.2 위협 에이전트

위협 에이전트는 공격을 수행하는 능력이 있어 위협을 부과하는 개체다. 클라우드 보안 위협은
내부적이나 외부적으로, 사람이나 소프트웨어 프로그램에 의해 발생할 수 있다. 다음 절에서
위협 에이전트에 해당하는 것들을 기술할 것이다. 그림 6.3은 취약성, 위협, 위험과 관련해 위협
에이전트가 수행하는 역할 그리고 보안 정책과 보안 메커니즘에 의해 구축된 안전 장치를 보여
준다.

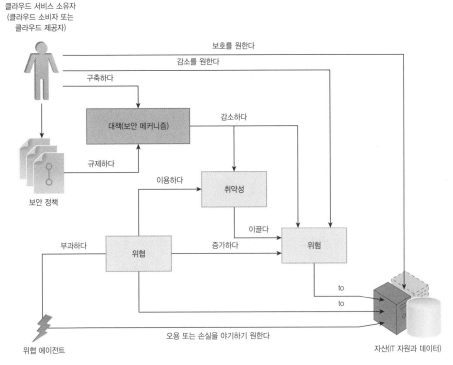

그림 6.3
위협 에이전트가 야기한 위협과 취약성, 위험에 대응하기 위해 보안 정책과 보안 메커니즘을 사용하는 방법

익명 공격자

익명 공격자는 클라우드의 허가를 받지 않은, 신뢰할 수 없는 클라우드 서비스 소비자다(그림
6.4). 대부분 퍼블릭 네트워크를 이용해 네트워크 수준의 공격을 하는 외부 소프트웨어 프로그

그림 6.4
익명 공격자를
나타내는 기호

램의 형태로 존재한다. 익명 공격자가 보안 정책과 방어에 대한 제한된 정보를 가지고 있을 경우 효율적인 공격을 감행할 가능성을 억제할 수 있다. 따라서 익명 공격자는 익명성을 보장하거나 추진을 위해 많은 자원을 요구하는 대신 종종 사용자 계정을 바이패싱하거나 사용자 자격 증명을 훔치는 식의 방법을 사용한다.

그림 6.5
악성 서비스 에이전트를
나타내는 기호

악성 서비스 에이전트

악성 서비스 에이전트는 클라우드 내에 흐르는 네트워크 트래픽을 가로채 전송할 수 있다(그림 6.5). 대부분 손상을 가하거나 악의적인 로직을 보유한 서비스 에이전트(또는 서비스 에이전트인 척하는 프로그램) 형태로 존재한다. 메시지 콘텐츠를 원격에서 가로채고 잠재적으로 파괴시킬 수 있는 외부 프로그램 형태로도 존재한다.

그림 6.6
신뢰할 수 있는 공격자를
나타내는 기호

신뢰할 수 있는 공격자

신뢰할 수 있는 공격자는 클라우드 소비자로서 동일 클라우드 환경에 있는 IT 자원을 공유하고, IT 자원을 공유하는 클라우드 제공자와 클라우드 테넌트를 목표로 법적 증명을 부당하게 이용하려는 시도를 한다(그림 6.6). (신뢰할 수 없는)익명 공격자와 달리 신뢰할 수 있는 공격자는 대개 합법적인 자격을 오용하거나 민감하고 은밀한 정보를 도용해서 클라우드의 신뢰 경계 내에서 공격을 수행한다.

(악성 테넌트로 알려진)신뢰할 수 있는 공격자는 취약한 인증 처리를 해킹하거나 암호 해독, 이메일 계정 스팸, 서비스 캠페인 부정과 같은 일반적인 공격 등을 위해 클라우드 기반 IT 자원을 사용할 수 있다.

악성 내부자

악성 내부자는 클라우드 제공자처럼 행동하거나 클라우드 제공자와 관계가 있는 인간 위협 에이전트다. 대개 이들은 현재 혹은 이전 직원이거나 클라우드 제공자의 구역에 접근할 수 있는 제3자다. 악성 내부자는 클라우드 소비자의 IT 자원에 접근할 수 있는 관리자 권한을 갖기 때문에 이러한 형태의 위협 에이전트는 막대한 손상 잠재력을 지닌다.

6.3 클라우드 보안 위협

이 절에서는 클라우드 기반 환경의 일반적인 위협과 취약성을 소개하고 앞서 언급한 위협 에이
전트의 역할을 기술한다. 이러한 위협에 대응하는 데 사용되는 보안 메커니즘은 10장에서 다룰
것이다.

트래픽 도청

트래픽 도청은 클라우드로 또는 클라우드 내에(대개 클라우드 소비자에서 클라우드 제공자로) 전
달되는 데이터가 불법적인 정보 수집을 목적으로 하는 악성 서비스 에이전트에 의해 수동적으
로 가로채기 당할 때 일어난다(그림 6.8). 이 공격의 목표는 클라우드 소비자와 클라우드 제공자
사이 관계의 기밀성과 데이터의 기밀성을 직접적으로 누설하는 것이다. 공격의 수동적 특성으
로 인해 긴 시간 동안에는 좀 더 쉽게 적발할 수 있다.

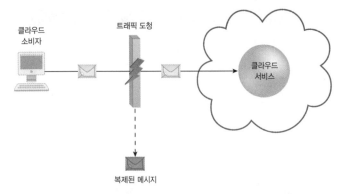

그림 6.8
외부에 위치한 악성 서비스 에이전트는 클라우드 서비스 소비자가 클라우드 서비스에 보내는 메시지를 가로채서 트래픽 도청 공격을 수행한다. 서비스 에이전트는 기존 경로를 따라 클라우드 서비스에 메시지를 보내기 전에 비인가된 복제본을 만든다.

악성 중개자

악성 중개자 위협은 악성 서비스 에이전트가 메시지를 가로채 변경할 때 일어나며 잠재적으로 메시지의 기밀성 또는 무결성을 누설한다. 목적지에 전송하기 전에 악영향을 주는 데이터를 메시지에 삽입할 수도 있다. 그림 6.9는 악성 중개자 공격의 일반적인 예를 보여준다.

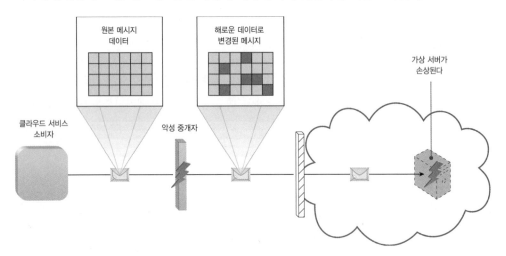

그림 6.9
악성 서비스 에이전트는 클라우드 서비스 소비자가 (보이지 않지만) 가상 서버에서 제공하는 클라우드 서비스로 보내는 메시지를 가로채 수정한다. 해로운 데이터가 메시지에 포함되기 때문에 가상 서버는 손상을 입는다.

흔하지는 않지만 악성 중개자 공격은 악성 클라우드 서비스 소비자 프로그램에 의해 수행될 수도 있다.

서비스 거부

서비스 거부^{DoS, Denial of Service} 공격의 목적은 기능이 정상적으로 동작하지 못하도록 IT 자원에 과부하를 일으키는 것이다. 이런 형태의 공격은 대개 다음 방법 중 하나로 이루어진다.

- 복제된 메시지나 반복적인 통신 요청으로 클라우드 서비스의 작업 부하가 인위적으로 증가한다.
- 반응을 저하시키고 성능을 무력화시키는 트래픽으로 인해 네트워크에 과부하가 걸린다.
- 여러 클라우드 서비스 요청이 보내지면 각 요청은 메모리와 프로세싱 자원을 과도하게 소비하도록 설계된다.

그림 6.10에 나타나듯이 성공적인 서비스 거부 공격은 서버의 성능 저하나 고장을 일으킨다.

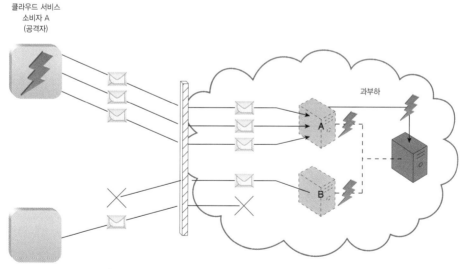

그림 6.10
클라우드 서비스 소비자 A는 (보이지 않지만) 가상 서버 A에서 제공하는 클라우드 서비스에 여러 메시지를 보낸다. 이는 기반 물리 서버의 용량에 과부하를 가져오고 가상 서버 A와 B의 정지를 초래한다. 그 결과 클라우드 서비스 소비자 B와 같은 합법적 클라우드 서비스 소비자는 가상 서버 A와 B에서 제공하는 어떤 클라우드 서비스와도 통신할 수 없게 된다.

불충분한 권한 부여

불충분한 권한 부여 공격은 공격자에게 접근 권한이 잘못 주어지거나 너무 넓은 범위의 주체에게 접근 권한을 주었을 때 발생한다. 그 결과, 공격자는 보호돼야 할 IT 자원으로의 접근 권한을 얻는다. 공격자는 신뢰할 수 있는 소비자 프로그램에만 접근된다는 가정하에 구현된 IT 자원에 직접적인 접근 권한을 얻게 된다(그림 6.11).

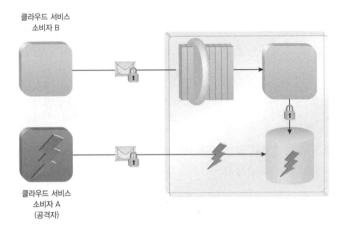

클라우드 서비스
소비자 B

클라우드 서비스
소비자 A
(공격자)

그림 6.11
클라우드 서비스 소비자 A는 발행된 서비스 계약을 갖는 (클라우드 서비스 소비자 B의) 웹 서비스를 통해서만 접근된다는 가정하에 구현된 데이터베이스에 대한 접근 권한을 얻는다.

약한 인증으로 알려진 이러한 공격의 변형은 IT 자원을 보호하기 위해 안전도가 낮은 비밀번호나 공유 계정이 사용될 때 발생한다. 클라우드 환경에서 이러한 유형의 공격은 IT 자원의 범위와 공격자가 획득한 IT 자원에 대한 접근성의 범위에 따라 막대한 영향을 초래할 수 있다(그림 6.12).

가상화 공격

가상화는 기반 하드웨어를 공유하지만 논리적으로는 각각 분리된 IT 자원에 대한 접근을 여러 클라우드 소비자에게 제공한다. 클라우드 제공자는 클라우드 소비자에게 (가상 서버 같은) 가상화된 IT 자원에 대한 관리자 접근을 주기 때문에 클라우드 소비자가 이 접근을 오용해 기반 물리 IT 자원을 공격할 수 있는 위험을 갖게 된다.

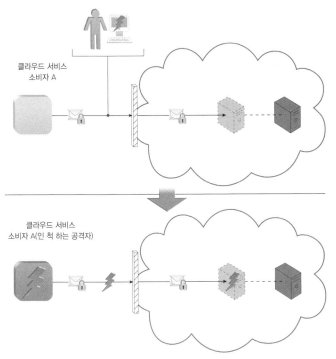

그림 6.12
공격자는 클라우드 서비스 소비자 A에 의해 사용된 안전도가 낮은 비밀번호를 알아낸다. 그 결과 (공격자가 소유한) 악성 클라우드 서비스 소비자는 클라우드 기반 가상 서버로의 접근을 얻기 위해 클라우드 서비스 소비자 A인 척하도록 설계된다.

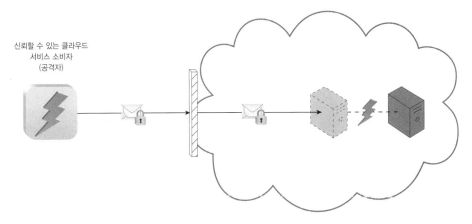

그림 6.13
인증된 클라우드 서비스 소비자가 기반 하드웨어를 이용하기 위해 가상 서버에 대한 관리자적 접근을 오용해 가상화 공격을 수행한다.

가상화 공격은 기밀성, 무결성, 가용성을 침해하기 위해 가상화 플랫폼의 취약성을 이용한다. 이 위협은 그림 6.13에 나와 있는데 신뢰할 수 있는 공격자가 기반 물리 서버를 손상시키기 위해 가상 서버에 성공적으로 접근한다. 물리적 IT 자원이 여러 클라우드 서비자에게 가상화된 IT 자원으로 제공되는 퍼블릭 클라우드에서 이 공격은 상당한 영향력을 갖는다.

신뢰 경계의 중첩

클라우드 내의 물리적 IT 자원이 여러 다른 클라우드 서비스 소비자에 의해 공유된다면 이런 클라우드 서비스 소비자들은 중첩된 신뢰 경계를 갖는다. 악성 클라우드 서비스 소비자는 다른 클라우드 소비자나 같은 신뢰 경계를 공유하는 다른 IT 자원을 손상시킬 의도로 공유된 IT 자원을 목표로 한다. 그 결과 다른 클라우드 서비스 소비자 중 일부 또는 전부가 공격에 영향을 받고, 공격자는 동일한 신뢰 경계를 공유하는 다른 이들을 거슬러 가상 IT 자원을 사용할 것이다.

그림 6.14는 동일 물리 서버에서 제공하는 가상 서버를 공유하는 두 클라우드 서비스 소비자와 두 클라우드 서비스 소비자의 신뢰 경계가 겹치는 예를 보여준다.

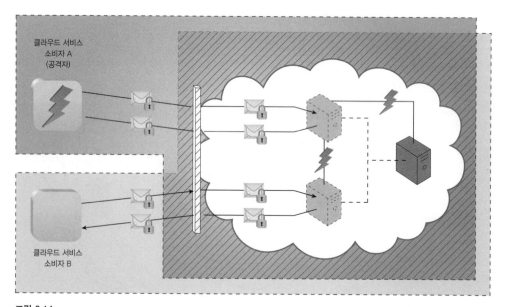

그림 6.14
클라우드 서비스 소비자 A는 클라우드의 신뢰를 받으며, 따라서 가상 서버에 접근 권한을 갖는다. 클라우드 서비스 소비자 A는 기반 물리 서버와 클라우드 서비스 소비자 B가 사용하는 가상 서버를 공격할 의도를 가지고 공격한다.

- 트래픽 도청과 악성 중개자 공격은 대개 네트워크 트래픽을 가로채는 악성 서비스 에이전트에 의해 수행된다.

- 서비스 거부 공격은 목표 IT 자원이 이용 불가하도록 무력화하려는 시도를 하는 요청으로 인해 과부하될 때 발생한다. 불충분한 권한 부여 공격은 공격자에게 접근이 잘못 주어지거나 너무 넓은 범위의 주체에게 주어질 때 발생하거나 안전도가 낮은 비밀번호가 사용될 때 발생한다.

- 가상화 공격은 기반 물리적 하드웨어에 비인가된 접근을 얻기 위해 가상화된 환경에 있는 취약점을 이용한다. 신뢰 경계의 중복은 공격자가 여러 클라우드 소비자가 공유하는 클라우드 기반 IT 자원을 사용할 수 있게 하는 위협이다.

6.4 추가 고려 사항

클라우드 보안과 관련한 다양한 쟁점과 지침의 체크리스트를 알아본다. 고려 사항은 특별한 순서 없이 나열했다.

구현 결함

클라우드 서비스 배포 시 수준 이하의 설계나 구현, 설정은 런타임 예외 사항과 실패를 넘어 원하지 않는 결과를 낳을 수 있다. 클라우드 제공자의 소프트웨어나 하드웨어가 내재적인 보안 결점이나 운영상의 약점을 갖는다면 공격자는 이 취약성을 클라우드 제공자 IT 자원과 클라우드 제공자가 제공하는 클라우드 소비자 IT 자원의 무결성, 기밀성, 가용성을 손상시키는 데 사용할 수 있다.

그림 6.15는 형편없이 구현된 클라우드 서비스가 서버 정지를 야기하는 것을 보여준다. 이 시나리오에서는 결점이 합법적 클라우드 서비스 소비자에 의해 우연히 드러났지만 공격자는 쉽게 결점을 발견하고 사용할 수 있다.

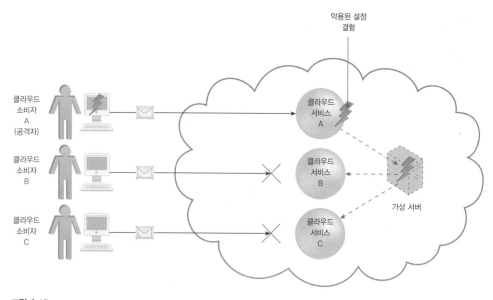

그림 6.15

클라우드 서비스 소비자 A의 메시지가 클라우드 서비스 A의 설정 결함을 유발한다. 그 결과 클라우드 서비스 B와 C를 제공하는 가상 서버의 실패를 야기한다.

보안 정책 차이

클라우드 소비자가 퍼블릭 클라우드 제공자에게 IT 자원을 주문할 때 클라우드 소비자의 전통적인 정보 보안 접근이 클라우드 소비자의 정보 보안 접근과 동일하거나 비슷하지 않을 수 있다는 것을 인정할 필요가 있다. 퍼블릭 클라우드에 이전되는 어떤 데이터나 다른 IT 자산이 적절히 보호된다는 것을 보증하기 위해 정보 보안 접근의 차이를 가늠해 볼 필요가 있다. 인프라 기반 IT 자원을 그대로 임대할 때 클라우드 소비자가 클라우드 제공자로부터 제공되는 IT 자원에 적용되는 보안 정책에 대한 관리적 제어나 영향력을 충분히 갖지 못할 수 있다. 이러한 IT 자원이 법적으로 클라우드 제공자 소유이고 클라우드 제공자의 책임하에 있기 때문이다.

게다가 퍼블릭 클라우드를 소유한 보안 중개자와 인증 기관과 같은 제3자도 그들만의 개별적인 보안 정책과 적용 사항을 갖고 있다. 이는 클라우드 소비자 자산의 보호를 표준화하려는 시도를 복잡하게 한다.

계약서

클라우드 소비자는 클라우드 제공자가 보안 정책과 여러 관련 보증 내역이 자산 보안에 충분한지를 보증하는 계약서와 SLA를 주의 깊게 살펴볼 필요가 있다. 클라우드 제공자나 클라우드 제공자가 요청하는 보장 수준에 의해 부여된 법적 책임을 명시하는 언어는 명확해야 한다. 클라우드 제공자에게 부여된 법적 책임이 클수록 클라우드 소비자의 위험은 줄어든다.

계약서상 책임에 대한 기타 관점은 클라우드 소비자와 클라우드 제공자 사이 어디에 선을 긋느냐에 있다. 클라우드 제공자가 공급하는 인프라에 솔루션을 배포한 클라우드 소비자는 클라우드 소비자와 클라우드 제공자 모두에게 속한 산출물로 구성된 기술 아키텍처를 생산할 것이다. 보안 위반(또는 다른 형태의 런타임 실패)이 일어난다면 어떻게 책임을 밝혀낼 것인가? 게다가 클라우드 소비자는 솔루션에 클라우드 소비자의 보안 정책을 적용하는데, 클라우드 제공자는 다른 (아마 호환되지 않는)보안 정책으로 관리되는 인프라를 지원하기를 주장한다면 이 차이를 어떻게 극복할 수 있을 것인가?

때로 가장 좋은 해결책은 호환이 더욱 잘 되는 계약상의 용어를 갖는 다른 클라우드 제공자를 찾는 것이다.

위험 관리

클라우드 도입과 관련한 잠재적 영향과 도전 과제를 평가할 때 클라우드 소비자에게 위험 관리 전략의 일부로 공식적인 위험 평가를 수행하는 것이 권장된다. 전략적인 보안과 위험 관리를 강화하기 위해 주기적으로 수행되는 프로세스 위험 관리는 위험을 감시하고 제어하기 위해 협조된 일련의 활동으로 이뤄진다. 주요 활동은 일반적으로 위험 평가와 위험 처리, 위험 통제로 정의된다(그림 6.16).

- **위험 평가:** 위험 평가 단계에서 위협이 틈탈 수 있는 잠재적인 취약성과 결점을 식별하기 위해 클라우드 환경을 분석한다. 클라우드 제공자는 클라우드에 수행됐던 과거의 (성공 여부와 관계 없이)공격에 대한 정보와 통계를 산출하도록 요청받을 것이다. 식별된 위험은 클라우드 소비자가 어떻게 클라우드 기반 IT 자원을 활용할지에 대한 계획과 관련된 발생 확률과 영향력에 따라 계량화되고 제한된다.

- **위험 처리:** 경감 정책과 계획은 위험 평가 중에 발견된 위험을 성공적으로 처리하는 위

험 처리 단계 중에 설계된다. 어떤 위험은 아웃소싱이나 보험 또는 운영 손실 예산에 결합돼 처리되는 반면 어떤 위험은 제거될 수 있고, 어떤 위험은 경감될 수 있다. 클라우드 제공자는 계약상 의무의 일부로서 책임을 맡는 것에 동의할 것이다.

● **위험 통제:** 위험 통제 단계는 관련 이벤트 조사, 이전의 위험 평가와 위험 처리의 효율성을 조사하기 위해 관련 이벤트를 검토하고 정책 수정 필요의 식별로 이뤄진 3단계 프로세스인 위험 모니터링과 관련이 있다. 요구되는 모니터링의 특성에 따라 클라우드 제공자가 이 단계를 수행하고 공유할 것이다.

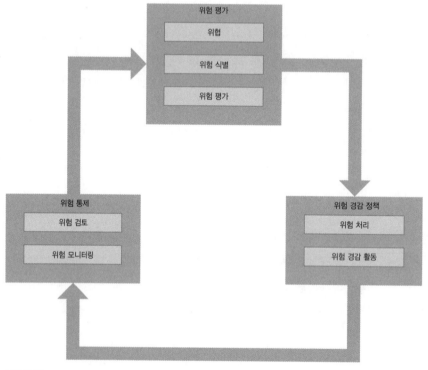

그림 6.16
진행중인 위험 관리 프로세스로 세 단계 중 아무데서나 시작될 수 있다.

6장에서 다룬 위협 에이전트와 클라우드 보안 위협은 (살펴본 다른 것들도) 위험 평가 단계의 일부로 식별되고 문서화될 것이다. 10장에서 다룰 클라우드 보안 메커니즘은 관련된 위험 처리의 일부로 문서화되고 참조될 것이다.

- 클라우드 소비자는 결함이 있는 클라우드 기반 솔루션을 배포해서 보안 위협이 주입될 수 있음을 인식할 필요가 있다.

- 클라우드 제공자가 특허권 및 호환되지 않는 클라우드 보안 정책을 어떻게 정의하고 시행하는지에 대한 이해는 클라우드 제공 업체를 선택할 때 평가 기준의 중요한 부분이다.

- 법적 책임, 보상, 잠재적 보안 침해에 대한 책임은 클라우드 소비자와 클라우드 제공자가 서명한 법적 동의서에 명확하게 정의되고 상호 이해돼야 한다.

- 클라우드 소비자가 주어진 클라우드 환경에 잠재적인 보안 관련 특정 쟁점을 이해한 다음에 식별된 위험의 평가를 수행하는 것이 중요하다.

6.5 사례 연구

ATN 분석가들은 ATN 내부 애플리케이션의 평가에 기반해 일련의 위험을 식별한다. 위험은 ATN 회사가 최근 취득한 OTC로부터 도입한 myTrendek 애플리케이션과 관련이 있다. myTrendek 애플리케이션은 전화와 인터넷 사용량을 분석하며 다양한 접근 권한을 부여하는 다중 사용자 모드가 가능하다. 관리자와 감독자, 감사자, 일반 사용자가 각기 다른 권한을 할당받는다. 애플리케이션의 사용자는 내부 사용자와 사업 파트너 및 계약자와 같은 외부 사용자를 포함한다. myTrendek 애플리케이션은 내부 스탭에 의한 사용과 관련해 여러 가지 보안상 도전 과제를 부과한다.

- 인증은 복잡한 비밀번호를 요구하거나 강제하지 않는다.

- 애플리케이션 관련 통신이 암호화되지 않는다.

- 유럽 규칙(ETelReg, European regulations)은 애플리케이션이 수집한 특정 형태의 데이터는 6개월 이후 삭제할 것을 요구한다.

ATN은 myTrendek 애플리케이션을 PaaS 환경을 통해 클라우드로 이관할 계획을 갖고 있으나 약한 인증 위협과 애플리케이션이 지원하는 기밀성이 충분하지 않아 재고 중이다. 이후 위험 평가에서 myTrendek 애플리케이션이 유럽 외부에 있는 클라우드가 제공하는 PaaS 환경으로 이관된다면 해당 지역 규제와 유럽의 규칙이 충돌할 것임을 밝혀냈다. 클라우드 제공자가 유럽의 규칙의 규제사항을 고려하지 않는다면 ATN은 클라우드로 인해 벌금을 물게 될 것이다. ATN은 위험 평가의 결과에 기반해 클라우드 이관 계획은 더 이상 진행하지 않기로 결정했다.

2

클라우드 컴퓨팅 메커니즘

기술 메커니즘은 IT 업계 내에서 확립되고 일반적으로 특정 컴퓨팅 모델이나 플랫폼과 구별되는, 잘 정의된 IT 산출물을 나타낸다. 클라우드 컴퓨팅 역시 기술 중심적인 속성을 갖고 있어서, 클라우드 기술 아키텍처의 기본 요소로 작용하는 공식적인 메커니즘을 수립할 필요가 있다.

2부에서는 서로 달리 조합할 수있는 20 가지의 일반적인 클라우드 컴퓨팅 메커니즘을 정의한다. 클라우드 컴퓨팅에는 여기서 다루는 메커니즘 외에도 더 많은 메커니즘을 정의할 수 있으며, 이러한 메커니즘은 3부에서 다루는 다양한 아키텍처 모델에서 참조하고 있다.

클라우드 인프라 메커니즘

7장

클라우드 인프라 메커니즘은 본질적인 클라우드 기술 아키텍처의 기초를 형성하기 위한 클라우드 환경의 기본적인 구성 요소다.

7장에서는 다음의 클라우드 인프라 메커니즘을 설명한다.

- 논리 네트워크 경계
- 가상 서버
- 클라우드 스토리지 장치
- 클라우드 사용 모니터
- 자원 복제
- 기성 환경

위 메커니즘이 모두 있을 필요는 없고, 각각의 메커니즘이 개별적인 아키텍처 계층을 확립한다고 볼 수도 없다. 그러나 클라우드 플랫폼에 일반적이고 공통적으로 존재하는 핵심 구성 요소로 봐야 한다.

7.1 논리 네트워크 경계

논리 네트워크 경계는 통신 네트워크의 나머지 부분과 특정 네트워크 환경을 분리하는 것으로 정의되는데, 물리적으로 분산될 수 있는 클라우드 기반 IT 리소스 그룹을 포괄하고 격리할 수 있는 가상 네트워크 경계를 설정한다(그림 7.1).

이 메커니즘은 다음을 위해 구현될 수 있다.

- 인증되지 않은 사용자로부터 클라우드 내 IT 자원 격리
- 비사용자로부터 클라우드 내 IT 자원 격리
- 클라우드 소비자로부터 클라우드 내 IT 자원 격리
- 격리된 IT 자원에 사용할 수 있는 대역폭 제어

논리 네트워크 경계는 보통 데이터 센터의 연결을 공급 및 제어하는 네트워크 장치를 통해 설정되는데, 일반적으로 다음을 포함하는 가상화된 IT 환경으로 배포된다.

그림 7.1
논리 네트워크 경계의 경계를 가리키기 위해 사용되는 점선 기호

- 가상 방화벽: 인터넷과의 상호 작용을 제어하면서 격리된 네트워크와의 네트워크 트래픽을 능동적으로 필터링하는 IT 자원
- 가상 네트워크: 일반적으로 VLAN을 통해 얻는 IT 자원으로 데이터 센터 인프라 내의 네트워크 환경을 격리시킴

그림 7.2는 이들 IT 자원을 표시하기 위해 사용되는 기호다. 그림 7.3은 하나의 논리 네트워크 경계가 클라우드 소비자의 온프레미스(사내 구축) 환경을 포함하고, 또 다른 어느 클라우드 제공자의 클라우드 기반 환경을 포함하는 시나리오를 나타낸다. 이러한 경계는 통신을 보호하는 VPN을 통해 연결된다. VPN은 보통 통신하는 종단점 간에 전송되는 데이터 패킷의 지점 간 암호화로 구현된다.

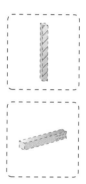

그림 7.2
가상 방화벽(위)과 가상 네트워크(아래)를 나타내기 위해 사용되는 기호

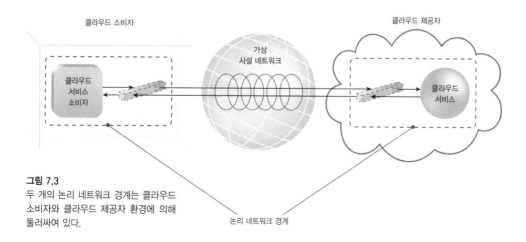

그림 7.3
두 개의 논리 네트워크 경계는 클라우드 소비자와 클라우드 제공자 환경에 의해 둘러싸여 있다.

논리 네트워크 경계

DTGOV는 네트워크 세분화 및 격리에 유리한 논리적 네트워크 레이아웃을 생성하기 위해 네트워크 인프라를 가상화했다. 그림 7.4는 다음과 같이 각 DTGOV 데이터 센터에 구축된 논리 네트워크 경계를 나타낸다.

- 인터넷과 엑스트라넷을 연결하는 라우터는 외부 방화벽과 네트워크로 연결돼 외부 네트워크 및 엑스트라넷 경계를 논리적으로 추상화하는 가상 네트워크를 사용해 가장 먼 외부 네트워크 경계까지 네트워크로 제어하고 보호한다. 이러한 네트워크 경계에 연결된 장치는 느슨하게 격리되고 외부 사용자로부터 보호된다. 클라우드 소비자의 IT 자원은 이러한 경계 내에서 사용할 수 없다.

- 비무장 지역(DMZ)으로 분류되는 논리 네트워크 경계는 외부 방화벽과 자체 방화벽 사이에 설정된다. 이 DMZ는 외부 관리 기능과 함께 웹 서버뿐만 아니라 보편적으로 사용되는 네트워크 서비스(DNS, 이메일, 웹 포털)에 대한 중간 액세스를 제공하는 프록시 서버(그림 7.3에 표시되지 않음)를 제공하는 가상 네트워크로 추상화돼 있다.

- 프록시 서버를 떠나는 네트워크 트래픽은 일련의 관리 방화벽을 통과한다. 여기서 관리 방화벽은 서버를 호스팅하는 관리 네트워크 경계를 격리한다. 서버는 클라우드 소비자가 외부에서 접근할 수 있도록 해주는 관리서비스를 제공한다. 이 서비스는 셀프 서비스 및 클라우드 기반 IT 자원의 온디맨드식 할당을 직접 지원할 때 제공된다.

- 클라우드 기반 IT 자원에 대한 모든 트래픽은 DMZ를 통해 모든 클라우드 소비자의 주변 네트워크를 격리하는 클라우드 서비스 방화벽으로 이동한다. 이 방화벽은 다른 네트워크에서도 격리된 가상 네트워크로 추상화된다.

- 관리 네트워크 경계와 격리된 가상 네트워크 모두 내부 데이터 센터 방화벽에 연결되는데, 이는 다른 DTGOV 데이터 센터와의 네트워크 트래픽을 조절하며, 내부 데이터 센터 네트워크 경계의 내부 데이터 센터 라우터에 연결돼 있다.

가상 방화벽은 가상 IT 자원 트래픽을 규제하기 위해 단일 클라우드 소비자에게 할당되고 제어된다. 이러한 IT 자원은 다른 클라우드 소비자로부터 격리된 가상 네트워크를 통해 연결된다. 이 가상 방화벽과 격리된 가상 네트워크는 공동으로 클라우드 소비자의 논리 네트워크 경계를 형성한다.

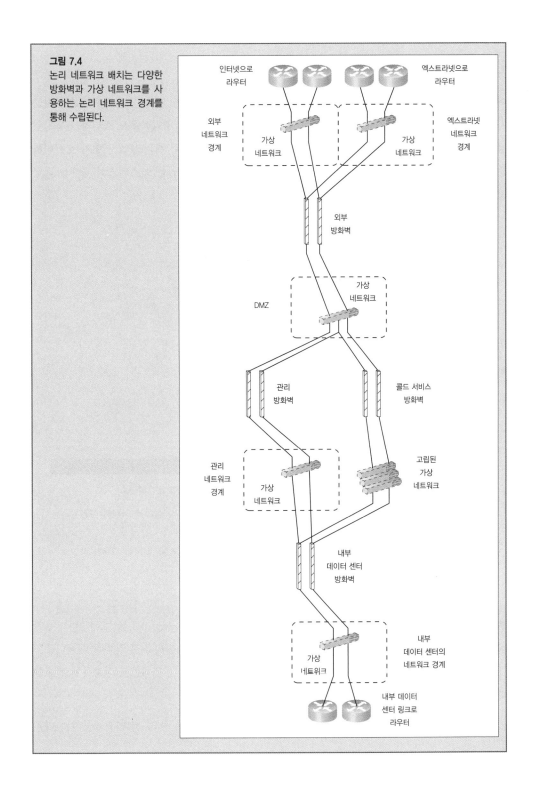

그림 7.4
논리 네트워크 배치는 다양한 방화벽과 가상 네트워크를 사용하는 논리 네트워크 경계를 통해 수립된다.

인터넷으로 라우터

엑스트라넷으로 라우터

외부 네트워크 경계

가상 네트워크

가상 네트워크

엑스트라넷 네트워크 경계

외부 방화벽

DMZ

가상 네트워크

관리 방화벽

콜드 서비스 방화벽

관리 네트워크 경계

가상 네트워크

고립된 가상 네트워크

내부 데이터 센터 방화벽

가상 네트워크

내부 데이터 센터의 네트워크 경계

내부 데이터 센터 링크로 라우터

7.2 가상 서버

가상 서버는 물리 서버를 에뮬레이트하는 가상화 소프트웨어의 한 형태다. 클라우드 제공자는 가상 서버 인스턴스를 각각 클라우드 소비자에게 제공함으로써 여러 클라우드 소비자가 동일한 물리 서버를 공유하도록 할 때 가상 서버를 사용한다. 그림 7.5는 두 개의 물리 서버가 호스팅하는 세 개의 가상 서버를 보여준다. 주어진 물리 서버가 공유할 수 있는 인스턴스의 개수는 해당 물리 서버의 용량에 의해 제한된다.

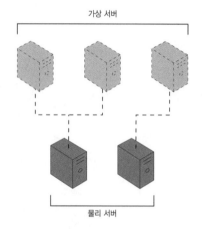

그림 7.5
첫 번째 물리 서버는 두 개의 가상 서버를 제공하는 반면, 두 번째 물리 서버는 하나의 가상 서버를 제공한다.

노트
● 가상 서버와 가상 머신(VM) 용어는 이 책에서 전반적으로 같은 뜻으로 간주한다.
● 7장에서 언급하는 하이퍼바이저 메커니즘은 8장의 '하이퍼바이저' 절에서 자세히 설명한다.
● 7장에서 언급된 가상 인프라 관리자(VIM)는 9장의 '자원 관리 시스템' 절에서 자세히 설명한다.

범용 메커니즘으로서 가상 서버는 가장 기본적인 클라우드 환경 구성 요소를 보여준다. 각 가상 서버는 수많은 IT 자원, 클라우드 기반 솔루션 및 기타 다양한 클라우드 컴퓨팅 메커니즘을 호스팅할 수 있다. 이미지 파일에서의 가상 서버 구현은 자원 할당 프로세스로 신속하게 필요할 때 바로 완료할 수 있다.

가상 서버를 임대하거나 설치하는 클라우드 소비자는 동일한 기본 물리 서버가 제공하는 다른 가상 서버를 사용하는 클라우드 소비자와 독립적으로 원하는 대로 환경을 만들 수 있다. 그림 7.6은 클라우드 서비스 소비자 B가 접근하는 클라우드 서비스를 호스팅하는 가상 서버를 나타내며, 클라우드 서비스 소비자 A는 가상 서버에 직접 접근해 관리 작업을 수행한다.

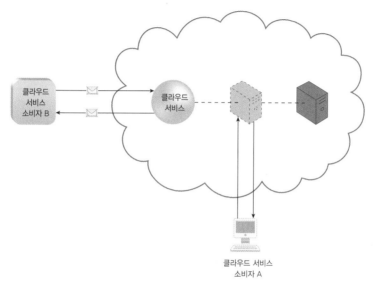

그림 7.6
가상 서버는 실제 클라우드 서비스를 제공하고, 관리 목적을 위해 클라우드 소비자가 접근하기도 한다.

사례 연구

DTGOV의 IaaS 환경에는 가상 서버를 제어하는 동일한 하이퍼바이저 소프트웨어를 실행하는 물리 서버에서 인스턴스화된 가상 서버가 포함돼 있다. VIM은 가상 서버 인스턴스 생성과 관련해 물리적 서버를 조정하는 데 사용된다. 이 접근 방식은 각 데이터 센터에서 가상화 계층의 통일된 구성을 적용하는 데 사용된다.

그림 7.7은 물리적 서버를 통해 실행되는 여러 가상 서버를 보여주는데, 모두 중앙 VIM에 의해 공동으로 제어된다.

DTGOV는 가상 서버의 주문형 생성이 가능하게 미리 만들어진 VM 이미지를 통해 제공되는 템플릿 가상 서버 집합을 클라우드 소비자에게 제공한다.

이러한 VM 이미지는 가상 서버를 부팅하기 위해 하이퍼바이저가 사용하는 가상 디스크 이미지를 나타내는 파일이다. DTGOV는 템플릿 가상 서버에 사용되는 운영 체제, 드라이버 및 관리 도구에 따라 다양한 초기 구성 옵션을 설정할 수 있도록 해 놓았다. 일부 템플릿 가상 서버에는 추가로 미리 설치된 애플리케이션 서버 소프트웨어가 있다.

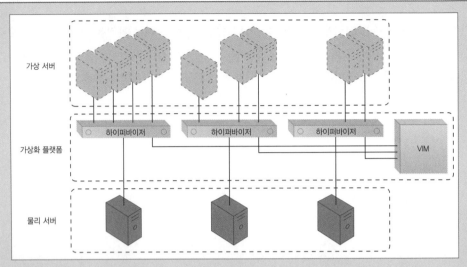

그림 7.7
가상 서버는 물리 서버의 하이퍼바이저와 중앙 VIM을 통해 생성된다.

가상 서버의 온디맨드식 생성을 가능하게 하기 위해, DTGOV는 미리 만들어진 VM 이미지를 통해 만들어질 수 있는 템플릿 가상 서버의 집합을 클라우드 소비자에게 제공한다.

다음 가상 서버 패키지는 DTGOV의 클라우드 소비자에게 제공된다. 각 패키지에는 서로 다른 미리 정의된 성능 구성 및 제한 사항이 있다.

- 작은 가상 서버 인스턴스: 1개의 가상 프로세서 코어, 4GB 가상 RAM, 루트 파일시스템 내의 20GB 스토리지 공간

- 중간 가상 서버 인스턴스: 2개의 가상 프로세서 코어, 8GB의 가상 RAM, 루트 파일시스템 내의 20GB 스토리지 공간

- 큰 가상 서버 인스턴스: 8개의 가상 프로세서 코어, 16GB의 가상 RAM, 루트 파일시스템 내의 20GB 스토리지 공간

- 메모리가 큰 가상 서버 인스턴스: 8개의 가상 프로세서 코어, 64GB의 가상 RAM, 루트 파일시스템 내의 20GB 스토리지 공간

- 프로세서가 큰 가상 서버 인스턴스: 32개의 가상 프로세서 코어, 16GB의 가상 RAM, 루트 파일시스템 내의 20GB 스토리지 공간

- 매우 큰 가상 서버 인스턴스: 128개의 가상 프로세서 코어, 512GB의 가상 RAM, 루트 파일시스템 내의 40GB 스토리지 공간

클라우드 저장 장치에서 가상 디스크를 연결해 추가 저장 용량을 가상 서버에 추가할 수 있다. 모든 템플 릿 가상 시스템 이미지는 배포된 IT 리소스를 제어하는 데 사용되는 클라우드 소비자의 관리 도구를 통해 서만 액세스 할 수 있는 공통 클라우드 스토리지 장치에 저장된다. 새 가상 서버를 인스턴스화 해야 하는 경우 클라우드 사용자는 사용 가능한 구성 목록에서 가장 적합한 가상 서버 템플릿을 선택할 수 있다. 가 상 머신 이미지의 복사본이 만들어져 클라우드 소비자에게 할당되며, 이 소비자는 관리 책임을 맡을 수 있다.

할당된 VM 이미지는 클라우드 소비자가 가상 서버를 사용자 정의할 때마다 업데이트된다. 클라우드 소비 자가 가상 서버를 시작하면 할당된 VM 이미지와 관련 성능 프로필이 VIM으로 전달돼 VIM이 해당 물리적 서버의 가상 서버 인스턴스를 만든다.

DTGOV는 그림 7.8에서 설명하는 프로세스를 사용해 초기 소프트웨어 구성 및 성능 특성이 다른 가상 서 버의 생성 및 관리를 지원한다.

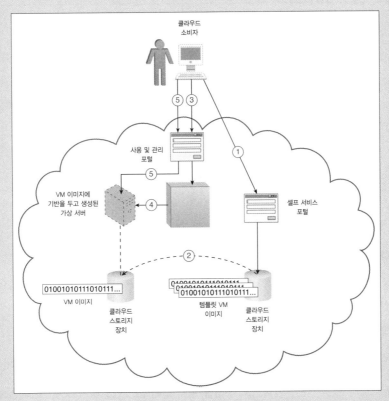

그림 7.8
클라우드 소비자는 생성할 템플릿 가상 서버를 고르기 위해 셀프서비스 포털을 사용한다(1). 상응하는 VM 이미지 복제는 클라우드 소비자가 제어하는 클라우드 스토리지 장치 내에서 생성된다(2). 클라우드 소비자는 사용 및 관리 포털을 사용 해 가상 서버를 초기화하고(3), 해당 포털은 밑단의 하드웨어를 거쳐 가상 서버 인스턴스를 생성하기 위해 VIM과 소통한 다(4). 클라우드 소비자는 사용 및 관리 포털상에서 그 밖의 기능을 통해 가상 서버를 사용하고 원하는 대로 만들 수 있다 (5)(셀프서비스 포털과 사용 및 관리 포털은 9장에서 설명한다).

7.3 클라우드 스토리지 장치

클라우드 스토리지 장치 메커니즘은 클라우드 기반 프로비저닝을 위해 특별히 설계된 스토리지 장치를 나타낸다. 물리 서버가 가상 서버 이미지를 생성하는 방법과 유사하게 이러한 장치의 인스턴스를 가상화할 수 있다. 클라우드 스토리지 장치는 보통 사용량당 과금 메커니즘을 지원하기 위해 고정 증가 용량 할당을 제공할 수 있다. 클라우드 스토리지 서비스를 통해 클라우드 스토리지 장치에 원격 접근할 수 있다.

> **노트**
>
> 이것은 일반적으로 클라우드 스토리지 장치를 대표하는 부모 메커니즘이다. 3부에서 소개하는 아키텍처 모델에서 묘사하는 특화된 클라우드 스토리지가 많다.

클라우드 스토리지와 관련된 주요 우려사항은 데이터의 보안, 무결성 및 기밀성이다. 클라우드 스토리지는 외부 클라우드 제공 업체 및 기타 제3자에게 위탁할 때 더 위험해질 수도 있다. 지리적 또는 국가적 경계를 넘어서 데이터를 재배치함으로써 발생하는 법적 및 규제적 영향도 있을 수 있다. 또 다른 문제는 특히 대규모 데이터베이스의 성능에 좌우된다. LAN은 로컬에 저장된 데이터에 WAN보다 우수한 네트워크 안정성 및 대기 시간을 제공한다.

클라우드 스토리지 수준

클라우드 스토리지 장치 메커니즘은 다음과 같은 데이터 스토리지의 일반 논리적 단위를 제공한다.

- **파일:** 데이터의 모음은 폴더에 있는 파일로 그룹화된다.
- **블록:** 하드웨어에 가장 가깝고 가장 낮은 수준의 스토리지인 블록은 개별적으로 접근할 수 있는 최소 단위의 데이터다.
- **데이터 세트:** 데이터의 모음은 테이블 기반이나, 단락, 레코드 형식으로 구성된다.
- **오브젝트:** 데이터와 데이터에 연관된 메타데이터는 웹 기반 자원으로 구성된다.

각 데이터 스토리지 수준은 일반적으로 특정 유형의 클라우드 스토리지 장치 및 해당 API를 보여주기 위해 사용되는 클라우드 스토리지 서비스와 같은 기술 인터페이스와 연관된다(그림7.9).

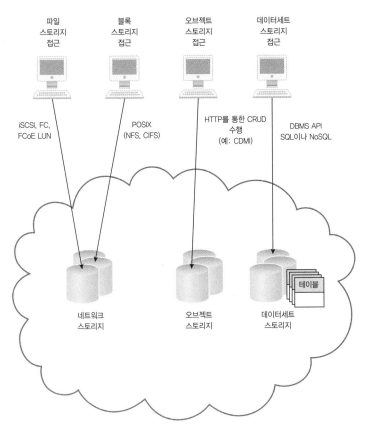

그림 7.9
다른 클라우드 소비자는 가상화된 클라우드 스토리지 장비와 접속하기 위해 다른 기술을 사용한다(CDMI 클라우드 스토리지 참조 모델에서 변경됨).

네트워크 스토리지 인터페이스

레거시 네트워크 스토리지는 일반적으로 네트워크 스토리지 인터페이스의 범주에 속한다. 스토리지 블록용 SCSI, 파일 및 네트워크 저장을 위한 서버 메시지 블록 SMB^Server Message Block, 일반 인터넷 파일 시스템 CIFS^Common Internet File System 및 네트워크 파일 시스템 NFS^Network File System 와 같은 업계 표준 프로토콜을 준수하는 저장 장치가 포함된다. 파일 저장은 폴더와 하위 폴더로 구조화돼 정리되고, 크기와 형식이 다를 수 있는 분리된 파일 내에 개인 데이터 저장을 수반한다. 원본 파일은 종종 데이터가 수정됐을 때 생성된 새로운 파일로 대체된다.

클라우드 저장 장치 메커니즘이 이러한 유형의 인터페이스를 기반으로 할 때 데이터 검색 및 추출 성능은 차선이 되는 경향이 있다. 파일 할당에 대한 저장 처리 수준 및 임계치는 일반적으로 파일 시스템 자체에 의해 결정된다.

블록 스토리지는 데이터가 저장되고 접근할 수 있는 가장 작은 단위고, 하드웨어에 가장 가까운 스토리지 형식이자 데이터 블록으로 알려진 특정한 고정된 형식을 유지하도록 한다. 논리 단위 번호^{LUN}나 가상 볼륨 블록 수준 스토리지를 사용하면 보통 파일 단위 스토리지보다 성능이 좋다.

오브젝트 스토리지 인터페이스

다양한 유형의 데이터를 참조해 웹 자원으로 저장할 수 있다. 이를 다양한 데이터 및 미디어 유형을 지원할 수 있는 기술을 기반으로 하는 객체 저장소라고 한다. 이 인터페이스를 구현하는 클라우드 스토리지 장치 메커니즘은 일반적으로 HTTP를 주요 프로토콜로 사용하는 REST 또는 는 웹 서비스 기반 클라우드 서비스를 통해 접근할 수 있다.

스토리지 네트워킹 산업 협회^{SNIA, Storage Networking Industry Association}의 클라우드 데이터 관리 인터페이스^{CDMI, Cloud Data Management Interface}는 오브젝트 스토리지 인터페이스의 사용을 지원한다.

데이터베이스 스토리지 인터페이스

데이터베이스 스토리지 인터페이스에 기반을 둔 클라우드 스토리지 장치 메커니즘은 일반적으로 기본 스토리지 운용에 더불어 쿼리 언어를 지원한다. 스토리지 관리는 표준 API 또는 관리 사용자 인터페이스를 사용해 수행된다.

스토리지 인터페이스는 다음과 같이 스토리지 구조에 따라 두 가지 주요 범주로 나뉜다.

관계형 데이터 스토리지

전통적으로 많은 사내 IT 환경은 관계형 데이터베이스나 관계형 데이터베이스 관리 시스템^{RDBMS, Relational DataBase Management System}을 사용해 데이터를 저장한다. 관계형 데이터베이스(혹은 관계형 스토리지 장치)는 유사한 데이터를 열과 행에 정리하기 위해 테이블을 사용한다. 테이블은 데이터 증가 구조를 제공하고, 데이터 무결성을 보호하며, 데이터 중복을 피하기 위해(데이터 정규화로 언급됨) 서로 관계를 맺을 수 있다. 관계형 스토리지와 함께 작업하는 것은 일반적으로 산업 표준의 구조화된 질의 언어^{SQL, Structured Query Language} 사용을 포함한다.

관계형 데이터 스토리지를 사용해 구현한 클라우드 스토리지 장치 메커니즘은 IBM DB2와 오라클 데이터베이스, 마이크로소프트 SQL 서버, MySQL과 같이 상업적으로 이용 가능한 많은 데이터베이스 상품을 기반으로 할 수 있다.

클라우드 기반 관계형 데이터베이스의 도전 과제는 일반적으로 확장성과 성능에 있다. 관계형 클라우드 스토리지 장치를 수직적으로 확장하는 것은 수평적인 확장보다 더 복잡하고 비용이 많이 들 수 있다. 복잡한 관계가 있거나 대용량의 데이터가 포함된 데이터베이스는 특히 클라우드 서비스를 통해 원격으로 접근할 때 높은 처리 오버헤드 및 지연으로 인해 어려움을 겪을 수 있다.

비관계형 데이터 스토리지

비관계형 스토리지^{NoSQL}(일반적으로 NoSQL 저장소라고도 한다)는 관계형 정의 및 데이터 정규화를 덜 강조해 저장된 데이터에 대해 느슨한 구조를 설정한다는 점에서 전통적인 관계형 데이터베이스 모델에서 벗어난다. 비관계형 스토리지를 사용하기 위한 주된 동기는 관계형 데이터베이스에서 부과될 수 있는 잠재적인 복잡성과 처리 오버헤드를 피하기 위한 것이다. 또한 비관계형 스토리지는 관계형 스토리지보다 더 수평적으로 확장 가능하다.

비관계형 스토리지에서의 트레이드 오프는 제한되거나 원시적인 스키마나 데이터 모델 때문에 데이터가 많은 부분 본래의 형태와 유효성을 잃는다. 더욱이 비관계형 저장소는 트랜잭션이나 조인과 같은 관계형 데이터베이스 기능을 지원하지 않는 경향이 있다.

비관계형 저장소에 내보낸 정규화된 데이터는 보통 비정규화돼서 데이터의 크기가 커진다. 복잡한 관계가 아닌 경우에는 정규화 정도가 보존될 수도 있다. 클라우드 제공 업체는 종종 여러 서버 환경에서 저장된 데이터의 확장성과 가용성을 제공하는 비관계형 스토리지를 제공한다. 그러나 많은 비관계형 저장소 메커니즘은 독점적이므로 데이터 이식성을 엄격하게 제한할 수 있다.

DTGOV는 클라우드 소비자에게 오브젝트 저장소 인터페이스를 기반으로 한 클라우드 저장소 장치에 대한 접근을 제공한다. 이 API를 제공하는 클라우드 서비스는 검색, 생성, 삭제 및 업데이트와 같이 저장된 객체에 대한 기본 기능을 제공한다. 검색 기능은 파일 시스템과 유사한 계층적 객체 배열을 사용한다. DTGOV는 가상 서버와 독점적으로 사용되는 클라우드 서비스를 제공하며, 블록 스토리지 네트워크 인터페이스를 통해 클라우드 스토리지 장치를 만들 수 있다. 두 클라우드 서비스 모두 SNIA의 CDMI v1.0을 준수하는 API를 사용한다.

오브젝트 기반 클라우드 스토리지 디바이스는 인터페이스를 제공하는 소프트웨어 구성 요소에 의해 직접 제어되는 다양한 스토리지 용량을 갖춘 기본 스토리지 시스템을 갖추고 있다. 이 소프트웨어를 사용하면 클라우드 소비자에게 할당된 격리된 클라우드 스토리지 장치를 만들 수 있다. 스토리지 시스템은 보안 자격 관리 시스템을 사용해 장치의 데이터 개체에 대한 사용자 기반 접근 제어를 관리한다(그림 7.10).

접근 통제는 오브젝트 단위 기반으로 승인되고, 각 데이터 오브젝트를 생성하고 읽고 쓰는 별도의 접근 정책을 사용한다. 공용 접근 권한은 읽기 전용으로 허용된다. 접근 그룹은 자격 관리 시스템을 통해 이전에 등록돼야만 하는 지명된 사용자에 의해 형성된다. 클라우드 스토리지 소프트웨어를 사용하는 웹 애플리케이션과 웹 서비스 인터페이스 모두에서 데이터 오브젝트에 접근할 수 있다.

클라우드 소비자의 블록 기반 클라우드 스토리지 장치 생성은 가상화 플랫폼에 의해 관리되며, 가상화 플랫폼은 LUN의 가상 스토리지 구현을 인스턴스화한다(그림 7.11). 클라우드 스토리지 장치(또는 LUN)는 VIM에 의해 사용되기 전에 기존 가상 서버에 할당돼야 한다. 블록 기반 클라우드 스토리지 장치의 용량은 1GB 단위로 표시된다. 클라우드 소비자가 관리자로서 수정할 수 있는 고정 스토리지 또는 사용 요구 사항에 따라 5GB 단위로 자동 증가 및 감소하는 초기 5GB 용량의 가변 크기 스토리지로 생성될 수도 있다.

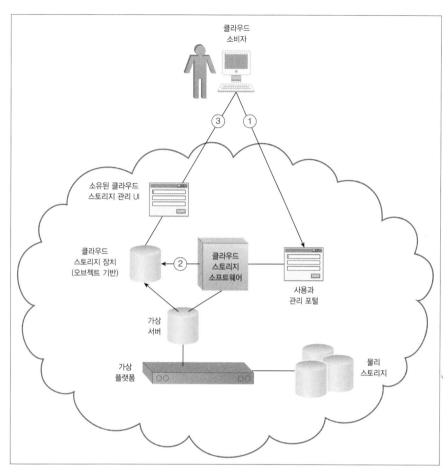

그림 7.10
클라우드 소비자는 클라우드 스토리지 장치를 생성하고 접근 통제 정책을 정의하기 위해 사용 및 관리 포털과 상호 작용한다
(1). 사용과 관리 포털은 클라우드 스토리지 장치 인스턴스를 생성하고, 요구된 접근 정책을 해당 데이터 오브젝트에 적용하기
위해 클라우드 스토리지 소프트웨어와 상호 작용한다(2). 각 데이터 오브젝트는 클라우드 스토리지 장치에 할당되고 모든 데이
터 오브젝트는 같은 가상 스토리지 볼륨에 저장된다. 클라우드 소비자는 데이터 오브젝트와 직접 상호 작용하기 위해 소유된 클
라우드 스토리지 장치 UI를 사용한다(3)(사용과 관리 포털은 9장에서 설명한다).

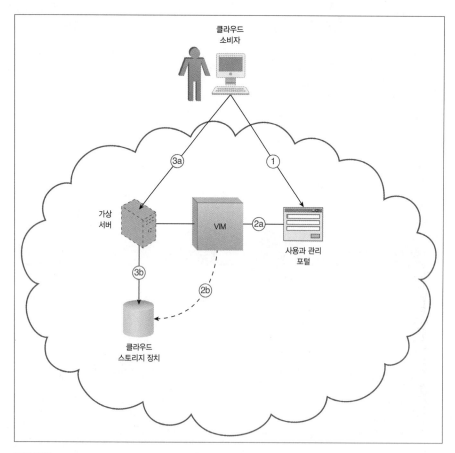

그림 7.11
클라우드 소비자는 존재하는 가상 서버에 클라우드 스토리지 장치를 생성하고 할당하기 위해 사용과 관리 포털을 사용한다(1). 사용과 관리 포털은 적절한 LUN을 사용하고 구성하는(2b) VIM 소프트웨어와 상호 작용한다(2a). 각 클라우드 스토리지 장치는 가상화 플랫폼에 의해 통제되는 분리된 LUN을 사용한다. 클라우드 소비자는 클라우드 스토리지 장치에 접근하기 위해(3b) 원격에서 가상 서버에 직접 로그인한다(3a).

7.4 클라우드 사용 모니터

클라우드 사용 모니터 메커니즘은 IT 자원 사용 데이터를 수집하고 처리하는 경량의 자율적인 소프트웨어 프로그램이다.

수집을 위해 고안된 사용량 측정 지표(메트릭, Metric)의 유형과, 사용 데이터 수집 방식에 따라 다양한 클라우드 사용 모니터가 있을 수 있다. 다음 절에서는 세 가지 공통 에이전트 기반의 구현 형식을 설명한다. 각 형식은 수집된 사용 데이터를 사후 처리 및 보고 목적으로 로그 데이터베이스로 전달하도록 설계될 수 있다.

모니터링 에이전트

서비스 에이전트로 존재하는 모니터링 에이전트는 데이터 흐름을 투명하게 모니터링하고 분석하기 위해 기존 통신 경로에 상주하는 중재자며, 이벤트 기반 프로그램이다(그림 7.12). 이러한 유형의 클라우드 사용 모니터는 일반적으로 네트워크 트래픽 및 메시지 측정 지표를 실제로 측정하는 데 사용된다.

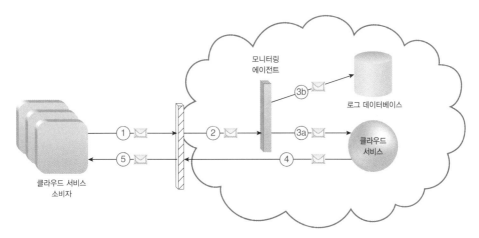

그림 7.12
클라우드 서비스 소비자는 클라우드 서비스에 요청 메시지를 보낸다(1). 모니터링 에이전트는 메시지를 가로채서 클라우드 서비스(3a)를 계속 진행하기 전에 관련 사용 데이터(2)를 수집한다. 모니터링 에이전트는 수집된 사용 데이터를 로그 데이터베이스(3b)에 저장한다. 클라우드 서비스는 모니터링 에이선트(5)가 농삭해노 인터셉트뇌시 않니 클라우느 서비스 소비사에게 응답 메시지(4)로 다시 응답한다.

자원 에이전트

자원 에이전트는 특수 자원 소프트웨어(그림 7.13)와 이벤트 중심의 상호 작용을 통해 사용 데이터를 수집하는 처리 모듈이다. 이 모듈은 시작, 일시 중단, 다시 시작 및 수직 확장과 같이 자원 소프트웨어 수준에서 미리 정의된 관찰 가능한 이벤트를 기반으로 사용 통계를 모니터링하는 데 사용된다.

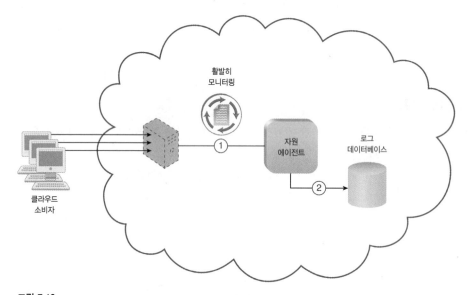

그림 7.13
자원 에이전트는 가상 서버를 능동적으로 모니터링하고 사용량 증가를 감지한다(1). 리소스 에이전트는 기본 자원 관리 프로그램에서 가상 서버가 확장되고 있다는 알림을 받고 모니터링 측정지표(2)에 따라 수집된 사용 데이터를 로그 데이터베이스에 저장한다.

폴링 에이전트

폴링 에이전트는 IT 자원을 폴링해 클라우드 서비스 사용 데이터를 수집하는 처리 모듈이다. 이러한 유형의 클라우드 서비스 모니터는 일반적으로 가동 시간 및 가동 중지 시간과 같은 IT 자원 상태를 정기적으로 모니터링하는 데 사용된다(그림 7.14).

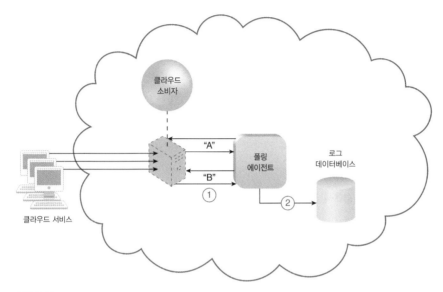

그림 7.14
폴링 에이전트는 주기적으로 폴링 요청 메시지를 보내고 사용 상태 A를 보고하는 폴링 응답 메시지를 수신함으로써 가상 서버가 제공하는 클라우드 서비스의 상태를 모니터링한다(1). 이후 폴링 에이전트가 B 사용 상태를 수신하면 폴링 에이전트는 새로운 사용 상태를 로그 데이터베이스(2)에 기록한다.

DTGOV의 클라우드 적용 계획에서 직면한 도전 과제 중 하나는 수집된 사용 데이터가 정확하다는 것을 보장하는 것이다. 이전 IT 아웃소싱 모델의 자원 할당 방법에 따르면 고객이 실제 사용량과 상관없이 연간 임대 계약에 포함된 물리 서버 수를 기준으로 요금을 지불하도록 했다.

이제 DTGOV는 다양한 성능 수준의 가상 서버를 임대하고 시간별로 청구할 수 있는 모델을 정의해야 한다. 사용 데이터의 정확도가 충분한 수준에 이르려면 사용량 데이터를 매우 세밀한 단위로 측정할 필요가 있다.

DTGOV는 가상 서버 사용 데이터를 계산하기 위해 VIM 플랫폼에서 생성된 자원 사용 이벤트에 근거해 자원 에이전트를 구현한다.

자원 에이전트는 다음 규칙을 기반으로 하는 논리 및 측정 지표로 설계됐다.

1. VIM 소프트웨어에 의해 발생한 각 자원 사용 이벤트는 다음의 데이터를 포함할 수 있다.

- 이벤트 유형(EV_TYPE): VIM 플랫폼에 의해 발생한 5가지 유형의 이벤트

  VM 시작 중(하이퍼바이저에서 생성)

  VM 시작됨(부팅 과정의 완료)

  VM 정지 중(셧다운)

  VM 정지됨(하이퍼바이저에서 종료)

  VM 확장됨(성능 매개변수의 변화)

- VM 유형(VM_TYPE): 이는 성능 매개변수에 따라 가상 서버 유형을 나타낸다. 설정 가능한 가상 서버 구성의 사전 정의된 목록은 VM이 시작되거나 확장될 때마다 메타 데이터에 의해 표현되는 매개변수를 제공한다.

- 유일한 VM 식별자(VM_ID): 이 식별자는 VIM 플랫폼이 제공한다.

- 유일한 클라우드 소비자 식별자(CS_ID): 이 식별자는 클라우드 소비자를 나타내기 위해 VIM 플랫폼이 제공한다.

- 이벤트 타임스탬프(EV_T): 데이터 센터의 시간대와 함께 날짜 시간 형식으로 표현되고 RFC 3339(ISO 8601 프로파일에 따라)에 정의된 대로 UTC를 참조하는 이벤트 발생을 식별한다.

2. 클라우드 소비자가 생성한 모든 가상 서버에 대한 사용량 측정 값이 기록된다.

3. 사용 측정은 $t_{시작}$과 $t_{끝}$으로 불리는 두 개의 타임스탬프에 의해 정의된 측정 기간 동안 기록된다. 이 측정 기간은 기본적으로 한 달의 시작부터($t_{시작}$ = 2012-12-01 T00:00:00-08:00) 한 달의 끝까지($t_{끝}$ = 2012-12-31 T23:59:59-08:00) 지속된다. 맞춤 측정 기간 또한 지원된다.

4. 사용량 측정은 매분 기록된다. 가상 서버 사용량 측정 기간은 가상 서버가 하이퍼바이저에서 생성할 때 시작하고 가상서버가 종료할 때 멈춘다.

5. 가상 서버는 측정 기간 동안 여러 번 시작하고, 확장하거나, 정지될 수 있다. 가상 서버를 위해 선언되는 연속적인 이벤트들이 나타나는 발생시간 I(i = 1, 2, 3, ...) 사이의 시간 간격은 사용 사이클로 지칭하기도 하며 이는 Tcycle_i로 표현한다.

   ● VM_시작 중, VM_정지 중: VM 크기가 사이클의 끝에 변화되지 않는다.

   ● VM_시작 중, VM_확장됨: VM 크기가 사이클의 끝에 변화된다.

   ● VM_확장됨, VM_확장됨: VM 크기가 사이클의 끝에 확장 중에 변화된다.

   ● VM_확장됨, VM_정지 중: VM 크기가 사이클의 끝에 변화된다.

6. 측정 기간 동안 각 가상 서버의 전체 사용량, U전체는 다음의 자원 사용 이벤트 로그 데이터베이스의 공식을 사용해 계산한다.

   ● 로그 데이터베이스의 각 VM_TYPE과 VM_ID: $U_{전체\_VM\_type\_j} = \sum_{t_{끝}}^{t_{시작}} T_{cyclei}$

   ● 각 VM_TYPE에 측정되는 전체 사용 시간당, 각 VM_ID에 사용 벡터는 $U_{전체}$: $U_{전체}$ = {type 1, $U_{전체\_VM\_type\_1}$, type 2, $U_{전체\_VM\_type\_2}$, ...}

그림 7.15는 VIM의 이벤트 기반 API와 상호 작용하는 자원 에이전트를 표시한다.

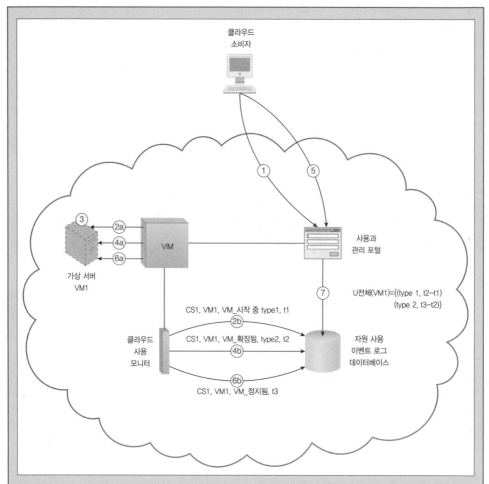

그림 7.15

클라우드 소비자(CS_ID=CS1)는 구성 크기 유형 1(VM_TYPE=type1) (1)의 가상 서버 (VM_ID=VM1) 생성을 요청한다. VIM은 가상 서버 (2a)를 만든다. VIM의 이벤트 기반(event-driven) API는 타임스탬프=t1 인 자원 사용 이벤트를 생성한다. 이 이벤트는 클라우드 사용 모니터 소프트웨어 에이전트가 캡쳐해 자원 사용 이벤트 로그 데이터베이스(2b)에 기록한다. 가상 서버 사용이 증가하고 자동 크기 조절 임계치(3)에 도달한다. VIM은 가상 서버 VM1(4a)을 구성 유형 1에서 유형 2 (VM_TYPE=type2)로 확장한다. VIM의 이벤트 기반 API는 타임스탬프=t2인 자원 사용 이벤트를 생성한다. 이 이벤트는 클라우드 사용 모니터 소프트웨어 에이전트(4b)가 자원 사용 이벤트 로그 데이터베이스에 캡쳐해 기록한다. 클라우드 사용자가 가상 서버를 종료한다(5). VIM은 가상 서버 VM1(6a)을 중지하고 이벤트 기반 API는 타임스탬프=t3인 리소스 사용 이벤트를 생성한다. 이 이벤트는 클라우드 사용 모니터 소프트웨어 에이전트가 로그 데이터베이스(6b)에서 캡쳐 및 기록한다. 사용 및 관리 포털은 로그 데이터베이스에 접근하고 가상 서버 Utotal VM1(7)의 총 사용량(Utotal)을 계산한다.

7.5 자원 복제

동일한 IT 자원의 인스턴스를 여러개 생성하는 복제는 일반적으로 IT 자원의 가용성과 성능을 향상시켜야 할 때 수행된다. 가상화 기술은 클라우드 기반 IT 자원을 복제하기 위해 자원 복제 메커니즘을 구현하는 데 사용된다(그림 7.16).

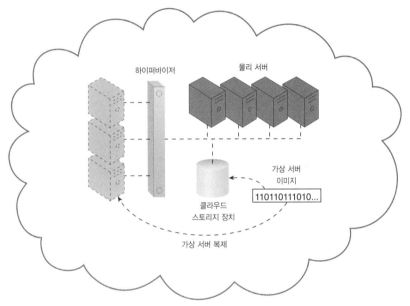

그림 7.16
하이퍼바이저는 저장된 가상 서버 이미지를 사용하는 가상 서버의 여러 인스턴스를 복제한다.

노트

이것은 IT자원을 복제 할 수 있는 여러 유형의 소프트웨어 프로그램을 나타내는 상위 메커니즘이다. 가장 일반적인 예는 8장에서 설명하는 하이퍼바이저 메커니즘이다. 예를 들어 가상화 플랫폼의 하이퍼바이저는 가상 서버 이미지에 접근해 여러 인스턴스를 만들거나 기성 환경 및 전체 애플리케이션을 배포 및 복제할 수 있다. 복제된 IT 자원의 일반적인 유형으로는 클라우드 서비스 구현 및 다양한 형태의 데이터, 클라우드 스토리지 장치의 복제가 있다.

사례 연구

DTGOV는 심각한 장애 상황에 대응해 다른 데이터 센터에서 실행되는 물리적 서버에 자동으로 재배치될 수 있는 고가용성 가상 서버 세트를 구축한다. 이는 하나의 데이터 센터에서 실행되는 물리적 서버에 상주하는 가상 서버가 장애 상태를 겪는 그림 7.17부터 그림 7.19에 보이는 시나리오에서 설명한다. 서로 다른 데이터 센터의 VIM은 가상 서버를 다른 데이터 센터에서 실행 중인 다른 물리적 서버에 재할당해 비가용성을 극복하기 위해 조정된다.

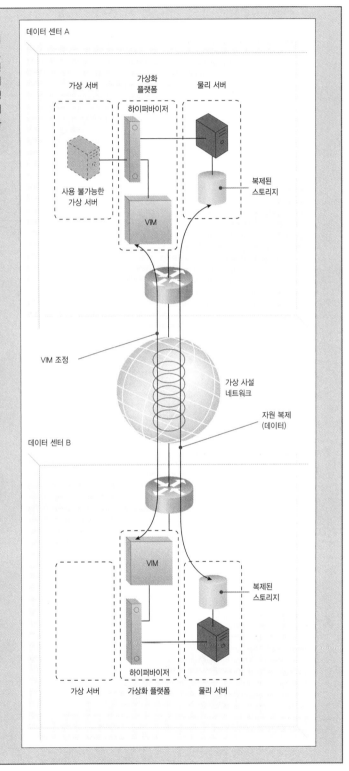

그림 7.17
고가용성 가상 서버가 데이터 센터 A에서 실행 중이다. 데이터 센터A 및 B의 VIM 인스턴스는 오류 조건을 감지할 수 있는 조정 기능을 실행 중이다. 고가용성 아키텍처의 결과로 저장된 VM 이미지가 데이터 센터간에 복제된다.

데이터 센터 A

가상 서버

가상화 플랫폼

물리 서버

하이퍼바이저

사용 불가능한 가상 서버

VIM

복제된 스토리지

VIM 조정

가상 사설 네트워크

자원 복제 (데이터)

데이터 센터 B

VIM

복제된 스토리지

하이퍼바이저

가상 서버

가상화 플랫폼

물리 서버

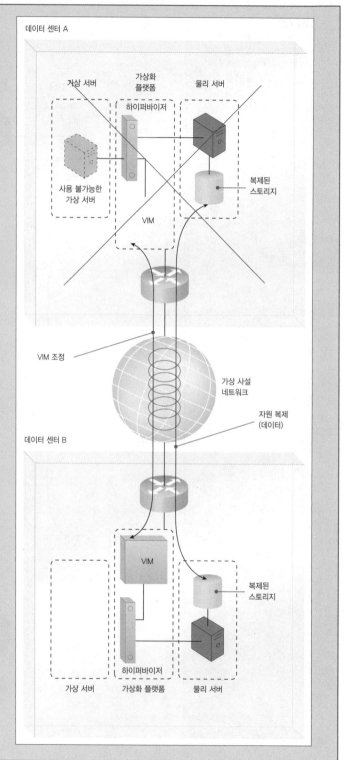

그림 7.18
가상 서버는 데이터 센터 A 에서 사용할 수 없게 된다. 데이터 센터 B의 VIM은 오류 조건을 감지하고 고가용성 서버를 데이터 센터 A에서 데이터 센터 B로 재할당한다.

데이터 센터 A

가상 서버

가상화 플랫폼

물리 서버

하이퍼바이저

사용 불가능한 가상 서버

복제된 스토리지

VIM

VIM 조정

가상 사설 네트워크

자원 복제 (데이터)

데이터 센터 B

VIM

복제된 스토리지

가상 서버

하이퍼바이저

가상화 플랫폼

물리 서버

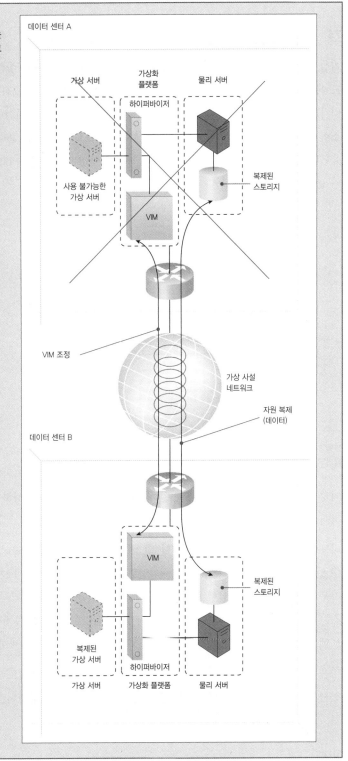

그림 7.19
가상 서버의 새 인스턴스는
데이터 센터 B에서 생성되고
사용할 수 있는 상태가 된다.

데이터 센터 A

가상 서버

가상화
플랫폼

물리 서버

하이퍼바이저

사용 불가능한
가상 서버

VIM

복제된
스토리지

VIM 조정

가상 사설
네트워크

자원 복제
(데이터)

데이터 센터 B

VIM

복제된
스토리지

복제된
가상 서버

하이퍼바이저

물리 서버

가상 서버

가상화 플랫폼

7.6 기성 환경

기성 환경 메커니즘(그림 7.20)은 미리 설치된 클라우드 기반 플랫폼을 나타내는 **PaaS** 클라우드 제공 모델의 미리 정의된 구성 요소다. 이미 설치된 IT 리소스 집합으로 구성돼 클라우드 소비자가 클라우드에서 바로 사용 및 커스터마이즈할 수 있는 상태이다. 이러한 환경은 클라우드 소비자가 자신의 서비스 및 애플리케이션을 원격으로 개발하고 클라우드 내에 배포하는 데 사용된다. 일반적인 기성 환경에는 사전 설치된 데이터베이스, 미들웨어, 개발 도구 및 관리 도구와 같은 **IT** 자원이 포함된다.

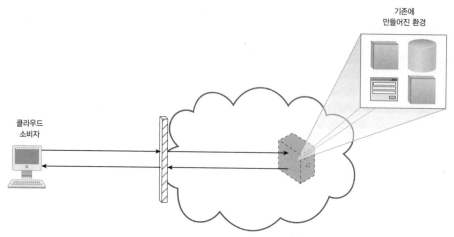

그림 7.20
클라우드 소비자는 가상 서버에 제공된 기존에 만들어진 환경에 접근한다.

기성 환경에는 클라우드 소비자가 원하는 프로그래밍 스택을 구성하는 개발 기술에 프로그래밍 방식으로 접근할 수 있게 해주는 완벽한 소프트웨어 개발 키트^{SDK, Software Development Kit}가 있다.

미들웨어는 웹 애플리케이션의 개발 및 배포를 지원하기 위해 멀티테넌시 플랫폼에서 사용할 수 있다. 일부 클라우드 제공 업체는 다양한 런타임 성능 및 과금 매개 변수를 바탕으로 하는 클라우드 서비스 런타임 실행 환경을 제공한다. 예를 들어 클라우드 서비스의 프론트엔드 인스턴스는 시급한 요청에 백엔드 인스턴스보다 효과적으로 응답하도록 구성할 수 있다. 이러한 프론트엔드 인스턴스 구성은 백엔드 인스턴스 구성과 적용되는 요금 체계가 다르다.

다음 연구 사례에서 입증된 것처럼 솔루션을 프론트엔드 및 백엔드 인스턴스 호출에 지정할 수 있는 논리 그룹으로 묶어서 나누면 런타임 실행 및 과금을 최적화할 수 있다.

ATN은 임대된 PaaS 환경을 사용해 미션 크리티컬하지 않은 여러 개의 비즈니스 애플리케이션을 개발하고 배포했다. 하나는 자바 기반 부품 번호 카탈로그 웹 애플리케이션으로, 그들이 제조한 스위치와 라우터에 사용됐다. 이 애플리케이션은 여러 공장에서 사용되지만, 별도의 재고 관리 시스템에 의해 처리되는 거래 데이터를 다루지는 않는다.

이 애플리케이션 논리는 프론트엔드와 백엔드 처리 논리로 나뉘었다. 프론트엔드 논리는 간단한 쿼리를 처리하고 카탈로그에 업데이트하는 데 사용됐다. 백엔드 논리는 전체 카탈로그를 렌더링하고 유사한 구성 요소와 레거시 부품 번호를 상호 연관시키는 데 필요한 논리가 포함돼 있다.

그림 7.21은 ATN의 부품 번호 카탈로그 애플리케이션의 개발 및 배포 환경을 보여준다. 이는 클라우드 소비자가 개발자 및 최종 사용자 역할을 모두 수행한다고 가정한다.

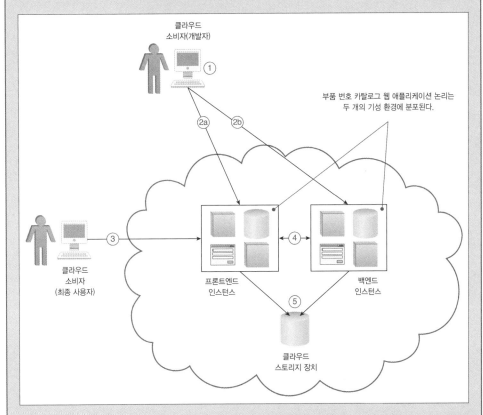

그림 7.21
개발자는 부품 번호 카탈로그 웹 애플리케이션을 개발하기 위해 제공된 SDK를 사용한다(1). 애플리케이션 소프트웨어는 프론트엔드 인스턴스(2a)와 백엔드 인스턴스(2b)로 불리는 두 개의 기성 환경으로 설정된 웹 플랫폼에 배포된다. 애플리케이션을 사용할 수 있는 상태로 만들고 최종 사용자가 그 프론트엔드 인스턴스에 접근한다(3). 프론트엔드 인스턴스에서 수행 중인 소프트웨어는 최종 사용자가 요구하는 처리에 해당하는 백엔드 인스턴스에서 장기 실행 작업을 호출한다(4). 프론트엔드와 백엔드 인스턴스에 배포된 애플리케이션 소프트웨어는 애플리케이션 데이터의 영구 스토리지를 제공하는 클라우드 스토리지 장치에 백업된다(5).

8

전문화된
클라우드 메커니즘

8장

일반적인 클라우드 기술 아키텍처에는 IT 자원 및 솔루션에 대한 개별적인 사용 요구 사항에 대응할 수 있는 다양한 부품이 포함돼 있다. 8장에서 다루는 각 메커니즘은 하나 이상의 클라우드 특성을 지원하는 특정 런타임 기능을 수행한다.

- 자동 확장 리스너
- 로드 밸런서
- **SLA** 모니터
- 사용량당 과금 모니터
- 감사 모니터
- 장애 조치 시스템
- 하이퍼바이저
- 자원 클러스터
- 다중 장치 브로커
- 상태 관리 데이터베이스

이 메커니즘들은 클라우드 인프라의 확장으로 간주되며, 3부에서 다양한 예제와 함께 설명하는 차별화된 맞춤형 기술 아키텍처의 일부로서 다양한 방법으로 결합될 수 있다.

8.1 자동 확장 리스너

자동 확장 리스너 메커니즘은 동적 확장을 목적으로 클라우드 서비스 소비자와 클라우드 서비스 간의 통신을 모니터링하고 추적하는 서비스 에이전트다. 자동 확장 리스너는 일반적으로 방화벽 근처의 클라우드 내에 배치돼 작업 부하 상태 정보를 자동으로 추적한다. 작업 부하는 클라우드 소비자가 발생시킨 요청의 양 또는 특정 유형의 요청에 의해 작동되는 백엔드 처리 수요에 따라 결정된다. 즉, 유입되는 데이터가 적어도 많은 양의 처리가 발생할 수 있다.

자동 확장 리스너는 다음과 같은 작업 부하 변동 조건에 대응해 여러 유형의 응답을 제공할 수 있다.

- 클라우드 소비자가 미리 정의한 변수에 근거해 IT 자원을 자동 확장하거나 축소(보통 자동 확장으로 불린다).
- 작업 부하가 현재 임계치를 초과하거나 할당된 자원 아래로 떨어지면 클라우드 소비자에게 자동 알림(그림 8.1). 클라우드 소비자는 이를 통해 현재 IT자원의 할당을 조정할 수 있다.

클라우드 제공자 업체에 따라 자동 확장 리스너로 동작하는 서비스 에이전트의 이름이 다르다.

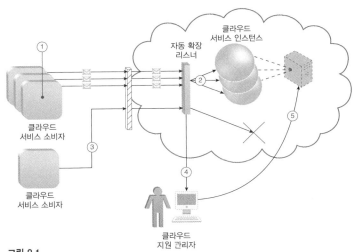

그림 8.1
3명의 클라우드 서비스 사용자가 하나의 클라우드 서비스에 동시에 접근하려고 한다(1). 자동 확장 리스너는 규모를 확장하고 3개의 중복 인스턴스 생성을 시작한다(2). 네 번째 클라우드 서비스 사용자가 클라우드 서비스 사용을 시도한다(3). 클라우드 서비스 인스턴스를 최대 세 개까지 허용하도록 프로그래밍된 자동 확장 리스너는 네 번째 사용 요청을 거부하고 클라우드 소비자에게 작업부하 제한을 초과했다는 메시지를 보낸다(4). 클라우드 소비자의 클라우드 자원 관리자는 원격 관리 환경에 접근하여 프로비저닝 설정을 조정하고 중복 인스턴스 제한을 늘린다(5).

DTGOV의 물리 서버는 최소 가상 머신 설정(1 가상 프로세서 코어, 4GB 가상 RAM)부터 최대 가상 머신 설정(128 가상 프로세서 코어, 512GB 가상 RAM)까지 가상 서버 인스턴스를 수직 확장한다. 가상화 플랫폼은 다음과 같이 런타임에 가상 서버를 자동으로 확장할 수 있도록 구성된다.

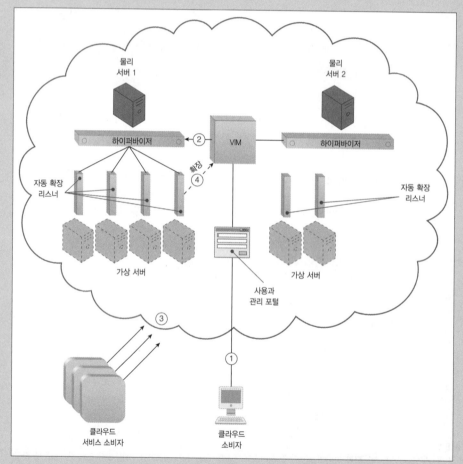

그림 8.2

클라우드 소비자는 8개의 가상 프로세서 코어와 16GB의 가상 RAM(1)을 사용하여 가상 서버를 만들고 시작한다. VIM은 클라우드 서비스 소비자의 요청에 따라 가상 서버를 생성하고 이를 물리 서버 1에 할당해 다른 3개의 활성 가상 서버(2)에 조인시킨다. 클라우드 소비자 요청으로 인해 가상 서버 사용이 60초 연속 CPU 용량의 80% 이상 증가한다(3). 하이퍼 바이저에서 실행되는 자동 확장 리스너는 확장의 필요성을 감지하고 그에 따라 VIM에 명령을 내린다(4).

- 축소: 가상 서버는 성능이 저하된 구성으로 축소되는 동시에 동일한 물리 서버 내에 상주한다.

- 확장: 가상 서버의 용량이 기존 물리 서버의 두배가 된다. VIM은 본래의 물리 서버가 과도하게 사용되는 경우, 가상 서버를 다른 물리 서버에 실시간 이관할 수도 있다. 이관은 런타임에 자동으로 수행되므로 가상 서버를 종료할 필요는 없다.

클라우드 소비자에 의해 통제되는 자동 확장 설정은 가상 서버의 자원 사용을 모니터하는 하이퍼바이저 위에서 수행되는 자동 확장 리스너 에이전트의 런타임 행동을 결정한다. 예를 들어 한 클라우드 소비자는 자원 사용이 연속 60초 동안 가상 서버의 용량의 80%를 초과할 때마다 자동 확장 리스너가 VIM 플랫폼에 확장 명령을 보내서 확장 과정을 작동시키도록 설정한다. 반대로, 자동 확장 리스너는 자원 사용이 연속 60초 동안 15% 아래 용량이 될 때마다 축소하도록 VIM에 명령한다(그림 8.2).

그림 8.3은 VIM에 의해 수행되는 가상 머신의 라이브 이동을 묘사한다. VIM에 의한 가상 서버의 축소는 그림 8.4에 묘사된다.

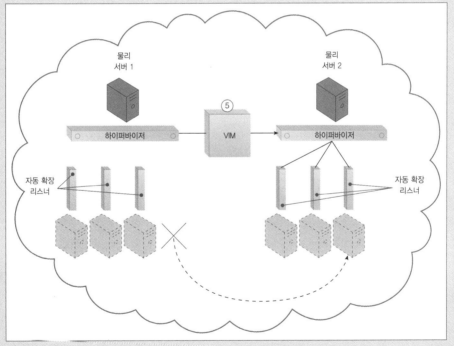

그림 8.3
물리 서버 1에서 가상 서버를 확장할 수 없자, VIM은 물리 서버 2로 가상 서버를 실시간 이관토록 한다.

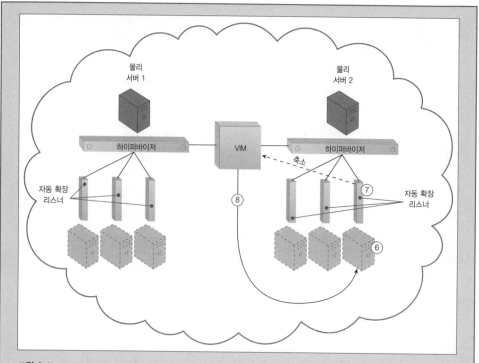

그림 8.4
가상 서버의 CPU/RAM 사용률은 연속 60초 동안 15% 미만으로 떨어진다. (6). 자동 확장 리스너는 축소의 필요성을 감지하고, 물리 서버 2에서 실행 중인 가상 서버에 실행을 멈추지 않으면서 축소하도록(8) VIM에 명령한다(7).

8.2 로드 밸런서

수평 확장에 대한 일반적인 접근 방식은 단일 IT 자원이 제공할 수 있는 것 이상으로 성능을 높이고 용량을 증가시키기 위해 둘 이상의 IT 자원을 모아 작업 부하의 균형을 맞추는 것이다. 로드 밸런서 메커니즘은 기본적으로 이 전제를 기반으로 하는 런타임 에이전트이다.

작업 알고리즘의 단순한 분배(그림 8.5) 외에도 로드 밸런서는 다음을 포함하는 다양한 런타임 실행 부하 분산 기능을 수행할 수 있다.

- **비대칭 분배:** 더 많은 처리 용량을 갖춘 IT 자원에 더 많은 작업 부하가 발생한다.
- **작업 부하 우선순위:** 작업 부하는 우선순위 수준에 따라 예약되고 대기열에 삽입되며, 삭제되고 분배된다.
- **콘텐츠 인식 분배:** 요청 콘텐츠에 따라 다른 IT 자원에 요청이 분배된다.

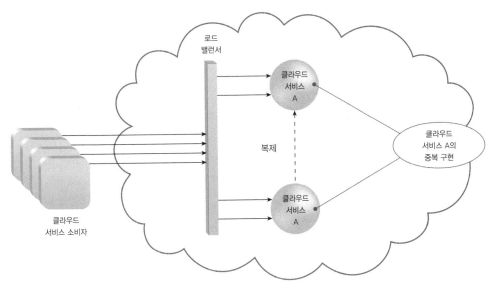

그림 8.5
서비스 에이전트로서 구현된 로드 밸런서는 클라우드 서비스 소비자를 위해 성능을 최대화하는 두 개의 복제 클라우드 서비스 구현을 통해 들어오는 작업 부하 요청 메시지를 투명하게 분배한다.

로드 밸런서는 IT 자원 사용을 최적화하고 과부하를 피하며 처리량을 최대화한다는 일반적인 목표에 따라 성능과 QoS 규칙 및 매개 변수 집합으로 프로그래밍되거나 구성된다.

로드 밸런서 메커니즘은 다음과 같이 존재할 수 있다.

- 다중 계층 네트워크 스위치
- 전용 하드웨어 어플라이언스
- 전용 소프트웨어 기반 시스템(일반적인 서버 운영체제)
- 서비스 에이전트(보통 클라우드 관리 소프트웨어로 제어됨)

로드 밸런서는 일반적으로 작업 부하를 발생시키는 IT 자원과 작업 부하 처리를 수행하는 IT 자원 사이의 통신 경로에 위치한다. 이 메커니즘은 클라우드 서비스 소비자에게는 보이지 않는 에이전트나, 작업 부하를 수행하는 IT 자원을 추상화하는 프록시 요소로 설계될 수 있다.

ATN 부품 번호 카탈로그 클라우드 서비스는 다른 지역의 여러 공장에서 사용하고 있지만 거래 데이터를 다루지는 않는다. 이 서비스의 피크 사용 주기는 매월 첫 며칠 동안인데, 공장에서 무거운 재고 통제 업무를 선처리하는 때와 일치한다.

ATN은 예상되는 작업 부하 변동량을 수용하기 위해 확장할 수 있도록 클라우드 서비스를 개선하라는 클라우드 제공자의 권고 사항을 받아들인다.

필요한 업데이트 사항을 구현한 후, ATN은 확장성 테스트를 수행하기로 결정하는데, 이는 많은 작업 부하를 시뮬레이션하는 자동 로봇 테스트 도구를 활용할 것이었다. 이 테스트는 애플리케이션이 평균 작업 부하보다 1,000배 더 많은 피크 작업 부하를 수용할 있도록 원활하게 확장할 수 있는지 여부를 파악할 것이었다. 이 로봇은 10분간 지속적으로 작업 부하를 시뮬레이션한다. 이 애플리케이션의 자동 확장 기능은 그림 8.6에 나와 있다.

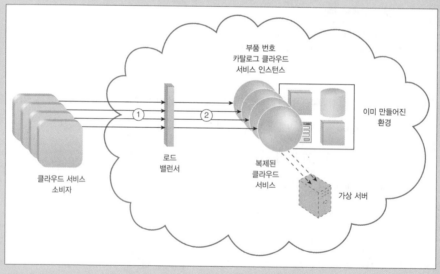

그림 8.6
클라우드 서비스의 새 인스턴스는 자동으로 증가하는 사용 요청에 맞게 생성된다. 로드 밸런서는 수행 중인 클라우드 서비스 사이에 트래픽을 동등하게 분배하기 위해 라운드 로빈 스케줄링을 사용한다.

8.3 SLA 모니터

SLA 모니터 메커니즘은 클라우드 서비스가 SLA에 게시된 계약상의 QoS 요구 사항을 충족하는지 확인하기 위해 클라우드 서비스의 런타임 성능을 구체적으로 관찰하는 데 사용된다(그림 8.7). SLA 모니터에 의해 수집된 데이터는 SLA 관리 시스템에 의해 처리돼 SLA 보고 측정 지표로 집계된다. 시스템은 SLA 모니터가 클라우드 서비스를 "작동 중지"로 보고하는 경우와 같이 예외 조건이 발생할 때 클라우드 서비스를 사전에 복구하거나 장애 조치할 수 있다.

SLA 관리 시스템 메커니즘은 9장에서 설명한다.

그림 8.7

SLA 모니터는 폴링 요청 메시지($M_{요청1}$에서 $M_{요청N}$까지)를 보내서 클라우드 서비스를 조사한다. 모니터는 각 폴링 주기에 서비스가 가동 중이었음을 보고하는 폴링 응답 메시지($M_{응답1}$에서 $M_{응답N}$까지)를 받는다(1a).

SLA 모니터는 1에서 N까지 모든 폴링 주기의 시간인 가동 중(업) 시간을 로그 데이터베이스에 저장한다(1b). SLA 모니터는 폴링 요청 메시지($M_{요청+1}$에서 $M_{요청N+M}$까지)를 보내는 클라우드 서비스를 조사한다. 폴링 응답 메시지가 수신되지 않는다(2a).

응답 메시지 수신에 타임아웃이 계속됨에 따라, SLA 모니 터는 N+1에서 N+M까지 모든 폴링 주기의 비가동(다운) 시간을 로그 데이터베이스에 저장한다(2b). SLA 모니터는 폴링 요청 메시지($M_{요청N+M+1}$)를 보내고, 폴링 응답 메시지($M_{응답N+M+1}$)를 받는다(3a). SLA 모니터는 로그 데이터베이스에 가동 중 시간을 저장한다(3b).

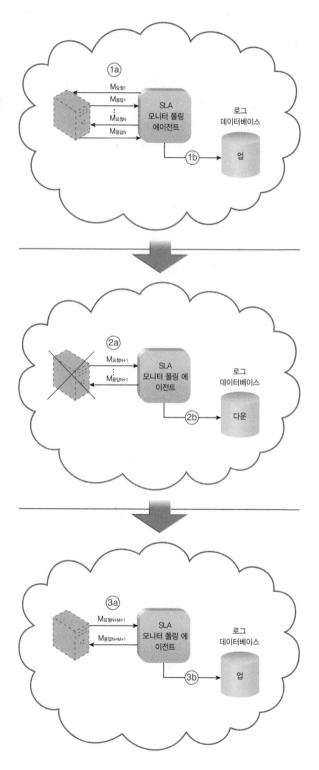

216

DTGOV의 임대 계약에 있는 가상 서버에 대한 표준 SLA는 99.95%의 최소 IT 자원 가용성을 정의한다. 이 서비스는 폴링 에이전트를 기반으로 하는 서비스와 일반 모니터링 에이전트를 구현하는 서비스를 기반으로 하는 두 개의 SLA 모니터를 사용해 추적한다.

SLA 모니터 폴링 에이전트

DTGOV의 폴링 SLA 모니터는 외부 경계 네트워크에서 실행돼 물리 서버의 타임아웃을 감지한다. 이는 물리 서버의 무응답을 야기하는 데이터 센터 네트워크, 하드웨어 및 소프트웨어의 오류를 분 단위로 식별할 수 있다. IT 자원이 사용할 수 없는 상태임을 판별하기 위해서는 20초간의 폴링 주기가 연속해서 세 번 타임아웃 돼야 한다.

이 때, 세 가지 유형의 이벤트가 생성된다.

- PS_타임아웃: 물리 서버 폴링의 타임아웃이다.
- PS_도달불가: 물리 서버 폴링이 연속 3번 타임아웃됐다.
- PS_도달가능: 이전에 응답하지 않았던 물리 서버가 다시 폴링에 반응하게 된다.

SLA 모니터링 에이전트

VIM의 이벤트 기반 API는 SLA 모니터를 모니터링 에이전트로 구현해 다음 세 가지 이벤트를 발생시킨다.

- VM_도달불가: VIM이 VM에 연결할 수 없다.
- VM_실패: VM에 장애가 발생해 사용할 수 없다.
- VM_도달가능: VM에 연결할 수 있다.

폴링 에이전트에 의해 생성된 이벤트는 SLA 이벤트 로그 데이터베이스에 기록되고 IT 자원 가용성을 계산하기 위해 SLA 관리 시스템에서 사용하는 타임스탬프가 있다. 복잡한 규칙이 무응답, 즉 가용하지 않은 기간 동안의 오탐(false positive)을 제거하기 위해서나, 다양한 폴링 SLA 모니터와 가상 서버로부터의 이벤트를 상호 연관시키는 데 사용된다. 그림 8.8과 그림 8.9는 데이터 센터 네트워크 오류 및 복구 중에 SLA 모니터가 수행하는 단계를 보여준다.

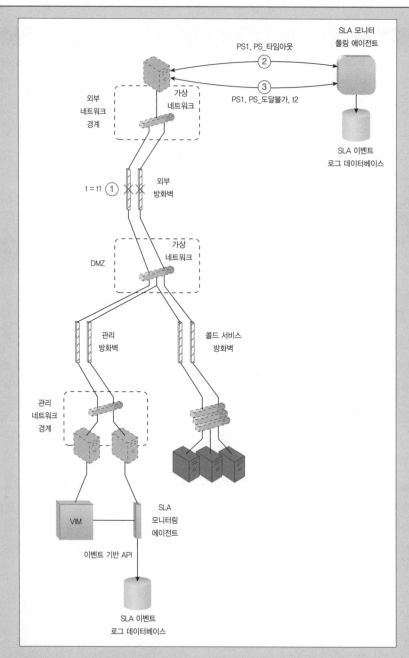

그림 8.8
타임스탬프 = t1에 방화벽 클러스터가 실패하고 데이터 센터의 모든 IT 자원은 사용할 수 없게 된다
(1). SLA 모니터 폴링 에이전트는 물리 서버로부터 응답 수신을 중지하고, PS_타임아웃 이벤트를 발
행하기 시작한다(2). SLA 모니터 폴링 에이전트는 세 번의 연속적인 PS_타임아웃 이벤트 후 PS_도
달불가 이벤트 발행을 시작한다. 타임스탬프는 이제 t2다(3).

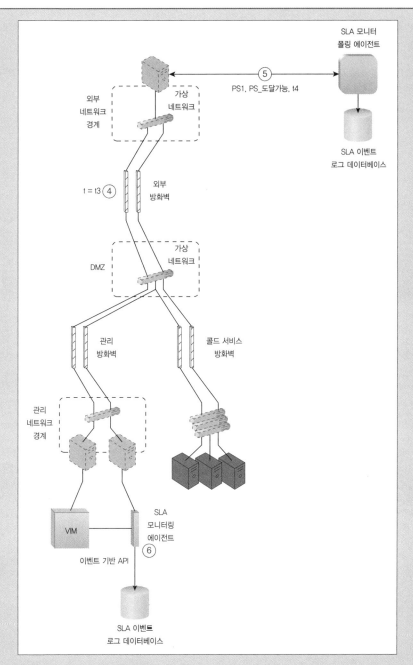

그림 8.9
IT 자원은 타임스탬프 = t3에 다시 동작하게 된다(4). SLA 모니터 폴링 에이전트는 물리 서버로부터 응답을 받고 PS_도달가능 이벤트를 발행한다. 타임스탬프는 이제 t4다(5). SLA 모니터링 에이전트는 VIM 플랫폼과 물리 서버 사이의 통신이 장애로 인해 영향을 받지 않았기에 어떤 비가용성도 감지하지 못했다(6).

SLA 관리 시스템은 로그 데이터베이스에 저장된 정보를 사용하여 데이터 센터 내의 모든 가상 서버에 영향을 미치는 t4-t3과 같은 비가용성 기간을 계산한다.

그림 8.10과 8.11은 세 개의 가상 서버(VM1, VM2, VM3)을 제공하는 물리 서버의 장애 및 후속 복구 중에 SLA 모니터가 수행하는 단계를 보여준다

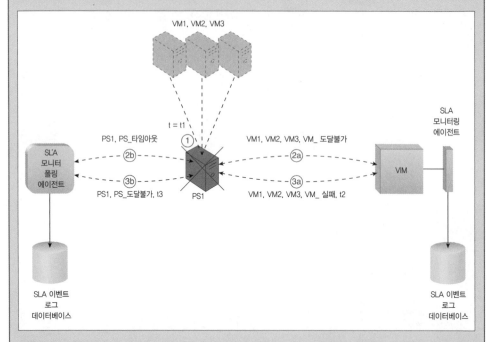

그림 8.10
타임스탬프 = t1에 물리 서버가 실패하여 사용할 수 없게 된다(1). SLA 모니터링 에이전트는 실패한 제공 서버 내의 각 가상 서버에 발생하는 VM_도달불가 이벤트를 수집한다(2a). SLA 모니터 폴링 에이전트는 제공 서버의 응답을 받는 것을 멈추고 PS_타임아웃 이벤트를 발행한다(2b). 타임스탬프 = t2에 SLA 모니터링 에이전트는 실패한 제공 서버의 세 가상 서버에 발행한 VM_실패 이벤트를 수집한다(3a). SLA 모니터 폴링 에이전트는 타임스탬프 = t3에 세개의 연속 PS_타임아웃 이벤트 후 PS_사용불가 이벤트를 발행하기 시작한다(3b).

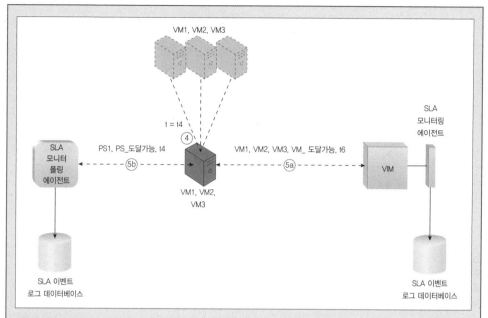

그림 8.11

제공 서버는 타임스탬프 = t4에 작동하게 된다(4). SLA 모니터 폴링 에이전트는 물리 서버의 응답을 받고, 타임스탬프 = t5에 PS_도달가능 이벤트를 발행한다(5a). 타임스탬프 = t6에, SLA 모니터링 에이전트는 각 가상 서버에 발행된 VM_도달 가능 이벤트를 수집한다(5b). SLA 관리 시스템은 모든 가상 서버에 영향을 준 비가용 기간을 t6-t2로 계산한다.

8.4 사용량당 과금 모니터

사용량당 과금 모니터 메커니즘은 미리 정의된 가격 매개 변수에 따라 클라우드 기반 IT 자원 사용을 측정하고, 요금 계산 및 과금 목적으로 사용 로그를 생성한다.

몇 가지 일반적인 모니터링 변수는 다음과 같다.

- 요청/응답 메시지 양
- 전송된 데이터 볼륨
- 대역폭 소비

사용량당 과금 모니터로 수집된 데이터는 지불 요금을 계산하는 과금 관리 시스템에 의해 처리된다. 과금 관리 시스템 메커니즘은 9장에서 소개한다.

그림 8.12는 가상 서버의 사용 기간을 결정하는 데 활용되는 자원 에이전트로 구현된 사용량당 과금 모니터를 보여준다.

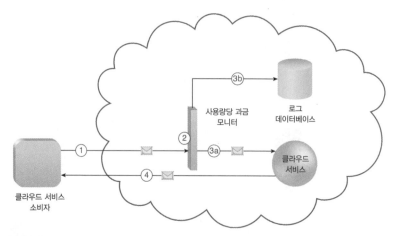

그림 8.13

클라우드 서비스 소비자는 클라우드 서비스에 요청 메시지를 보낸다(1). 사용량당 과금 모니터는 메시지를 가로채고(2), 이것을 클라우드 서비스에 전송하며(3a), 해당 모니터링 측정과 일치하는 사용 정보를 저장한다(3b). 클라우드 서비스는 요청된 서비스를 제공하기 위해 클라우드 서비스 소비자에게 응답 메시지를 되돌려준다(4).

<table>
<tr><td align="center">사례 연구</td></tr>
</table>

DTGOV는 "과금 가능" 및 맞춤형 가격 정책 모델로 사전 정의된 이벤트를 기반으로 청구서를 생성할 수 있는 상업 시스템에 투자하기로 결정한다. 시스템을 설치하면 과금 이벤트 데이터베이스와 가격 책정 스키마 데이터베이스라는 독점 데이터베이스가 생성된다.

런타임 이벤트는 VIM의 API를 사용하여 VIM 플랫폼의 확장으로 구현 된 클라우드 사용 모니터를 통해 수집된다. 사용량당 과금 모니터 폴링 에이전트는 요금 청구 시스템에 청구 가능한 이벤트 정보를 정기적으로 제공한다. 별도의 모니터링 에이전트는 다음과 같은 부가적인 청구 관련 추가 데이터를 제공한다.

- 클라우드 소비자 구독 유형: 사용 할당량이 있는 선불 구독, 최대 사용 할당량이 있는 후불 구독 및 무제한 사용의 후불 구독을 포함하는 사용료 계산의 가격 모델 유형을 식별하는 데 사용된다.

- 리소스 사용 범주: 청구 관리 시스템은 이 정보를 사용해 각 사용 이벤트에 적용할 수 있는 사용 범위를 식별한다. 예비 사용, 예약된 IT 자원 사용 및 프리미엄 (관리)서비스 사용이 포함된다.

- 리소스 사용량 할당량: 사용 계약서에서 IT 자원 사용량 할당량을 정의할 때 일반적으로 사용 이벤트 조건은 할당량 소비 및 수정된 할당량 제한값으로 부연한다.

그림 8.14는 일반적인 사용 이벤트에 대해 DTGOV의 사용량당 과금모니터가 수행하는 작업 단계를 보여준다.

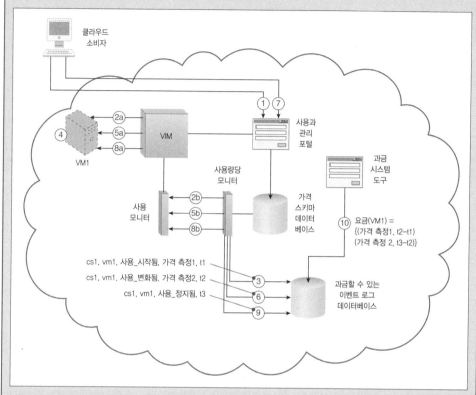

그림 8.14

클라우드 소비자 (CS_ID = CS1)는 구성 크기 유형 1(VM_TYPE = type1)(1)의 가상 서버 (VM_ID = VM1)를 만들고 시작한다. VIM은 요청된대로 가상 서버 인스턴스를 만든다(2a). VIM의 이벤트 위주 API는 타임스탬프 = t1인 자원 사용 이벤트를 생성한다. 이 이벤트는 클라우드 사용량 모니터(2b)에 의해 사용량당 과금 모니터로 포착돼 전달된다. 사용량당 과금 모니터는 가격 책정 스키마 데이터베이스와 상호 작용해 차지백 및 자원 사용에 적용되는 사용량 측정지표 "사용 시작" 청구 가능 이벤트가 생성되고, 청구 가능 이벤트 로그 데이터베이스(3)에 저장된다. 가상 서버의 사용량이 증가하고 자동 조절 임계치 (4)에 도달한다. VIM은 가상 서버 VM1(5a)을 구성 유형 1에서 유형 2(VM_TYPE = type2)로 확장한다. VIM의 이벤트 기반 API는 타임스탬프 = t2인 자원 사용 이벤트를 생성한다. 이 이벤트는 클라우드 사용량 모니터(5b)에 의해 사용량당 과금 모니터로 포착돼 전달된다. 사용량당 과금 모니터는 가격 책정 데이터베이스와 상호 작용해 업데이트된 IT 자원 사용에 적용되는 차지백 및 사용량 측정지표를 식별한다. "변경된 사용" 청구 가능 이벤트가 생성돼 청구 가능 이벤트 로그 데이터베이스(6)에 저장된다. 클라우드 사용자가 가상 서버를 종료하고(7) VIM이 가상서버 VM1을 중지한다(8a). VIM의 이벤트 위주 API는 타임스탬프 = t3인 자원 사용 이벤트를 생성한다. 이 이벤트는 클라우드 사용 모니터(8b)에 의해 사용량당 과금 모니터로 캡처 및 전달된다. 사용량당 과금 모니터는 가격 책정 데이터베이스와 상호 작용하여 업데이트된 IT 자원 사용에 적용되는 차지백 및 사용량 측정지표를 식별한다. "사용 완료" 청구 가능 이벤트가 생성돼 청구 가능 이벤트 로그 데이터베이스(9)에 저장된다. 이제 빌링 시스템 도구를 사용해 클라우드 제공 업체가 로그 데이터베이스에 접근하고 가상 서버의 총 사용료를 (요금 (VM1))(10)로 계산할 수 있다.

8.5 감사 모니터

감사 모니터 메커니즘은 규정 및 계약상 의무를 지원 또는 지시하는 네트워크 및 IT 자원에 대한 감사 추적 데이터를 수집하는 데 사용된다. 그림 8.15는 "로그인" 요청을 가로채고 요청자의 보안 자격 증명과 실패한 로그인 시도 및 성공한 로그인 시도를 향후 감사 보고를 위해 로그 데이터베이스에 저장하는 모니터링 에이전트로 구현된 감사 모니터를 보여준다.

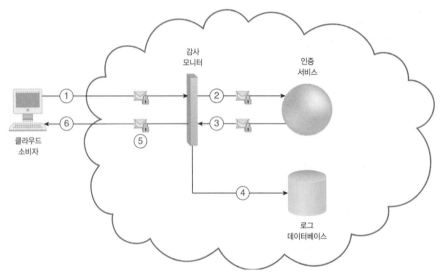

그림 8.15
클라우드 서비스 소비자는 보안 자격과 함께 로그인 요청 메시지를 보내서 클라우드 서비스에 접근을 요청한다(1). 감사 모니터는 메시지를 가로채고(2) 이것을 인증 서비스에 전달한다(3). 인증 서비스는 보안 자격을 처리한다. 클라우드 서비스 소비자를 위해 응답 메시지가 발생하고, 로그인 시도의 결과가 된다(4). 감사 모니터는 응답 메시지를 가로채고 전체 모인 로그인 이벤트 세부 사항을 기관의 감사 정책 요구마다 로그 데이터베이스에 저장한다(5). 접근이 승인되고 응답은 클라우드 서비스 소비자에게 되돌려진다(6).

사례 연구

이노바르토스(Innovartus)의 역할 놀이 솔루션의 핵심 기능은 고유한 사용자 인터페이스다. 그러나 인터페이스 설계에 사용된 첨단 기술에는 이노바르토스가 특정 지역의 사용자에게 솔루션 사용 요금을 부과하는 것을 법적으로 금지하는 라이센스 제한이 있었다. 이노바르토스의 법률 부서는 이러한 문제를 해결하기 위해 노력하고 있다. 하지만 그동안 IT 부서는 솔루션으로 사용자 접근이 불가능하거나 무료일 필요가 있는 국가 목록을 제공해야 했다.

애플리케이션에 접근하는 고객의 지리적 위치에 대한 정보를 수집하기 위해 이노바르토스는 클라우드 제공 업체에게 감사 모니터링 시스템을 구축하도록 요청한다. 클라우드 제공 업체는 감사 모니터링 에이전트를 배포해 인바운드 메시지를 가로채고 해당 HTTP 헤더를 분석해서, 최종 사용자의 지리적 위치에 대한 세부 정보를 수집한다. 이노바르토스의 요청에 따라 클라우드 제공 업체는 향후 보고 목적을 위해서 각 최종 사용자 요청의 지역 데이터를 수집하는 로그 데이터베이스를 추가한다. 이노바르토스는 추가로 애플리케이션을 업그레이드하여 일부 국가의 최종 사용자가 무료로 애플리케이션에 접근할 수 있도록 한다(그림 8.16).

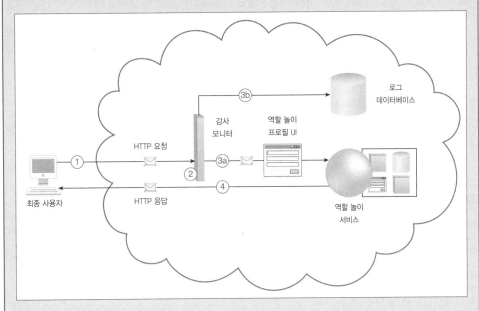

그림 8.16
최종 사용자는 역할 놀이 클라우드 서비스에 접근을 시도한다(1). 감사 모니터는 HTTP 요청 메시지를 최종 사용자가 모르게 투명하게 가로채고, 최종 사용자의 지역적 위치를 파악하기 위해 메시지 헤더를 분석한다(2). 감사 모니터링 에이전트는 최종 사용자가 이노바르토스가 애플리케이션에 대해 요금을 청구할 권한이 없는 지역 출신이라는 것을 파악한다. 에이전트는 메시지를 클라우드 서비스로 전달하고(3a), 로그 데이터베이스(3b)에 저장하기 위한 정보인 감사 추적 로그(audit track)를 생성한다 클라우드 서비스는 HTTP 메시지를 수신하고 무료로 최종 사용자 접근 권한을 부여한다(4).

8.6 장애 조치 시스템

장애 조치 시스템 메커니즘은 기존의 클러스터링 기술을 사용해 중복 구성을 제공함으로써 IT 자원의 안정성과 가용성을 향상시키는 데 사용된다. 장애 조치 시스템은 현재 활성 상태인 IT 자원이 사용할 수 없게 될 때 중복 구성돼 있거나 대기 중인 IT 자원 인스턴스로 자동 전환되도록 구성된다.

장애 조치 시스템은 일반적으로 여러 애플리케이션에 단일 실패 지점Single point of failure으로 작용할 수 있는 미션 크리티컬한 프로그램 및 재사용 가능한 서비스에 사용된다. 장애 조치 시스템은 둘 이상의 지리적 영역에 걸쳐 있을 수 있으므로 각 위치에서 동일한 IT 자원을 하나 이상 중복 구성하게 된다.

자원 복제 메커니즘은 오류나 비가용성 상태를 감지하기 위해 모니터링되는 중복 IT 자원 인스턴스를 제공하기 위해 장애 조치 시스템에서 가끔 사용된다. 장애 조치 시스템은 두 가지 기본 구성으로 제공된다.

액티브-액티브

액티브-액티브Active-Active 구성에서 IT 자원의 중복 구성은 작업 부하를 동기화한다(그림 18.17). 액티브 인스턴스 간에 로드 밸런싱이 필요하다. 실패가 감지되면 실패한 인스턴스는 로드 밸런싱 스케줄러에서 제거된다(그림 18.18). 장애가 발견되면 작동 상태를 유지하는 IT 자원이 처리를 대신한다(그림 18.19).

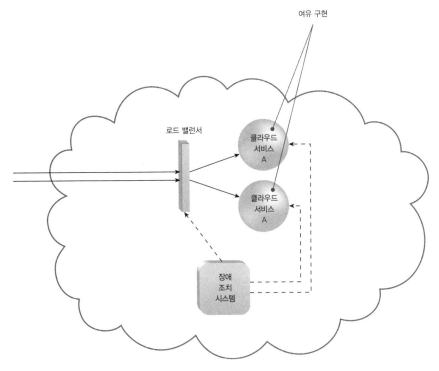

그림 8.17
장애 조치 시스템은 클라우드 서비스 A의 운용 상태를 모니터링한다.

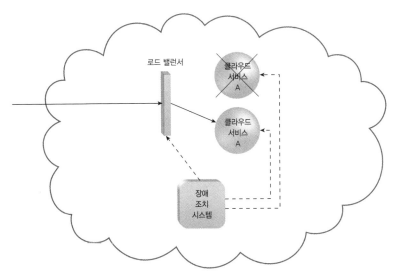

그림 8.18
하나의 클라우드 서비스 A 구현에서 실패가 감지되면, 장애 조치 시스템은 로드 밸런서에 작업 부하를
중복 클라우드 서비스 A 구현으로 전환하도록 명령한다.

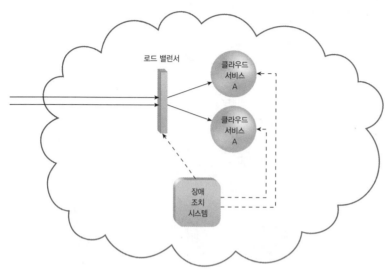

그림 8.19

실패한 클라우드 서비스 A 구현은 복구되거나 운영 중 상태의 클라우드 서비스로 복제된다.
장애 조치 시스템은 이제 로드 밸런서에 작업 부하를 다시 분배하도록 한다.

액티브–패시브

액티브–패시브^{Active-Passive} 구성에서는 대기 중 또는 비활성 상태의 구성이 활성화돼 사용할 수
없게된 IT 자원에서 처리할 작업을 이어받고, 해당 작업 부하는 작업을 인계하는 인스턴스로 전
달된다(그림 8.20에서 8.22).

일부 장애 조치 시스템은 장애 조건을 감지하고 실패한 IT 자원 인스턴스에 작업 부하가 분배되
지 않도록 하는 특수 로드 밸런서를 활용해 활성 IT 자원으로 작업 부하를 전달하도록 설계됐
다. 이러한 유형의 장애 조치 시스템은 실행 상태 관리가 필요하지 않고 스테이트리스^{Stateless} 프
로세싱 기능을 제공하는 IT 자원에 적합하다. 일반적으로 클러스터링 및 가상화 기술을 기반으
로 하는 기술 아키텍처에서 중복이나 대기 IT 자원 구성은 상태 및 실행의 컨텍스트를 공유해야
한다. 실패한 IT 자원에서 실행됐던 복잡한 작업은 중복 구성된 IT 자원 중 하나에서 계속 작동
할 수 있다.

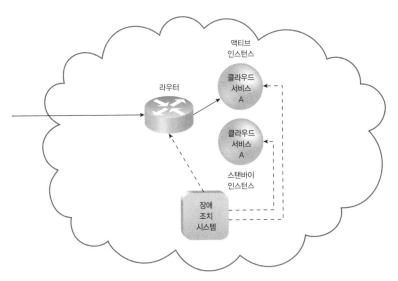

그림 8.20

장애 조치 시스템은 클라우드 서비스 A의 운영 현황을 모니터링한다. 액티브 인스턴스인 클라우드 서비스 A는
클라우드 서비스 소비자의 요청을 받는다.

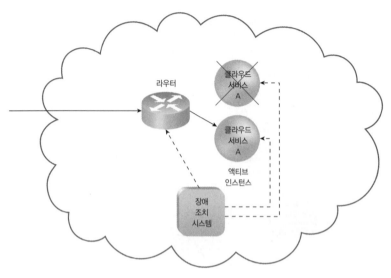

그림 8.21

액티브 인스턴스인 클라우드 서비스 A에 장애가 발생해 장애 조치 시스템에서 이를 감지하면, 비활성 클라우드 서비스 A가
활성화되고 작업 부하를 해당 인스턴스로 전달한다. 새로 호출된 클라우드 서비스 A가 이제 액티브 인스턴스 역할을 맡게 된다.

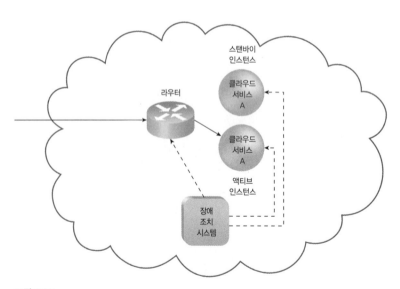

그림 8.22

실패한 클라우드 서비스 A는 작동중인 클라우드 서비스로 복구되거나 복제되며, 이전에 호출된 클라우드 서비스 A가 액티브
인스턴스로 운영되는 동안 스탠바이 인스턴스로 배치된다.

DTGOV는 탄력적인 가상 서버를 만들어 여러 데이터 센터에서 복제되는 중요한 애플리케이션을 제공하는 가상 서버 인스턴스를 할당한다. 복제된 해당 탄력적인 가상 서버에는 액티브–패시브 장애 조치 시스템이 구성된다. 액티브 인스턴스가 실패한 경우 다른 데이터 센터에 상주하는 IT 자원 인스턴스 간에 네트워크 트래픽 흐름을 전환 할 수 있다(그림 8.23).

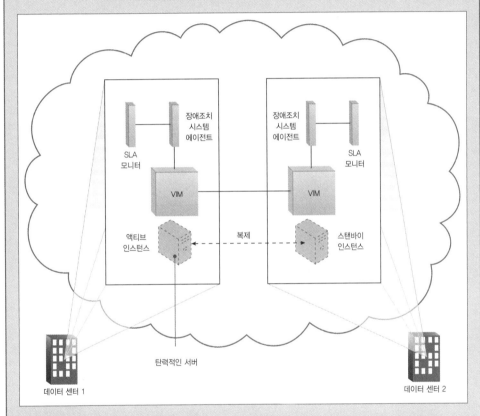

그림 8.23
두 데이터 센터에서 동시에 실행되고 있는 VIM은 각 데이터 센터 간 가상 서버 인스턴스를 복제함으로써 탄력적인 가상 서버를 구성한다. 액티브 인스턴스는 네트워크 트래픽을 수신한 후 수직 확장된다. 스탠바이 인스턴스에는 작업 부하가 없고 최소 구성으로 실행된다.

그림 8.24는 가상 서버의 액티브 인스턴스에서 장애를 감지하는 SLA 모니터를 보여준다

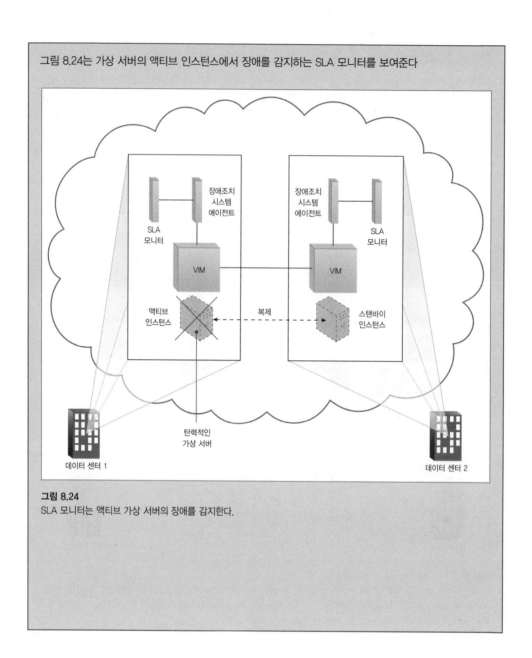

그림 8.24
SLA 모니터는 액티브 가상 서버의 장애를 감지한다.

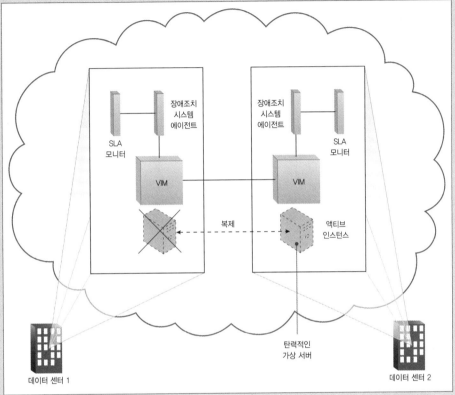

그림 8.25

장애 조치 시스템은 SLA 모니터가 서버 장애에 관해 보내는 메시지 알림을 가로채는 이벤트 기반 소프트웨어 에이전트로 구현된다. 이에 대한 응답으로 장애 조치 시스템은 VIM 및 네트워크 관리 도구와 상호 작용해 모든 네트워크 트래픽을 이제 활성화된 스탠바이 인스턴스로 전달한다.

그림 8.26에서는 장애가 발생했던 가상 서버가 다시 정상 상태로 돌아온 후 스탠바이 인스턴스로 바뀌는 것을 보여준다.

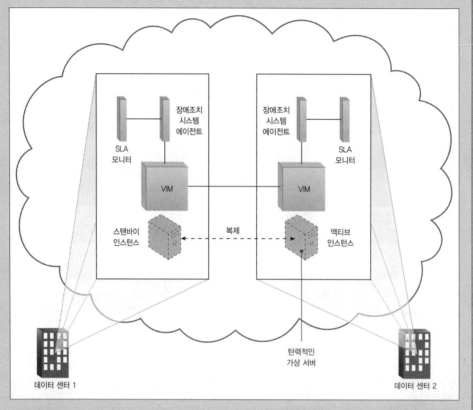

그림 8.26
장애가 발생한 가상 서버 인스턴스는 복구되고 정상화된 후 최소 구성으로 축소돼 대기한다.

8.7 하이퍼바이저

하이퍼바이저 메커니즘은 주로 물리 서버의 가상 서버 인스턴스를 생성하는 데 사용되는 가상화 인프라의 기본 요소이다. 하이퍼바이저는 일반적으로 하나의 물리 서버로 제한되므로 해당 서버의 가상 이미지만 생성할 수 있다(그림 8.27). 또한 하이퍼바이저는 생성되는 가상 서버를 동일한 물리 서버에 있는 자원 풀에만 할당할 수 있다. 하이퍼바이저에는 가상 서버의 용량 확장 또는 종료와 같은 가상 서버 관리 기능이 제한적으로만 존재한다. VIM은 실제 서버에서 여러 하이퍼바이저를 관리하기 위한 다양한 기능을 제공한다.

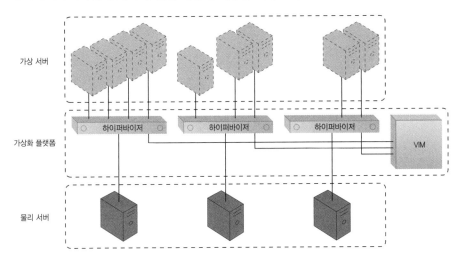

그림 8.27
가상 서버는 각 물리 서버 위의 하이퍼바이저를 통해 생성된다. 모든 세 하이퍼바이저는 같은 VIM에 의해 공동으로 통제된다.

하이퍼바이저 소프트웨어는 베어 메탈 서버에 직접 설치할 수 있으며 프로세서 전원, 메모리 및 I/O와 같은 하드웨어 자원 사용을 제어, 공유 및 예약하는 기능을 제공한다. 이는 각 가상 서버의 운영 체제에 전용 자원dedicated resources으로 표시될 수 있다.

DTGOV는 동일한 하이퍼바이저 소프트웨어 제품이 모든 물리 서버에서 실행되는 가상화 플랫폼을 구축했다. VIM은 각 데이터 센터의 하드웨어 자원을 조정해 가장 기본적인 밑단의 물리 서버에서 가상 서버 인스턴스를 만들 수 있다.

그 결과, 클라우드 소비자는 자동 확장 기능을 사용해 가상 서버를 임대할 수 있다. 유연한 구성을 제공하기 위해 DTGOV 가상화 플랫폼은 동일한 데이터 센터 내의 물리 서버간에 가상 서버의 실시간 VM 이관을 제공한다. 이는 그림 8.23과 그림 8.24에 설명돼 있다. 여기서 가상 서버는 사용량이 많은 하나의 실제 서버에서 유휴 상태인 다른 서버로 실시간 이관하여 작업 부하의 증가에 따라 확장할 수 있다

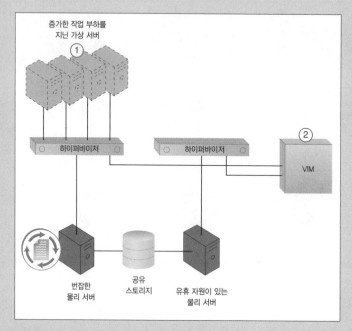

그림 8.28
자동 확장이 가능한 가상 서버는 작업 부하가 증가하기도 한다(1). VIM은 가상 서버가 놓인 물리 서버가 다른 가상 서버에 의해 사용되고 있기 때문에 더 이상 확장할 수 없다고 판단한다(2).

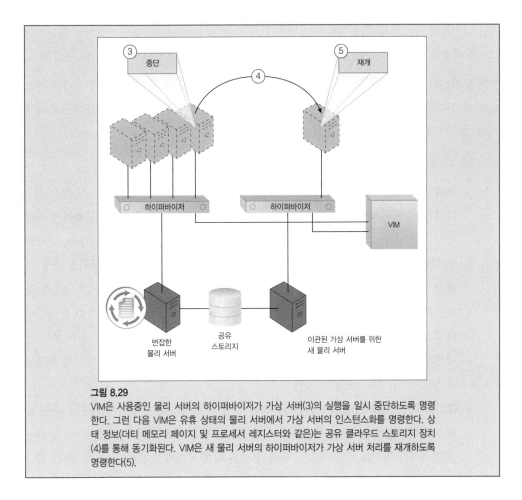

그림 8.29
VIM은 사용중인 물리 서버의 하이퍼바이저가 가상 서버(3)의 실행을 일시 중단하도록 명령한다. 그런 다음 VIM은 유휴 상태의 물리 서버에서 가상 서버의 인스턴스화를 명령한다. 상태 정보(더티 메모리 페이지 및 프로세서 레지스터와 같은)는 공유 클라우드 스토리지 장치(4)를 통해 동기화된다. VIM은 새 물리 서버의 하이퍼바이저가 가상 서버 처리를 재개하도록 명령한다(5).

8.8 자원 클러스터

지리적으로 분산된 클라우드 기반 IT 자원을 논리적으로 그룹화해서 할당 및 활용 정도를 개선할 수 있다. 자원 클러스터 메커니즘(그림 8.30)은 여러 IT 자원 인스턴스를 단일 IT 자원으로 운영할 수 있도록 그룹화하는 데 사용된다. 그에 따라 컴퓨팅 용량이 결합되면서 확대되고, 로드 밸런싱 및 클러스터된 IT 자원의 가용성이 향상된다.

그림 8.30
휘어진 점선은 IT 자원이 클러스터된 것을 가리킨다.

자원 클러스터 아키텍처는 IT 자원 인스턴스 간에 고속 전용 네트워크를 연결하거나 클러스터 노드를 사용해 작업 부하 분산, 작업 스케줄링, 데이터 공유 및 시스템 동기화에 대해 통신한다.

모든 클러스터 노드에서 분산 미들웨어로 실행되는 클러스터 관리 플랫폼은 대개 이러한 작업들에 책임이 있다. 이 플랫폼은 분산된 IT 자원을 하나의 IT 자원으로 표시하고 클러스터 내에서 IT 자원을 실행하는 조정 기능을 구현한다.

일반적으로 자원 클러스터의 유형은 다음과 같다.

- 서버 클러스터: 물리 서버 또는 가상 서버가 클러스터돼 성능 및 가용성이 향상된다. 다른 물리 서버에서 실행되는 하이퍼바이저는 클러스터된 가상 서버를 구축하기 위해 가상 서버 실행 상태(예: 메모리 페이지 및 프로세서 레지스터 상태)를 공유하도록 구성할 수 있다. 일반적으로 물리 서버가 공유 스토리지에 접근해야 하는 구성에서는 가상 서버가 하나의 서버에서 다른 서버로 실시간 이관될 수 있다. 이 프로세스에서 가상화 플랫폼은 물리 서버에서 주어진 가상 서버의 실행을 일시 중단하고 다른 물리 서버에서 다시 시작한다. 이 프로세스는 가상 서버 운영 체제와 무관하며 과부하가 걸린 물리 서버에서 실행 중인 가상 서버를 적절한 용량의 다른 물리 서버로 실시간 이관해 확장성을 향상시키는 데 사용할 수 있다.

- 데이터베이스 클러스터: 데이터 가용성을 향상 시키도록 설계된 이 고가용성 자원 클러스터에는 클러스터에서 사용되는 여러 스토리지 장치에 저장되는 데이터의 일관성을 유지하는 동기화 기능이 있다. 중복 용량은 대개 동기화 조건을 유지 관리하는 액티브-액티브 또는 액티브-패시브 장애 조치 시스템을 기반으로 한다.

- 큰 데이터셋 클러스터: 데이터 파티션 및 배포는 데이터 무결성이나 컴퓨팅의 정확성을 손상시키지 않고 효율적으로 대상 데이터 셋을 분할할 수 있도록 구현된다. 각 클러스터 노드는 다른 클러스터 유형에서와 같이 다른 노드와 통신하지 않고 작업 부하를 처리한다.

대부분의 자원 클러스터는 자원 클러스터 아키텍처 내에서 일관성을 유지하고 설계를 단순화하기 위해 클러스터 노드가 거의 동일한 컴퓨팅 용량과 특성을 갖도록 요구한다. 고가용성 클러스터 아키텍처의 클러스터 노드는 공통 스토리지 IT 자원에 접근하고 이를 노드 간 공유해야 한다. 이를 위해서는 스토리지 장치에 접근하기 위한 노드와 IT 자원 오케스트레이션을 실행하기 위한 노드(노드 간 통신)가 필요하다(그림 8.31). 일부 자원 클러스터는 네트워크 계층만 필요로 하는, 느슨하게 결합된 IT 자원으로 설계된다(그림 8.32).

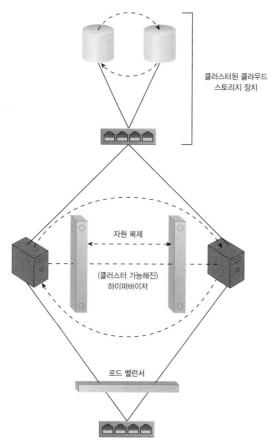

클러스터된 클라우드
스토리지 장치

자원 복제

(클러스터 가능해진)
하이퍼바이저

로드 밸런서

그림 8.31
로드 밸런싱 및 자원 복제는 클러스터가 활성화된 하이퍼 바이저를 통해 구현된다. 전용 스토리지 영역 네트워크는 클러스터된 스토리지와 클러스터된 서버를 연결하는 데 사용되며 일반적인 클라우드 스토리지 장치를 공유할 수 있다. 이렇게 하면 스토리지 복제 프로세스가 단순해지며 스토리지 클러스터에서 독립적으로 수행된다. 자세한 내용은 12장의 '하이퍼 바이저 클러스터링 아키텍처' 절을 참조하라.

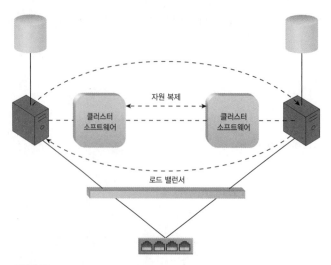

그림 8.32
느슨하게 묶인 서버 클러스터는 로드 밸런서를 포함한다. 공유 스토리지는 없다.
자원 복제는 클러스터 소프트웨어에 의해 네트워크를 통해 클라우드 스토리지
장치를 복제하는 데 사용된다.

자원 클러스터에는 두 가지 기본 유형이 있다.

- **로드밸런싱 클러스터**: IT 자원 관리의 중앙 집중화를 유지하면서 IT 자원 용량을 증가
  시키기 위해 클러스터 노드 간에 작업 부하를 분산시키는 데 특화됐다. 일반적으로 클
  러스터 관리 플랫폼에 내장되거나 별도의 IT 자원으로 설정된 로드 밸런서 메커니즘을
  구현한다.
- **HA 클러스터**: 고가용성 클러스터는 다중 노드 장애 시 시스템 가용성을 유지하고 클
  러스터된 IT 자원의 대부분 또는 전체를 중복 구성한다. 장애 조건을 모니터링하고 장
  애가 발생한 노드에서 작업 부하를 자동으로 전달하는 장애 조치 시스템 메커니즘을
  구현한다.

클러스터된 IT 자원의 프로비저닝은 동일한 컴퓨팅 용량을 가진 개별 IT 자원의 프로비저닝보
다 비용이 상당히 많이 든다.

DTGOV는 가상화 플랫폼의 부분으로서 고가용성 클러스터 내에 수행되기 위해 클러스터된 가상 서버를 소개하는 것을 고려하고 있다. 가상 서버는 조정된 클러스터 가능한 하이퍼바이저에 의해 통제되는 고가용성 하드웨어 클러스터 내에 모이는 물리 서버 사이에 실시간 이관할 수 있다. 조정 기능은 수행 중인 가상 서버의 복제된 스냅샷이 실패 이벤트 내의 다른 물리 서버로 쉽게 이동할 수 있게 한다.

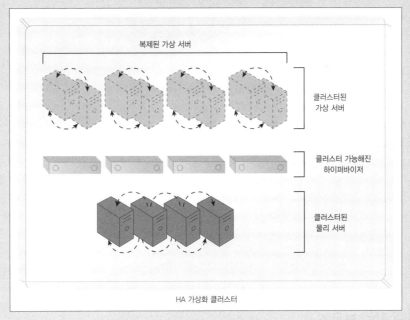

그림 8.33
물리 서버의 HA 가상화 클러스터는 클러스터 기반 하이퍼 바이저를 사용해 배포되므로 물리 서버가 지속적으로 동기화된다. 클러스터에서 인스턴스화된 모든 가상 서버는 적어도 두 개의 물리 서버에 자동으로 복제된다.

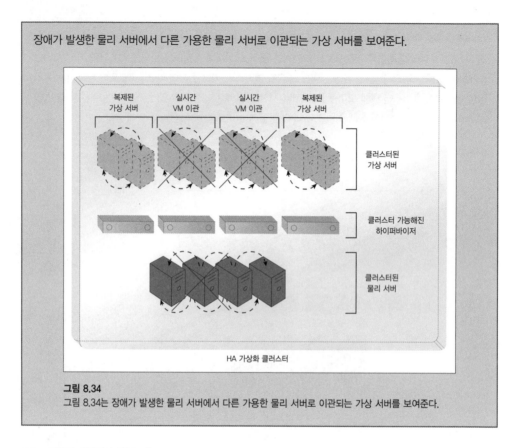

장애가 발생한 물리 서버에서 다른 가용한 물리 서버로 이관되는 가상 서버를 보여준다.

복제된 가상 서버   실시간 VM 이관   실시간 VM 이관   복제된 가상 서버

클러스터된 가상 서버

클러스터 가능해진 하이퍼바이저

클러스터된 물리 서버

HA 가상화 클러스터

그림 8.34
그림 8.34는 장애가 발생한 물리 서버에서 다른 가용한 물리 서버로 이관되는 가상 서버를 보여준다.

8.9 다중 장치 브로커

개별 클라우드 서비스에는 호스팅 하드웨어 장치 및 통신 요구 사항이 각기 다른 다양한 클라우드 서비스 소비자가 접근할 수 있다. 클라우드 서비스와 이기종의 클라우드 서비스 소비자 간 비호환성을 극복하기 위해 런타임 시 교환되는 정보를 변환하기 위해 매핑 로직을 구현할 필요가 있다.

다중 장치 브로커 메커니즘은 다양한 클라우드 서비스 소비자 프로그램 및 장치에서 해당 클라우드 서비스를 접근할 수 있도록 런타임 데이터 변환을 용이하게 하는 데 사용된다(그림 8.35).

다중 장치 브로커는 일반적으로 다음과 같이 게이트웨이로 존재하거나 게이트웨이 구성 요소를 통합한다.

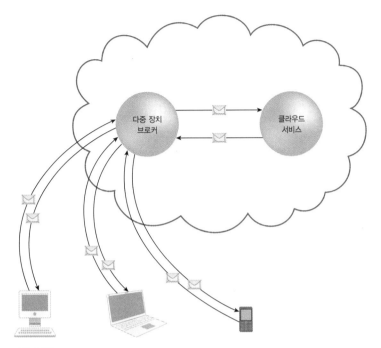

그림 8.35
다중 장치 브로커는 클라우드 서비스와 여러 유형의 클라우드 서비스 소비자 장치 간의 데이터 교환을 변환하는 데 필요한 매핑 로직을 포함한다. 이 시나리오에서는 다중 장치 브로커를 자체 API가있는 클라우드 서비스로 설정한다. 이 메커니즘은 런타임시 메시지를 가로채서 필요한 변환을 수행하는 서비스 에이전트로 구현될 수도 있다.

- **XML 게이트웨이:** XML 데이터 전송 및 유효성 검사
- **클라우드 스토리지 게이트웨이:** 클라우드 스토리지 프로토콜을 변환하고 스토리지 장치를 인코딩해 데이터 전송 및 저장을 용이하게 한다.
- **모바일 장치 게이트웨이:** 모바일 장치에서 사용하는 통신 프로토콜을 클라우드 서비스와 호환되는 프로토콜로 변환한다.

변환 로직을 작성할 수 있는 수준은 다음과 같다.

- 전송 프로토콜
- 메시징 프로토콜
- 스토리지 장치 프로토콜
- 데이터 스키마/데이터 모델

예를 들어, 다중 장치 브로커에는 모바일 장치로 클라우드 서비스에 접근하는 클라우드 서비스 소비자를 위한 전송 및 메시징 프로토콜을 모두 커버하는 매핑 로직이 포함될 수 있다.

사례 연구

이노바르토스는 역할 놀이 애플리케이션을 다양한 모바일과 스마트폰 장치에서 사용할 수 있도록 하기로 결정했다. 모바일 경험 개선 설계 단계에서 이노바르토스의 개발 팀을 방해한 문제는 여러 모바일 플랫폼에서 동일한 사용자 경험을 재현하는 데 어려움이 있었다는 것이다. 이 문제를 해결하기 위해 이노바르토스는 다중 장치 브로커를 구현해 장치로부터 오는 메시지를 가로채고 소프트웨어 플랫폼을 식별하며, 메시지 형식을 본래의 서버 측 애플리케이션 형식으로 변환한다(그림 8.36).

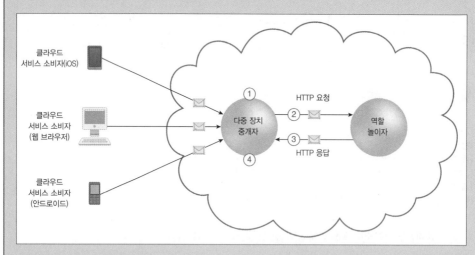

그림 8.36
다중 장치 중개자는 들어오는 메시지를 가로 채고 원본 장치(1)의 플랫폼 (웹 브라우저, iOS, Android)을 감지한다. 다중 장치 브로커는 메시지를 이노바르토스 클라우드 서비스(2)가 요구하는 표준 형식으로 변환한다. 클라우드 서비스는 요청을 처리하고 동일한 표준 형식(3)을 사용해 응답한다. 다중 장치 브로커는 응답 메시지를 원본 장치에 필요한 형식으로 변환하고 메시지(4)를 전달한다.

8.10 상태 관리 데이터베이스

상태 관리 데이터베이스는 소프트웨어 프로그램의 상태 데이터를 일시적으로 유지하는 데 사용되는 저장 장치다. 소프트웨어 프로그램은 메모리에 상태 데이터를 캐싱하는 대신, 소비하는 런타임 메모리 양을 줄이기 위해 상태 데이터를 데이터베이스로 저장할 수 있다(그림 8.37, 8.38). 이렇게 함으로써 소프트웨어 프로그램 및 주변 인프라의 확장성이 향상된다. 상태 관리 데이터베이스는 클라우드 서비스, 특히 장기간 실행되는 런타임 작업과 관련된 클라우드 서비스에서 주로 사용된다.

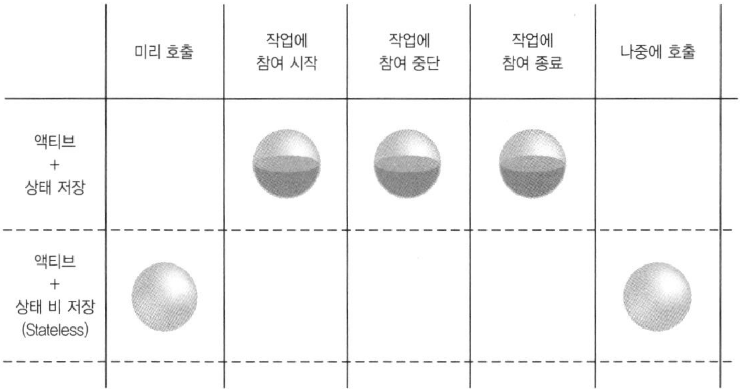

	미리 호출	작업에 참여 시작	작업에 참여 중단	작업에 참여 종료	나중에 호출
액티브 + 상태 저장		●	●	●	
액티브 + 상태 비 저장 (Stateless)	●				●

그림 8.37
클라우드 서비스 인스턴스의 수명 주기 동안 유휴 상태일 때도 상태 데이터를 메모리에 캐시된 상태로 유지해야 할 수 있다.

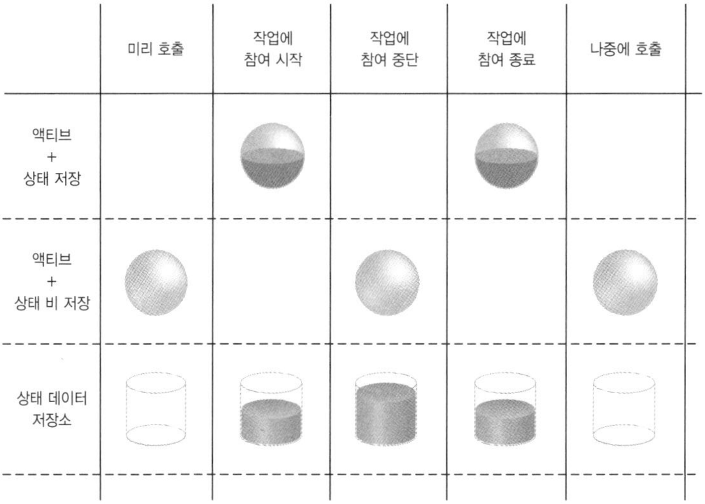

	미리 호출	작업에 참여 시작	작업에 참여 중단	작업에 참여 종료	나중에 호출
액티브 + 상태 저장		●		●	
액티브 + 상태 비 저장	●		●		●
상태 데이터 저장소	▢	▢	▢	▢	▢

그림 8.38
상태 데이터를 상태 저장소에 전달함으로써 클라우드 서비스는 상태 비 저장 조건(또는 부분적으로 상태 비저장 조건)으로 전환할 수 있으므로 일시적으로 시스템 자원이 해제된다.

ATN은 상태 관리 데이터베이스 메커니즘을 활용해 장기간 상태 정보를 보존할 수 있도록 기성 환경 아키텍처를 확장하고 있다. 그림 8.39는 기성 환경으로 작업하는 클라우드 서비스 소비자가 작업을 일시 정지해 캐시된 상태 데이터를 저장하는 방법을 보여준다.

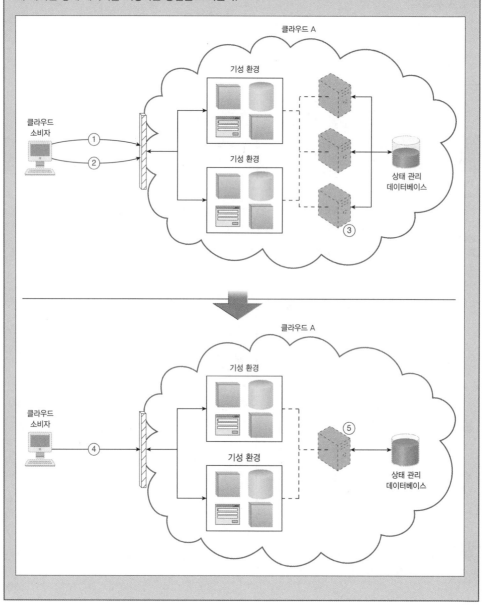

그림 8.39

클라우드 소비자는 기성 환경에 접근하며, 작업(1)을 수행하는 데 3대의 가상 서버가 필요하다. 클라우드 소비자가 작업을 일시 중지한다. 모든 상태 데이터는 기성 환경(2)에 대한 향후 접근을 위해 보존돼야 한다. 기저의 인프라는 가상 서버의 수를 줄임으로써 자동으로 규모를 조정한다. 상태 데이터는 상태 관리 데이터베이스에 저장되고 하나의 가상 서버는 클라우드 소비자(3)가 향후 로그인 할 수 있도록 활성 상태로 유지된다. 이후 클라우드 소비자는 로그인해서 기성 환경에 접근하고 작업을 계속한다(4). 기저의 인프라는 상태 관리 데이터베이스(5)에서 상태 데이터를 받아와 가상 서버의 수를 늘리고 자동으로 확장한다.

클라우드 관리 메커니즘

9장

클라우드 기반 IT 자원은 설치, 설정, 유지 보수 및 모니터링할 필요가 있다. 9장에서는 이러한 관리 업무를 가능하게 하는 메커니즘을 소개한다. 이들은 클라우드 플랫폼과 솔루션을 형성하는 IT 자원의 제어와 혁신을 촉진하는 클라우드 기술 아키텍처의 주요 부분이다.

9장에서는 다음과 같은 관리 메커니즘을 설명한다.

- 원격 운영 시스템
- 자원 관리 시스템
- SLA 관리 시스템
- 과금 관리 시스템

이들 시스템은 일반적으로 통합 API를 제공한다. 이들은 개별 제품이나 커스텀 애플리케이션 형태로 제공되거나, 다양한 제품 스위트 혹은 다중 기능 애플리케이션으로 결합될 수 있다.

9.1 원격 운영 시스템

원격 운영 시스템 메커니즘(그림 9.1)은 외부 클라우드 자원 운영자에게 클라우드 기반 IT 자원을 설정하고 운영할 수 있는 도구와 사용자 인터페이스를 제공한다. 원격 운영 시스템은 9장에서 다루는 자원 관리, SLA 관리 및 과금 관리 시스템을 포함하는 다양한 기반 시스템의 운영 및 관리 기능에 접근하기 위한 포털을 만들 수 있다(그림 9.2).

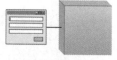

원격 운영 시스템

그림 9.1
이 책에서 원격 운영 시스템에 사용된 기호이다. 표시된 사용자 인터페이스에는 일반적으로 특정 유형의 포털을 나타내도록 레이블이 지정된다.

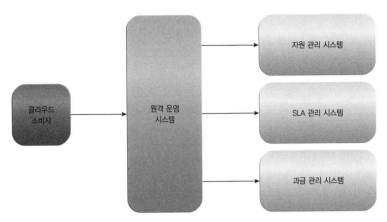

그림 9.2
원격 운영 시스템은 기본 관리 시스템을 추상화해 외부 클라우드 자원 관리자가 중앙 집중화된 관리 제어를 할 수 있게 한다. 시스템은 커스터마이즈 가능한 사용자 콘솔을 제공하면서 API를 통해 기본 관리 시스템과 프로그래밍 방식으로 인터페이싱한다.

원격 운영 시스템에서 제공하는 도구 및 **API**는 일반적으로 클라우드 제공자가 다양한 관리 제어 기능을 제공하는 온라인 포털을 개발하고 커스터마이즈하는 데 사용된다.

다음은 원격 운영 시스템에 의해 생성되는 포털의 두 가지 주요 유형이다.

- **사용 및 운영 포털:** 관리 제어를 여러 클라우드 기반 IT 자원으로 집중화하고 IT 자원 사용 보고서를 추가로 제공할 수 있는 범용 포털이다. 이 포털은 11장부터 13장까지 다루는 수많은 클라우드 기술 아키텍처의 일부이다.

사용 및 운영 포털

- **셀프서비스 포털**Self-service portal: 기본적으로 클라우드 제공자가 제공하는 최신 클라우드 서비스 및 IT 자원 목록(일반적으로 임대 계약)을 클라우드 소비자가 검색할 수 있는 쇼핑 포털이다. 클라우드 소비자는 프로비저닝하기 위해 클라우드 제공자에게 선택한 항목을 보낸다. 이 포털은 주로 12장에서 설명한 빠른 프로비저닝 아키텍처와 연관된다.

셀프서비스 포털

그림 9.3은 원격 운영 시스템, 사용 및 운영, 셀프서비스 포털과 관련된 시나리오를 보여준다.

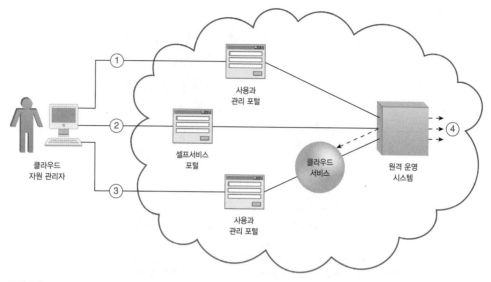

그림 9.3

클라우드 자원 관리자는 사용 및 운영 포털을 사용해 사전에 임대된 가상 서버(그림에 표시되지 않음)를 구성해 호스팅(1)을 준비한다. 그런 다음 클라우드 자원 관리자는 셀프 서비스 포털을 사용해 새 클라우드 서비스(2)의 프로비저닝을 선택하고 요청을 보낸다. 이후 클라우드 자원 관리자는 사용 및 운영 포털에 다시 접근해 가상 서버(3)에서 호스팅되는 신규 생성된 클라우드 서비스를 구성한다. 이 단계를 통해 원격 운영 시스템은 필요한 관리 시스템과 상호 작용해 요청된 작업(4)을 수행한다.

시나리오는 다음 사항에 따라 달라진다.

- 클라우드 소비자가 클라우드 제공자로부터 임대하거나 사용하고 있는 클라우드 제품 또는 클라우드 제공 모델 유형
- 클라우드 제공자가 클라우드 소비자에게 부여한 접근 제어 수준
- 원격 운영 시스템이 상호 작용하는 기본 관리 시스템 종류

원격 운영 콘솔을 통해 클라우드 소비자가 일반적으로 수행할 수 있는 작업은 다음과 같다.

- 클라우드 서비스 구성 및 설정
- 온디맨드 클라우드 서비스를 위한 **IT** 자원 프로비저닝 및 릴리즈
- 클라우드 서비스 상태, 사용 및 성능 모니터링
- **QoS** 및 **SLA** 이행 모니터링
- 임대 비용 및 사용료 관리
- 사용자 계정, 보안 자격 증명, 권한 부여 및 접근 제어 관리

- 임대된 서비스에 대한 내부 및 외부 접근의 추적

- IT 자원 프로비저닝 계획 및 평가

- 용량 계획

원격 운영 시스템이 제공하는 사용자 인터페이스는 클라우드 제공 업체에 따라 달라지는 경향이 있지만 클라우드 소비자는 표준화된 **API**를 제공하는 원격 운영 시스템을 선호한다. 클라우드 소비자는 표준화된 동일한 **API**를 지원하는 다른 클라우드 제공 업체의 서비스로 시스템을 이관하기로 결정할 경우 이러한 운영 콘솔을 재사용해 프론트엔드 시스템을 구성할 수 있다. 클라우드 소비자는 클라우드 및 온프레미스 환경에 있는 IT 자원과 여러 클라우드 제공 업체의 IT 자원을 엮어 중앙 집중화해서 관리하는 데 표준화 된 **API**를 활용할 수도 있다.

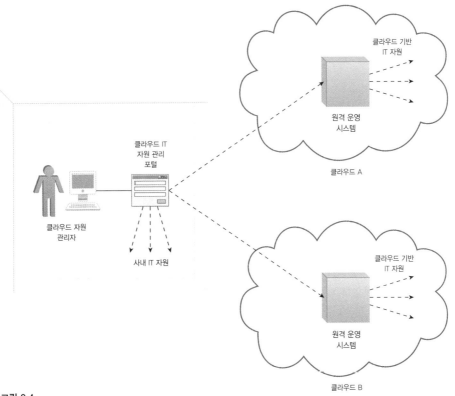

그림 9.4
서로 다른 클라우드에서 원격 운영 시스템이 게시한 표준화된 API를 사용하면 클라우드 사용자가 클라우드 기반 IT 자원과 온프레미스 IT 자원 모두에 대해 단일 IT 자원 관리 포털을 통해 중앙 집중식으로 관리 및 제어하는 커스텀 포털을 개발할 수 있다.

DTGOV는 클라우드 소비자에게 사용자 친화적인 원격 운영 시스템을 제공해 왔으며, 최근에는 증가하는 클라우드 소비자 수와 다양한 요청을 수용하기 위해 업그레이드가 필요하다고 결정했다. DTGOV는 다음 요구 사항을 충족시키기 위해 원격 운영 시스템 확장을 위한 개발 프로젝트를 계획 중이다.

- 클라우드 소비자는 가상 서버 및 가상 스토리지 장치를 셀프 프로비저닝할 수 있어야 한다. 특히 클라우드 기반 VIM 플랫폼의 독점 API와 상호 연계해 셀프 프로비저닝 기능을 사용할 수 있어야 한다.

- 클라우드 소비자 접근을 중앙에서 인증하고 제어하려면 싱글 사인온 메커니즘(10장에서 설명)과 통합해야 한다.

- 가상 서버 및 클라우드 스토리지 장치에 대한 프로비저닝, 시작, 중지, 릴리즈, 확장 그리고 축소 및 명령의 복제를 지원하는 API가 공개돼야 한다.

이러한 기능을 지원하기 위해 셀프서비스 포털이 개발되고 DTGOV의 기존 사용 및 운영 포털의 기능 집합이 확장됐다.

9.2 자원 관리 시스템

자원 관리 시스템 메커니즘은 클라우드 소비자와 클라우드 제공자가 수행하는 관리 작업에 따라 IT 자원을 조정하는 데 도움을 준다(그림 9.5). 이 시스템의 핵심은 서버 하드웨어를 조정하는 자원 인프라 관리자 VIM^{Virtual Infrastructure Manager}으로 가상 서버 인스턴스가 기본 물리 서버에서 생성될 수 있도록 한다. VIM은 여러 물리 서버에서 다양한 가상 IT 자원을 관리하는 데 사용할 수 있는 상용 제품이다. 예를 들어, VIM은 서로 다른 물리 서버에서 하이퍼바이저의 여러 인스턴스를 생성 및 관리하거나 하나의 물리 서버에서 다른 서버(또는 리소스 풀)로 가상 서버를 할당할 수 있다.

그림 9.5
VIM 플랫폼 및 가상 시스템 이미지 저장소를 포함하는 자원 관리 시스템. VIM에는 운영 데이터 저장 전용 저장소를 포함한 추가 저장소가 있을 수 있다.

자원 관리 시스템을 통해 수행하거나 자동화하는 작업은 일반적으로 다음과 같다.

- 가상 서버 이미지와 같이 미리 빌드된 인스턴스를 만드는 데 사용되는 가상 IT 자원 템플릿 관리
- 가상 IT 자원 인스턴스의 시작, 일시 중지, 다시 시작 및 종료 요청 등에 따라 실제로 가상 IT 자원을 가용한 물리적 인프라에 할당 및 배포
- 리소스 복제, 로드 밸런서 및 장애 조치 시스템과 같은 다른 메커니즘의 동작과 관련한 IT 자원의 조정
- 클라우드 서비스 인스턴스의 생애 주기 전반에 걸쳐 사용 및 보안 정책 적용
- IT 자원의 운영 조건 모니터링

자원 관리 시스템 기능은 클라우드 제공자 또는 클라우드 소비자 측의 클라우드 자원 관리자가 접근할 수 있다. 클라우드 제공자를 대신해 작업하는 관리자들은 보통은 자원 관리 시스템의 고유 콘솔에 직접 접근할 수 있다.

자원 관리 시스템은 일반적으로 사용 및 운영 포털을 통해 클라우드 소비자를 대신해 외부 클라우드 자원 관리자가 자원 관리 제어를 할 수 있도록 커스터마이즈 가능한 원격 운영 시스템 포털을 구축할 수 있는 API를 제공한다.

그림 9.6에 두 가지 유형의 접근이 표현돼 있다.

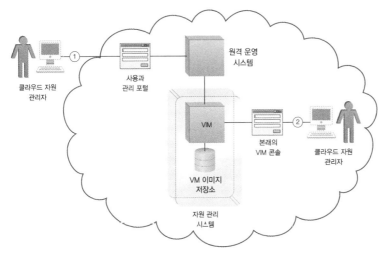

그림 9.6
클라우드 소비자의 클라우드 자원 관리자는 임대된 IT 자원을 관리하기 위해 사용과 관리 포털을 외부로 접근한다(1). 클라우드 제공자의 클라우드 자원 관리자는 내부의 자원 관리 업무를 수행하기 위해 VIM에 의해 제공된 본래의 사용자 인터페이스를 사용한다(2).

DTGOV 자원 관리 시스템은 새로 도입한 VIM 제품의 확장으로서, 다음과 같은 주요 기능을 제공한다.

- 서로 다른 데이터 센터 간에 풀링된 IT 자원을 유연하게 할당해 가상 IT 자원 관리

- 클라우드 소비자 데이터베이스 관리

- 논리 경계 네트워크에서 가상 IT 자원을 격리

- 템플릿 가상 서버 이미지 인벤토리 관리로 즉시 인스턴스화 가능

- 가상 서버 생성을 위한 가상 서버 이미지의 자동 복제(스냅샷)

- 물리 서버 간 실시간 VM 이관을 실제로 동작하게 할 수 있는 사용 임계치에 따라 가상 서버를 자동 확장 및 축소

- 가상 서버와 가상 스토리지 장치의 생성과 관리를 위한 API

- 네트워크 접근 제어 규칙 생성을 위한 API

- 가상 IT 자원의 확장 및 축소를 위한 API

- 다수의 데이터 센터를 넘나드는 가상 IT 자원의 이관과 복제를 위한 API

- LDAP 인터페이스를 통한 싱글 사인온과의 상호 운용

맞춤 설계된 SNMP 명령 스크립트는 네트워크 관리 도구와 상호 운용할 수 있도록 구현돼, 다수의 데이터 센터 간에 격리된 가상 네트워크들을 설정한다.

9.3 SLA 관리 시스템

SLA 관리 시스템 메커니즘은 SLA 데이터(그림 9.7)의 관리, 수집, 저장, 보고 및 런타임 알림과 관련된 기능을 제공하는 다양한 상용 클라우드 관리 제품을 나타낸다.

그림 9.7
SLA 관리자와 QoS 측정 저장소를 포함하는 SLA 관리 시스템

SLA 관리 시스템

SLA 관리 시스템 배포에는 일반적으로 미리 정의된 측정 지표 및 보고 매개 변수를 기반으로 수집된 SLA 데이터를 저장하고 검색하는 데 사용되는 저장소도 포함된다. SLA 데이터를 수집하기 위해서는 하나 이상의 SLA 모니터 메커니즘이 사용되고, SLA 데이터는 사용 및 운영 포털에 거의 실시간으로 전송돼 활성화된 클라우드 서비스에 대한 피드백을 지속적으로 제공한다(그림 9.8). 각 클라우드 서비스에서 모니터링되는 측정 지표는 클라우드 프로비저닝 계약에 포함된 SLA 보증 사항과 일치한다.

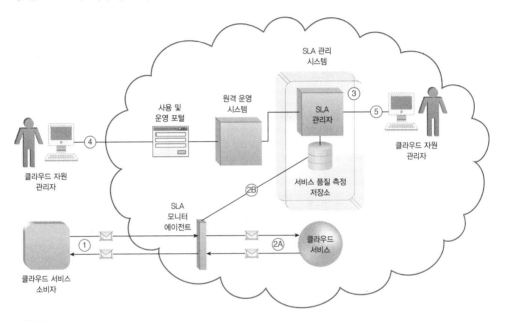

그림 9.8
클라우드 서비스 소비자는 클라우드 서비스(1)와 상호 작용한다. SLA 모니터는 교환된 메시지를 가로채고, 상호 작용을 평가하며, 클라우드 서비스의 SLA(2A)에 정의된 서비스 품질 보증과 관련해 런타임 데이터를 수집한다. 수집된 데이터는 SLA 관리 시스템 (3)의 일부인 저장소(2B)에 저장된다. 외부 클라우드 자원 관리자는 사용 및 운영 포털(4)을 통해 쿼리를 생성하고, 내부 클라우드 자원 관리자는 SLA 관리 시스템의 고유 사용자 인터페이스(5)를 통해 쿼리를 생성하고 보고서를 생성할 수 있다.

DTGOV는 기존 VIM과 상호 운용되는 SLA 관리 시스템을 구현한다. 이러한 통합을 통해 DTGOV 클라우드 자원 관리자는 SLA 모니터로 호스팅되는 다양한 IT 자원을 모니터링할 수 있다.

DTGOV는 SLA 관리 시스템의 보고서 디자인 기능을 사용해서 다음과 같이 미리 정의된 보고서를 생성할 수 있으며, 이러한 보고서는 커스텀 대시보드를 통해 쉽게 생성할 수 있다.

- 데이터 센터별 가용성 대시보드: DTGOV의 기업 클라우드 포털을 통해 공개적으로 접근할 수 있는 이 대시보드는 데이터 센터에 상주하는 IT자원 그룹의 전체 운영 상태를 실시간으로 보여준다.

- 클라우드 소비자별 가용성 대시보드: 이 대시보드는 개별 IT 자원의 실시간 운용 상태를 표시한다. IT 자원에 대한 정보는 IT 자원을 임대하거나 소유한 클라우드 제공 업체 및 클라우드 소비자만 접근할 수 있다.

- 클라우드 소비자별 SLA 보고서: 가동 중지 시간 및 기타 시간 기록 SLA 이벤트를 포함해 클라우드 소비자 IT 자원에 대한 SLA 통계를 통합 및 요약한다.

SLA 모니터가 생성한 SLA 이벤트는 가상화 플랫폼으로 제어되는 물리 및 가상 IT 자원의 상태 및 성능을 나타낸다. SLA 관리 시스템은 네트워크 관리 도구와 함께 작동하는데, 이는 SLA 이벤트 알림을 수신하는 맞춤 설계된 SNMP 소프트웨어 에이전트를 통한 것이다.

또한 SLA 관리 시스템은 전용 API를 통해 VIM과 상호 작용하면서 네트워크 SLA 이벤트를 그 이벤트와 관련된 가상 IT 자원과 연결한다. 이 시스템에는 SLA 이벤트(예: 가상 서버 및 네트워크 중단 시간)를 저장하는 데 사용하는 전용 데이터베이스가 포함된다.

SLA 관리 시스템은 DTGOV가 중앙 원격 운영 시스템과 인터페이스하기 위해 사용하는 REST API를 제공한다. 전용 API에는 과금 관리 시스템과 함께 배치 처리에 사용할 수 있는 구성 요소 서비스 구현도 포함돼 있다. DTGOV는 이 기능을 사용해 클라우드 소비자의 사용료를 계산하는 데 활용되는 다운 타임 데이터를 주기적으로 제공한다.

9.4 과금 관리 시스템

과금 관리 시스템 메커니즘은 클라우드 제공 업체의 회계 및 클라우드 소비자에 대한 과금과 관련된 사용 데이터의 수집 및 처리에 사용된다. 특히, 과금 관리 시스템은 사용량당 과금 모니터를 사용해 시스템 구성 요소가 과금, 보고 및 청구 목적을 위해 사용하는 저장소에 저장된 런타임 사용 데이터를 수집한다(그림 9.9 및 9.10).

과금 관리 시스템을 사용하면 클라우드 고객 및 IT 자원별로 맞춤형 가격 모델을 비롯해 다양한 가격 책정 정책을 정의할 수 있다. 가격 책정 모델은 기존의 사용량당 지불 방식pay per use model에서 고정 요금 또는 할당량당 지불 방식pay per allocation model 또는 이들의 조합에 이르기까지 다양하다.

요금 체계는 선불 및 사후 지불을 기반으로 한다. 사후 지불 방식의 경우에는 사전에 최대 사용 가능 용량을 제한하거나 무제한 사용을 허용하도록 설정할 수도 있다. 용량 제한을 설정하면 일반적으로 사용량 쿼터를 두는 형식이 된다. 사용 가능 용량을 초과하면 과금 관리 시스템이 클라우드 소비자의 추가 사용 요청을 차단할 수 있다.

과금 관리 시스템

그림 9.9
가격과 계약 관리자로 구성된 과금 관리 시스템과 사용량당 과금 측정 저장소

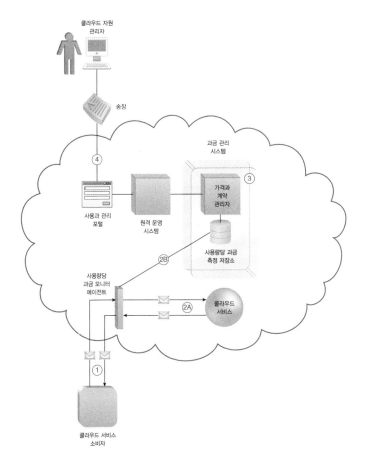

그림 9.10
클라우드 서비스 소비자는 클라우드 서비스(1)와 메시지를 교환한다. 사용량당 과금 모니터는 사용 현황을 추적하고 과금 관리 시스템(2B)의 일부인 저장소로 전달되는 과금 관련 데이터(2A)를 수집한다. 시스템은 주기적으로 통합 클라우드 서비스 사용료를 계산하고 클라우드 소비자(3)에 대한 송장을 생성한다. 송장은 사용 및 운영 포털(4)을 통해 클라우드 소비자에게 제공된다.

DTGOV는 서브스크립션 및 IT 자원 볼륨 사용 같은 커스텀 과금 이벤트에 대한 송장을 생성할 수 있는 결제 관리 시스템 구축을 결정했다. 결제 관리 시스템은 필요한 이벤트 및 가격 책정 스키마 메타 데이터로 커스터마이즈된다.

여기에는 다음의 두 가지 전용 데이터베이스가 포함된다.

- 과금 가능한 이벤트 저장소

- 가격 책정 계획 저장소

사용 이벤트는 VIM 플랫폼을 확장한 사용량당 과금 모니터(pay–per–use monitor)에서 수집된다. 가상 서버 시작, 중지, 확장 및 축소, 폐기와 같이 세분화된 사용 이벤트는 VIM 플랫폼이 관리하는 저장소에 저장된다.

사용량당 과금 모니터는 정기적으로 결제 관리 시스템에 적절한 과금 가능 이벤트를 제공한다. 표준 가격 결정 모델은 대부분의 클라우드 소비자 계약에 적용될 수 있지만, 특별 계약 조건이 있을 때는 커스터마이즈될 수 있다.

클라우드 보안 메커니즘

10장

10장에서는 몇 가지 기본적인 클라우드 보안 메커니즘을 설명한다. 이 메커니즘 중 일부는 6장에서 설명한 보안 위협에 대응하는 데 사용할 수 있다.

10.1 암호화

데이터는 기본적으로 사람이 읽을 수 있는 평문^{plain text} 형식으로 코딩돼 있다. 그러나 평문은 네트워크를 통해 전송될 때 인가되지 않은 접근, 또는 악의가 있을 수 있는 접근에 취약하다. 암호화 메커니즘은 데이터의 기밀성과 무결성을 보장하기 위한 디지털 코딩 시스템이다. 암호화 메커니즘은 평문 데이터를 보호하고 읽을 수 없는 형식으로 인코딩하는 데 사용된다.

일반적으로 암호화 기술은 원본인 평문 데이터를 암호문^{cipher text}이라고 하는 암호화된 데이터로 변환하는 표준 알고리즘에 기초한다. 일반 사용자가 암호문에 접근하더라도, 메시지 길이나 생성 날짜와 같은 일부 메타 데이터 형식을 제외하고는 원본 평문 데이터가 무엇인지 알 수 없다. 평문이 암호화될 때, 평문 데이터는 암호화 키라고 하는 문자열과 쌍을 이룬다. 이 문자열은 허가를 얻은 이해관계자 사이에서만 공유되는 비밀 메시지다. 암호화 키는 암호문을 원래의 평문 형식으로 해독하는 데 사용된다.

암호화 메커니즘은 도청, 악의적인 중개자, 불충분한 인증 및 중첩된 신뢰 경계 보안 위협에 대응할 수 있도록 해 준다. 예를 들어 도청을 시도하는 악의적인 서비스 에이전트는 암호화 키가 없으면 전송되는 메시지를 해독할 수 없다(그림 10.1).

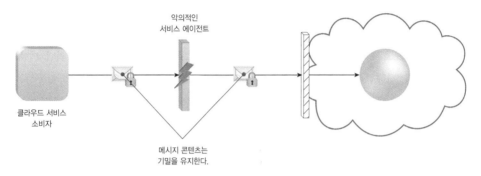

악의적인
서비스 에이전트

클라우드 서비스
소비자

메시지 콘텐츠는
기밀을 유지한다.

그림 10.1
악의적인 서비스 에이전트는 암호화된 메시지에서 데이터를 검색할 수 없다. 또한 검색 시도는 클라우드 서비스 소비자에게 공개될 수 있다.(잠금 기호를 사용해 보안 메커니즘이 메시지 내용에 적용됐음을 나타낸다.)

대칭 암호화

대칭 암호화의 암호화 및 암호 해독 과정은 사전에 권한이 부여된 이해관계자가 하나의 동일한 공유 키를 사용한다. 특정 키로 암호화된 메시지는 동일한 키로만 해독할 수 있고, 이는 비밀 키 암호화secret key cryptography라고 부른다. 해당 키를 합법적으로 소유한 당사자만 데이터를 올바르게 해독할 수 있고, 키를 소유한 허가 받은 사용자만 메시지를 생성할 수 있기 때문에 기본적인 인증 확인 과정이 항상 수반된다. 이를 통해 데이터 기밀성을 유지하고 검증한다. 대칭 암호화는 부인 방지 기능을 제공하지 않는다. 이는 둘 이상의 당사자가 키를 소유하고 있는 경우 정확히 어느 당사자가 메시지 암호화나 해독 과정을 수행했는지 파악할 수 없기 때문이다.

비대칭 암호화

비대칭 암호화는 암호화 및 해독 과정에 개인 키와 공개 키라는 두 가지 다른 키를 사용한다. 비대칭 암호화(공개 키 암호화라고도 함)를 사용하면 개인 키는 소유자만 알고 있으며, 공용 키는 공개돼 모두가 사용할 수 있다. 개인 키로 암호화된 문서는 해당 공개 키로만 올바르게 해독할 수 있다. 반대로 공개 키로 암호화된 문서는 개인 키를 사용해야지만 해독할 수 있다. 하나의 키가 아닌 두 개의 다른 키가 사용되기 때문에, 비대칭 암호화는 대칭 암호화보다 처리 속도가 느리다.

보안 수준은 평문 데이터를 암호화하는 데 개인 키가 사용됐는지, 공개 키가 사용됐는지 여부에 따라 달라진다. 모든 비대칭 암호화된 메시지에는 고유한 개인 키-공개 키 쌍이 있으므로 개인 키로 암호화된 메시지는 해당 공개 키가 있는 모든 당사자가 올바르게 해독할 수 있다. 공개 키 암호화는 기밀성 보호 기능을 제공하지 않지만, 개인 키 암호화는 인증 및 부인 방지와 함께 무결성 보호 기능을 제공한다. 결국, 공개 키로 암호화된 메시지는 기밀성 보호 기능을 제공하는 정당한 개인 키 소유자만 해독할 수 있다. 공개 키를 가진 모든 당사자가 암호문을 생성할 수 있기 때문에 공개 키 암호화 단독으로는 메시지 무결성이나 인증 보호 기능을 제공할 수 없다.

노트

암호화 메커니즘이 웹 기반 데이터 전송을 보호하는 데 사용되는 경우에는 일반적으로 HTTPS를 적용한다. HTTPS는 HTTP의 기본 암호화 프로토콜로 SSL/TLS를 사용하는 것을 말한다. TLS(전송 계층 보안)는 SSL(보안 소켓 계층) 기술의 후속 제품이다. 비대칭 암호화는 일반적으로 대칭 암호화보다 시간이 오래 걸리기 때문에 TLS 시스템은 비대칭 암호화를 키 교환 방법으로만 사용한다. 키가 교환된 후에는 대칭 암호화로 전환한다.

대부분의 TLS 구현은 RSA를 주요 비대칭 암호화의 암호로 지원하는 반면, RC4나 Triple-DES 및 AES 같은 암호는 대칭 암호화에 지원된다.

이노바르토스는 공공 와이파이 구역과 보안되지 않은 LAN을 통해 사용자 등록 포털에 접속하는 사용자는 평문을 통해 개인의 사용자 프로파일 세부 사항을 전송할 수 있음을 알게 됐다. 이노바르토스는 즉시 HTTPS를 사용해 암호화 메커니즘을 웹 포털에 적용해 이 취약점을 보완했다(그림 10.2).

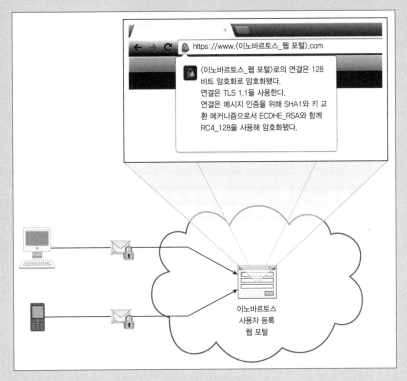

그림 10.2
암호화 메커니즘이 외부 사용자와 이노바르토스의 사용자 등록 포털 사이의 통신 채널에 추가된다. 이는 HTTPS를 통해 메시지의 기밀성을 보호한다.

10.2 해싱

해싱 메커니즘은 단방향, 비가역 형태의 데이터 보호 기술이 필요할 때 사용된다. 일단 해싱이 메시지에 적용되면 메시지는 잠금 상태가 되고, 메시지 잠금을 해제할 키는 제공되지 않는다. 이 메커니즘은 일반적으로 암호를 저장하기 위해 사용된다.

해싱 기술은 메시지에서 해시 코드나 메시지 다이제스트를 도출하는 데 사용할 수 있다. 메시지 다이제스트는 길이가 고정돼 있고 대부분 원본 메시지보다 작다. 메시지를 전송한 사람은 해싱 메커니즘을 사용해서 메시지 다이제스트를 메시지에 첨부할 수 있다. 메시지를 수신하는 사람은 메시지에 동일한 해시 함수를 적용해서 생성된 메시지 다이제스트가 메시지에 동봉된 메시지 다이제스트와 동일한지 확인한다. 원본 데이터를 변경하면 메시지 다이제스트가 달라지기 때문에 변조됐음을 알 수 있다.

해싱 메커니즘으로 어느 정도 완화할 수 있는 클라우드 위협 요소에는 저장된 데이터 보호 외에도 악의적인 중개자 및 불충분한 인증이 있다. 그림 10.3에서는 불충분한 인증의 예를 볼 수 있다.

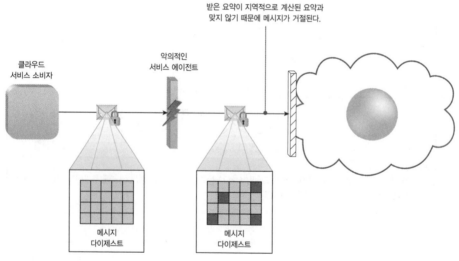

그림 10.3
해싱 함수는 메시지의 무결성을 보호하기 위해 적용되는데, 이는 악의적인 서비스 에이전트가 메시지가 전달되기 전에 가로챈 다음 변경하는 것을 방지하기 위함이다. 방화벽은 메시지가 변경됐음을 확인하도록 구성할 수 있으므로 클라우드 서비스로 전달되기 전에 메시지를 거부할 수 있다.

ATN의 PaaS 플랫폼으로 포팅한 애플리케이션의 서브셋을 사용하면 매우 민감한 기업 데이터에 접근하고 수정할 수 있다. 이 기업 정보는 클라우드에서 제공하는데, 신뢰할 수 있는 이해당사자가 중요한 계산 및 평가 목적으로 사용할 때에만 접근이 가능하도록 구성됐다. 데이터가 변조될 수 있다는 우려 때문에 ATN은 데이터 무결성을 보호하고 보존하기 위해 해싱 메커니즘을 적용하기로 결정한다.

ATN 클라우드 자원 관리자는 클라우드 제공 업체와 협력해 클라우드에 배포된 각 애플리케이션 버전에 다이제스트 생성 프로시저를 통합한다. 현재 값은 안전한 온프레미스 데이터베이스에 기록되며 프로시저는 주기적으로 반복 실행되면서 결과를 분석한다. 그림 10.4는 ATN이 포팅된 애플리케이션에 대해 승인되지 않은 작업이 수행됐는지 여부를 확인하기 위해 해싱 구현 방법을 보여준다.

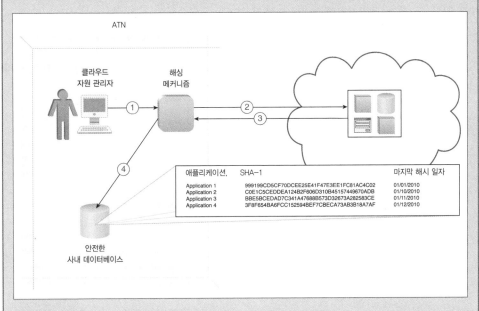

그림 10.4
해싱 절차는 PaaS 환경에 접근할 때 호출된다(1). 이 환경에 포팅된 애플리케이션은 확인되고(2), 해당 메시지 다이제스트가 계산된다(3). 메시지 다이제스트는 안전한 온프레미스 데이터베이스(4)에 저장되며 해당 값 중 하나가 저장 영역의 값과 일치하지 않으면 알림이 발행된다.

10.3 디지털 서명

디지털 서명 메커니즘은 인증 및 부인 방지를 통해 데이터 신뢰성 및 무결성을 제공하는 수단이다. 메시지는 전송 전에 서명되고, 이후 무단으로 변경될 경우에는 무효화된다. 디지털 서명은 전송된 메시지가 신뢰할 수 있는 사람이 만든 메시지라는 것을 증명한다.

해싱과 비대칭 암호화는 모두 디지털 서명 생성에 사용되는데, 디지털 서명은 기본적으로 개인 키에 의해 암호화돼 원본 메시지에 첨부된 메시지 다이제스트로 존재한다. 메시지 수신자는 서명의 유효성을 확인한 후, 해당하는 공개 키를 사용해서 디지털 서명을 해독해 메시지 다이제스트를 생성한다. 이 메시지 다이제스트를 생성하기 위해 원본 메시지에 해싱 메커니즘을 적용할 수도 있다. 두 가지 다른 프로세스에서 도출된 결과가 동일하다는 것은 메시지가 무결성을 유지하고 있다는 것을 나타낸다.

디지털 서명 메커니즘은 악의적인 중개자, 불충분한 인증 및 중첩 신뢰 경계 보안 위협을 완화하는 데 도움이 된다(그림 10.5).

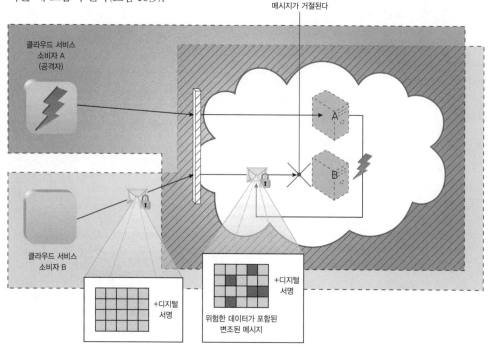

그림 10.5
클라우드 서비스 소비자 B는 디지털 서명이 된 메시지를 보내지만 악의적인 공격을 시도하는 클라우드 서비스 소비자 A에 의해 변조된다. 가상 서버 B는 이들이 신뢰할 수 있는 경계 내에 있어도 들어오는 메시지를 처리하기 전에 디지털 서명을 확인하게 돼 있다. 메시지는 무단으로 변조돼 무효화된 디지털 서명이 포함돼 있기에 가상 서버 B는 해당 메시지를 거절한다.

DTGOV가 공공 부문의 조직을 신규 고객으로 확보하면서 대다수의 기존 클라우드 컴퓨팅 정책을 수정할 필요가 생겼다. 공공 부문의 조직이 전략 정보를 일상적으로 다루기 때문에 정부의 활동에 영향을 줄 수 있는 감사 작업의 일환으로써, 데이터를 조작으로부터 보호하기 위해 보안 장치를 구비해야 했다.

DTGOV는 특히 웹 기반 관리 환경을 보호하기 위해 디지털 서명 메커니즘을 구현했다(그림 10.6). IaaS 환경의 가상 서버 셀프 프로비저닝 및 실시간 SLA와 과금 추적 기능은 모두 웹 포털을 통해 수행되는 기능이었다. 즉, 기존에는 사용자의 오류나 악의적인 공격으로 인해 법적 및 재정적 손실이 발생할 수 있는 구조였다.

디지털 서명은 DTGOV에게 신뢰할 수 있는 발신자가 작업을 수행하도록 명령을 전송했음을 보장한다. 암호화 키가 신뢰할 수 있는 소유자의 비밀 키와 동일한 경우에만 디지털 서명이 승인되기 때문에 인가를 받지 않은 접근은 거의 불가능할 것으로 예상된다. 디지털 서명이 메시지 무결성을 확인하기 때문에 사용자는 안심하고 사용할 수 있다.

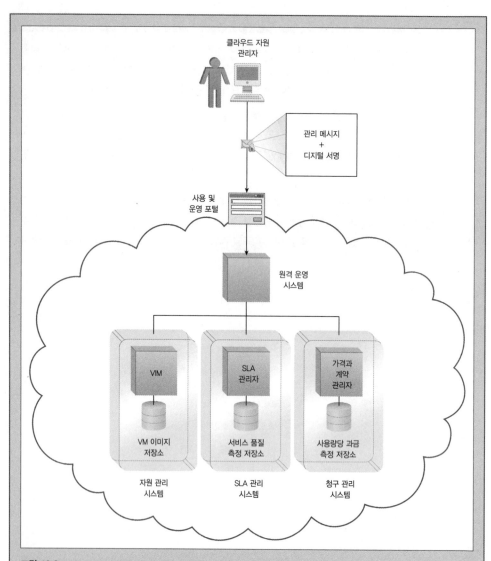

클라우드 자원
관리자

관리 메시지
+
디지털 서명

사용 및
운영 포털

원격 운영
시스템

VIM

SLA
관리자

가격과
계약
관리자

VM 이미지
저장소

서비스 품질
측정 저장소

사용량당 과금
측정 저장소

자원 관리
시스템

SLA 관리
시스템

청구 관리
시스템

그림 10.6
클라우드 소비자가 DTGOV에서 제공하는 IT 자원과 관련된 관리 작업을 수행할 때마다 클라우드 서비스 소비자 프로그
램은 메시지 요청에 디지털 서명을 동봉해 사용자의 신뢰성 또는 합법성을 증명해야 한다.

10.4 공개 키 인프라

비대칭 키의 발급을 관리하는 일반적인 방법은 대규모 시스템에서 공개 키 암호화 방식을 안전하게 사용할 수 있도록 하는 프로토콜, 데이터 형식, 규칙 및 사례 체계로 존재하는 공개 키 인프라PKI, public key infrastructure 메커니즘을 기반으로 한다. 이 시스템은 공개 키를 해당 키 소유자 (공개 키 식별이라고도 함)와 연결하는 데 사용되며 키의 유효성을 확인할 수 있다. PKI는 디지털 인증서라는 서명된 데이터 구조를 사용해서 공개 키를 인증서 사용자 ID와 유효 기간과 같은 관련 정보와 바인딩한다. 디지털 인증서는 일반적으로 그림 10.7과 같이 제3의 인증 기관CA, Certificate Authority에 의해 서명된다.

VeriSign 및 Comodo와 같은 신뢰할 수 있는 소수의 인증 기관이 대다수의 디지털 인증서를 발행하고 있지만, 디지털 서명을 생성하는 데는 다양한 방법이 사용될 수 있다. 마이크로소프트Microsoft와 같은 대규모 조직은 자체적으로 인증 기관 역할을 할 수 있으며 고객 및 대중에게 인증서를 발급할 수 있다. 또한, 개별 사용자조차도 적절한 소프트웨어 툴을 사용하면 손쉽게 인증서를 생성할 수 있다.

인증 기관이 충분한 수준의 신뢰를 구축하는 데는 많은 시간이 소요되지만 이는 필수적인 과정이다. 견고한 보안 조치, 대규모 인프라 투자 및 엄격한 운영 프로세스는 모두 인증 기관의 신뢰성을 높이는 데 필요하다. 인증 기관의 신뢰 수준level of Trust과 안정성reliability이 높을수록 이들이 발급하는 인증서는 더 믿을만한 것으로 평가된다. PKI는 비대칭 암호화를 구현함으로써 클라우드 소비자와 클라우드 제공자 ID 정보를 관리하고 악의적인 중개자 및 불충분한 인증 위협으로부터 시스템을 보호하는 신뢰성 높은 방법이다.

PKI 메커니즘은 주로 불충분한 인증 위협에 대응하는 데 사용된다.

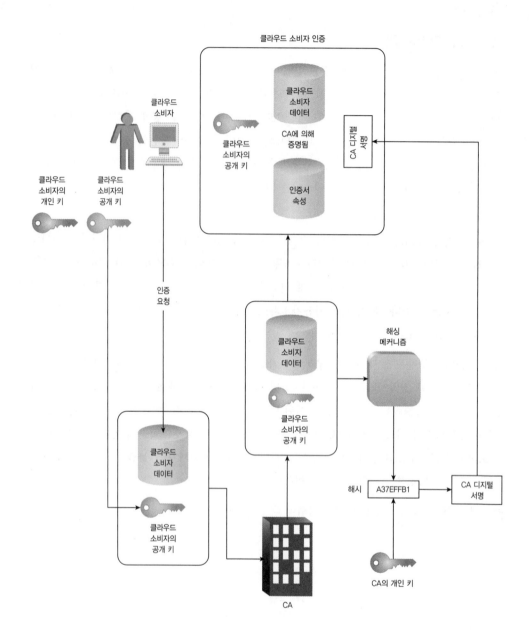

그림 10.7
인증 기관에서 인증서를 생성할 때 수행되는 일반적인 단계

DTGOV는 고객이 웹 기반의 관리 환경에 접근을 시도할 때 디지털 서명을 사용하기를 요구한다. 이 디지털 서명은 공인된 인증 기관(그림 10.8)에 의해 인증된 공개 키로부터 생성된다.

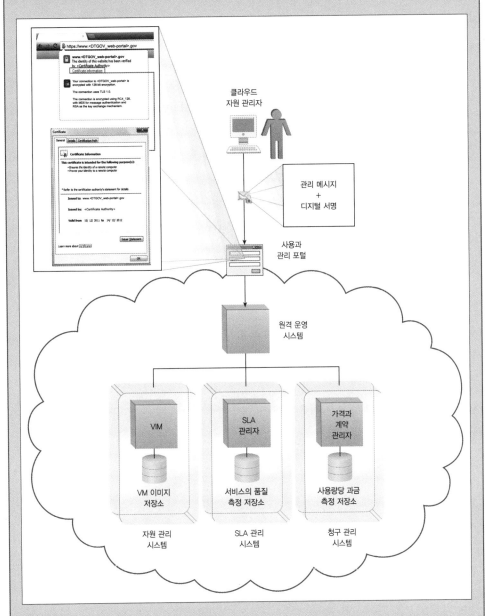

그림 10.8

외부 클라우드 자원 관리자는 디지털 인증서를 사용해 웹 기반 관리 환경에 접근한다. DTGOV의 디지털 인증서는 기본적으로 HTTPS 연결을 통해 전송되고 신뢰할 수 있는 공인 인증 기관이 서명한다.

10.5 ID와 접근 관리(IAM)

ID와 접근 관리[IAM, ID and Access Management] 메커니즘은 IT 자원, 환경 및 시스템에 대한 사용자 ID 및 접근 권한을 제어하고 추적하는 데 필요한 구성 요소 및 정책을 포함한다.

IAM 메커니즘은 특히 다음의 네 가지 주요 요소로 구성된다.

- **인증(Authentication):** 사용자 이름과 비밀번호 조합은 IAM 시스템에서 가장 일반적인 사용자 인증 자격 증명[credential]이다. IAM 시스템은 디지털 서명과 디지털 인증, 생체 인식 하드웨어(지문 인식기), 음성 분석 프로그램과 같은 특수 소프트웨어, 등록된 IP나 MAC 주소에서만 사용자 계정을 사용할 수 있도록 지원한다.

- **허가(Authorization):** 허가는 접근 통제의 세부 수준을 정확히 정의하고 ID와 접근 통제 권한, IT 자원 가용성 간의 관계를 감독한다.

- **사용자 관리(User Management):** 새 사용자 ID와 접근 그룹을 생성하고 비밀번호를 재설정하며, 비밀번호 정책을 정의하고 권한을 관리한다.

- **자격 증명 관리(Credential Management):** 불충분한 권한의 위협을 완화하기 위해 정의된 사용자 계정에 대한 ID 및 접근 통제 규칙을 설정한다.

IAM 메커니즘의 목표 자체는 PKI 메커니즘과 유사하다. 그러나 IAM 메커니즘은 특정 수준의 사용자 권한을 할당하는 것 외에도 접근 제어 및 정책을 포함하는 구조이기 때문에 PKI 메커니즘과 구현 범위가 뚜렷하게 달라진다.

IAM 메커니즘은 주로 불충분한 권한, 서비스 거부[denial of service] 및 중첩 신뢰 경계 위협에 대응하는 데 사용된다.

과거 여러 차례의 기업 인수로 인해 ATN의 레거시 시스템에는 복잡하고 이질적인 시스템이 너무 많았다. 중복되거나 유사한 애플리케이션과 데이터베이스가 동시에 실행돼 유지 관리 비용이 증가했다. 사용자 자격 증명을 저장하는 레거시 저장소에도 여러 이질적인 유형이 존재했다.

이제 ATN이 PaaS 환경에 여러 애플리케이션을 포팅했으므로 사용자에게 접근 권한을 부여하기 위해 신규 ID가 생성 및 구성된다. CloudEnhance 사의 컨설턴트는 클라우드 기반 ID 그룹이 필요하게 됐으니 이 기회에 새로운 파일럿 IAM 시스템 이니셔티브를 시작하도록 권고했다.

ATN은 이에 따라 특화된 IAM 시스템을 설계하는데, 이는 특히 새로운 PaaS 환경에서 보안 경계를 통제할 수 있도록 했다. 이 시스템에서 클라우드 기반 IT 자원에 할당된 ID는 기존 ATN의 내부 보안 정책에 따라 정의된 온프레미스 ID와 완전히 다른 것이다.

10.6 싱글 사인온(SSO)

여러 클라우드 서비스에 클라우드 서비스 사용자의 인증 및 권한 부여 정보를 전달하는 것은 어려운 문제일 수 있다. 특히 다수의 클라우드 서비스 또는 클라우드 기반 IT 자원에서 동일한 사용자의 인증 및 권한 부여 정보를 공유하도록 해야 하는 경우에는 더욱 어려운 문제가 된다. SSO^Single Sign-On 메커니즘을 사용하면 보안 중개자를 통해 클라우드 서비스 소비자가 여러 다른 클라우드 서비스 또는 클라우드 기반 IT 자원에 접근하는 동안 보안 컨텍스트가 유지된다. SSO 를 사용하지 않으면 클라우드 서비스 사용자는 모든 요청에 대해 일일이 다시 인증을 받아야 한다.

SSO 메커니즘은 기본적으로 서로 독립적인 클라우드 서비스 및 IT 자원이 런타임 인증 및 권한 부여 자격 증명을 생성하고 이를 클라우드 서비스 및 IT 자원 간 순환시킬 수 있도록 한다. 클라우드 서비스 소비자가 한 번 제공한 자격 증명은 특정 세션 기간 동안 유효하며 보안 컨텍스트 정보는 공유된다(그림 10.9). SSO 메커니즘의 보안 중개자는 클라우드 서비스 소비자가 다른 클라우드에 있는 클라우드 서비스에 접근해야 할 때 특히 유용하게 쓰일 수 있다(그림 10.10).

이 메커니즘은 6장에서 열거한 클라우드 보안 위협에 직접적으로 대응하는 메커니즘은 아니다. 다만 주로 클라우드 기반 환경의 사용성을 향상시키는 용도로 사용되는데, 이는 분산된 IT 자원 및 솔루션에 접근 및 관리 기능을 제공한다.

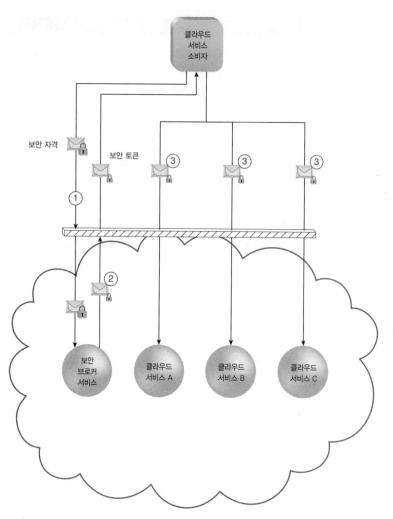

그림 10.9

클라우드 서비스 소비자는 보안 브로커에 로그인 자격 증명(1)을 제공한다. 보안 브로커는 인증이 성공하면 클라우드 서비스 소비자 ID 정보가 포함된 인증 토큰(작은 잠금 기호가 있는 메시지)으로 응답한다(2). 이는 클라우드 서비스 A, B, C(3)에서 클라우드 서비스 사용자를 자동으로 인증하는 데 사용된다.

ATN은 새로운 PaaS 플랫폼의 애플리케이션을 이관하는 데 성공했지만 PaaS가 제공하는 IT자원의 응답성 및 가용성과 관련된 새로운 문제도 여럿 발생했다. ATN은 더 많은 애플리케이션을 PaaS 플랫폼으로 이관하려 하는데, 이는 다른 클라우드 제공 업체가 만든 신규 플랫폼(두 번째 PaaS 플랫폼)이 대상이었다. ATN은 3개월의 평가 기간 동안 클라우드 제공 업체들을 비교하기로 했다.

분산형 클라우드 아키텍처를 수용하기 위해서는 SSO 메커니즘을 사용해 두 클라우드에 로그인 자격 증명을 전달할 수 있는 보안 브로커를 구축해야 한다(그림 10.10). 이를 통해 클라우드 리소스 관리자는 각각의 PaaS 환경에서 개별적으로 로그인할 필요 없이 IT 자원에 접근할 수 있다.

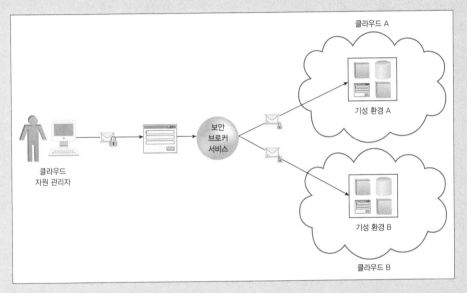

그림 10.10
보안 브로커가 받은 자격 증명은 두 개의 서로 다른 클라우드에서 기성 환경으로 전달된다. 보안 브로커는 각 클라우드에 연결할 수 있는 적절한 보안 절차를 선택해야 한다.

10.7 클라우드 기반 보안 그룹

물과 토지를 분리하는 제방과 부두를 건설하는 것과 유사하게, IT 자원 간에 장벽을 쌓아 데이터 보호를 강화할 수 있다. 클라우드 자원 세분화는 서로 다른 사용자 및 그룹에 대해 별도의 물리 IT 환경과 가상 IT 환경을 생성하는 프로세스다. 예를 들어 조직의 WAN은 개별 네트워크 보안 요구 사항에 따라 분할할 수 있다. 하나의 네트워크는 외부 인터넷 접근이 가능한 탄력적인 방화벽을 설정해 구축하고, 또 다른 네트워크는 내부 사용자용으로 인터넷 접근이 불가능하기 때문에 방화벽 없이 배포한다.

자원 세분화는 다양한 물리 IT 자원을 가상 머신에 할당해 가상화하는 데 사용된다. 퍼블릭 클라우드 환경에서는 자원 세분화가 최적화될 필요가 있는데, 동일한 기본 물리 IT 자원을 공유하게 되면 여러 클라우드 소비자의 조직간 신뢰 경계가 중첩되기 때문이다. 클라우드 기반 자원 세분화 프로세스는 보안 정책에 따른 클라우드 기반 보안 그룹 메커니즘을 생성한다. 네트워크는 논리 네트워크 경계를 형성하는 가상 클라우드 기반 보안 그룹으로 세분화된다. 각 클라우드 기반 IT 자원은 하나 이상의 가상 클라우드 기반 보안 그룹에 할당된다. 각 가상 클라우드 기반 보안 그룹에는 보안 그룹 간의 통신을 제어하는 특정한 규칙이 할당된다.

동일한 물리 서버에서 실행중인 가상 서버들은 여러 다른 가상 클라우드 기반 보안 그룹의 구성원이 될 수 있다(그림 10.11). 가상 서버는 퍼블릭-프라이빗 그룹, 개발계-운영계 그룹 또는 클라우드 자원 관리자가 구성한 기타 그룹 등으로 구분된다.

클라우드 기반 보안 그룹은 다양한 보안 조치를 적용할 수 있는 영역을 정의한다. 적절히 구현된 클라우드 기반 보안 그룹은 보안 사고가 발생할 경우 IT 자원에 대한 무단 접근을 제한하는데 활용될 수 있다. 이 메커니즘은 서비스 거부, 불충분한 권한 부여 및 중첩 신뢰 경계 위협에 대응하는 데 사용할 수 있으며 논리 네트워크 경계 메커니즘과 밀접한 연관이 있다.

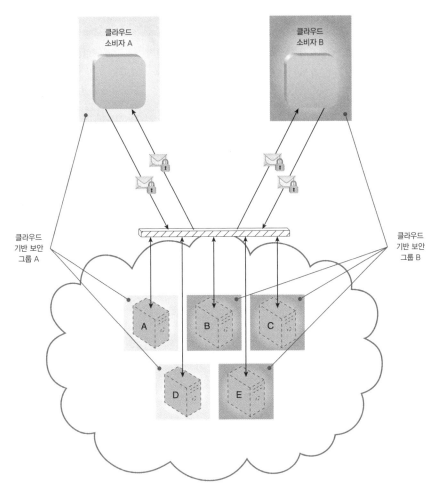

그림 10.11

클라우드 기반 보안 그룹 A는 가상 서버 A와 D를 포함하며 클라우드 소비자 A에게 할당된다. 클라우드 기반 보안 그룹 B는 가상 서버 B, C 및 E로 구성되며 클라우드 소비자 B에 할당된다. 클라우드 서비스 소비자 A 자격 증명이 손상되면 공격자는 클라우드 기반 보안 그룹 A의 가상 서버에만 접근할 수 있어 가상 서버 B, C 및 E를 별도로 보호할 수 있다.

이제 DTGOV 자체가 클라우드 제공자가 됐으므로 공공 부문 고객 데이터의 호스팅과 관련된 보안 문제가 발생한다. 클라우드 보안 전문가 팀이 디지털 서명 및 PKI 메커니즘과 함께 클라우드 기반 보안 그룹을 정의하기 위해 구성됐다.

보안 정책은 여러 자원 세분화 수준으로 분류되는데, 이는 DTGOV의 웹 포털 관리 환경에 통합하기 전에 정의돼야 한다. SLA에 따른 보안 요구 사항에 맞게 DTGOV는 IT 자원 할당을 해당 IT 클라우드 기반 보안 그룹(그림 10.12)에 매핑한다. 이 보안 그룹은 IT 자원 격리 및 제어 수준을 명시하는 자체 보안 정책을 갖고 있다.

DTGOV는 고객에게 이러한 새로운 보안 정책을 사용할 수 있게 됐음을 알린다. 클라우드 소비자는 추가 요금을 내고 새로운 정책을 활용할 수 있다.

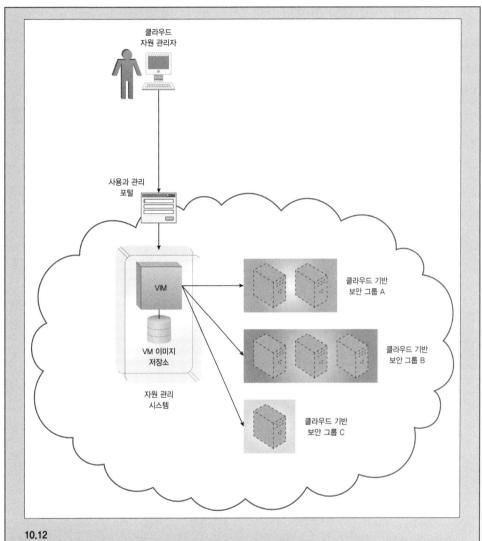

10.12
외부 클라우드 자원 관리자가 웹 포털에 접근해 가상 서버를 할당하면, 요청된 보안 자격 증명을 검사해서 해당 클라우드 기반 보안 그룹을 새 가상 서버에 할당하는 내부 보안 정책이 실행된다.

10.8 보안 강화 가상 서버 이미지

앞서 설명한 것처럼 가상 서버 이미지는 가상 서버 이미지(또는 가상 머신 이미지)라고 하는 템플릿 구성에서 만들어진다. 보안 강화는 시스템에서 불필요한 소프트웨어를 제거해 공격자가 악용할 수 있는 잠재적인 취약점을 제한하는 프로세스다. 중복 프로그램을 제거하고, 불필요한 서버 포트를 닫고, 사용하지 않는 서비스를 비롯해 내부 루트 계정 및 게스트 접근을 비활성화하는 것이 그 예다.

보안 강화된 가상 서버 이미지는 강화 프로세스를 거친 가상 서비스 인스턴스 생성을 위한 템플릿이다(그림 10.13). 일반적으로 원본 표준 이미지보다 훨씬 안전한 가상 서버 템플릿이 생성된다.

보안 강화된 가상 서버 이미지는 서비스 거부, 불충분한 권한 부여 및 중첩 신뢰 경계 위협에 대응한다.

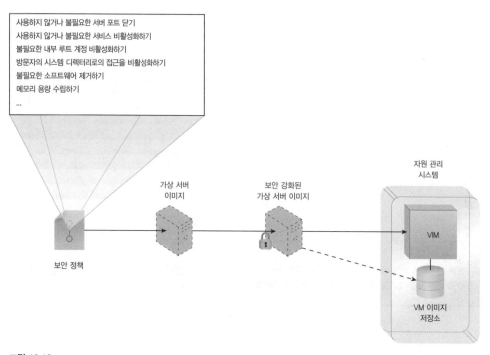

그림 10.13
클라우드 제공자는 보안 정책을 적용해 표준 가상 서버 이미지를 강화한다. 보안 강화된 이미지 템플릿은 자원 관리 시스템의 일부로 VM 이미지 저장소에 저장된다.

DTGOV 클라우드 기반 보안 그룹을 도입할 때 사용할 수 있는 보안 기능 중 하나는 특정 그룹 내의 일부 또는 모든 가상 서버를 강화하는 옵션이다(그림 10.14). 보안 강화된 가상 서버 이미지를 사용하려면 추가 요금을 내야 하지만 클라우드 소비자는 자체적으로 강화 프로세스를 수행하지 않아도 된다.

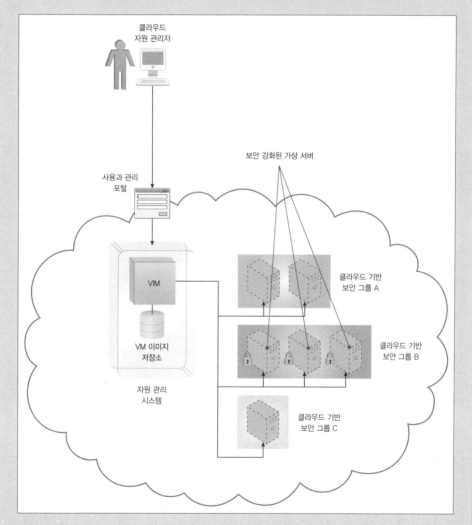

그림 10.14
클라우드 자원 관리자는 클라우드 기반 보안 그룹 B에 프로비저닝된 가상 서버에 대해 보안 강화된 가상 서버 이미지 옵션을 선택한다.

3

클라우드 컴퓨팅 아키텍처

클라우드 기술 아키텍처는 다양한 상호 작용 및 동작, 클라우드 컴퓨팅 메커니즘과 기타 특화 클라우드 기술 구성 요소의 개별적 조합으로 구성되고, 잘 정의된 솔루션을 구축하여 클라우드 환경에서 기능적 도메인의 형식을 갖춘다.

11장에서 다루는 기본 클라우드 아키텍처 모델은 대부분의 클라우드에서 일반적으로 찾아볼 수 있는 기술 아키텍처의 기본 계층을 확립한다. 12장과 13장에서 다루는 심화 및 특화 모델 중 상당수는 이러한 기반을 토대로 구축돼 복잡하고 전문화된 솔루션 아키텍처를 추가한다.

이후의 장에서 빠진 내용은 10장에서 이미 개략적으로 다룬 보안 아키텍처나 클라우드 보안 메커니즘을 포함하는 아키텍처 모델이다. 이와 관련해서는 클라우드 보안이라는 시리즈 주제로 이 책과 별도로 다루어진다.

기본 클라우드 아키텍처

11장

11장은 일반적인 기초 클라우드 아키텍처 모델 몇 가지를 소개한다. 그리고 공통적인 사용법과 현대적인 클라우드 기반 환경상의 특징에 대해 사례를 들어 설명한다. 또한, 아키텍처와 관련해 다양한 클라우드 컴퓨팅 메커니즘의 조합이 갖는 연계성 및 중요성을 살펴본다.

11.1 작업 부하 분배 아키텍처

IT 자원은 하나 이상의 동일한 IT 자원과 가용한 IT 자원들 간에 작업 부하를 균등하게 배분할 수 있는 런타임 로직을 제공하는 로드 밸런서를 추가해서 수평적으로 확장할 수 있다(그림 11.1). 이에 따라 작업 부하 분배 아키텍처는 로드 밸런싱 알고리즘과 런타임 로직의 정교함에 따라 IT 자원의 과도한 사용과 사용률 저하 문제를 어느 정도 해소해 준다.

기초 아키텍처 모델은 일반적으로 분산된 가상 서버, 클라우드 스토리지 장치, 클라우드 서비스를 지원하며 수행되는 작업 부하 분산 정책을 통해 모든 IT 자원에 적용될 수 있다. 특정 IT 자원에 적용되는 로드 밸런싱 시스템은 보통 다음과 같은 부하 분산 특성을 포함하는 작업 부하 분배 아키텍처의 일종을 함께 생성한다.

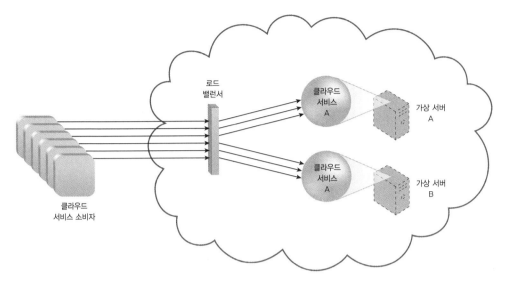

그림 11.1
클라우드 서비스 A의 이중 복사본이 가상 서버 B에 구현된다. 로드 밸런서는 작업 부하가 균등하게 분배될 수 있도록 보장하기 위해서 클라우드 서비스 소비자의 요청들을 앞단에서 인터셉트해 가상 서버 A와 B에 각각 흘려보낸다.

- 11장에서 설명하는 서비스 로드 밸런싱 아키텍처
- 12장에서 다루는 가상 서버 로드 밸런싱 아키텍처
- 13장에서 다루는 가상 스위치 로드 밸런싱 아키텍처

이 기본 로드 밸런싱 메커니즘에 덧붙여, 부하 분산이 적용될 수 있는 가상 서버와 클라우드 스토리지 장치 메커니즘 및 다음 메커니즘들 또한 클라우드 아키텍처의 일부를 이룰 수 있다.

- **감사 모니터:** 런타임 작업 부하를 분배할 때 데이터를 처리하는 IT 자원의 종류와 지리적 위치에 따라 모니터링이 법적, 규제 요구 사항을 만족시키는 데 필요한지 여부를 결정할 수 있다.
- **클라우드 사용 모니터:** 다양한 작업 모니터를 사용해 런타임 작업 부하 추적 및 데이터 처리를 수행할 수 있다.
- **하이퍼바이저:** 하이퍼바이저와 제공되는 가상 서버 간의 작업 부하는 분배가 필요할 수 있다.

- **논리 네트워크 경계:** 논리 네트워크 경계는 작업 부하 분산 방식 및 위치와 관련해서 클라우드 소비자 네트워크 경계를 격리시킨다.
- **자원 클러스터:** 액티브/액티브 모드의 클러스터화된 IT 자원은 일반적으로 서로 다른 클러스터 노드 간에 작업 부하 분배를 지원하는 데 사용된다.
- **자원 복제:** 이 메커니즘은 런타임 작업 부하 분배 요청에 따라 가상화된 IT 자원의 신규 인스턴스를 생성할 수 있다.

11.2 자원 풀링 아키텍처

자원 풀링 아키텍처는 하나 이상의 자원 풀을 기반으로 하며, 자원 풀은 동일한 IT 자원들이 자동으로 동기화되는 것을 보장하는 시스템을 통해 그룹화 및 유지 관리된다.

다음은 자원 풀의 일반적인 예시다.

물리 서버 풀

물리 서버 풀은 운영체제와 기타 필요한 프로그램, 혹은 애플리케이션과 함께 설치돼 사용할 준비된 상호 연결된 서버로 구성된다.

가상 서버 풀

가상 서버 풀은 보통 프로비저닝 단계에서 클라우드 소비자가 선택한 여러 가용 템플릿 중 하나를 사용해 구성된다. 예를 들어, 어떤 클라우드 소비자는 4GB RAM이 달린 중간 계층 윈도우 서버들로 하나의 풀을 구성하거나 2GB RAM이 달린 저수준 계층 우분투 서버들로 하나의 풀을 구성할 수 있다.

스토리지 풀

스토리지 풀이나 클라우드 스토리지 장치 풀은 비어 있거나 가득 찬 클라우드 스토리지 장치들을 포함한 파일 기반이나 블록 기반 스토리지 구조로 구성된다.

네트워크 풀(혹은 인터커넥트 풀)은 미리 구성된 다양한 네트워크 연결 장치로 조직된다. 예를 들어 가상 방화벽 장치나 물리 네트워크 스위치의 풀은 이중화 연결, 부하 분산, 링크 집계link aggregation용으로 생성될 수 있다.

CPU 풀은 가상 서버에 할당될 수 있도록 준비되고, 일반적으로 각각의 독립된 프로세싱 코어로 나뉜다.

물리 RAM의 풀은 새롭게 프로비저닝된 물리 서버에 사용될 수 있고, 또는 수직적으로 물리 서버를 확장하기 위해 사용될 수도 있다. 각 IT 자원 전용으로 전용 풀을 생성할 수 있고 개별 풀을 더 큰 풀로 그룹화할 수 있다. 이러한 경우 각 개별 풀이 하위 풀이 된다(그림 11.2).

그림 11.2
사례 자원 풀은 네 개의 CPU, 메모리, 클라우드 스토리지 장치, 가상 네트워크 장치의 하위 풀로 구성돼 있다.

자원 풀은 특정 클라우드 소비자나 애플리케이션용으로 다중 풀이 생성되면서 굉장히 복잡해질 수 있다. 다양한 자원 풀링 요구 사항을 쉽게 만족시킬 수 있도록 상위, 형제 및 중첩 풀nested pool을 형성하는 계층적 구조가 설정될 수 있다(그림 11.3).

형제 자원 풀은 서로 다른 데이터 센터에 분산돼 있는 IT 자원과 달리 물리적으로 그룹화된 IT 자원에서 가져온다. 형제 풀은 서로 분리돼 있으므로 각 클라우드 소비자는 각각에게 할당된 풀로만 접근할 수 있다.

중첩 풀 모델에서 상대적으로 더 큰 풀은 개별적으로 동일한 종류의 IT 자원들을 같이 묶는 더 작은 풀들로 나뉜다(그림 11.4). 중첩 풀을 활용해서 동일한 클라우드 소비자 조직의 여러 부서 또는 그룹에 자원 풀을 할당할 수 있다.

자원 풀이 정의되고 나면, 각 풀에서 여러 IT 자원 인스턴스를 만들어 실제 '운영되고 접근 가능한live' IT 자원들로 구성된, 메모리에 상주하는 풀을 제공할 수 있다.

일반적으로 풀링된 메커니즘인 클라우드 스토리지 장치와 가상 서버 외에도 다음과 같은 메커니즘이 이러한 클라우드 아키텍처의 일부가 될 수 있다.

- **감사 모니터:** 이 메커니즘은 자원 풀 사용을 모니터링해 특히 클라우드 스토리지 장치 또는 메모리에 로드된 데이터가 포함된 풀의 경우 개인 정보 보호 및 규정 요구 사항을 준수하는지 확인한다.
- **클라우드 사용량 모니터:** 풀링된 IT 자원 및 모든 기본 관리 시스템에서 필요로 하는 다양한 클라우드 사용량 모니터가 런타임 추적 및 동기화에 포함된다.
- **하이퍼바이저:** 하이퍼바이저 메커니즘은 가상 서버를 제공하고 자원 풀에 접근할 뿐만 아니라 가상 서버를 호스팅하는 기능과 자원 풀을 호스팅하는 기능을 제공한다.

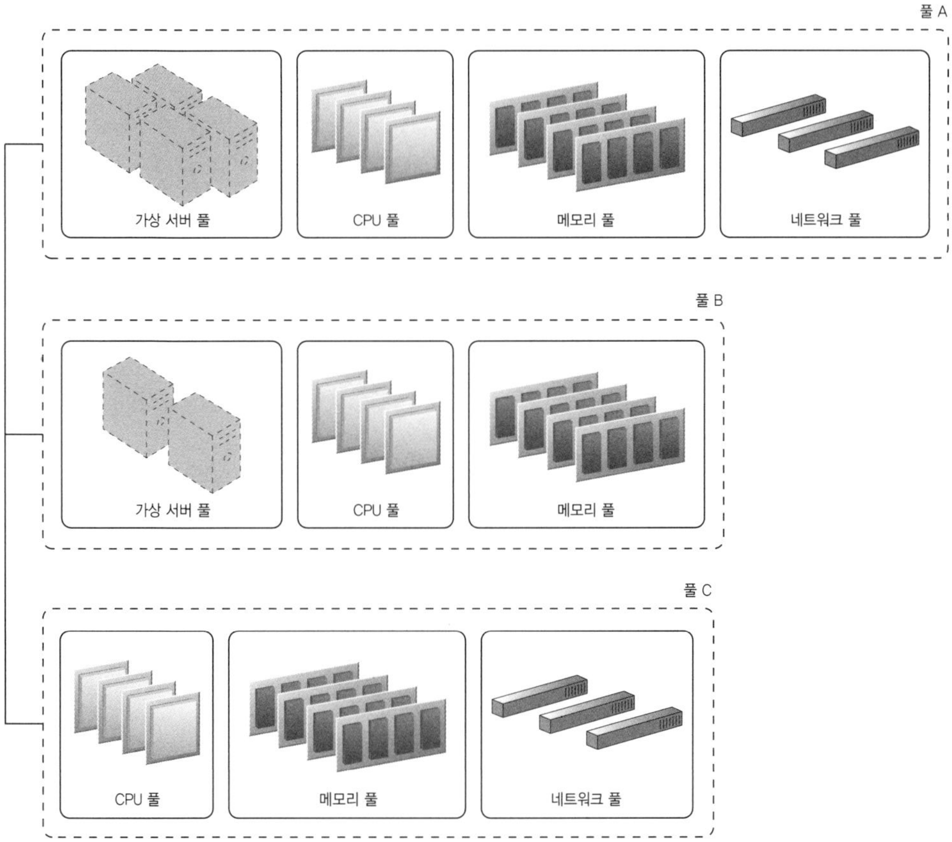

그림 11.3
풀 B와 C는 형제 풀로, 한 클라우드 소비자에게 할당된 상대적으로 더 큰 풀 A에서 가져온 것이다. 이는 클라우드 전체에 걸쳐 공유된 IT 자원들의 범용 예비 저장소로부터 풀 B와 풀 C용으로 IT 자원을 가져오기 위한 하나의 대안이다.

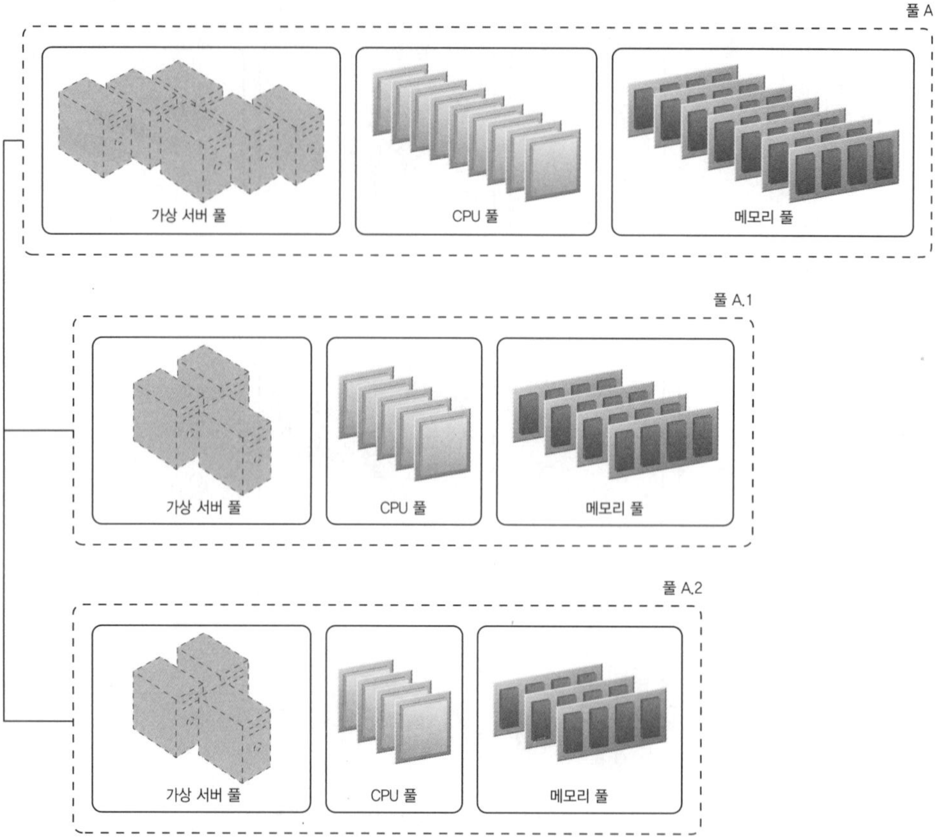

그림 11.4
중첩 풀 A.1과 풀 A.2는 풀 A와 동일한 IT 자원으로 구성되지만, 구성되는 자원의 양이 다르다. 중첩 풀은 일반적으로 동일한 구성 설정으로 같은 종류의 IT 자원을 가지고 신속하게 인스턴스화될 필요가 있는 클라우드 서비스를 프로비저닝하는 데 사용된다.

- **논리 네트워크 경계**: 논리 네트워크 경계는 자원 풀을 논리적으로 구성하고 격리하는 데 사용된다.
- **사용량당 과금 모니터**: 사용량당 과금 모니터는 개별 클라우드 소비자들이 할당되는 방식과 다양한 풀에서 IT 자원을 활용하는 방식에 관한 사용 및 과금 정보를 수집한다.
- **원격 운영 시스템**: 이 메커니즘은 일반적으로 프론트엔드 포털을 통해 자원 풀 관리 기능을 제공하기 위해 백엔드 시스템 및 프로그램과 인터페이스하는 데 사용된다.
- **자원 관리 시스템**: 자원 관리 시스템 메커니즘은 클라우드 소비자에게 자원 풀을 관리하

기 위한 도구 및 권한 관리 옵션을 제공한다.

- **자원 복제:** 이 메커니즘은 자원 풀에 신규 IT 자원 인스턴스를 생성하는 데 사용된다.

11.3 동적 확장 아키텍처

동적 확장 아키텍처는 자원 풀로부터 IT 자원의 동적 할당을 트리거하는 미리 정의된 확장 조건 시스템을 기반으로 하는 아키텍처 모델이다. 동적 할당은 사용 요구 변동에 따라 가변적으로 사용 용량을 할당하도록 하는데, 이는 수동적 개입이 없어도 불필요한 IT 자원들을 효율적으로 회수한다. 자동화된 확장 리스너는 작업 부하 처리를 위해 언제 신규 IT 자원이 추가될 필요가 있는지 결정하는 작업 부하 임계치로 구성된다. 이 메커니즘은 주어진 클라우드 소비자의 프로비저닝 계약 조건에 따라 얼마나 많은 IT 자원이 동적으로 제공될 수 있는지를 결정하는 로직과 함께 제공될 수 있다. 일반적으로 다음의 클라우드 확장 방식이 사용된다.

- **동적 수평 확장:** IT 자원 인스턴스는 변동 작업 부하를 처리하기 위해 수평 확장 및 축소된다. 자동 확장 리스너는 사용 요청들을 모니터링하다가 요구 사항 및 사용 권한에 따라 IT 자원 복제 시작 신호를 보낸다.
- **동적 수직 확장:** IT 자원 인스턴스는 단일 IT 자원의 처리 용량을 수정할 필요가 있을 때 수직 확장 혹은 축소된다. 예를 들어, 작업 부하가 과도하게 할당되는 가상 서버는 동적으로 메모리를 늘리거나 프로세스 코어를 추가할 수 있다.
- **동적 재배치:** IT 자원이 더 많은 용량의 호스트에 재배치된다. 예를 들면 어떤 데이터베이스는 초당 4GB의 I/O 용량을 갖는 테이프 기반 SAN 스토리지 장치에서 초당 8GB I/O 용량을 갖는 디스크 기반 SAN 스토리지 장치로 이관될 필요가 있을 수 있다. 그림 11.5부터 그림 11.7은 동적 수평 확장 프로세스를 나타낸다.

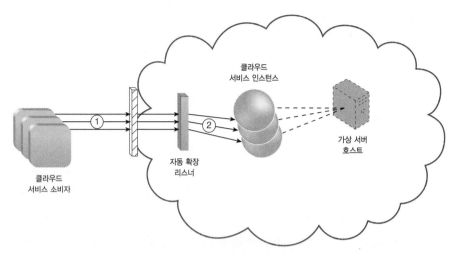

그림 11.5

클라우드 서비스 소비자들은 클라우드 서비스로 요청을 보낸다(1). 자동 확장 리스너가 클라우드 서비스를 감시해 미리 정의된 용량 임계치를 초과하는지 확인한다(2).

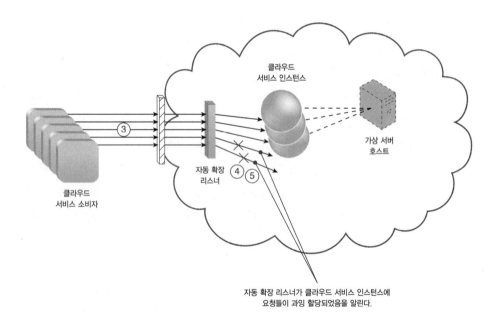

자동 확장 리스너가 클라우드 서비스 인스턴스에
요청들이 과잉 할당되었음을 알린다.

그림 11.6

클라우드 서비스 소비자로부터 오는 요청의 수가 증가한다(3). 워크로드가 성능 임계치를 초과한다. 자동 확장 리스너는 앞서 정의된 확장 정책에 따라 다음 절차를 결정한다(4). 클라우드 서비스의 구현이 추가 확장에 적합하다고 판단되면, 자동 확장 리스너는 확장 프로세스를 개시한다(5).

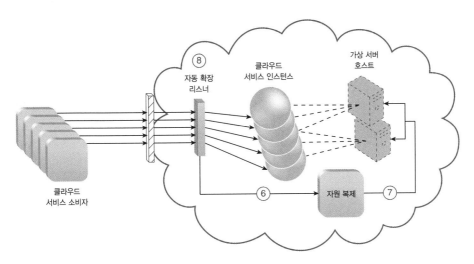

그림 11.7
자동 확장 리스너는 클라우드 서비스에 추가 인스턴스를 생성하는(7) 자원 복제 메커니즘에 시작 신호를 보낸다(6). 이제 늘어난 워크로드가 수용됐으므로 자동 확장 리스너는 모니터링을 재개하고 필요에 따라 IT 자원을 추가 및 감축한다(8).

동적 확장 아키텍처는 가상 서버 및 클라우드 스토리지 장치를 비롯해 다양한 IT 자원에 적용될 수 있다. 핵심적인 자동 확장 리스너와 자원 복제 메커니즘을 제외하고도, 다음 메커니즘들도 이러한 형태의 클라우드 아키텍처에 활용될 수 있다.

- **클라우드 사용량 모니터:** 특화된 클라우드 사용 모니터가 이 아키텍처로 인한 동적 변동에 대한 응답으로 런타임 사용량을 추적할 수 있다.
- **하이퍼바이저:** 가상 서버 인스턴스를 생성하거나 제거해 하이퍼바이저 자체가 확장되도록 하이퍼바이저에 동적 확장 시스템이 적용된다.
- **사용량당 과금 모니터:** 사용량당 과금 모니터는 IT 자원의 확장에 대응해 사용 비용 정보를 수집한다.

11.4 탄력적 자원 용량 아키텍처

탄력적 자원 용량 아키텍처는 주로 제공되는 IT 자원의 변동하는 처리 요구 사항에 즉각적으로 대응해 CPU와 RAM을 할당 및 회수하는 시스템을 활용하거나 동적으로 가상 서버를 프로비저닝하는 것과 관련이 있다(그림 11.8과 11.9).

자원 풀은 런타임에 CPU와 RAM 자원을 가져오거나 반환하기 위해 하이퍼바이저나 VIM과 상호 작용하는 확장 기술에 의해 활용된다. 용량 임계치에 도달하기 전에 동적인 할당을 통해 자원 풀로부터 추가적인 프로세싱 파워를 가져올 수 있도록 가상 서버의 런타임 처리를 모니터링한다. 가상 서버와 이들이 제공하는 애플리케이션, IT 자원은 이에 대응해 수직 확장된다.

이런 형태의 클라우드 아키텍처는 지능형 자동화 엔진 스크립트가 확장 요청을 하이퍼바이저에 직접 보내는 대신 VIM을 통해 보내도록 설계할 수 있다. 탄력적 자원 할당 시스템에 참여하는 가상 서버들은 동적 자원 할당을 적용하기 위해 재시작해야 할 수도 있다.

이 클라우드 아키텍처에 포함될 수 있는 몇 가지 추가 메커니즘은 다음과 같다.

지능형 자동화 엔진

지능형 자동화 엔진이 워크플로우 로직을 포함하는 스크립트를 수행해서 관리 작업을 자동화한다.

관리 워크플로우 로직

스크립트

지능형 자동화 엔진

- **클라우드 사용량 모니터:** 특화된 클라우드 사용 모니터는 가상 서버의 향후 처리 용량 임계치를 정의하는 데 도움이 될 수 있도록 확장 전, 중간, 후에 IT 자원에 관한 자원 사용 정보를 수집한다.

- **사용량당 과금 모니터:** 사용량당 과금 모니터는 탄력적 프로비저닝 시 자원 사용이 변동함에 따라, 자원 사용 비용 정보를 수집한다.

- **자원 복제:** 이러한 아키텍처 모델에서는 확장된 IT 자원의 신규 인스턴스를 생성하기 위해 자원 복제를 사용한다.

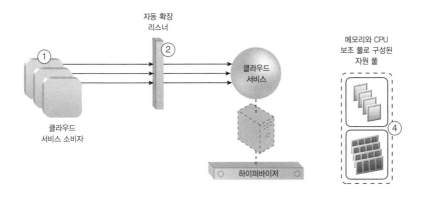

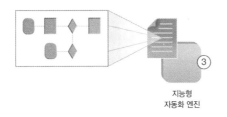

그림 11.8
클라우드 서비스 소비자는 직접 클라우드 서비스에 요청을 보내며(1), 이는 자동 확장 리스너에 의해 감시된다(2). 지능형 자동화 엔진
스크립트가 요청 할당을 사용해 자원 풀에 통지를 보낼 수 있는(4) 워크플로우 로직과 함께 배치된다(3).

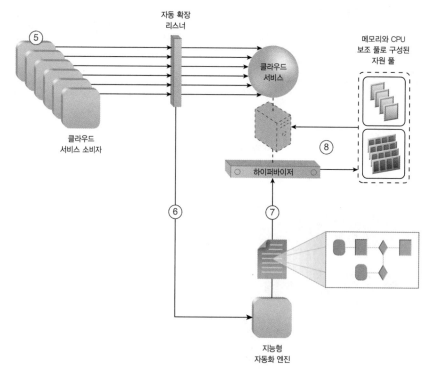

그림 11.9

클라우드 서비스 소비자 요청이 증가하면(5), 자동 확장 리스너가 지능형 자동화 엔진이 스크립트를 실행하도록(6) 신호를 보낸다. 스크립트는 자원 풀로부터 IT 자원을 더 할당하도록(7) 하이퍼바이저에 신호를 보내는 워크플로우 로직을 실행한다. 하이퍼바이저는 증가한 워크로드가 처리될 수 있도록(8) 가상 서버에 추가적인 CPU 및 RAM을 할당한다.

300

11.5 서비스 로드 밸런싱 아키텍처

서비스 부하 분산 아키텍처는 특별히 클라우드 서비스 구현체를 확장하기 위해 설계된 일종의 특화된 작업 부하 분배 아키텍처의 변형이라 볼 수 있다. 작업 부하를 동적으로 분배하기 위해 로드 밸런싱 시스템이 추가된 클라우드 서비스의 배치가 이중 생성된다. .

호스트 서버가 작업 부하 자체의 균형을 이룰 수 있도록 로드 밸런서가 외부나 내장 컴포넌트로 배치되고, 이중화된 클라우드 서비스 구현이 자원 풀로 구성된다.

예상되는 작업 부하의 양과 호스트 서버 환경의 처리 용량에 따라 각 클라우드 서비스 구현체의 다중 인스턴스가 자원 풀의 일부로 생성될 수 있다. 이는 변동하는 요청량에 훨씬 더 효과적으로 대응할 수 있도록 한다.

로드 밸런서는 클라우드 서비스와 호스트 서버들에 독립적으로 배치되거나(그림 11.10), 혹은 응용프로그램이나 서버 환경의 일부로 내장될 수 있다. 후자의 경우 주 서버는 부하 분산 로직을 활용해 작업 부하를 분산시키기 위해 인접한 서버와 통신할 수 있다(그림 11.11).

서비스 부하 분산 아키텍처에는 로드 밸런서 외에 다음과 같은 메커니즘을 포함할 수 있다.

- **클라우드 사용량 모니터:** 클라우드 사용 모니터는 클라우드 서비스 인스턴스 및 해당 IT 자원의 소비 수준은 물론 다양한 런타임 모니터링과 사용데이터 수집 작업을 모니터링 하는 데 관련될 수 있다.
- **자원 클러스터:** 액티브-액티브 형태의 클러스터 그룹은 클러스터 내 서로 다른 멤버들 간 작업 부하 분배를 지원할 수 있도록 이러한 아키텍처에 통합된다.
- **자원 복제:** 자원 복제 메커니즘은 부하 분산 요구 사항에 따라 클라우드 서비스 구현체를 생성하는 데 활용될 수 있다.

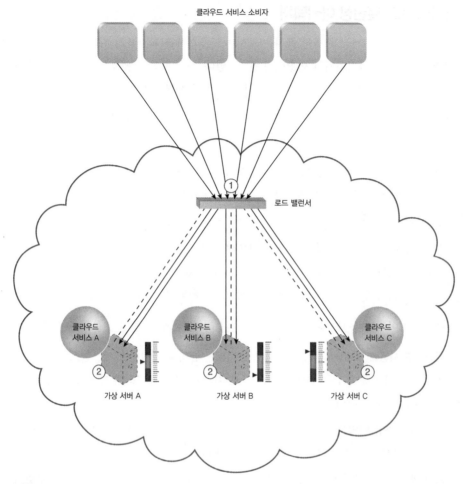

그림 11.10
로드 밸런서가 클라우드 서비스 소비자들이 보내온 메시지를 인터셉트하고(1), 워크로드 처리가 수평적으로 확장될 수 있도록 인터셉트한 메시지를 가상 서버들에 분배해 전달한다(2).

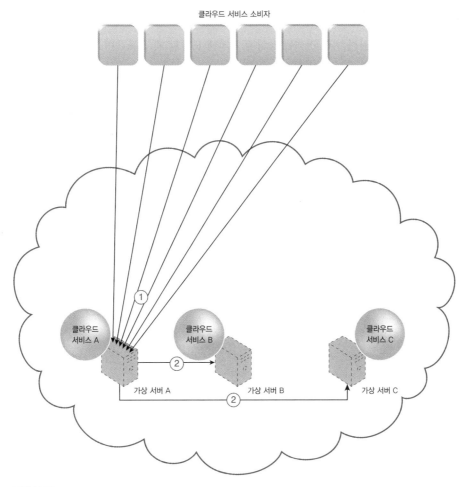

그림 11.11

클라우드 서비스 소비자의 요청이 가상 서버 A상의 클라우드 서비스 A에 전달된다(1). 클라우드 서비스 구현체는 인접한 가상 서버 B와 C상에 상주하는 클라우드 서비스 A의 구현체에 요청을 분배할 수 있는 내장된 부하 분산 로직을 포함한다(2).

11.6 클라우드 버스팅 아키텍처

클라우드 버스팅 아키텍처는 미리 정의된 용량 임계치에 도달할 때 온프레미스 IT 자원들을 확장하거나, '버스트 아웃'하는 동적 확장 형태이다.[1]

해당 클라우드 기반 IT 자원은 미리 이중화 배치돼 있지만 클라우드 버스트가 발생할 때까지 비활성 상태로 유지된다. 이 클라우드 기반 IT 자원이 더 이상 필요하지 않을 때는 회수돼 아키텍처가 온프레미스 환경에 다시 '버스트 인'된다.[2]

클라우드 버스트는 클라우드 소비자에게 클라우드 기반 IT 자원을 사용해 임계치 이상의 높은 사용 요구를 충족시킬 수 있는 옵션을 제공하는 유연한 확장 아키텍처다. 이 아키텍처 모델은 자동 확장 리스너와 자원 복제 메커니즘에 바탕을 두고 있다.

자동 확장 리스너가 언제 클라우드 기반 IT 자원에 요청을 재전송할지 결정하고, 자원 복제는 상태 정보와 관련해 온프레미스 및 클라우드 기반 IT 자원 간의 동시성을 유지하는 데 사용된다 (그림 11.12).

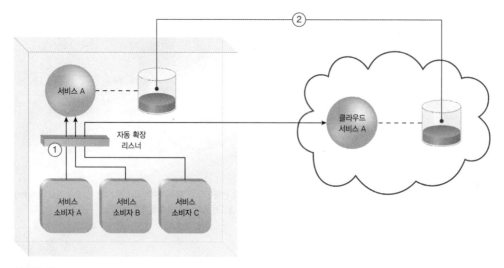

그림 11.12
자동 확장 리스너는 온프레미스 서비스 A의 사용량을 감시하다가 서비스 A의 사용 임계치가 초과되는 경우 서비스 소비자 C의 요청을 서비스 A의 클라우드(클라우드 서비스 A) 내 이중화 구현체에 재전송한다(1). 자원 복제 시스템이 상태 관리 데이터베이스가 동기화되도록 유지하는 데 사용된다(2).

---

1 버스트 아웃(burst out): 원격지에 있는 예비 클라우드 서비스 내 IT 자원들로 요청을 내보내는 것 – 옮긴이
2 버스트 인(burst in): 원격지에서 활용하던 IT 자원들을 회수하고, 요청을 사이트 내에서 회수해 다시 처리하는 것 – 옮긴이

자동 확장 리스너와 자원 복제 외에도 다양한 기타 메커니즘이 이 아키텍처 내 동적인 버스트 인과 아웃을 자동화하는 데 사용될 수 있다. 이는 주로 확장되는 대상인 IT 자원의 종류에 따라 달라진다.

11.7 탄력적 디스크 프로비저닝 아키텍처

클라우드 소비자에게는 보통 고정 디스크 스토리지 할당을 기반으로 하는 클라우드 기반 스토리지 공간 사용량에 따라 비용이 청구된다. 이는 곧 요금이 디스크 용량에 따라 미리 결정되고, 실제 데이터 스토리지 사용량에 따르지 않는다는 것을 의미한다. 그림 11.13은 클라우드 소비자가 윈도우 서버 운영체제와 3개의 150GB 하드 드라이브로 가상 서버를 프로비저닝하는 시나리오를 설명해 이를 보여준다. 운영체제는 오직 15GB의 스토리지 공간이 필요하다. 하지만 클라우드 소비자는 운영체제를 설치한 후, 450GB의 스토리지 공간을 할당받아 사용한 것으로 간주돼 요금이 청구된다.

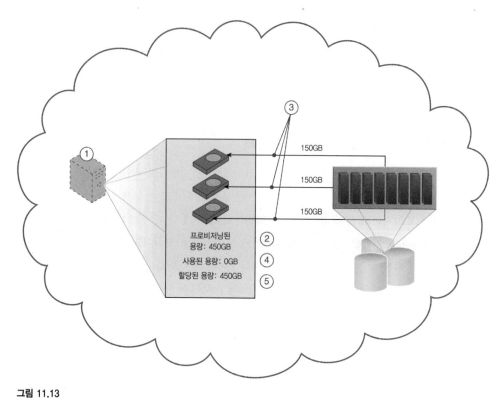

그림 11.13

클라우드 소비자는 가상 서버에 각각 150GB의 용량으로 할당된 세 개의 하드디스크를 요청한다(1). 가상 서버는 탄력적 디스크 프로비저닝 아키텍처에 따라 총 450GB의 디스크 공간과 함께 프로비저닝된다(2). 클라우드 서비스 제공자는 가상 서버에 450GB를 할당한다(3). 클라우드 소비자는 아직 소프트웨어를 아무것도 설치하지 않았고, 이는 곧 실제 사용된 공간의 용량은 현재 0GB임을 의미한다(4). 하지만 450GB 용량이 이미 해당 클라우드 소비자에게 예비 및 할당됐으므로, 할당 시점부터 450GB의 디스크 사용량에 대응하는 요금이 부과된다(5).

탄력적 디스크 프로비저닝 아키텍처는 클라우드 소비자가 실제로 사용하는 정확한 스토리지의 양만큼 요금을 지불할 수 있도록 동적인 스토리지 프로비저닝 시스템을 구축한다. 이 시스템은 스토리지 공간의 동적 할당에 사용되는 씬 프로비저닝thin-provisioning 기술을 사용하고, 나아가 과금 목적으로 정확한 사용 데이터를 수집하기 위해 런타임 사용 모니터링이 지원된다(그림 11.14).

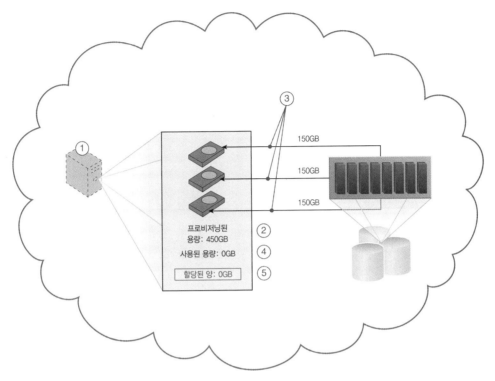

그림 11.14

클라우드 소비자는 각각 150GB의 용량을 갖는 세 개의 하드디스크가 장착된 가상 서버를 요청한다(1). 해당 가상 서버는 이 아키텍처에 의해 총 450GB의 디스크 공간을 갖도록 프로비저닝된다(2). 아직 물리 디스크 공간이 준비되거나 할당되지는 않았으나, 이 가상 서버에 허용된 최대 디스크 사용량은 450GB로 설정된다(3). 클라우드 소비자는 소프트웨어를 아무것도 설치하지 않았기 때문에 실제 사용한 공간은 현재 0GB임을 의미한다(4). 할당된 디스크 공간과 실제 사용한 공간이 현재 0으로 동일하기 때문에, 클라우드 소비자에게는 디스크 공간 사용 요금이 부과되지 않는다(5).

씬 프로비저닝 소프트웨어는 하이퍼바이저를 통해 동적 스토리지 할당을 처리하는 가상 서버에 설치되는데, 이때 과금 모니터가 사용량에 따라 세세한 디스크 사용 데이터를 추적 및 보고한다(그림 11.15).

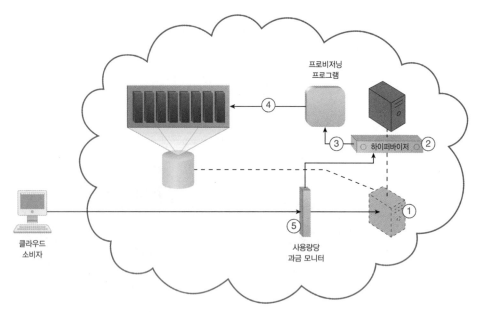

그림 11.15

클라우드 소비자에게 요청을 받으면 신규 가상 서버 인스턴스의 프로비저닝이 시작된다(1). 프로비저닝 프로세스의 일부로, 하드디스크가 동적으로 혹은 씬 프로비저닝된 디스크로 선택된다(2). 하이퍼바이저는 해당 가상 서버용 씬 디스크를 생성하기 위해 동적 디스크 할당 컴포넌트를 호출한다(3). 가상 서버 디스크는 씬 프로비저닝 프로그램을 통해 생성되고 크기가 거의 0인 폴더에 저장된다. 이 폴더의 크기와 폴더 내 파일들은 운영체제가 설치되고 추가적인 파일들이 가상 서버에 복사됨에 따라 점점 커진다(4). 사용량당 과금 모니터는 과금 목적으로 실제 동적으로 할당된 스토리지를 추적한다(5).

클라우드 스토리지 장치, 가상 서버, 하이퍼바이저, 사용량당 과금 모니터 이외에 다음 메커니즘들이 이 아키텍처에 포함될 수 있다.

- **클라우드 사용량 모니터:** 특화된 클라우드 사용 모니터가 스토리지 사용량의 변동을 추적 및 로깅하는 데 사용될 수 있다.
- **자원 복제:** 자원 복제는 탄력적 디스크 프로비저닝 시스템에서 동적 씬^{thin} 디스크 스토리지를 정적 씩^{thick} 디스크 스토리지로 전환할 필요가 있을 때 사용된다.

11.8 이중화 스토리지 아키텍처

클라우드 스토리지 디바이스는 종종 네트워크 연결
이슈나 컨트롤러, 일반 하드웨어의 장애, 보안 사고에
의해 발생한 장애 및 중단에 영향을 받는다. 클라우드
스토리지 장치의 신뢰성이 떨어지면, 해당 스토리지
장치에 가용성을 의존하고 있는 클라우드 내 모든 서
비스, 애플리케이션 및 인프라 컴포넌트에 파급 효과
가 발생하며 장애의 영향이 미칠 수 있다.

이중화 스토리지 아키텍처는 주 클라우드 스토리지
장치 내 데이터와 데이터를 동기화하는 장애 조치 시
스템failover system의 일부로 제2의 복제 클라우드 스토
리지 장치를 구축한다. 스토리지 서비스 게이트웨이
는 주 장치가 중단될 경우 클라우드 소비자의 요청을
보조 장치로 전달한다(그림 11.16과 11.17).

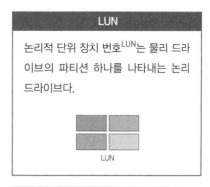

LUN

논리적 단위 장치 번호LUN는 물리 드라
이브의 파티션 하나를 나타내는 논리
드라이브다.

LUN

스토리지 서비스 게이트웨이

클라우드 스토리지 서비
스에 외부 인터페이스로
작용하는 컴포넌트며, 요
청 데이터의 위치가 변경될 때 클라우
드 소비자의 요청을 자동으로 재전송할
수 있다.

스토리지
서비스
게이트웨이

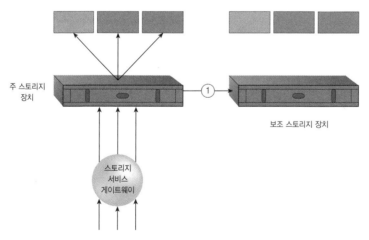

그림 11.16
주 클라우드 스토리지 장치는 정기적으로 보조 클라우드 스토리지 장치에 복제된다(1).

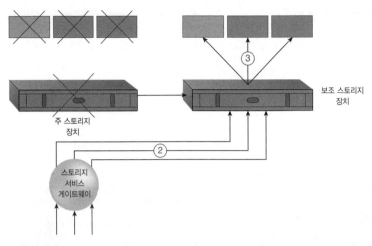

그림 11.17

주 스토리지 장치가 사용할 수 없게 되면 스토리지 서비스 게이트웨이가 클라우드 소비자의 요청을 보조 스토리지 장치에 전달한다 (2). 보조 스토리지 장치는 클라우드 소비자들이 지속적으로 데이터에 접근할 수 있도록 해당 요청을 대상 LUN에 보낸다(3).

이 클라우드 아키텍처는 주 클라우드 스토리지 장치를 복제된 보조 클라우드 스토리지 장치와 동기화하는 스토리지 복제 시스템에 기반한다(그림 11.18).

보통 클라우드 서비스 제공자는 경제적 이유로 보조 클라우드 스토리지 장치를 주 클라우드 스토리지 장치와 다른 지리적 위치에 설치하기도 한다. 하지만 이러한 경우 일부 데이터 종류에 법적인 고려 사항이 있을 수 있다. 일부 복제 전송 프로토콜에 거리적 제약이 있기 때문에 보조 클라우드 스토리지 장치의 위치가 동기화에 사용되는 프로토콜과 방식을 결정할 수 있다.

스토리지 복제
주 스토리지 장치에서 보조 스토리지 장치로 동기적, 혹은 비동기적으로 데이터를 복제하는 데 사용되는 자원 복제 메커니즘의 변형이다. 이는 LUN의 일부와 전체를 복제하는 데 사용될 수 있다.

스토리지 복제

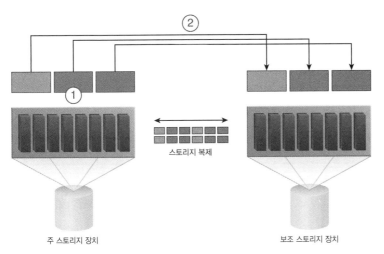

그림 11.18
스토리지 복제는 주 스토리지 장치와 이중화된 스토리지 장치간의 동기화를 유지하는 데 사용된다.

일부 클라우드 서비스 제공자들은 장치 예비율을 높이기 위해 이중화된 어레이와 스토리지 컨트롤러로 구성된 스토리지 장치를 사용하고, 보조 스토리지 장치를 클라우드 밸런싱과 재해 복구 목적으로 물리적으로 다른 위치에 배치한다. 이 경우, 클라우드 서비스 제공자들은 두 장치 간 복제 메커니즘을 확립하기 위해 제3의 클라우드 서비스 제공자를 통해 네트워크 연결을 임대할 필요가 있을 수도 있다.

ATN에서 클라우드로 이관하지 않았던 사내 개발 솔루션은 원격 업로드 모듈로, ATN의 고객들이 매일 중앙 아카이브로 회계 및 법률 문서를 업로드할 때 사용하는 프로그램이다. 매일 받아들이는 문서의 양이 예측 불가능하기 때문에 사용량 피크가 경보 없이 발생한다.

원격 업로드 모듈은 현재로써는 최대 용량에 도달해 일과 시간이 끝나기 전이나 마감 시간 전에 특정 문서를 아카이브할 필요가 있는 사용자들에게 문제를 야기할 소지가 있는 경우, 업로드 시도를 받아들이지 않는다.

ATN은 온프레미스 원격 업로드 모듈 서비스 구현에 클라우드 버스트 아키텍처를 생성해서 클라우드 기반 환경의 장점을 활용하기로 결정했다. 이는 온프레미스 처리 임계치를 초과하게 될 경우에 클라우드로 버스트 아웃할 수 있도록 해준다(그림 11.19와 11.20).

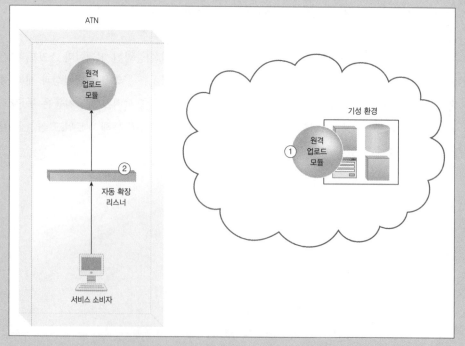

그림 11.19
온프레미스 원격 업로드 모듈 서비스의 클라우드 기반 버전이 ATN이 임대한 기성 환경에 배치된다(1). 자동 확장 리스너가 서비스 소비자의 요청을 감시한다(2).

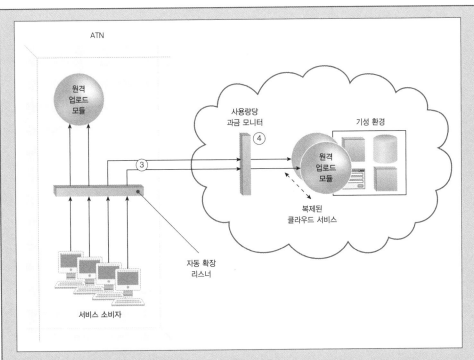

그림 11.20

자동 확장 리스너가 서비스 소비자의 사용량이 사내 원격 업로드 모듈 서비스의 사용 임계치를 초과했음을 감지하면, 초과된 요청들을 클라우드 기반 원격 업로드 모듈 구현체로 보낸다(3). 클라우드 제공자의 사용량당 과금 모니터는 과금 데이터를 수집하기 위해 온프레미스 자동 확장 리스너로부터 받은 요청들을 추적하고, 원격 업로드 모듈 클라우드 서비스 인스턴스가 자원 복제 메커니즘에 의해 필요에 따라 생성된다(4).

서비스 사용량이 줄어들어 서비스 사용자의 요청들이 충분히 온프레미스 원격 업로드 모듈 구현체에서 처리될 수 있을 때 '버스트 인' 시스템이 호출된다. 클라우드 서비스의 인스턴스들은 점유 해제되고, 더 이상 추가적인 클라우드 관련 사용 요금이 발생하지 않는다.

심화 클라우드 아키텍처

12장

12장에서 설명하는 클라우드 기술 아키텍처는 명료하고 정교한 아키텍처 계층을 나타내는데, 그중 일부는 11장에서 다룬 아키텍처 모델로 형성된 기본적인 환경에 기반할 수 있다.

12.1 하이퍼바이저 클러스터링 아키텍처

하이퍼바이저는 여러 가상 서버를 만들고 호스팅할 책임이 있다. 종속성으로 인해 하이퍼바이저에 영향을 미치는 모든 장애 조건은 하이퍼바이저 상의 가상 서버에도 파급 효과를 미칠 수 있다(그림 12.1).

하트비트
하트비트(heartbeats)는 하이퍼바이저간, 하이퍼바이저와 가상 서버 간, 하이퍼바이저와 VIM 간 교환되는 시스템 메시지다.

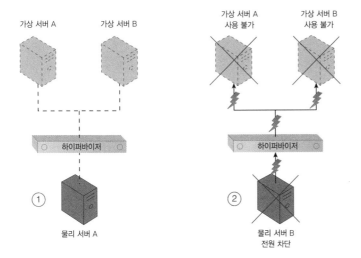

그림 12.1
물리 서버 A는 가상 서버 A와 B를 제공하는 하이퍼바이저를 제공한다(1). 물리 서버 A에 장애가 일어나는 경우, 하이퍼바이저와 두 개의 가상 서버에도 연달아 장애가 일어난다(2).

하이퍼바이저 클러스터링 아키텍처는 여러 물리 서버에 하이퍼바이저의 고가용성 클러스터를 구축한다. 주어진 하이퍼바이저나 기저의 물리 서버가 사용할 수 없게 되면, 제공되는 가상 서버는 런타임 작업을 유지하기 위해 다른 물리 서버나 하이퍼바이저로 이관될 수 있다(그림 12.2).

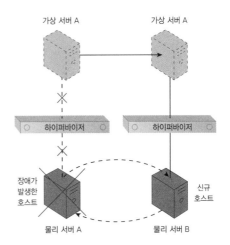

그림 12.2
물리 서버 A가 사용할 수 없게 되면서 하이퍼바이저에도 장애를 일으킨다. 가상 서버 A가 물리 서버 A가 속한 클러스터의 일부인 또 다른 하이퍼바이저가 상주하는 물리 서버 B로 이관된다.

하이퍼바이저 클러스터는 중앙 VIM을 통해 제어되는데, 중앙 VIM은 하이퍼바이저가 정상적으로 작동하는지 확인하기 위해 정기적으로 하트비트 메시지를 전송한다. 하트비트 메시지가 수신 확인되지 않으면, VIM이 실시간 VM 이관 프로그램을 시작해 장애가 발생했을 수 있는 가상 서버를 신규 호스트로 동적으로 이동시킨다.

하이퍼바이저 클러스터는 그림 12.3에서 12.6에 나타낸 바와 같이 실시간으로 가상 서버를 이관하기 위해 공유된 클라우드 스토리지 장치를 사용한다.

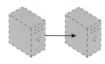

실시간 VM 이관

실시간 VM 이관^{Live VM Migration}이란 가상 서버나 가상 서버 인스턴스를 런타임에 재배치할 수 있는 시스템이다.

실시간 VM 이관

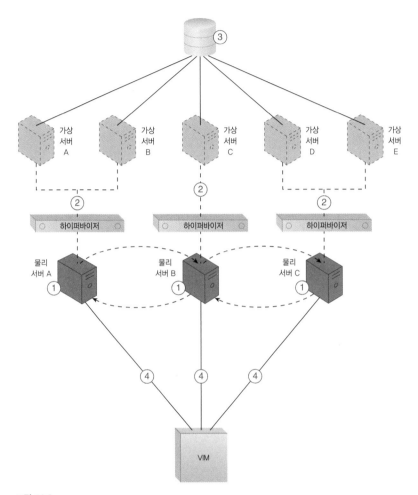

그림 12.3

하이퍼바이저가 물리 서버 A, B, C에 설치된다(1). 가상 서버는 하이퍼바이저에 의해 생성된다(2). 모든 하이퍼바이저가 접근할 수 있도록 가상 서버 구성 파일을 포함한 공유 클라우드 스토리지 장치가 공유 클라우드 스토리지 장치 내에 위치한다(3). 하이퍼바이저 클러스터는 중앙 VIM을 통해 세 개의 물리 서버 호스트상에서 활성화된다(4).

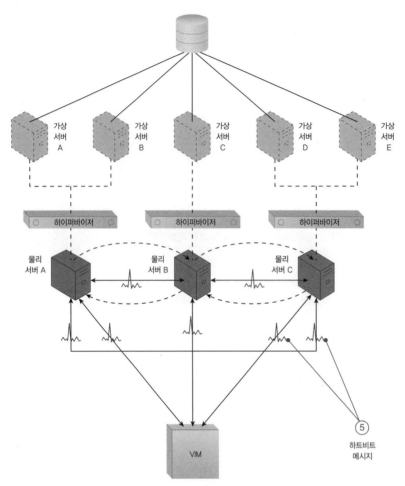

그림 12.4
물리 서버들은 미리 정의된 스케줄에 따라 서로, 그리고 VIM과 하트비트 메시지를 교환한다(5).

320

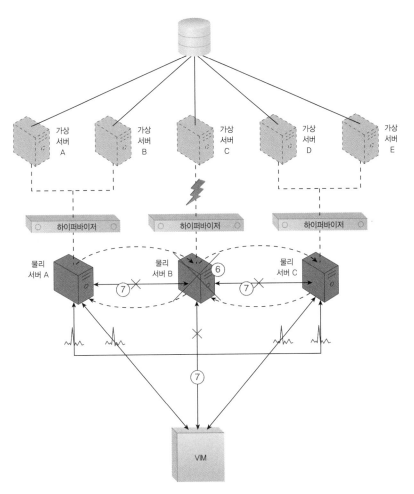

그림 12.5

물리 서버 B에 장애가 일어나고 사용할 수 없게 되면서, 가상 서버 C에 문제를 일으킨다(6). 타 물리 서버와 VIM은 물리 서버 B
로부터 오는 하트비트 메시지를 받지 못하게 된다(7).

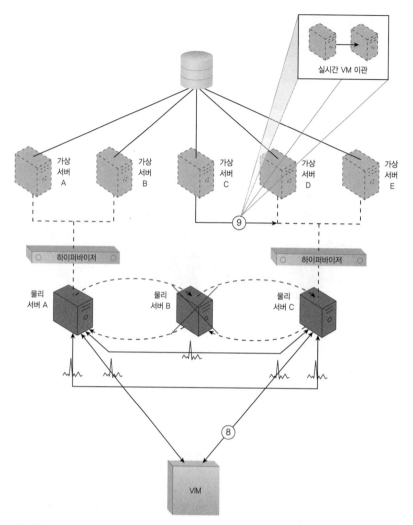

그림 12.6

VIM은 클러스터 내 타 하이퍼바이저들의 가용 용량을 확인한 후, 물리 서버 C를 가상 서버 C의 소유권을 갖는 신규 호스트로 선택한다(8). 가상 서버 C는 물리 서버 C상에서 실행되는 하이퍼바이저로 실시간 이관되며, 이 때 정상적인 동작을 위해 다시 시작해야 할 수 있다(9).

이 아키텍처 모델의 핵심을 이루는 하이퍼바이저, 자원 클러스터 메커니즘 및 클러스터된 환경 하에서 보호되는 가상 서버 외에 다음 메커니즘이 포함될 수 있다.

- **논리 네트워크 경계:** 이 메커니즘으로 생성된 논리적 경계는 실수 등으로 인해 다른 클라우드 소비자의 하이퍼바이저가 해당 클러스터 내에 포함되는 경우가 발생하지 않도록 한다.
- **자원 복제:** 동일한 클러스터의 하이퍼바이저는 서로 상태와 가용성에 대한 정보를 주고 받는다. 가상 스위치의 생성이나 삭제 같은 클러스터 내 발생한 변경 사항에 대한 업데이트는 VIM을 통해 모든 하이퍼바이저에 복제될 필요가 있다.

12.2 부하 분산 가상 서버 인스턴스 아키텍처

운영 및 관리 작업이 분리된 물리 서버들 간에 서버 간 작업 부하를 균등하게 분산되도록 유지하는 것은 까다로운 일이다. 특정 물리 서버가 인접한 물리 서버들보다 더 많은 가상 서버를 제공하거나, 더 많은 작업 부하를 수신하게 되곤 한다(그림 12.7). 활용도가 적정 수준을 초과하거나 이에 미달하는 물리 서버들은 시간이 지남에 따라 엄청나게 많아질 수 있는데, 이가 과도하게 활용되는 서버의 경우 지속적인 성능 문제로, 사용량이 적은 서버의 경우에는 잠재적인 처리 용량의 손실로 지속적인 낭비를 초래할 수 있다.

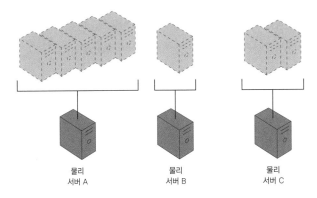

물리
서버 A

물리
서버 B

물리
서버 C

그림 12.7
세 개의 물리 서버들은 서로 다른 양의 가상 서버 인스턴스를 제공해야 하고, 이들을 활용 수준이 적정 수준을 초과하거나 미달되는 서버들로 만든다.

부하 분산 가상 서버 인스턴스 아키텍처는 가용 물리 서버 호스트 간 처리를 분산시키기 전에 동적으로 가상 서버 인스턴스와 관련 작업 부하를 계산하는 용량 관제 시스템을 구축한다(그림 12.8).

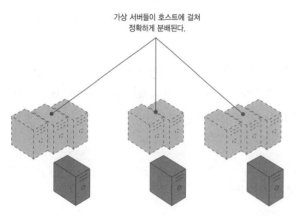

가상 서버들이 호스트에 걸쳐
정확하게 분배된다.

그림 12.8
가상 서버 인스턴스들은 여러 물리 서버 호스트에 걸쳐 훨씬 더 균등하게 분배된다.

용량 관제 시스템은 용량 관제 클라우드 사용 모니터, 실시간 VM 이관 프로그램, 용량 계획 도구로 구성된다. 용량 관제 모니터는 물리 및 가상 서버 사용량을 추적하고 가상 서버 용량 요구 사항에 대해 동적으로 물리 서버 컴퓨팅 자원의 용량을 계산하는 용량 계획 도구에 중요한 변동 사항을 보고한다. 용량 계획 도구가 작업 부하를 분배하기 위해 가상 서버를 또 다른 호스트로 이관하도록 결정하면 실시간 VM 이관 프로그램에 가상 서버를 이관하도록 신호를 보낸다(그림 12.9에서 12.11).

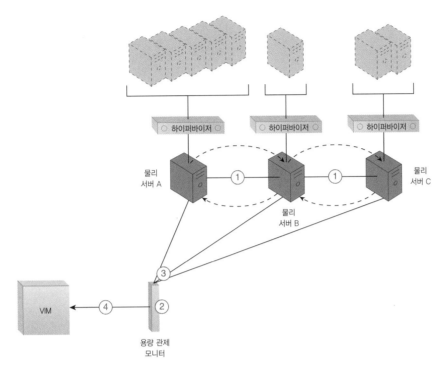

그림 12.9
하이퍼바이저 클러스터 아키텍처는 부하 분산 가상 서버 아키텍처를 구축하기 위한 기반을 제공한다(1). 용량 관제 모니터를 위해 필요한 정책과 임계치가 정의된다(2). 이는 가상 서버 처리 용량과 물리 서버 용량을 비교한다(3). 용량 관제 모니터는 활용 수준이 적정 수준을 초과할 경우 VIM에 보고한다(4).

이러한 아키텍처를 구성하는 데 있어 하이퍼바이저, 자원 클러스터링, 가상 서버, (용량 관제)클라우드 사용 모니터 이외에 다음과 같은 메커니즘들이 포함될 수 있다.

- **자동 확장 리스너:** 로드 밸런싱 프로세스를 초기화하고 하이퍼바이저를 통해 가상 서버에게 오는 작업 부하를 동적으로 감시하는 데 사용될 것이다.
- **로드 밸런서:** 하이퍼바이저 간 가상 서버들의 작업 부하를 분배한다.

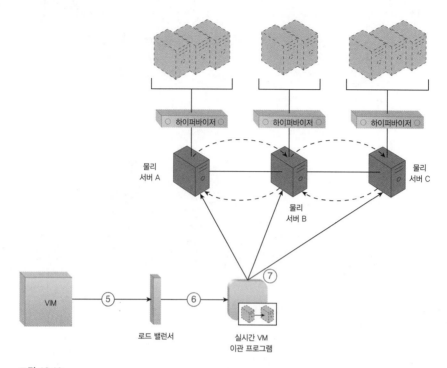

그림 12.10

VIM은 로드 밸런서에게 미리 정의된 임계치에 기반해 워크로드를 재분배하도록 신호를 보낸다(5). 로드 밸런서는 가상 서버들을 이관하기 위해 실시간 VM 이관 프로그램을 초기화한다(6). 실시간 VM 이관 프로그램은 한 물리 호스트에서 또 다른 호스트로 선별된 가상 서버들을 이관한다(7).

- **논리 네트워크 경계:** 재배치된 가상 서버의 대상이 SLA와 개인 정보 보호 규정을 준수하는지 확인한다.

- **자원 복제:** 가상 서버 인스턴스의 복제는 로드 밸런싱 기능의 일부로 필요할 수 있다.

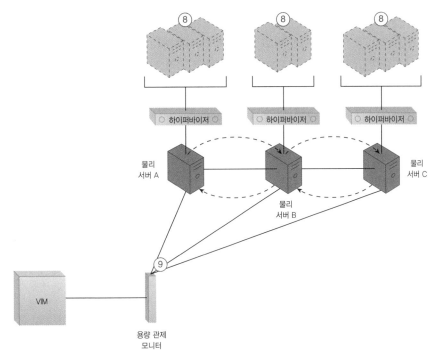

그림 12.11
워크로드는 클러스터 내 물리 서버들 간에 분산된다(8). 용량 관제 시스템은 지속적으로 워크로드와 자원 소비량을 감시한다(9).

12.3 무중단 서비스 재배치 아키텍처

클라우드 서비스는 다음과 같은 여러 가지 이유로 사용할 수 없게 된다.

- 런타임 사용 요구가 처리 용량을 초과하는 경우
- 일시적인 다운 타임을 필수적으로 요구하는 유지 보수 업데이트 작업
- 신규 물리 서버 호스트로의 영구적인 이관

클라우드 서비스를 사용할 수 없으면 클라우드 서비스 소비자 요청은 보통 처리되지 않고, 예외 조건이 발생할 수 있다. 다운 타임이 계획돼 있을 때조차도 클라우드 서비스를 일시적으로 사용할 수 없다고 표시하는 것은 바람직하지 않다.

무중단 서비스 재배치 아키텍처는 사전에 정의된 이벤트 발생 시 자동으로 런타임에 클라우드 서비스 구현체를 복제 또는 이관해 다운 타임을 방지하는 시스템을 구축한다. 이중화된 구현체를 활용해 클라우드 서비스를 확장하거나 축소하는 대신, 일시적으로 신규 호스트에 복제된 구현체를 추가해서 클라우드 서비스 활동이 런타임에 다른 호스팅 환경으로 전환할 수 있다. 마찬가지로 원본 구현체에서 계획된 다운 타임이 필요한 유지 보수 작업을 진행해야 할 경우, 클라우드 서비스 소비자 요청을 일시적으로 복제된 구현체로 재전송할 수 있다. 클라우드 서비스 구현체와 클라우드 서비스 활동의 재배치는 신규 물리 서버 호스트에 클라우드 서비스가 이관되는 경우 영구적인 재배치가 될 수도 있다.

기저 아키텍처^{underlying architecture}의 핵심은 기존의 원본 클라우드 서비스 구현체가 비활성화되거나 제거되기 전에 신규 클라우드 서비스 구현체가 클라우드 서비스 소비자의 요청을 성공적으로 수용 및 대응할 수 있도록 보장한다는 것이다. 일반적인 방법은 클라우드 서비스를 제공하고 있는 전체 가상 서버 인스턴스를 실시간 VM 이관 프로그램이 이관하도록 하는 것이다. 자동 확장 리스너와 로드 밸런서 메커니즘이 확장 및 작업 부하 분배 요구 사항에 대응해 일시적으로 클라우드 서비스 소비자 요청을 재전송하는 데 사용될 수 있다. 그림 12.12와 12.14에서 볼 수 있듯이 두 메커니즘 모두 실시간 VM 이관 프로세스를 시작하기 위해 VIM에 접근할 수 있다.

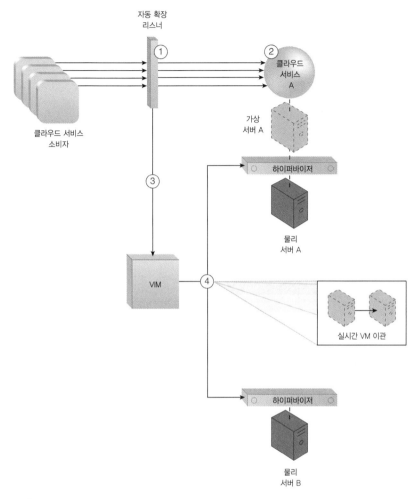

그림 12.12

자동 확장 리스너가 특정 클라우드 서비스를 위해 워크로드를 감시한다(1). 워크로드가 증가함에 따라 클라우드 서비스의 미리 정의된 임계치에 도달하면(2), 자동 확장 리스너가 재배치를 개시하기 위해 VIM에 신호를 보낸다(3). VIM은 런타임 재배치를 수행하기 위해 기존 및 목적지 하이퍼바이저에 지시하는 데 실시간 VM 이관 프로그램을 사용한다(4).

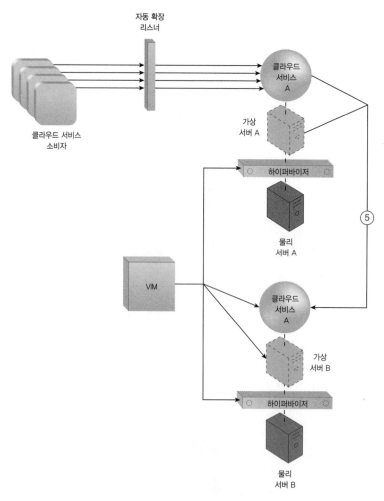

그림 12.13
가상 서버와 제공되는 클라우드 서비스의 복제본이 물리 서버 B상의 목적지 하이퍼바이저를 통해 생성된다(5).

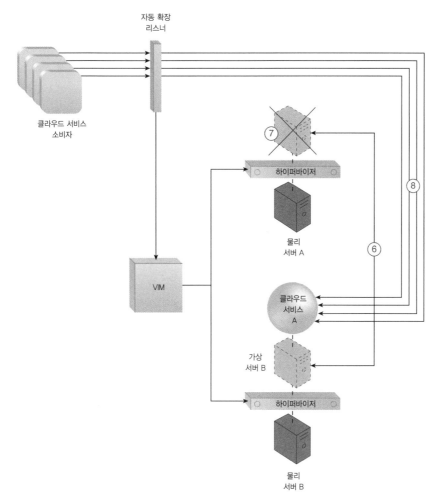

그림 12.14

양 가상 서버 인스턴스의 상태는 동기화된다(6). 첫 번째 가상 서버 인스턴스는 클라우드 서비스 소비자의 요청이 성공적으로 물리 서버 B에 상주하는 클라우드 서비스로 교체돼 처리됨이 확인된 후에 물리 서버 A에서 삭제된다(7). 클라우드 서비스 소비자의 요청은 이제 물리 서버 B상의 클라우드 서비스로만 전달된다(8).

가상 서버의 이관은 가상 서버 디스크의 위치와 구성에 따라 다음 두 가지 방식 중 한 가지로 진행할 수 있다.

- 가상 서버 디스크가 로컬 스토리지 장치에 저장되거나, 비공유 원격 스토리지 장치가 소스 호스트에 장착돼 있는 경우에는 가상 서버 디스크의 복제본이 목적지 호스트상에

생성된다. 복제본이 생성되고 나면, 양쪽에 있는 가상 서버 인스턴스는 동기화되고 가상 서버 파일이 기존 호스트에서 삭제된다.

- 가상 서버의 파일들이 기존 및 목적지 호스트 간 공유된 원격 스토리지 장치에 저장되는 경우 가상 서버 디스크를 복제할 필요는 없다. 단순히 가상 서버의 소유권이 기존에서 목적지 물리 서버 호스트로 이전되고, 가상 서버의 상태가 자동으로 동기화된다.

이 아키텍처는 영구적인 가상 네트워크 구성 아키텍처에서 지원되므로 이관된 가상 서버의 기존에 정의된 네트워크 구성 환경이 유지돼 클라우드 서비스 소비자와의 연결을 지속할 수 있다.

자동 확장 리스너, 로드 밸런서, 클라우드 스토리지 장치, 하이퍼바이저, 가상 서버 이외에 다음 메커니즘들 역시 이 아키텍처의 일부가 될 수 있다.

- **클라우드 사용량 모니터:** 여러 종류의 클라우드 사용 모니터가 지속적으로 IT 자원 사용량과 시스템 활동을 추적하는 데 사용될 수 있다.
- **사용량당 과금 모니터:** 기존 및 목적지 양 위치의 IT 자원에 대한 서비스 사용 비용을 계산하기 위해 데이터를 수집하는 데 사용된다.
- **자원 복제:** 목적지의 클라우드 서비스 섀도우 복제본을 인스턴스화하는 데 사용된다.
- **SLA 관리 시스템:** 클라우드 서비스 복제나 재배치 도중 및 이후에 클라우드 서비스의 가용성을 보장하기 위해 SLA 모니터에 의해 제공되는 SLA 데이터를 처리한다.
- **SLA 모니터:** 가용성 보장을 위해 이 아키텍처를 사용하는 경우 SLA 관리 시스템이 필요로 하는 SLA 정보를 수집한다.

노트

무중단 서비스 재배치 기술 아키텍처는 13장에서 다루는 직접 I/O 접근 아키텍처와 충돌하며 양립할 수 없다. 직접 I/O 접근이 적용된 가상 서버는 해당 물리 서버에 고정되며 이러한 방식으로 다른 호스트에 이관될 수 없다.

12.4 무정지 아키텍처

물리 서버는 자연스럽게 호스트하는 가상 서버에 대한 단일 실패 지점^{single point of failure}으로 작용한다. 그 결과, 물리 서버가 중단되거나 장애가 발생하는 경우에는 해당 물리 서버가 제공하는 가상 서버의 가용성이 영향을 받을 수 있다. 이것은 클라우드 제공 업체가 클라우드 소비자에게 무정지 서비스를 보장하는 일을 어렵게 만든다.

무정지 아키텍처는 기존 물리 서버 호스트가 중단되는 이벤트가 발생했을 때, 다른 물리 서버 호스트로 가상 서버들을 동적으로 이관할 수 있도록 하는 정교한 장애 조치 시스템^{failover system}을 구축한다(그림 12.15).

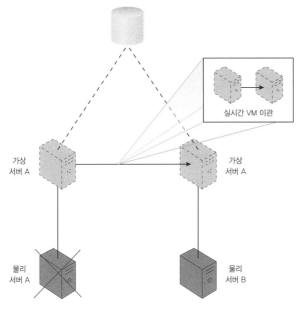

그림 12.15
물리 서버 A가 중단되면 실시간 VM 이관 프로그램이 개시돼 동적으로 가상 서버 A를 물리 서버 B로 이관한다.

여러 물리 서버들이 하나의 그룹을 이루어 중단 없이 한 물리 서버에서 다른 물리 서버로 전환하는 활동을 수행할 수 있는 장애 방지 시스템^{fault tolerance system}을 통해 제어된다. 실시간 VM 이관 컴포넌트는 일반적으로 이런 형태의 고가용성 클라우드 아키텍처의 핵심적인 부분이 된다.

장애 방지 시스템은 물리 서버가 중단되는 경우, 해당 서버에서 제공되던 가상 서버들이 보조 물리 서버로 이관되는 것을 보장한다. 모든 가상 서버들은 공유된 스토리지 볼륨(영구적인 가상 네트워크 구성 아키텍처에 따라)에 저장돼 같은 그룹 내에 속한 다른 물리 서버들이 관련 파일에 접근할 수 있다.

장애 조치 시스템, 클라우드 스토리지 장치, 가상 서버 메커니즘 이외에 다음과 같은 메커니즘 들이 이 아키텍처의 일부가 될 수 있다.

- **감사 모니터:** 가상 서버 재배치가 호스팅된 데이터를 금지된 위치로 재배치하는지 여부 를 확인해야 할 수도 있다.
- **클라우드 감사 모니터:** 이 메커니즘의 생성은 가상 서버 용량이 초과되지 않도록 보장하 기 위해 클라우드 소비자의 실제 IT 자원 사용량을 감시하는 데 사용된다.
- **하이퍼바이저:** 물리 서버에 장애가 일어나면 하이퍼바이저도 영향을 받아, 결국 하이퍼 바이저가 제공하는 가상 서버도 영향을 받는다.
- **논리 네트워크 경계:** 논리 네트워크 경계가 각 클라우드 소비자가 가상 서버 재배치 이 후에 자체 논리 경계 내에 있게 하기 위해 필요한 격리 메커니즘을 제공 및 유지한다.
- **자원 클러스터:** 자원 클러스터 메커니즘은 가상 서버가 제공하는 IT 자원의 가용성을 공동으로 향상시키는 다양한 종류의 액티브-액티브 클러스터 그룹을 만든다.
- **자원 복제:** 주 가상 서버가 중단될 때 신규 가상 서버와 클라우드 서비스 인스턴스를 생 성할 수 있다.

12.5 클라우드 밸런싱 아키텍처

클라우드 밸런싱 아키텍처는 여러 클라우드에서 IT 자원을 로드 밸런싱할 수 있는 특수한 아키 텍처 모델을 구축한다. 클라우드 서비스 소비자의 요청을 여러 클라우드 간에 분산시키면 다음 과 같은 장점이 있다.

- IT 자원의 성능과 확장성을 개선한다.
- IT 자원의 가용성과 신뢰성을 향상한다.
- 부하 분산과 IT 자원 최적화가 향상된다.

클라우드 밸런싱 기능은 주로 자동 확장 리스너와 장애 조치 시스템 메커니즘의 조합에 기반하고 있다(그림 12.16). 더 많은 컴포넌트들이(그리고 가능한 다른 메커니즘들도) 전체적인 클라우드 밸런싱 아키텍처의 일부가 될 수 있다.

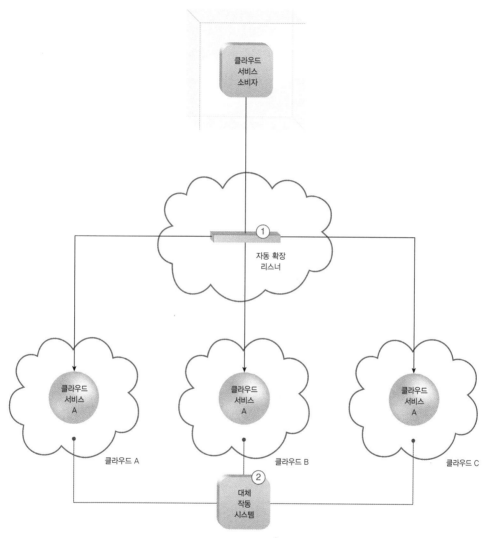

그림 12.16
자동 확장 리스너가 다중 클라우드에 걸쳐 분산된 클라우드 서비스 A의 중복된 이중화 구현체에 클라우드 서비스 소비자 요청을 라우팅함으로 인해 클라우드 밸런싱 프로세스를 통제한다(1). 장애 조치 시스템은 클라우드 간 교차 장애 조치(cross-cloud failover)를 제공해서 이 아키텍처에 탄성, 즉 자동 복구 능력을 제공해준다(2).

시작점으로 다음과 같은 두 가지 메커니즘이 활용된다.

- 자동 확장 리스너는 현재의 확장 및 성능 요구 사항을 토대로 여러 이중화 IT 자원 구현체 중 하나에 클라우드 서비스 소비자 요청을 전송한다.

- 장애 조치 시스템은 특정 IT 자원이나 기저 호스팅 환경에서 장애가 발생할 경우에 이중화된 IT 자원이 클라우드 간 교차 장애 조치를 수행할 수 있도록 한다. IT 자원의 장애가 보고되면 자동 확장 리스너가 실수로 클라우드 서비스 소비자의 요청을 사용할 수 없거나 불안정한 IT 자원으로 라우팅하는 것을 방지해준다. 클라우드 밸런싱 아키텍처가 효율적으로 작동하려면, 자동 확장 리스너는 클라우드 밸런싱을 이루는 아키텍처 범위 내의 모든 이중화 IT 자원 구현체를 인지하고 있을 필요가 있다. 여러 클라우드에 걸친 IT 자원 구현체들 간 수동 동기화가 불가능할 경우, 자원 복제 메커니즘이 동기화를 자동화하기 위해 포함될 필요가 있을 수 있다.

12.6 자원 예약 아키텍처

IT 자원이 공유 사용을 위해 설계된 방식과 사용 가능한 용량 수준에 따라 동시 사용자 접근이 자원 제약 조건이라 불리는 런타임 예외 상황에 도달할 수 있다. 자원 제약 조건이란 할당된 공유 IT 자원의 용량이 클라우드 소비자들이 요청한 처리 요구 사항을 모두 수용할 수 없는 경우 발생하는 조건이다. 그 결과, 하나 이상의 클라우드 소비자들이 성능 저하를 경험하거나 모두 처리 거부 상태가 될 수 있다. 나아가, 클라우드 서비스 자체가 중단돼 모든 클라우드 소비자들의 요청이 처리 거부되는 결과에 이를 수도 있다. 특정 IT 자원(특히 공유를 수용하도록 특별히 설계되지 않은 자원)이 다른 클라우드 서비스 소비자에 의해 동시에 접근될 경우에 기타 다른 종류의 런타임 충돌이 일어날 수 있다. 예를 들어 중첩 및 형제 자원 풀은 하나의 풀이 임시로 다른 풀로부터 IT 자원을 빌려 쓸 수 있는 자원 임대의 개념을 도입할 수 있는데, 런타임 충돌은 빌린 IT 자원을 해당 자원을 빌려 쓰고 있는 클라우드 서비스 소비자가 오랫동안 점유해서 반환하지 않는 경우 발생할 수 있다. 이는 불가피하게 자원 제약의 발생으로 이어질 수 있다.

자원 예약 아키텍처는 다음 항목들 중 하나가 특정 클라우드 소비자에 대해 독점적으로 설정되도록 하는 시스템을 구축한다(그림 12.17에서 12.19).

- 단일 IT 자원

- IT 자원의 일부

- 여러 IT 자원들

이는 클라우드 소비자들이 서로 앞서 언급한 자원 제약 조건 및 자원 임대 상황에 빠지는 것을 방지해 준다.

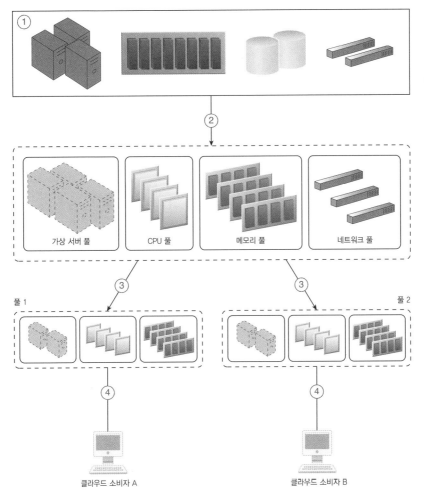

그림 12.17
물리 자원 그룹이 생성된다(1). 이는 자원 풀링 아키텍처에 따라 만들어진 부모 자원 풀로부터 생성된다(2). 부모 자원 풀로부터 두 개의 작은 자식 풀이 생성되고, 자원 관리 시스템을 활용해 자원 한계점이 정의된다(3). 클라우드 소비자에게는 그들의 고유한 전용 자원 풀에 대한 접근이 제공된다(4).

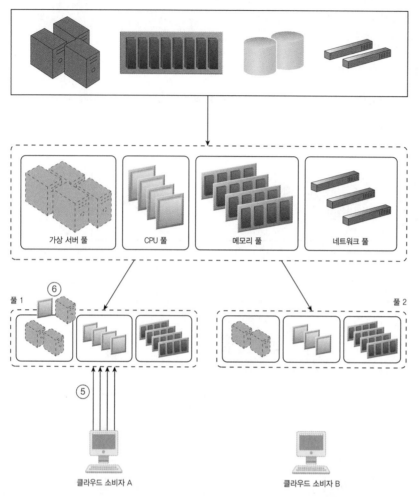

그림 12.18

클라우드 소비자 A로부터 오는 요청이 증가하면 해당 클라우드 소비자에게 더 많은 IT 자원이 할당되는 결과를 초래하게 된다 (5), 이는 곧 풀 2로부터 일부 IT 자원을 임대할 필요가 있다는 것을 의미한다. 빌리는 IT 자원의 양은 클라우드 소비자 B가 자원 제약 상황에 도달하지 않도록 보장하기 위해서 세 번째 단계에서 정의된 자원 한계점 내에 있어야 한다(6).

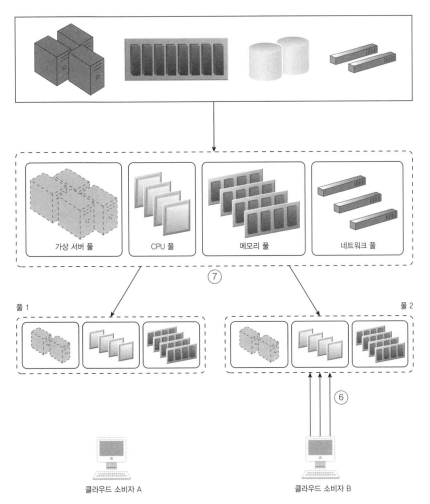

가상 서버 풀 **CPU 풀** **메모리 풀** **네트워크 풀**

⑦

풀 1   풀 2

⑥

클라우드 소비자 A   클라우드 소비자 B

그림 12.19
클라우드 소비자 B가 더 많은 요청과 사용 수요를 발생시키면서 곧 풀 내의 모든 가용 IT 자원을 활용해야 할 수도 있다(6). 자원 관리 시스템은 클라우드 소비자 B가 사용할 수 있도록 풀 1로 하여금 점유한 IT 자원을 풀 2로 반납하도록 강요한다(7).

IT 자원 예약 시스템을 생성하려면 개별 IT 자원과 자원 풀에 대한 사용 임계치를 정의하는 데 사용되는 자원 관리 시스템 메커니즘이 필요하다. 자원 예약은 각 풀이 유지해야 하는 IT 자원의 양을 고정시키고 공유 및 임대를 위해 풀 IT 자원의 균형을 유지한다. 원격 운영 시스템 메커니즘 또한 프론트엔드 사용자 지정을 활성화하는 데 사용되므로 클라우드 소비자가 예약한 IT 자원의 할당을 관리하기 위한 관리 권한을 갖는다. 이 아키텍처에서 일반적으로 예약되는 메커니즘의 종류는 클라우드 스토리지 장치와 가상 서버이다. 아래의 다른 메커니즘들 또한 이 아키텍처의 일부를 이룰 수 있다.

- **감사 모니터:** 자원 예약 시스템이 클라우드 소비자 감사, 개인 정보 보호, 기타 규제 요구 사항을 준수하는지 여부를 확인하는 데 사용된다. 예를 들어 예약된 IT 자원의 지리적 위치를 추적할 수 있다.
- **클라우드 사용량 모니터:** 예약된 IT 자원의 할당을 트리거하는 임계치를 관제할 수 있다.
- **하이퍼바이저:** 여러 클라우드 소비자들이 예약한 IT 자원을 그대로 정확히 할당 받을 수 있도록 보장하기 위해 예약 설정을 적용할 수 있다.
- **논리 네트워크 경계:** 예약된 IT 자원이 각 클라우드 소비자에게 독점적으로 쓰일 수 있도록 보장하는 데 필요한 경계를 확립한다.
- **자원 복제:** 이 구성 요소는 편의상 신규 IT 자원 인스턴스를 복제 및 프로비저닝하기 위해 IT 자원 소비에 대한 각 클라우드 소비자의 한계점에 대한 정보를 지속적으로 제공받을 필요가 있다.

12.7 동적 장애 감지 및 복구 아키텍처

클라우드 기반 환경은 수많은 클라우드 소비자가 동시 다발적으로 접근하는 방대한 양의 IT 자원들로 구성될 수 있다. 심지어 이 IT 자원들은 사람의 수동적 개입 이상이 필요한 장애 상황에 처할 수 있다. IT 자원의 장애를 수동으로 관리 및 해결하는 것은 보통 비효율적이고 비실용적인 일이다.

동적 장애 감지 및 복구 시스템은 광범위한 미리 정의된 장애 시나리오(그림 12.20과 12.21)를 감시하고 대응하는 자동 복구 능력이 있는 관제 시스템을 구축한다. 이 시스템은 직접 자동으로 해결할 수 없는 장애 상황이 발생하면 관리자에게 통지 및 에스컬레이션한다. 이는 적극적으로 IT 자원을 추적하고 미리 정의된 이벤트에 대응해 미리 정의된 활동을 실행하는 지능형 관제 모니터라 불리는 특화된 클라우드 사용 모니터를 활용한다.

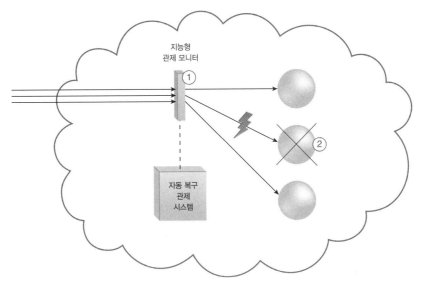

그림 12.20
지능형 관제 모니터는 지속적으로 클라우드 소비자 요청을 추적하고(1), 클라우드 서비스의 장애를 감지한다(2).

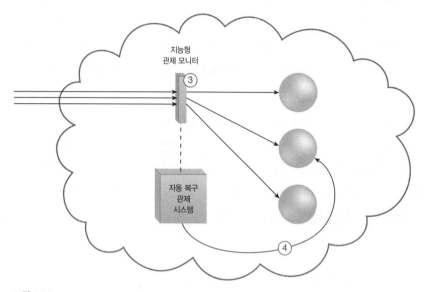

그림 12.21
지능형 관제 모니터가 관제 시스템에 통지하면(3), 미리 정의된 정책을 토대로 클라우드 서비스를 복원한다. 클라우드 서비스는 런타임 동작을 재개한다(4).

자동 복구 관제 시스템은 다음과 같은 다섯 가지의 핵심 기능을 수행한다.

- 관찰 및 감시
- 이벤트 발생 시 대응 행위 결정
- 이벤트 발생 시 대응 행위 수행
- 보고
- 에스컬레이션

장애 상황이 발생한 경우 지능형 관제 모니터가 취할 필요가 있는 단계적 행동을 결정 하기 위해 순차적인 복구 정책이 개별 IT 자원에 대해 정의될 수 있다. 예를 들어 복구 정책은 장애 상황을 통지하기 이전에 적어도 한 가지 복구 시도가 자동으로 수행될 필요가 있음을 명시할 수 있다(그림 12.22).

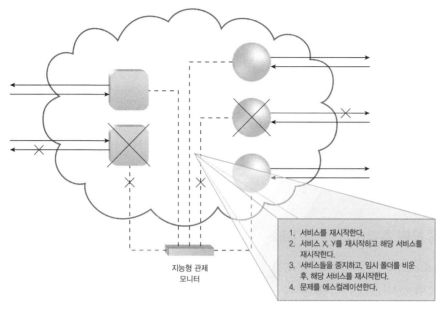

1. 서비스를 재시작한다.
2. 서비스 X, Y를 재시작하고 해당 서비스를 재시작한다.
3. 서비스들을 중지하고, 임시 폴더를 비운 후, 해당 서비스를 재시작한다.
4. 문제를 에스컬레이션한다.

지능형 관제
모니터

그림 12.22
장애 이벤트 발생 시, 지능형 관제 모니터는 미리 정의된 정책에 따라 단계적으로 클라우드 서비스를 복구하고, 문제가 생각보다 심각할 경우 해당 프로세스를 에스컬레이션한다.

일반적으로 지능형 관제 모니터가 특정 이슈를 에스컬레이션할 때는 다음과 같은 일련의 활동을 수행한다.

- 배치 파일 실행
- 콘솔 메시지 전송
- 텍스트 메시지 전송
- 이메일 메시지 전송
- **SNMP** 트랩 전송
- 티켓 로깅

지능형 관제 모니터로 활용될 수 있는 프로그램과 제품은 다양한 것들이 있다. 대부분 표준 티켓 및 이벤트 관리 시스템과 통합될 수 있다. 이 아키텍처 모델은 다음 메커니즘들을 더 포함할 수 있다.

- **감사 모니터:** 데이터 복구가 법적, 정책적 요구 사항을 준수해 수행되는 지의 여부를 추적하는 데 사용된다.
- **장애 조치 시스템:** 장애 조치 시스템 메커니즘은 보통 장애가 발생한 IT 자원을 복구하
- 기 위한 초기 시도를 실행하는 도중에 사용된다.
- **SLA 관리 시스템 및 SLA 모니터:** 이 아키텍처를 적용해 구현된 기능은 SLA 보장과 밀접한 관련이 있기 때문에, 해당 시스템은 일반적으로 이러한 메커니즘에 의해 관리 및 처리되는 정보에 의존하게 된다.

12.8 베어 메탈 프로비저닝 아키텍처

원격 관리 소프트웨어는 대부분의 물리 서버 운영체제에 기본으로 탑재돼 있으므로 원격으로 서버를 프로비저닝하는 것이 일반적이다. 그렇지만 운영체제나 다른 소프트웨어가 사전 설치돼 있지 않은 물리 서버인 베어 메탈 서버에서는 기존의 원격 관리 프로그램에 접근하는 것 자체가 불가능하다. 대부분의 최신 물리 서버들은 원격 관리 지원을 해당 서버의 ROM에 설치하는 옵션을 제공한다. 어떤 업체들은 확장 카드를 통해서 제공하고, 다른 업체들은 미리 칩셋에 통합해둔다. 베어 메탈 프로비저닝 아키텍처는 효과적으로 전체 운영체제를 원격으로 식별 및 프로비저닝하는 데 사용되는 특화된 서비스 에이전트를 통해 이 기능을 사용하는 시스템을 구축한다.

서버의 ROM에 통합된 원격 관리 소프트웨어는 서버가 시작할 때 사용 가능한 상태가 된다. 원격 운영 시스템을 통해 제공되는 포털과 같은 웹 기반, 혹은 사설 사용자 인터페이스는 일반적으로 물리 서버의 기본^{native} 원격 관리 인터페이스에 연결하는 데 사용된다. 원격 관리 인터페이스의 IP 주소는 기본 IP를 통해 수동으로 구성되거나, DHCP 서비스의 구성을 통해 설정될 수 있다. IaaS 플랫폼 내 IP 주소는 클라우드 소비자들에게 직접 전달돼 클라우드 소비자들이 독립적으로 베어 메탈 운영체제 설치를 수행할 수 있도록 할 수 있다. 원격 관리 소프트웨어가 물리 서버 콘솔에의 연결과 운영체제의 배치를 가능하도록 하는 데 사용되기는 하지만, 일반적으로 고려할 사항이 두 가지 있다.

- 여러 서버에 수동으로 배치하는 것은 의도치 않은 인적 오류 및 구성 오류에 취약할 수

있다.

- 원격 관리 소프트웨어는 시간이 오래 걸릴 수 있고, 상당한 런타임 IT 자원 처리를 요구할 수 있다.

베어 메탈 프로비저닝 시스템은 이러한 이슈를 다음과 같은 컴포넌트를 사용해 해결한다.

- **식별 에이전트:** 클라우드 소비자에게 할당될 가용한 물리 서버를 탐색하고 발견하는 모니터링 에이전트의 한 종류
- **배치 에이전트:** 베어 메탈 프로비저닝 배치 시스템의 클라이언트로서 물리 서버의 메모리에 설치되는 관리 에이전트
- **식별 영역:** 네트워크를 정밀 검사하고 연결할 가용한 물리 서버의 위치를 확인하는 소프트웨어 컴포넌트
- **관리 로더:** 물리 서버에 연결하고 클라우드 소비자용 관리 옵션을 로드하는 컴포넌트
- **배치 컴포넌트:** 선택된 물리 서버 위에 운영체제를 설치하는 컴포넌트

베어 메탈 프로비저닝 시스템은 클라우드 소비자가 배치 소프트웨어에 연결해 동시에 하나 이상의 서버나 운영체제를 프로비저닝할 수 있도록 하는 자동 배치 기능을 제공한다. 중앙 배치 시스템은 관리 인터페이스를 통해 서버로 연결하며, 물리 서버의 **RAM** 안에 업로드하고 에이전트로서 동작하는 데 동일한 프로토콜을 사용한다. 베어 메탈 서버는 이제 관리 에이전트가 설치된 저수준 클라이언트가 되고, 배치 소프트웨어는 운영체제를 배치하기 위해 필요한 설정 파일들을 업로드한다(그림 12.23). 지능형 자동화 엔진 및 셀프서비스 포털을 통해 배포 이미지, 운영 체제 배포 자동화 또는 무인 배포 및 사후 설치 구성 스크립트를 사용해 이 기능을 확장할 수 있다. 또한 다음과 같은 메커니즘이 추가적으로 이 아키텍처의 일부가 될 수 있다.

- **클라우드 스토리지 장치:** 이 메커니즘은 운영체제 템플릿과 설치 파일을 저장할 뿐 아니라, 프로비저닝 시스템을 위해 배치 에이전트와 배치 패키지를 저장한다.
- **하이퍼바이저:** 운영체제 프로비저닝의 일부로서 물리 서버상에 하이퍼바이저를 배치하는 것이 필요할 수 있다.
- **논리 네트워크 경계:** 논리 네트워크 경계가 저수준의 물리 서버들에 인가받은 클라우드 소비자만 접근할 수 있도록 보장한다.

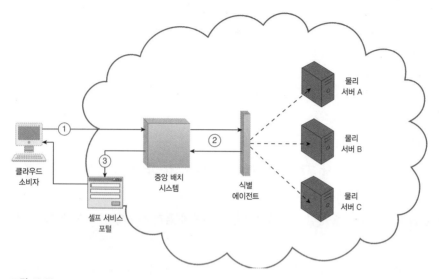

그림 12.23

클라우드 소비자는 배치 솔루션에 연결해(1) 식별 에이전트를 통해 검색을 수행한다(2). 클라우드 소비자들에게 가용 물리 서버들이 표시된다(3).

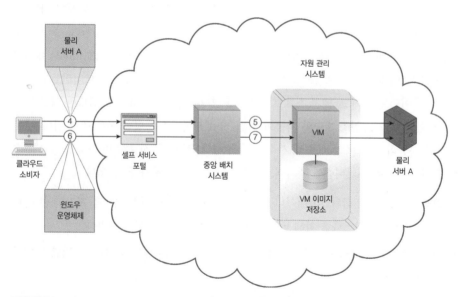

그림 12.24

클라우드 사용자는 프로비저닝할 물리 서버를 선택한다(4). 배치 에이전트가 원격 운영 시스템을 통해 물리 서버의 RAM에 로드된다(5). 클라우드 소비자는 배치 솔루션을 통해 운영체제와 구성 방식을 선택한다(6). 운영체제가 설치되고 서버가 동작하게 된다(7).

- **자원 복제:** 프로비저닝 도중이나 이후에 하이퍼바이저 작업 부하를 분배하려고 물리 서버상에 새로운 하이퍼바이저를 배치해 IT 자원을 복제하도록 구현된다.
- **SLA 관리 시스템:** 이 관리 시스템은 물리 베어 메탈 서버의 가용성이 미리 정의된 SLA 규정에 부합하는지 확인한다.

12.9 신속한 프로비저닝 아키텍처

기존 프로비저닝 프로세스에는 미리 패키지화된 명세나 고객 맞춤 요구 사항에 따라 필요한 IT 자원을 준비하는 관리자와 기술 전문가들이 수동으로 완료하던 다수의 작업들을 포함할 수 있다. 더 많은 고객을 대상으로 서비스하고, 평균적으로 고객들이 더 많은 양의 IT 자원을 요청하는 클라우드 환경에서 수동 프로비저닝 프로세스는 부적절하며, 나아가 인적 오류 및 비효율적인 대응 시간으로 인해 비합리적인 위험이 초래될 수도 있다.

예를 들어, 여러 애플리케이션이 수행되는 25개의 윈도우 서버들을 설치 및 구성, 업데이트하도록 요청하는 클라우드 소비자가 애플리케이션의 절반은 동일한 설치 구성으로 이뤄져야 하고, 나머지 절반은 요구 사항에 맞게 맞춤 제공할 것을 요구한다고 가정하자. 각 운영체제 배치는 최대 30분이 소요되고, 서버 재시작이 필요한 보안 패치와 운영체제 업데이트를 위해 어느 정도 추가적인 시간이 필요하다. 이제 본격적으로 애플리케이션이 배치 및 구성돼야 하는데, 수동 혹은 반자동화된 접근법은 막대한 시간을 필요로 하며, 각각 설치하는 도중에 사람의 실수가 발생할 확률이 높아진다.

신속한 프로비저닝 아키텍처는 개별적으로나 집합적으로 광범위한 IT 자원의 프로비저닝을 자동화하는 시스템을 형성한다. 신속한 IT 자원 프로비저닝의 기저에 있는 기술적 아키텍처는 정교하고 복잡할 수 있고, 자동화 프로비저닝 프로그램, 신속한 프로비저닝 엔진, 온디맨드 프로비저닝용 스크립트와 템플릿으로 구성된 시스템을 활용할 수 있다.

그림 12.25 내 표시된 구성 요소 외에도 다음과 같은 추가적인 아키텍처가 IT 자원 프로비저닝의 다양한 측면을 조정 및 자동화하는 데 사용될 수 있다.

- **서버 템플릿:** 신규 가상 서버의 인스턴스화를 자동화하는 데 사용되는 가상 이미지 파일의 템플릿

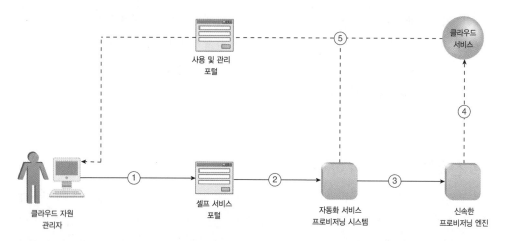

그림 12.25

클라우드 자원 관리자가 셀프서비스 포털을 통해 신규 클라우드 서비스를 요청한다(1). 셀프서비스 포털은 가상 서버상에 설치된 자동화 서비스 프로비저닝 프로그램에 해당 요청을 전달한다(2). 이는 수행돼야 할 필수 작업들을 신속한 프로비저닝 엔진에 다시 전달한다(3). 신속한 프로비저닝 엔진은 신규 클라우드 서비스가 사용할 준비가 되면 이를 통지한다(4). 자동화 서비스 프로비저닝 프로그램이 클라우드 소비자 접근을 위한 사용 및 관리 포털상에 클라우드 서비스를 최종 게시한다(5).

- **서버 이미지:** 이 이미지들은 가상 서버 템플릿과 유사하지만 물리 서버를 프로비저닝하는 데 사용된다.
- **애플리케이션 패키지:** 자동 배치용으로 패키징된 애플리케이션 및 기타 소프트웨어의 모음
- **애플리케이션 패키저:** 애플리케이션 패키지를 생성하는 데 사용되는 소프트웨어
- **맞춤 스크립트:** 지능형 자동화 엔진의 일부로 관리 작업을 자동화하는 스크립트
- **시퀀스 관리자:** 자동화 프로비저닝 작업의 순서를 조직화하는 프로그램
- **시퀀스 이력 기록 장치:** 자동화 프로비저닝 작업 순서의 실행 이력을 기록하는 컴포넌트
- **운영체제 베이스라인:** 운영체제가 설치된 후에 이를 신속하게 활용 가능하도록 준비하기 위해 적용되는 구성 템플릿
- **애플리케이션 구성 베이스라인:** 신규 애플리케이션 사용 준비에 필요한 설정 및 환경 변수가 포함된 구성 템플릿
- **배치 데이터 스토어:** 가상 이미지, 템플릿, 스크립트, 베이스라인 구성 및 기타 관련 데이터를 저장하는 저장소

다음 단계별 설명은 앞서 언급된 다수의 시스템 컴포넌트를 포함해 신속한 프로비저닝 엔진의 내부 원리를 설명한다.

1. 클라우드 소비자가 셀프서비스 포털을 통해 신규 서버를 요청한다.

2. 시퀀스 관리자가 운영체제의 준비를 위해 해당 요청을 배치 엔진으로 전달한다.

3. 배치 엔진은 해당 요청이 가상 서버에 대한 것인 경우 프로비저닝을 위해 가상 서버 템플릿을 사용한다. 가상 서버용이 아닌 경우, 배치 엔진은 물리 서버를 프로비저닝하도록 요청을 보낸다.

4. 요청된 운영체제용으로 제작된 미리 정의된 이미지가 운영체제의 프로비저닝에 사용된다. 미리 정의된 이미지를 사용할 수 없는 경우에는 운영체제를 설치하기 위해 정규 배치 프로세스가 수행된다.

5. 하트비트는 하이퍼바이저 간, 하이퍼바이저와 가상 서버 간, 하이퍼바이저와 VIM 간 교환되는 시스템 수준의 메시지다. 배치 엔진은 시퀀스 관리자에게 운영체제의 사용 준비가 완료되면 이를 통지한다.

6. 시퀀스 관리자는 저장을 위해 시퀀스 이력 기록 장치에 로그를 갱신 및 전송한다.

7. 시퀀스 관리자는 배치 엔진이 프로비저닝된 운영체제에 운영체제 베이스라인을 적용하도록 요청한다.

8. 배치 엔진은 요청된 운영체제 베이스라인을 적용한다.

9. 배치 엔진은 시퀀스 관리자에게 운영체제 베이스라인이 적용됐음을 알린다.

10. 시퀀스 관리자는 저장을 위해 시퀀스 이력 기록 장치에 완료된 단계의 로그를 갱신 및 전송한다.

11. 시퀀스 관리자는 배치 엔진이 애플리케이션을 설치하도록 요청한다.

12. 배치 엔진은 해당 애플리케이션을 프로비저닝된 서버에 배치한다.

13. 배치 엔진은 시퀀스 관리자에게 애플리케이션이 설치됐음을 알린다.

14. 시퀀스 관리자는 저장을 위해 시퀀스 이력 기록 장치에 완료된 단계의 로그를 갱신 및 전송한다.

15. 시퀀스 관리자는 배치 엔진이 애플리케이션 구성 베이스라인을 적용하도록 요청한다.

16. 배치 엔진은 해당 구성 베이스라인을 적용한다.

17. 배치 엔진은 구성 베이스라인이 적용됐음을 시퀀스 관리자에게 알린다.

18. 시퀀스 관리자는 저장을 위해 시퀀스 이력 기록 장치에 완료된 단계의 로그를 갱신 및 전송한다.

클라우드 스토리지 장치 메커니즘이 애플리케이션 베이스라인 정보, 템플릿, 스크립트의 저장을 위해 사용되며, 이때 하이퍼바이저는 자체 프로비저닝되거나 기타 다른 프로비저닝된 IT 자원을 제공하는 가상 서버들을 신속하게 생성, 배치, 운영한다. 자원 복제 메커니즘은 일반적으로 신속한 프로비저닝 요구 사항에 대응해 복제된 IT 자원의 인스턴스를 생성하는 데 사용된다.

12.10 스토리지 작업 부하 관리 아키텍처

사용 수준이 적정 수준을 초과한 클라우드 스토리지 장치는 스토리지 컨트롤러상의 작업 부하를 증가시키고, 다양한 성능 이슈를 일으킬 수 있다. 역으로 사용 수준이 미달된 클라우드 스토리지 장치는 잠재적인 처리 및 저장 용량의 손실로 인해 낭비가 심각하다(그림 12.26).

스토리지 작업 부하 관리 아키텍처는 사용 가능한 클라우드 스토리지 장치 간에 LUN이 균등하게 분배되도록 하며, 동시에 스토리지 용량 시스템이 구축돼 런타임 작업 부하가 여러 LUN 간에 균등하게 분배되도록 한다(그림 12.27).

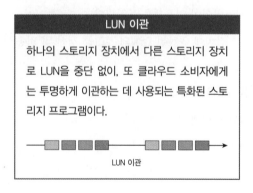

LUN 이관

하나의 스토리지 장치에서 다른 스토리지 장치로 LUN을 중단 없이, 또 클라우드 소비자에게는 투명하게 이관하는 데 사용되는 특화된 스토리지 프로그램이다.

LUN 이관

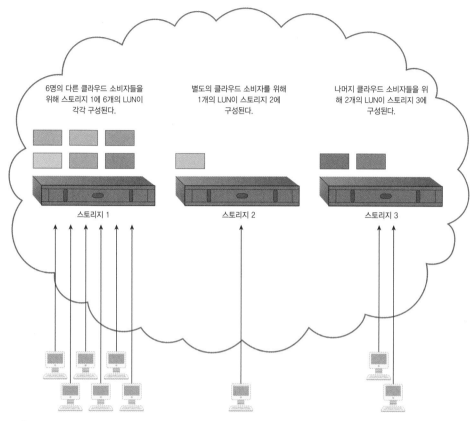

그림 12.26

균등하게 분배되지 않은 클라우드 스토리지 아키텍처는 클라우드 소비자들이 사용할 6개의 스토리지 LUN을 스토리지 1에, 1개의 LUN을 스토리지 2에, 2개의 LUN을 스토리지 3에 각각 제공한다. 워크로드의 대부분은 스토리지 1이 대부분의 LUN 을 제공하고 있으므로 스토리지 1에서 처리된다.

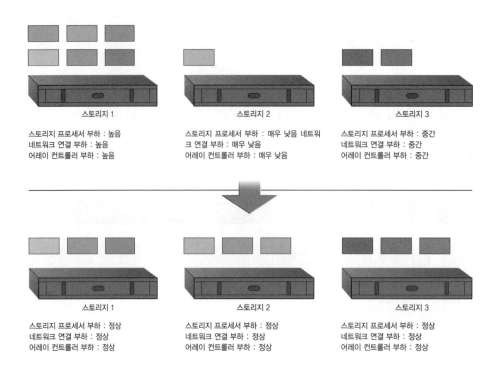

그림 12.27
LUN은 여러 클라우드 스토리지 장치에 걸쳐 동적으로 분배되면서 관련 유형의 워크로드 분배를 더 균등하게 만든다.

클라우드 스토리지 장치를 하나의 그룹으로 묶으면 LUN 데이터가 사용할 수 있는 스토리지 호스트에 균등하게 분배될 수 있게 된다. 스토리지 관리 시스템이 구성되고 자동 확장 리스너가 그림 12.28에서 12.30에 나타낸 바와 같이 그룹화된 클라우드 스토리지 장치들 간 배분되는 런타임 작업 부하를 감시 및 균등하게 하는 역할을 수행한다.

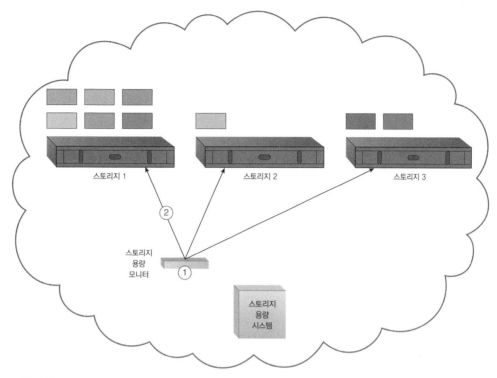

그림 12.28
스토리지 용량 시스템 및 스토리지 용량 모니터가 작업 부하와 용량 임계치가 미리 정의된 세 개의 스토리지 장치를 실시간으로 조사한다(1). 스토리지 용량 모니터는 스토리지 1의 작업 부하가 임계치에 도달했는지 여부를 파악한다(2).

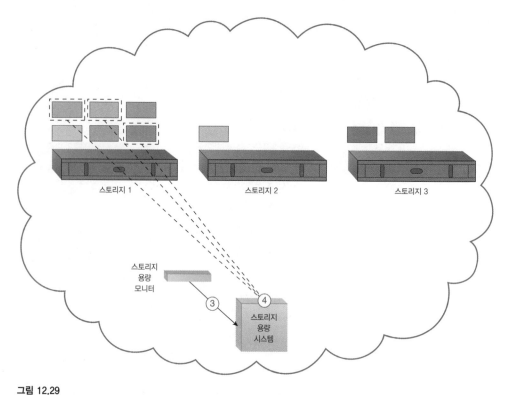

그림 12.29

스토리지 용량 모니터가 스토리지 1이 적정 사용 수준을 초과했음을 스토리지 용량 시스템에 알린다(3). 스토리지 용량 시스템은 스토리지 1에서 이관될 LUN을 식별한다(4).

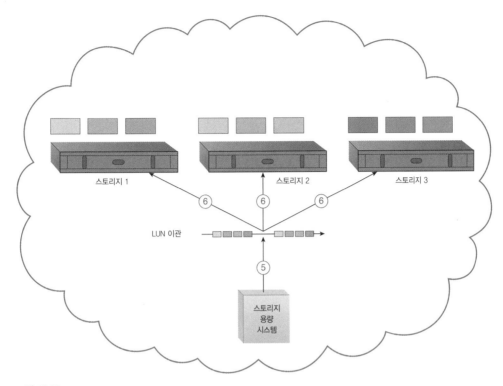

그림 12.30
스토리지 용량 시스템은 LUN 이관 프로그램이 스토리지 1에서 일부 LUN을 다른 두 개의 스토리지 장치로 이관하도록 지시한다(5). LUN 이관 프로그램은 LUN을 스토리지 2와 3에 옮겨 워크로드를 균등하게 배분한다(6).

스토리지 용량 시스템은 LUN의 접근 빈도가 낮거나 사용하지 않는 상태인 기간에 운영중인 스토리지 장치를 전원 절약 모드로 유지할 수 있다.

클라우드 스토리지 장치 외에 다음과 같은 메커니즘이 스토리지 작업 부하 관리 아키텍처 내에 포함될 수 있다.

- **감사 모니터:** 이러한 아키텍처에 의해 형성된 시스템이 물리적으로 데이터를 재배치할 수 있기 때문에 이 모니터링 메커니즘이 규제, 개인 정보 보호 및 보안 요구 사항을 준수하는지 확인하는 데 사용된다.
- **자동 확장 리스너:** 작업 부하의 변동을 관제 및 대응하는 데 사용된다.

- **클라우드 사용 모니터:** 용량 작업 부하 모니터에 추가로, 특화된 클라우드 사용 모니터가 LUN의 이동을 추적하고 작업 부하 분배 통계치를 수집하는 데 사용된다.
- **로드 밸런서:** 이 메커니즘이 사용할 수 있는 클라우드 스토리지 장치들 간 작업 부하를 수평적으로 분배하는 데 추가될 수 있다.
- **논리 네트워크 경계:** 논리 네트워크 경계는 다양한 수준의 격리 기능을 제공해 재배치의 영향을 받는 클라우드 소비자의 데이터에 허가되지 않은 사용자가 접근할 수 없도록 보호한다.

12.11 사례 연구

이노바르토스는 두 개의 클라우드 제공자에게 두 개의 각 클라우드 기반 환경을 임대해, 당사의 역할 놀이 클라우드 서비스를 위한 파일럿 클라우드 밸런싱 아키텍처를 구축하려 한다.

개별 클라우드에 대한 당사의 요구 사항을 평가한 후, 이노바르토스의 클라우드 아키텍트들은 해당 클라우드 서비스의 여러 구현체가 개별 클라우드에 존재하는 설계 명세를 만들었다. 이 아키텍처는 별도의 자동 확장 리스너와 장애 조치 시스템 구현체, 중앙 로드 밸런서 메커니즘을 포함하고 있다(그림 12.31).

로드 밸런서는 작업 부하 분배 알고리즘을 활용해 클라우드 서비스 소비자의 요청을 클라우드 간 적절히 분배하며, 각 클라우드의 자동 확장 리스너는 해당 요청들을 로컬 클라우드 서비스 구현체에 라우팅한다. 장애 조치 시스템은 클라우드 내부에 있거나 여러 클라우드 간 분산된 이중화 클라우드 서비스 구현체로 장애 조치할 수 있다. 클라우드 간 장애 조치는 주로 로컬 클라우드 서비스 구현체가 처리 임계치에 거의 도달했거나, 해당 클라우드가 심각한 플랫폼 장애를 겪을 때 수행된다.

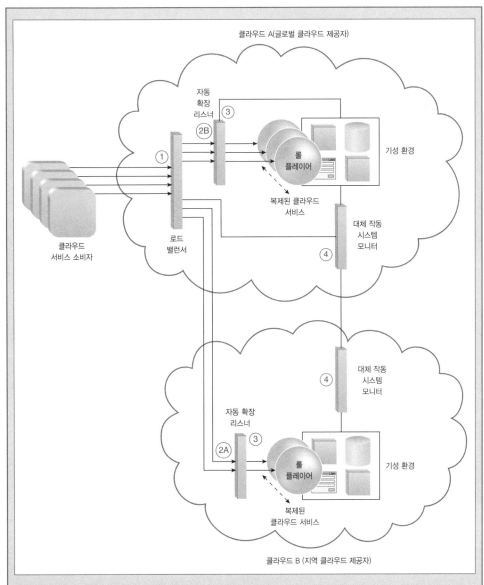

그림 12.31

부하 분산 서비스 에이전트는 클라우드 서비스 소비자의 요청을 미리 정의된 알고리즘에 따라 라우팅한다(1). 소비자의 요청은 로컬, 혹은 외부의 자동 확장 리스너가 받는다(2A, 2B). 이는 각 요청을 클라우드 서비스 구현제에 선날한나(3). 상애 조치 시스템 모니터가 클라우드 서비스 장애를 감지 및 대응하는 데 사용된다(4).

특화 클라우드 아키텍처

13장

13장에서 다루는 아키텍처 모델은 광범위한 기능 영역과 주제를 아울러 다양한 메커니즘과 특수 컴포넌트의 독창적인 조합을 제공한다.

13.1 다이렉트 I/O 접근 아키텍처

물리 서버에 설치된 물리 I/O 카드에 대한 접근은 보통 I/O 가상화라 불리는 하이퍼바이저 기반 처리 계층을 통해 호스트된 가상 서버에 제공된다. 하지만 가상 서버는 때로 하이퍼바이저의 개입이나 에뮬레이션 없이 직접 I/O 카드에 연결해 사용할 필요가 있다.

다이렉트 I/O 접근 아키텍처를 사용하면 가상 서버는 하이퍼바이저로 연결을 에뮬레이션하지 않고 하이퍼바이저를 우회해 직접 물리 서버의 I/O 카드에 접근할 수 있다(그림 13.1부터 13.3).

이 솔루션을 구현하고 하이퍼바이저와의 상호 작용 없이 물리 I/O 카드에 접근하려면 호스트 CPU가 이런 종류의 접근을 지원할 필요가 있고 가상 서버상에 적절한 드라이버를 설치해야 한다. 가상 서버는 드라이버가 설치된 후 I/O 카드를 하드웨어 장치로 인식할 수 있다.

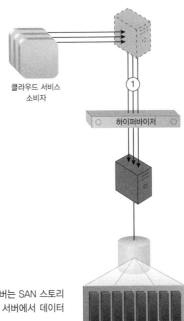

그림 13.1
클라우드 서비스 소비자는 가상 서버에 접근하고, 가상 서버는 SAN 스토리지의 LUN상에 위치한 데이터베이스에 접근한다(1). 가상 서버에서 데이터베이스로의 연결은 가상 스위치를 통해 이뤄진다.

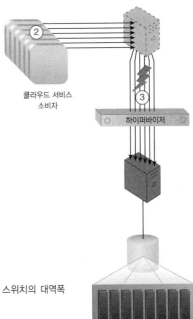

그림 13.2
클라우드 서비스 소비자의 요청량이 증가하면(2), 가상 스위치의 대역폭 및 성능이 불충분해진다(3).

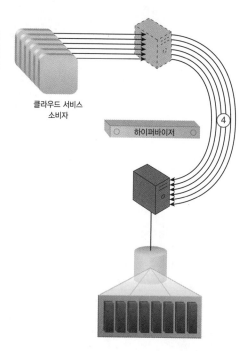

클라우드 서비스
소비자

하이퍼바이저

④

가상 서버와 하이퍼바이저 이외에 이 아키텍처를 구성하는 데 다음과 같은 메커니즘이 사용될 수 있다.

- **클라우드 사용 모니터:** 런타임 모니터를 통해 수집되는 클라우드 서비스 사용 데이터는 다이렉트 I/O 접근을 포함할 뿐 아니라 별도로 분류할 수 있다.

- **논리 네트워크 경계:** 할당된 물리 I/O 카드가 클라우드 소비자가 다른 클라우드 소비자의 IT 자원에 접근하는 것을 허용하지 않도록 한다.

- **사용량당 과금 모니터:** 할당된 물리 I/O 카드의 사용 비용 정보를 수집한다.

- **자원 복제:** 가상 I/O 카드를 물리 I/O 카드로 교체하는 데 사용된다.

13.2 다이렉트 LUN 접근 아키텍처

스토리지 LUN은 일반적으로 하이퍼바이저의 호스트 버스 어댑터[HBA]를 통해 매핑되며, 스토리지 공간은 가상 서버에 대한 파일 기반 스토리지로 에뮬레이트된다(그림 13.4). 하지만 가상 서버는 때때로 저수준의 블록 기반 스토리지에 직접 접근해야 할 필요가 있다. 예를 들어 클러스터가 구현되거나, LUN이 두 가상 서버 간 공유 클러스터 스토리지 장치로 사용될 때, 에뮬레이트된 어댑터를 통한 접근만으로는 충분하지 않다.

다이렉트 LUN 접근 아키텍처는 가상 서버에 물리 HBA 카드를 통한 LUN 접근을 제공하는데, 이는 동일한 클러스터 내에 있는 가상 서버들이 해당 LUN을 클러스터화된 데이터베이스용 공유 볼륨으로 활용할 수 있어 효과적이다. 이 솔루션을 구현한 후에는 물리 호스트가 LUN 및 클라우드 스토리지 장치에 대한 가상 서버의 물리적 연결을 활성화한다.

LUN은 하이퍼바이저에 LUN을 표시하기 위해 클라우드 스토리지 장치에서 생성 및 구성된다. 클라우드 스토리지 장치는 가상 서버에게 해당 LUN이 포맷되지 않았고 파티션되지 않은 초기 상태의 블록 기반 저수준 SAN LUN으로 표시되도록 저수준 장치 매핑을 사용해 구성해야 한다. LUN은 모든 가상 서버에서 공유 스토리지로 사용할 고유한 LUN ID로 나타내야 한다. 그림 13.5와 13.6은 가상 서버가 어떤 방식으로 블록 기반 스토리지 LUN에 직접 접근하는지 나타낸다.

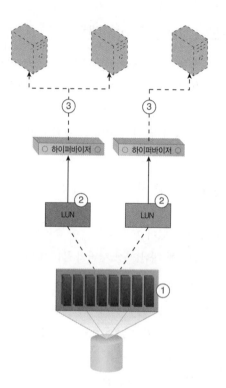

그림 13.4
클라우드 스토리지 장치가 설치 및 구성된다(1).
각 하이퍼바이저가 그들 고유의 LUN에 접근할
수 있도록 LUN 매핑이 정의되고, 모든 매핑된
LUN을 식별할 수 있다(2). 하이퍼바이저는 매핑
된 LUN을 정상적인 파일 기반 스토리지로 작동
하는 파일 기반 스토리지 형태로 가상 서버에게
표시한다(3).

가상 서버, 하이퍼바이저, 클라우드 스토리지 장치 이외에 다음과 같은 메커니즘들이 이 아키텍
처에 포함될 수 있다.

클라우드 사용 모니터: LUN의 직접 사용과 관계된 스토리지 사용 정보를 추적 및 수집한다.

사용량당 과금 모니터: 직접 LUN 접근에 대한 사용 비용 정보를 수집하고 별도로 분류한다.

자원 복제: 이 메커니즘은 가상 서버가 파일 기반 스토리지 대신 블록 기반 스토리지에 직접 접
근하는 방식과 관련 있다.

그림 13.5
클라우드 스토리지 장치가 설치 및 구성된다(1).
필요한 LUN이 생성되고 하이퍼바이저에 표시된
다(2). 하이퍼바이저는 표시된 LUN을 직접 가상
서버에 매핑한다(3). 가상 서버는 해당 LUN을 저
수준 블록 기반 스토리지로 간주하고 직접 접근
할 수 있다(4).

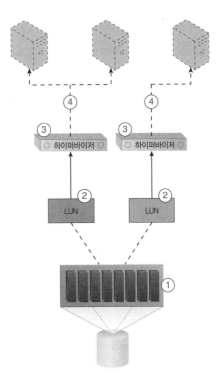

그림 13.6
하이퍼바이저가 가상 서버의 스토리지 명령을 전
달 받는다(5). 하이퍼바이저는 해당 요청을 처리
하고 이를 스토리지 프로세서에 전달한다(6).

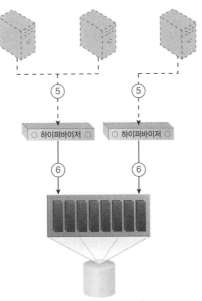

13.3 동적 데이터 정규화 아키텍처

중복 데이터는 클라우드 기반 환경에서 다음과 같은 다양한 문제를 유발할 수 있다.

- 파일을 저장하고 카탈로그를 작성하는 데 필요한 시간 증가
- 필요한 스토리지 및 백업 공간 증가
- 늘어난 데이터 볼륨에 따른 비용 증가
- 보조 스토리지 장치에 복제하는 데 필요한 시간 증가
- 데이터 백업에 필요한 시간 증가

예를 들어 클라우드 소비자가 100MB 크기의 파일을 클라우드 스토리지 장치에 복사하고, 해당 데이터가 10번 반복해 복사된다면, 이로 인한 영향은 상당히 심각할 수 있다.

- 클라우드 소비자는 실제로는 단 100MB의 고유한 데이터만 저장됨에도 불구하고 $10 \times 100MB$의 스토리지 공간을 사용한 만큼의 비용을 지불하게 될 것이다.
- 클라우드 제공자는 온라인 클라우드 스토리지 장치 및 기타 백업 스토리지 시스템에 불필요한 900MB의 공간을 제공해야 한다.
- 데이터를 저장하고 카탈로그를 작성하는 데 훨씬 많은 시간이 걸린다.
- 클라우드 제공자가 사이트 복구를 수행할 때마다 100MB 대신 1000MB가 복제돼야 하므로 데이터 복제 시간 및 성능이 불필요하게 늘어난다.

이러한 영향은 멀티테넌시 방식 퍼블릭 클라우드에서는 심각하게 확대될 수 있다.

동적 데이터 정규화 아키텍처는 중복 제거 시스템을 확립하는데, 이는 클라우드 스토리지 장치 상의 중복된 데이터를 탐지 및 제거해서 클라우드 소비자가 우연히 중복된 데이터 사본을 저장하는 사태를 방지한다. 이 시스템은 블록 및 파일 기반 스토리지 장치에 모두 적용될 수 있지만 블록 기반 스토리지 장치에서 가장 효과적이다. 이 중복 제거 시스템은 이미 저장해 둔 블록과 새로 받은 블록이 중복되는지 여부를 확인한다. 중복된 블록은 이미 스토리지 내 저장된 동일한 블록에 대한 포인터로 대체된다(그림 13.7).

중복 제거 시스템은 스토리지 컨트롤러로 전달받은 데이터를 넘기기 전에 이를 조사한다. 조사 프로세스의 일부로 해시 코드가 처리 및 저장된 모든 데이터 조각에 각각 할당된다. 해시와 데이터 조각들의 색인 또한 유지된다. 그 결과, 새로 전달받은 데이터 블록에 생성된 해시가 스토

리지 내의 해시와 비교돼 이 데이터 블록이 새로운 데이터를 포함하는지, 중복된 데이터 블록인지를 판별한다. 신규 블록은 저장되는 반면, 중복된 데이터는 제거되고 대신 원본 데이터 블록에 대한 포인터가 생성 및 저장된다.

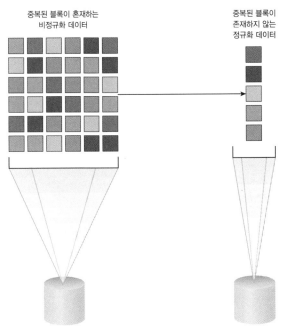

그림 13.7
중복 데이터를 포함하는 데이터 집합은 불필요하게 스토리지를 확장한다(왼쪽). 데이터 중복 제거 시스템은 데이터를 정규화해 유일하고 고유한 데이터만 저장되도록 한다(오른쪽).

이 아키텍처 모델은 디스크 스토리지 및 백업 테이프 드라이브에 모두 사용될 수 있다. 어떤 클라우드 제공자는 백업 클라우드 스토리지 장치상의 중복 데이터만 제거하도록 할 수 있고, 또 다른 제공자는 좀 더 공격적으로 데이터 중복 제거 시스템을 전 클라우드 스토리지 장치에 모두 구현할 수도 있다. 데이터 블록이 다른 블록과 중복됐는지 확인하기 위한 데이터 블록 비교 알고리즘에는 다양한 방식이 존재한다.

13.4 탄력적 네트워크 용량 아키텍처

IT 자원이 클라우드 플랫폼을 통해 필요에 따라 확장된다 하더라도, IT 자원에 대한 원격 접근은 네트워크 대역폭 제약에 영향을 받아 성능 및 확장성이 저해될 수 있다(그림 13.8).

탄력적 네트워크 용량 아키텍처는 런타임 병목 현상을 방지하기 위해 동적으로 네트워크에 추가적인 대역폭이 할당되는 시스템을 구축한다. 이 시스템은 각 클라우드 소비자가 개별 클라우드 소비자 트래픽의 흐름을 격리하기 위해 서로 다른 네트워크 포트 집합을 사용하도록 보장한다.

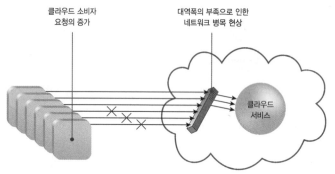

그림 13.8
사용할 수 있는 대역폭의 부족은 클라우드 소비자 요청에 대한 성능 이슈를 유발한다.

자동 확장 리스너와 지능형 자동화 엔진 스크립트가 트래픽이 대역폭 임계치에 도달할 때 이를 감지하고, 필요시 동적으로 추가적인 대역폭 및 네트워크 포트를 할당한다.

이 클라우드 아키텍처는 공유해서 사용할 수 있도록 만들어진 네트워크 포트를 포함하는 네트워크 자원 풀을 형성할 수 있다. 자동 확장 리스너가 작업 부하와 네트워크 트래픽을 감시하다가 지능형 자동화 엔진의 사용 변동에 대응해 할당된 네트워크 포트의 수나 대역폭을 변경하도록 신호를 보낸다.

단, 이 아키텍처 모델이 가상 스위치 수준에서 구현된 경우에는 지능형 자동화 엔진이 가상 스위치에 물리 업링크를 추가하는 별도의 스크립트를 실행할 필요가 있을 수 있다. 또한 가상 서버에 할당된 네트워크 대역폭을 늘리는 것에 다이렉트 I/O 접근 아키텍처도 포함될 수 있다.

자동 확장 리스너 이외에 다음과 같은 메커니즘이 이 아키텍처의 일부가 될 수 있다.

- **클라우드 사용 모니터:** 확장 전, 도중 및 이후에 탄력적 네트워크 용량을 추적한다.
- **하이퍼바이저:** 가상 서버에 가상 스위치와 물리 업링크를 통한 물리 네트워크로의 접근을 제공한다.
- **논리 네트워크 경계:** 이 메커니즘은 각 클라우드 소비자에게 할당된 네트워크 용량을 제공하는 데 필요한 경계를 형성한다.
- **사용량당 과금 모니터:** 동적 네트워크 대역폭 소비와 연관된 과금 관련 데이터를 지속적으로 추적한다.
- **자원 복제:** 작업 부하 수요에 대응해 물리 및 가상 서버에 네트워크 포트를 추가하는 데 사용된다.
- **가상 서버:** 이는 네트워크 자원이 할당되는 IT 자원 및 클라우드 서비스를 호스트하며 네트워크 용량의 확장에 영향을 받는다.

13.5 스토리지 장치간 수직 계층화 아키텍처

클라우드 스토리지 장치는 때로 클라우드 소비자의 성능 요구 사항을 수용할 수 없어 IOPS를 개선하기 위해 데이터 프로세싱 파워나 대역폭을 추가해야 한다. 이러한 기존 수직 확장 방식은 일반적으로 비효율적이고 구현에 많은 시간이 소요되며, 추가된 용량이 더 이상 필요하지 않은 경우 낭비가 될 수 있다.

그림 13.9와 13.10의 시나리오는 LUN에 대한 접근 요청 수가 증가해 고성능 클라우드 스토리지 장치로 수동 전송해야 하는 방식을 보여준다.

스토리지 장치간 수직 계층화 아키텍처는 서로 다른 용량을 가진 스토리지 장치간 수직 확장을 통해 대역폭 및 데이터 프로세싱 파워 제약 사항을 극복하는 시스템을 구축한다. 이 시스템에서는 여러 장치에서 LUN을 자동으로 확장 및 축소할 수 있으므로 적절한 스토리지 장치 수준을 사용해 클라우드 소비자 작업을 수행할 수 있다.

자동 계층화 기술이 데이터를 동일한 스토리지 처리 용량을 가진 클라우드 스토리지 장치로 이관할 수 있는 경우에도 용량이 늘어난 신규 클라우드 스토리지 장치를 쓸 수 있다. 예를 들어 SSD^{Solid-State Drives}가 데이터 프로세싱 파워 업그레이드용으로 적합한 장치가 될 수 있다.

그림 13.9
클라우드 제공자는 클라우드 스토리지 장치를 설치 및 구성한다(1). 그리고 클라우드 서비스 소비자가 사용할 수 있도록 만들어진 LUN을 생성한다(2). 클라우드 서비스 소비자는 클라우드 스토리지 장치로 데이터 접근 요청을 시작한다(3). 클라우드 스토리지 장치는 해당 요청을 LUN에 전달한다(4).

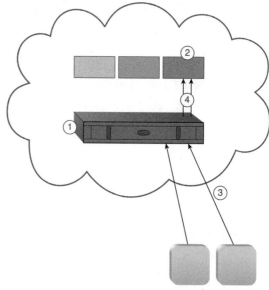

클라우드 서비스 소비자

그림 13.10
요청의 수가 증가하면서 높은 스토리지 대역폭 및 성능 수요를 초래한다(5). 클라우드 스토리지 장치 내 성능 용량의 제약 때문에 요청들 중 일부는 처리 거부되거나 타임 아웃된다(6).

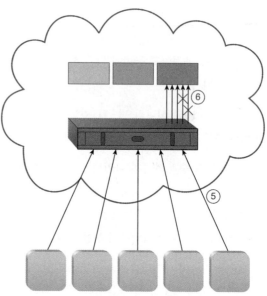

클라우드 서비스 소비자

370

자동 확장 리스너가 특정 LUN에 전달되는 요청을 감시하고 미리 정의된 임계치에 도달한 경우 더 많은 용량을 가진 장치로 LUN을 이관하도록 스토리지 관리 프로그램에 신호를 보낸다. 이전하는 도중에 연결이 끊어지지 않기 때문에 서비스 중단이 예방된다. LUN 데이터가 다른 장치로 확장되는 동안에 본래 장치는 계속 실행 중이다. 확장 프로세스가 완료되자마자 클라우드 소비자 요청은 신규 클라우드 스토리지 장치로 자동 재전송된다(그림 13.11에서 13.13).

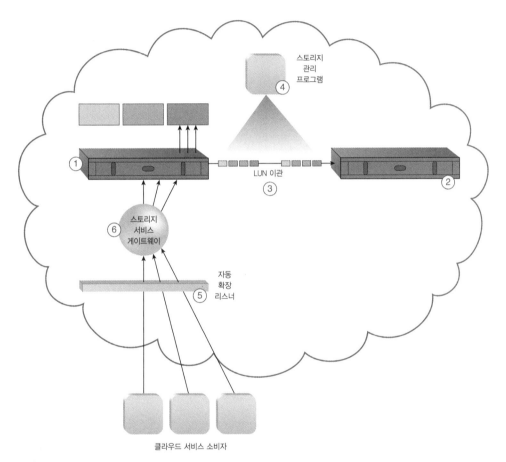

그림 13.11
저용량 주 클라우드 스토리지 장치가 클라우드 서비스 소비자 스토리지 요청에 대응 중이다(1). 고용량 및 고성능을 보이는 보조 클라우드 스토리지 장치가 설치된다(2). LUN 이관 프로그램(3)이 장치 성능에 기반해 스토리시를 분류하기 위해 구성되는 스토리지 관리 프로그램(4)을 통해 구성된다. 요청을 감시하는 자동 확장 리스너 내에 임계치가 정의된다(5). 클라우드 서비스 소비자 요청은 스토리지 서비스 게이트웨이를 통해 수용되고 주 클라우드 스토리지 장치에 전달된다(6).

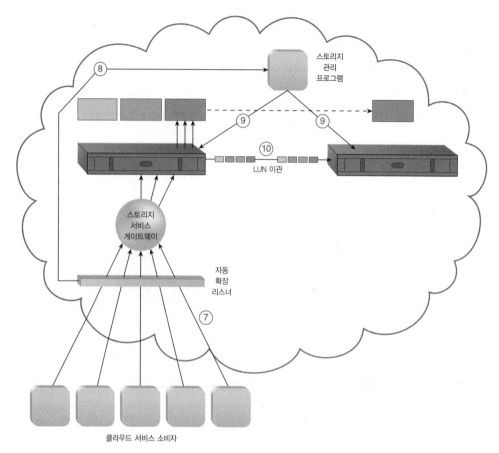

그림 13.12

클라우드 서비스 소비자 요청의 수가 미리 정의된 임계치에 도달한다(7). 그리고 자동 확장 리스너가 스토리지 관리 프로그램에 확장이 필요함을 알린다(8). 스토리지 관리 프로그램은 해당 클라우드 소비자의 LUN을 고용량 보조 스토리지 장치로 이관하도록 LUN 이관 프로그램에 지시하고(9) LUN 이관 프로그램은 이관을 실행한다(10).

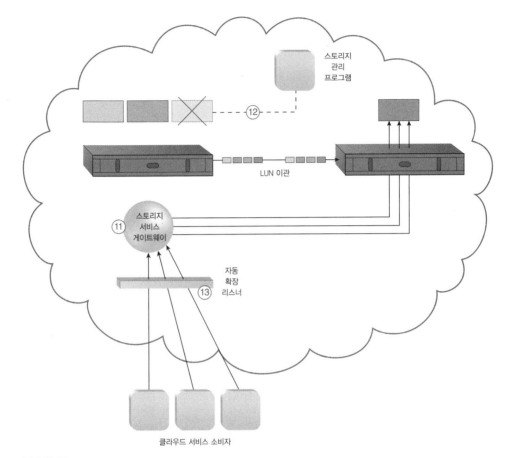

스토리지
관리
프로그램

LUN 이관

스토리지
서비스
게이트웨이

자동
확장
리스너

클라우드 서비스 소비자

그림 13.13
스토리지 서비스 게이트웨이는 클라우드 서비스 소비자의 요청을 해당 LUN으로부터 신규 클라우드 스토리지 장치로 전달한다(11). 기존 LUN은 스토리지 관리 프로그램과 LUN 이관을 통해 저용량 장치에서 삭제된다(12). 자동 확장 리스너가 클라우드 서비스 소비자 요청을 감시해 요청이 이관된 LUN이 존재하는 고용량 보조 스토리지로의 접근을 지속적으로 요구하는 것을 확인한다(13).

자동 확장 리스너 및 클라우드 스토리지 장치 이외에, 다음과 같은 메커니즘이 이 기술 아키텍처에 포함될 수 있다.

- **감사 모니터:** 이 모니터가 수행하는 감사 작업은 클라우드 소비자의 데이터 재배치가 법적, 혹은 개인 정보 보호 규제나 정책에 어긋나지 않는지 여부를 확인한다.
- **클라우드 사용 모니터:** 이 인프라 메커니즘은 원본 및 대상 스토리지 위치에서 데이터 전송과 사용을 추적 및 기록하기 위한 다양한 런타임 모니터링 요구 사항을 나타낸다.
- **사용량당 과금 모니터:** 이 아키텍처의 맥락에서 사용량당 과금 모니터는 원본 및 대상 스토리지 위치의 사용 정보뿐 아니라, 스토리지 장치간 계층화 기능을 수행하는 데 쓰인 IT 자원 사용 정보를 수집한다.

13.6 내부 스토리지 장치 수직 데이터 계층화 아키텍처

일부 클라우드 소비자들은 데이터의 물리적 위치를 단일 클라우드 스토리지 장치로 제한하는 특별한 데이터 스토리지 요구 사항을 가질 수도 있다. 보안, 개인 정보 보호, 기타 다양한 법적인 이유로 다른 클라우드 저장 장치를 통한 작업 부하의 배포가 금지될 수도 있다. 이러한 제한 사항은 장치의 저장 및 성능 용량에 심각한 확장성의 제약을 초래할 수 있다. 이 제약 사항은 나아가 클라우드 스토리지 장치의 사용에 의존하는 클라우드 서비스나 애플리케이션에 파급 효과를 미칠 수 있다.

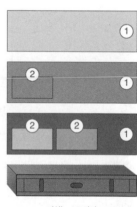

저성능 스토리지

그림 13.14
클라우드 내부 스토리지 장치 시스템은 다양한 계층으로 등급화된 디스크 유형을 거쳐 수직적으로 확장한다(1). 각 LUN은 그 처리 및 스토리지 요구 사항에 맞는 계층으로 이관된다(2).

내부 스토리지 장치 수직 데이터 계층화 아키텍처는 단일 클라우드 스토리지 장치 내 수직 확장을 지원하는 시스템을 구축한다. 이 내부 장치 확장 시스템은 용량이 다른 다양한 유형의 디스크 가용성을 최적화시킨다(그림 13.14).

이 클라우드 스토리지 아키텍처는 다양한 종류의 하드 디스크를 지원하는 복잡한 스토리지 장치를 사용해야 하는데, 이는 특히 **SATA, SAS, SSD**와 같은 고성능 디스크들을 포함한다. 디스크 유형은 등급화된 계층으로 구성돼, 처리 및 용량 요구 사항과 일치하는 디스크 유형이 할당되면 그에 따라 LUN 이관 프로그램이 장치를 수직 확장할 수 있다.

디스크가 분류된 이후에 데이터 로드 조건 및 정의가 설정되면, 미리 정의된 조건에 부합하는 경우 상위 혹은 하위 등급으로 LUN이 이동할 수 있다. 이러한 임계치와 조건들은 자동 확장 리스너가 런타임 데이터 처리 트래픽을 감시할 때 사용한다(그림 13.15에서 13.17).

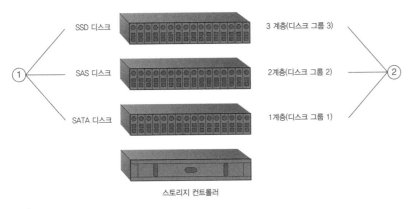

그림 13.15
클라우드 스토리지 장치 영역 내 여러 다른 종류의 하드 디스크들이 설치된다(1). 유사한 디스크 종류들은 I/O 성능을 기반으로 다양한 등급의 디스크 그룹을 생성하도록 여러 계층으로 그룹화된다(2).

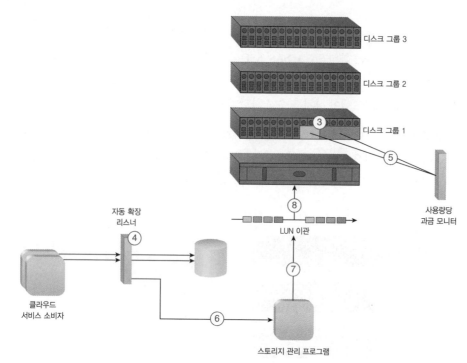

그림 13.16

디스크 그룹 1에 두 개의 LUN이 생성됐다(3). 자동 확장 리스너는 미리 정의된 임계치와 관련해 사용자의 요청을 감시한다 (4).
사용량당 과금 모니터는 여유 공간 및 디스크 그룹 성능을 토대로 실제 디스크 사용량을 추적한다(5). 자동 확장 리스너는 요청
된 수가 임계치에 도달했는지 파악하고, 스토리지 관리 프로그램에 고성능 디스크 그룹으로 해당 LUN이 이관될 필요가 있음을
알린다(6). 스토리지 관리 프로그램은 LUN 이관 프로그램에 요청된 이관을 수행하도록 신호를 보낸다(7). LUN 이관 프로그램은
고용량 디스크 그룹 2로 해당 LUN을 이관하기 위해 스토리지 컨트롤러와 합작한다(8).

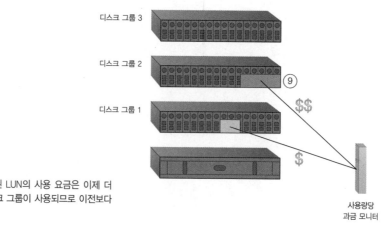

그림 13.17

디스크 그룹 2로 이관된 LUN의 사용 요금은 이제 더
높은 성능을 내는 디스크 그룹이 사용되므로 이전보다
높아진다(9).

376

13.7 로드 밸런싱 가상 스위치 아키텍처

가상 서버들은 동일한 업링크를 통해 트래픽을 주고받는 가상 스위치를 통해 외부와 연결된다. 대역폭 병목 현상은 업링크 포트상의 네트워크 트래픽이 전송 지연, 성능 이슈, 패킷 손실 및 지연 시간^lag time을 유발하는 시점까지 증가할 때 발생한다(그림 13.18과 13.19).

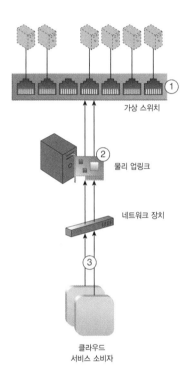

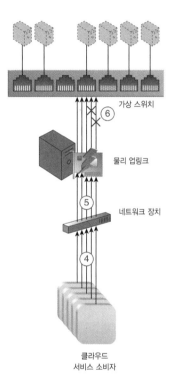

그림 13.18
가상 스위치가 가상 서버들을 상호 연결한다(1). 물리 네트워크 어댑터가 물리 (외부) 네트워크로의 업링크로 활용될 수 있게 가상 스위치에 연결돼, 가상 서버들을 클라우드 소비자들에게 연결한다(2). 클라우드 서비스 소비자들은 물리 업링크를 통해 요청을 전송한다(3).

그림 13.19
물리 업링크를 통해 지나가는 트래픽의 양은 요청의 수가 증가함에 따라 나란히 증가한다. 물리 네트워크 어댑터를 통해 처리 및 전달돼야 할 필요가 있는 패킷의 수 역시 증가한다(4). 물리 어댑터는 네트워크 트래픽이 용량을 초과했기 때문에 워크로드를 처리할 수 없다(5). 네트워크에는 병목 현상이 생겨 성능 저하가 발생하고 지연에 민감한 데이터 패킷의 손실이 발생한다(6).

로드 밸런싱 가상 스위치 아키텍처는 다중 업링크나 중복 경로에서 네트워크 트래픽 작업 부하의 균형을 유지하도록, 다중 업링크를 지원하는 부하 분산 시스템을 구축하며, 이는 전송 속도가 느려지거나 데이터가 손실되는 것을 방지할 수 있다(그림 13.20). 링크 집계$^{Link\ aggregation}$가 트래픽의 균형을 맞추기 위해 실행될 수 있으며, 동시에 다중 업링크에 작업 부하를 분산시켜 네트워크 카드에 과부하가 걸리지 않도록 한다.

가상 스위치는 일반적으로 트래픽 쉐이핑 정책을 정의한 NIC 팀으로 구성된 다중 물리 업링크를 지원할 수 있도록 구성해야 한다.

이 아키텍처에는 다음과 같은 메커니즘들이 포함된다.

- **클라우드 사용 모니터:** 네트워크 트래픽과 대역폭 사용을 감시하는 데 사용된다.

- **하이퍼바이저:** 이 메커니즘은 가상 서버에 가상 스위치와 외부 네트워크에 대한 접근을 제공 및 운영한다.

- **로드 밸런서:** 서로 다른 업링크에 걸쳐 네트워크 작업 부하를 분배한다.

- **논리 네트워크 경계:** 각 클라우드 소비자의 대역폭 사용을 보호하고 제한하는 경계를 만든다.

- **자원 복제:** 이 메커니즘은 가상 스위치에 대한 추가 업링크를 생성하는 데 사용된다.

- **가상 서버:** 가상 스위치를 통해 추가 업링크 및 대역폭의 혜택을 받는 IT 자원을 제공한다.

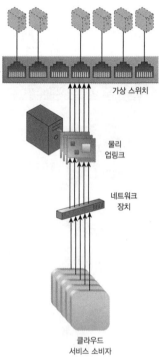

그림 13.20
부가적인 물리 업링크가 네트워크 트래픽을 분배 및 분산시키는 데 추가될 수 있다.

378

13.8 다중 경로 자원 접근 아키텍처

특정 IT 자원은 자원이 있는 정확한 위치로 안내하는 할당 경로(혹은 하이퍼링크)를 통해서만 접근할 수 있다. 이 경로는 손실될 수도 있고, 클라우드 소비자가 잘못 정의하거나 클라우드 제공자에 의해 변경될 수도 있다. 클라우드 소비자가 현재 소유하지 않은 하이퍼링크가 연결된 IT 자원은 접근할 수 없고 사용할 수 없게 된다(그림 13.21). IT 자원의 비가용성으로 인한 예외 상황은 해당 IT 자원에 의존하는 대규모 클라우드 솔루션의 안정성에 악영향을 미칠 수 있다.

그림 13.21
물리 서버 A는 단일 파이버 채널을 통해 LUN A와 연결되며, 해당 LUN에 여러 다른 종류의 데이터를 저장한다. 파이버 채널 연결은 HBA 카드에 장애가 발생하면 사용할 수 없게 되고, 물리 서버 A가 사용 하던 경로를 유효하지 않게 만든다. 이에 따라 이제 LUN A와 이에 저장된 모든 데이터에 대한 접근을 잃게 된다.

물리 서버 A

다중 경로 자원 접근 아키텍처는 IT 자원에 대한 대체 경로가 있는 다중 경로 지정 시스템을 구축하므로 클라우드 소비자는 특정 경로에 장애가 생기더라도 프로그래밍 방식, 혹은 수동으로 경로 오류를 극복할 수 있다(그림 13.22).

이 기술 아키텍처는 다중 경로 시스템을 사용하고 특정 IT 자원에 할당된 대체 물리 또는 가상 하이퍼링크의 생성을 필요로 한다. 다중 경로 지정 시스템은 서버나 하이퍼바이저상에 상주하면서 각 대체 경로에도 동일하게 해당 IT 자원이 보이게 해준다(그림 13.23).

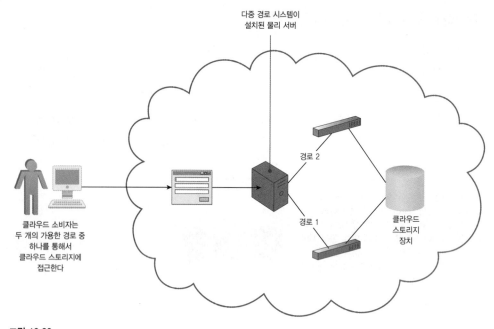

다중 경로 시스템이
설치된 물리 서버

경로 2

경로 1

클라우드
스토리지
장치

클라우드 소비자는
두 개의 가용한 경로 중
하나를 통해서
클라우드 스토리지에
접근한다

그림 13.22
다중 경로 시스템이 클라우드 스토리지 장치로 연결되는 대안 경로들을 제공한다.

이 아키텍처는 다음 메커니즘들을 포함할 수 있다.

- **클라우드 스토리지 장치:** 이 장치는 데이터 접근에 의존하는 솔루션에 계속 접근할 수 있는 대체 경로를 만들어야 하는 공통 IT 자원이다.
- **하이퍼바이저:** 호스트된 가상 서버에 대한 링크가 단절된 경우 하이퍼 바이저로 연결되는 대체 경로가 필요하다.
- **논리 네트워크 경계:** 이 메커니즘은 동일한 IT 자원에 다중 경로가 생겼을 때도 클라우드 소비자의 개인 정보를 지속적으로 보호한다.
- **자원 복제:** 이 메커니즘은 대체 경로를 생성하고자 IT 자원의 신규 인스턴스를 생성해야 하는 경우에 필요하다.
- **가상 서버:** 다양한 링크 혹은 가상 스위치를 통해 다중 경로 접근이 가능한 IT 자원을 제공한다. 하이퍼바이저는 가상 서버에 대한 다중 경로 접근을 제공할 수 있다.

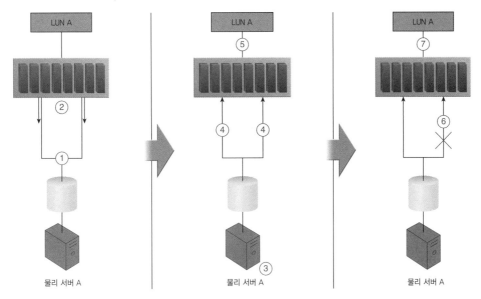

그림 13.23

물리 서버 A가 두 개의 다른 경로를 통해 LUN A 클라우드 스토리지 장치에 연결된다(1). LUN A는 각 두 경로에 서로 다른 LUN으로 표시된다(2). 다중 경로 시스템이 구성된다(3). LUN A는 이제 두 경로에서 모두 동일한 LUN으로 표시된다(4). 그리고 물리 서버 A는 두 개의 다른 경로로부터 LUN A로 접근할 수 있다(5). 링크 장애가 일어나고 두 경로 중 하나가 사용할 수 없게 된다(6). 물리 서버 A는 다른 링크가 여전히 활성화돼 있기 때문에 LUN A를 계속 사용할 수 있다(7).

13.9 영구적 가상 네트워크 구성 아키텍처

가상 서버의 네트워크 구성 및 포트 할당은 가상 서버를 호스트하는 호스트 물리 서버와 하이 퍼바이저에서 가상 스위치를 생성하는 동안 진행된다. 이러한 구성 및 할당 작업은 가상 서버와 직결된 호스팅 환경에서 적용되는데, 이는 곧 가상 서버가 다른 호스트로 옮겨가거나 이관되면 대상 호스팅 환경에는 필요한 포트 할당과 네트워크 구성 정보가 없기 때문에 네트워크 연결을 잃게 될 것이라는 의미다(그림 13.24).

영구 가상 네트워크 구성 아키텍처에서는 네트워크 구성 정보가 중앙 집중화된 위치에 저장되고 물리 서버 호스트에 복제된다. 이렇게 하면 가상 서버를 한 호스트에서 다른 호스트로 이동할 때 대상 호스트가 구성 정보에 접근할 수 있다.

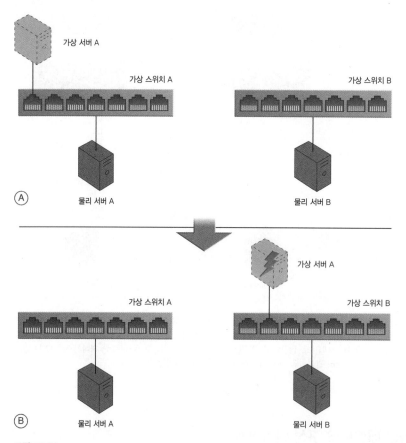

그림 13.24

A면에서는 가상 서버 A가 물리 서버 A상에 생성된 가상 스위치 A를 통해 네트워크에 연결됨을 보여준다. B면에서는 가상 서버 A가 물리 서버 B로 이동한 후에 가상 스위치 B를 통해 연결된다. 가상 서버는 구성 설정 정보를 찾을 수 없기 때문에 네트워크에 연결할 수 없다.

이 아키텍처로 형성되는 시스템은 중앙 집중형 가상 스위치, VIM, 구성 복제 기술을 포함한다. 중앙 집중형 가상 스위치는 물리 서버 간 공유되며, VIM을 통해 구성된다. VIM은 물리 서버에 구성 설정의 복제 작업을 시작한다(그림 13.25).

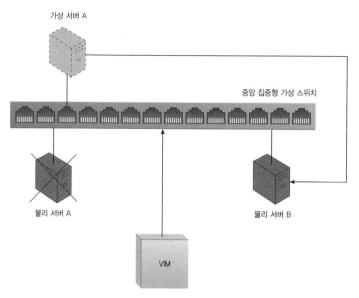

그림 13.25

가상 스위치의 구성 설정은 VIM이 유지하며, VIM은 이러한 설정들이 다른 물리 서버에 복제되도록 확인한다. 중앙 집중형 가상 스위치가 게시되고, 각 호스트 물리 서버는 해당 포트 중 몇 개를 할당받는다. 가상 서버 A는 물리 서버 A에 장애가 생기면 물리 서버 B로 이동한다.

가상 서버의 네트워크 설정은 두 물리 서버가 공유하는 중앙 집중형 가상 스위치에 저장되기 때문에 조회가 가능하다. 가상 서버 A는 신규 호스트인 물리 서버 B상에서도 네트워크 연결을 유지한다.

이 아키텍처가 이관 시스템을 제공하는 가상 서버 메커니즘 외에도 다음 메커니즘들이 포함될 수 있다.

- **하이퍼바이저:** 구성 설정이 물리 호스트간에 복제돼야 하는 가상 서버를 호스팅한다.
- **논리 네트워크 경계:** 가상 서버가 이전되기 전후에 가상 서버 및 IT 자원에 대한 접근이 적절한 클라우드 소비자에 한해 격리돼 허용됨을 보장한다.
- **자원 복제:** 자원 복제 메커니즘은 중앙 집중형 가상 스위치를 통해 하이퍼바이저 간 가상 스위치 구성 및 네트워크 용량 할당을 복제하는 데 사용된다.

13.10 가상 서버용 중복 물리 연결 아키텍처

가상 서버는 가상 스위치 업링크 포트를 통해 외부 네트워크와 연결되는데, 이는 곧 업링크에 장애가 발생하면 가상 서버가 외부 네트워크로부터 고립되고 연결이 단절됨을 뜻한다(그림 13.26).

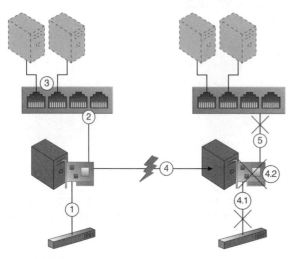

그림 13.26
호스트 물리 서버에 설치된 물리 네트워크 어댑터가 네트워크상 물리 스위치에 연결된다(1). 두 개의 가상 서버가 사용할 가상 스위치가 생성된다. 물리 네트워크 어댑터가 업링크 역할을 하는 가상 스위치에 부착되는데, 이는 물리 (외부)네트워크로의 접근을 필요로 하기 때문이다(2). 가상 서버는 부착된 물리 업링크 네트워크 카드를 통해 외부 네트워크와 통신한다(3). 물리 어댑터와 물리 스위치 간 물리 링크 연결의 이슈(4.1) 또는 물리 네트워크 카드의 장애(4.2) 때문에 연결 장애가 발생한다. 가상 서버는 물리 외부 네트워크로의 연결을 잃고 클라우드 소비자가 더 이상 접근할 수 없게 된다(5).

가상 서버용 중복 물리 연결 아키텍처는 하나 이상의 중복 업링크 연결을 맺고 이들을 스탠바이 모드로 둔다. 이 아키텍처는 주 업링크 연결이 사용할 수 없게 됐을 때 중복 업링크 연결을 사용해 활성화된 업링크에 연결할 수 있도록 한다(그림 13.27).

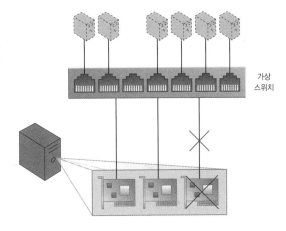

그림 13.27
여러 가상 서버들을 운영중인 물리 서버에 중복
업링크가 설치된다. 업링크에 장애가 발생했을
때 가상 서버의 활성 네트워크 연결을 유지하기
위해 다른 업링크가 사용된다.

가상
스위치

가상 서버와 사용자들에게 모두 투명한 프로세스로, 주 업링크에 장애가 생기는 즉시 스탠바이 업링크가 자동으로 활성 업링크가 되고 가상 서버들은 새롭게 활성화된 업링크를 사용해 외부로 패킷을 보낸다. 보조 NIC는 주 업링크가 활성 상태인 동안에는 가상 서버의 패킷을 받는다 할지라도 트래픽을 전송하지 않는다. 하지만 주 업링크에 장애가 생기면 즉시 보조 업링크가 패킷을 전송하기 시작할 것이다(그림 13.28에서 13.30). 장애가 발생한 업링크가 복구돼 정상 운영되기 시작하면 다시 주 업링크가 되고, 보조 NIC은 스탠바이 모드로 돌아간다.

그림 13.28
신규 네트워크 어댑터가 중복 업링크를 지원할
용도로 추가된다(1). 두 네트워크 카드는 외부 물
리 스위치에 연결되며(2), 두 물리 네트워크 어댑
터가 가상 스위치용 업링크 어댑터로 사용되도록
구성된다(3).

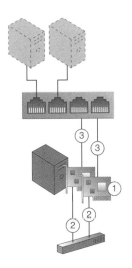

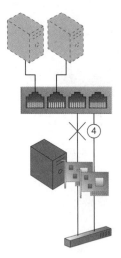

그림 13.29
한 물리 네트워크 어댑터가 주 어댑터로 선임될
때, 다른 어댑터는 스탠바이 업링크를 제공하는
보조 어댑터가 된다. 보조 어댑터는 패킷을 전송
하지 않는다.

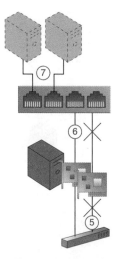

그림 13.30
물리 업링크를 쓸 수 없게 된다(5). 보조 스탠바
이 업링크가 자동으로 활성화되고 가상 스위치를
사용해 가상 서버의 패킷을 외부 네트워크로 보
낸다(6). 가상 서버는 중단 없이 외부 네트워크와
의 연결을 유지한다(7).

가상 서버 이외에 다음 메커니즘들이 일반적으로 이 아키텍처의 일부가 된다.

- **장애 조치 시스템:** 사용할 수 없는 업링크를 스탠바이 업링크로 전환한다.

- **하이퍼바이저:** 가상 서버와 일부 가상 스위치를 운영하며 가상 서버로의 접근을 포함하
  는 가상 네트워크 및 가상 스위치를 제공한다.

- **논리 네트워크 경계:** 각 클라우드 소비자에게 할당되거나 정의된 가상 스위치가 별개로
  유지되도록 한다.

- **자원 복제:** 네트워크 연결을 유지하기 위해 활성 업링크의 현재 상태를 스탠바이 업링
  크로 복제하는 데 사용된다.

13.11 스토리지 유지 관리 윈도우 아키텍처

클라우드 스토리지 장치는 때로 일시적으로 다운 타임을 필요로 하는 유지 보수 및 관리 작업의 영향을 받는데, 이는 곧 클라우드 서비스 소비자와 IT 자원이 이러한 장치 및 저장된 데이터에 대한 접근을 일시적으로 잃게 되는 것을 의미한다(그림 13.31).

실시간 스토리지 이관

실시간 스토리지 이관 프로그램은 LUN 이관 컴포넌트를 활용해 목적지 복제본이 완벽히 정상적으로 운영됨을 확인할 때까지 원본을 활성화 상태로 유지하면서 안전하게 LUN을 이동시키는 정교한 시스템이다.

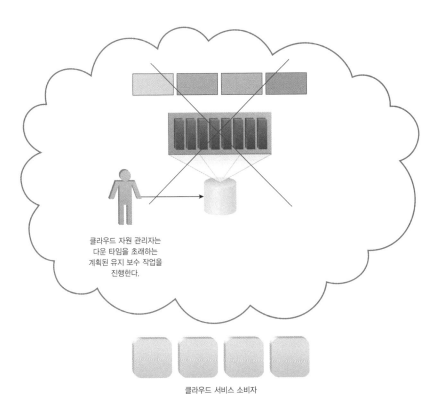

클라우드 자원 관리자는 다운 타임을 초래하는 계획된 유지 보수 작업을 진행한다.

클라우드 서비스 소비자

그림 13.31
클라우드 자원 관리자는 클라우드 스토리지 장치에 다운 타임을 초래하는 미리 계획된 유지 보수 작업을 수행하고, 클라우드 서비스 소비자들은 해당 클라우드 스토리지 장치를 사용할 수 없게 된다. 클라우드 소비자들은 미리 다운 타임에 대한 공지를 받았기 때문에 해당 기간에 데이터 접근을 시도하지 않는다.

유지 보수 다운 타임의 영향을 받게 될 클라우드 스토리지 장치의 데이터는 일시적으로 이중화된 보조 클라우드 스토리지 장치에 옮겨질 수 있다. 스토리지 유지 관리 윈도우 아키텍처를 활용하면 클라우드 서비스 소비자가 주 스토리지 장치가 오프라인 상태가 된 것을 인식하지 않고도 요청을 보조 클라우드 스토리지 장치로 자동 재전송할 수 있다.

이 아키텍처는 그림 13.32부터 13.37에서 볼 수 있는 바와 같이 실시간 스토리지 이관 프로그램을 활용한다.

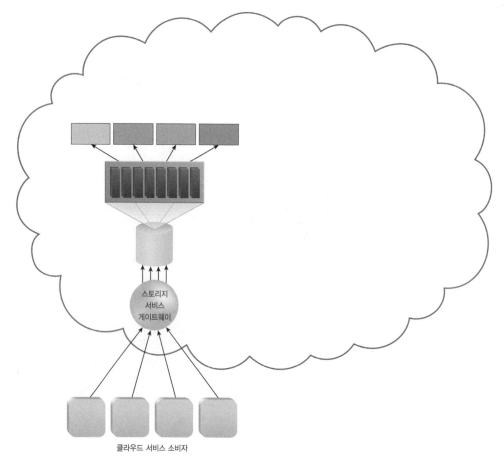

그림 13.32
클라우드 스토리지 장치에는 유지 보수를 위한 다운 타임이 계획돼 있지만, 그림 13.31에 나타난 시나리오와 달리 클라우드 서비스 소비자는 다운 타임에 대한 공지를 받지 못했으며 해당 기간에 클라우드 스토리지 장치에 접근한다.

388

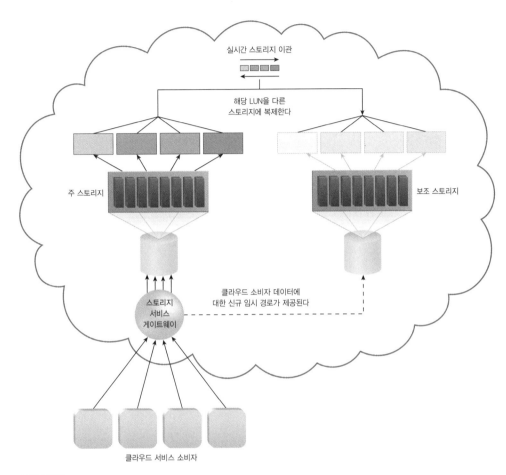

실시간 스토리지 이관

해당 LUN을 다른
스토리지에 복제한다

주 스토리지

보조 스토리지

스토리지
서비스
게이트웨이

클라우드 소비자 데이터에
대한 신규 임시 경로가 제공된다

클라우드 서비스 소비자

그림 13.33
실시간 스토리지 이관 프로그램이 LUN을 주 스토리지에서 보조 스토리지로 옮긴다.

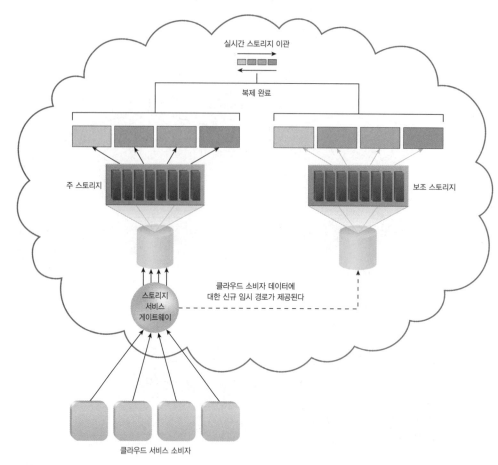

그림 13.34

데이터에 대한 요청이 해당 LUN의 데이터가 이관되고 나면 보조 스토리지 장치상의 복제된 LUN에 전달된다.

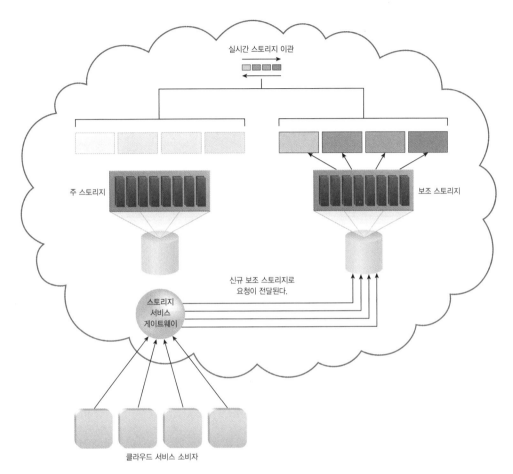

실시간 스토리지 이관

주 스토리지

보조 스토리지

신규 보조 스토리지로
요청이 전달된다.

스토리지
서비스
게이트웨이

클라우드 서비스 소비자

그림 13.35
주 스토리지가 유지 보수 작업으로 인해 다운된다.

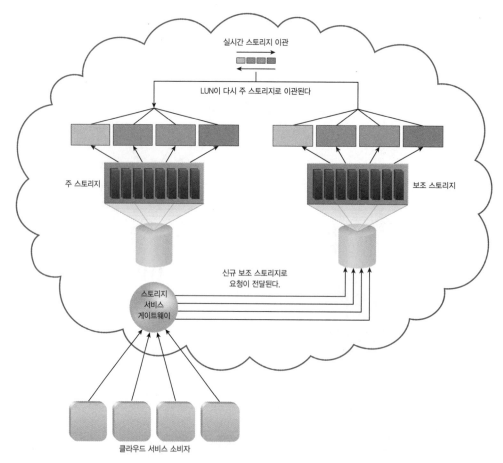

그림 13.36

유지 보수 작업이 완료되면 주 스토리지가 다시 온라인이 된다. 실시간 스토리지 이관 프로그램이 보조 스토리지 장치에서 LUN 데이터를 옮겨 주 스토리지 장치로 복원한다.

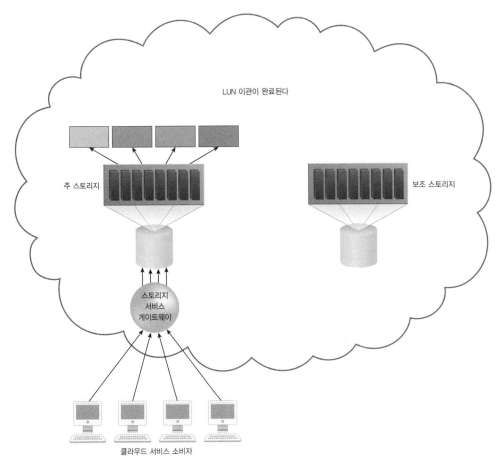

LUN 이관이 완료된다

주 스토리지

보조 스토리지

스토리지
서비스
게이트웨이

클라우드 서비스 소비자

그림 13.37
실시간 스토리지 이관 프로세스가 완료되고 모든 데이터 접근 요청이 주 클라우드 스토리지 장치로 다시 전달된다.

이 아키텍처의 핵심인 클라우드 스토리지 장치 메커니즘 외에도 자원 복제 메커니즘을 사용해
주 스토리지 및 보조 스토리지 장치를 동기화된 상태로 유지할 수 있다. 수동 및 자동으로 시작
된 장애 조치는 장애 조치 시스템 메커니즘을 통해 이 클라우드 아키텍처에 포함될 수 있다.

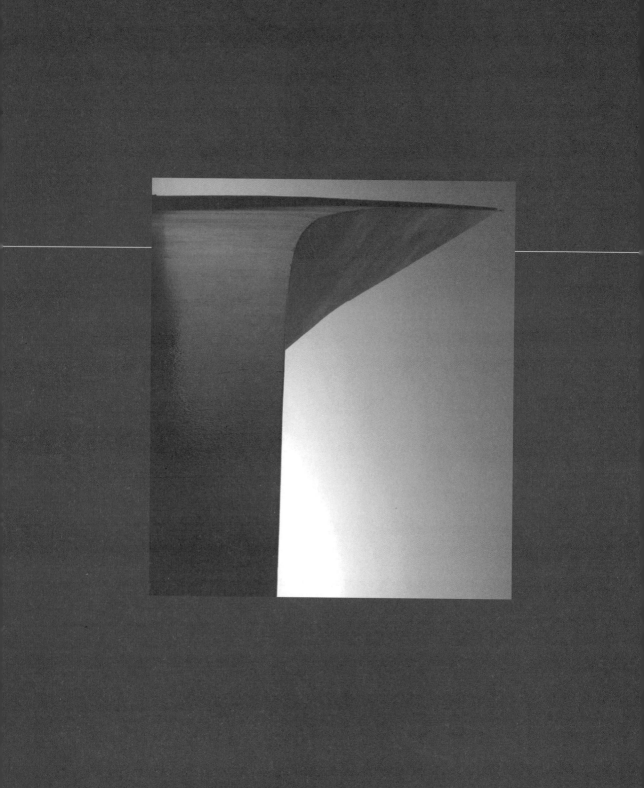

클라우드 실전

4부의 각 장에서는 클라우드 환경과 클라우드 기반 기술의 계획 또는 사용과 관련된 여러 주제를 다룬다. 각 장에서 제공하는 여러 가지 고려 사항과 전략 및 지표는 이전 장에서 다룬 주제와 실제 요구 사항 및 제약 사항을 연결해준다.

클라우드 제공 모델
고려 사항

이전 장의 대부분은 클라우드 환경의 인프라와 아키텍처 계층을 정의하고 구성하기 위해 사용하는 기술과 모델을 중점적으로 다뤘다. 14장에서는 IaaS와 PaaS, SaaS 기반 환경의 컨텍스트 내에서 실제로 고려해야 할 여러 가지 사항을 설명하기 위해 4장에서 소개한 클라우드 제공 모델에 대해서 다시 설명한다.

14장은 클라우드 제공자 및 클라우드 소비자와 관련된 클라우드 제공 모델의 문제를 다 루는 두 개의 주요 절로 구성된다.

14.1 클라우드 제공 모델: 클라우드 제공자 관점

이 절에서는 클라우드 제공자의 관점에서 IaaS와 PaaS, SaaS 클라우드 제공 모델의 아키텍처와 관리에 대해 알아본다. 대규모 환경의 일부로 이러한 클라우드 기반 환경을 통합 및 관리하는 방법과 클라우드 제공자가 다양한 기술 및 클라우드 메커니즘의 조합을 활용하는 방식을 살펴 본다.

IaaS 환경 구축하기

가상 서버와 클라우드 스토리지 장치 메커니즘은 IaaS 환경에서 표준적인 신속한 프로비저닝 아키텍처의 일부로 제공되는 가장 기본적인 두 가지 IT 자원이다. 가상 서버와 클라우드 스토리지 장치는 다음과 같은 속성으로 정의되는 다양한 표준화된 구성으로 제공된다.

- 운영체제
- 주 메모리 용량
- 처리 용량
- 가상화 스토리지 용량

기본 물리 IT 자원의 프로비저닝을 단순화하기 위해 메모리와 가상화 스토리지 용량은 대개 1GB 단위로 할당한다. 클라우드 소비자의 가상화 환경 접근을 제한하는 경우 클라우드 제공자는 미리 정의된 구성을 캡처한 가상 서버 이미지로 IaaS 제공품을 우선적으로 구성한다. 어떤 클라우드 제공자들은 클라우드 소비자에게 물리 IT 자원에 대한 직접적인 관리 권한을 제공할 것이다. 이 경우 베어 메탈 프로비저닝 아키텍처가 작동할 수 있다.

수평, 수직 확장 요구 사항을 지원하기 위해 백업과 복제를 목적으로 가상 IaaS 환경의 현재 상태와 메모리, 설정을 기록하는 가상 서버 스냅샷을 사용할 수 있다. 예를 들어 가상 서버는 스냅샷을 사용해 수직 확장으로 용량을 늘린 후에 다른 호스팅 환경에서 다시 초기화할 수 있다. 스냅샷을 사용해 가상 서버를 복제할 수도 있다. 사용자 정의 가상 서버 이미지의 관리는 원격 운영 시스템 메커니즘을 통해 제공되는 중요한 기능이다. 대부분의 클라우드 제공자는 독점 및 표준 형식으로 맞춤형 가상 서버 이미지에 대한 가져오기^{importing}와 내보내기^{exporting} 옵션을 지원한다.

데이터 센터

클라우드 제공자는 지리적으로 여러 군데에 분산돼 있는 데이터 센터로부터 IaaS 기반 IT 자원을 제공할 수 있으며 이는 다음과 같은 이점을 제공한다.

- 여러 데이터 센터를 함께 연결해 탄력성을 높일 수 있다. 각 데이터 센터는 다른 지역에 위치해 모든 데이터 센터가 동시에 오프라인 상태가 되게 하는 단일 실패 확률을 낮춘다.
- 대기 시간이 짧은 고속 통신 네트워크를 통해 연결된 데이터 센터는 가용성과 신뢰성을 향상시키면서도 로드 밸런싱과 IT 자원 백업 및 복제, 스토리지 용량 증가를 수행할 수 있다. 넓은 영역에 여러 개의 데이터 센터가 분산돼 있으면 네트워크 대기 시간이

훨씬 줄어든다.

- 여러 국가에 배치된 데이터 센터를 통해 법 제도 및 규제에 대한 제약 사항이 있는 클라우드 소비자가 좀 더 편리하게 IT 자원에 접근할 수 있게 한다.

그림 14.1은 서로 다른 두 지역 간에 분할된 4개의 데이터 센터를 관리하는 클라우드 제공자의 예를 보여준다.

IaaS 환경을 사용하는 경우 각 클라우드 소비자는 특정 IT 자원을 인터넷을 통해 클라우드의 다른 영역과 분리하는 테넌트 환경으로 격리된다. VLAN과 네트워크 접근 제어 소프트웨어는 해당 논리 네트워크 경계를 공동으로 구축한다.

확장성과 신뢰성

IaaS 환경에서 클라우드 제공자는 동적 확장 아키텍처의 동적 수직 확장 형태를 통해 자동으로 가상 서버를 프로비저닝할 수 있다. 호스트 물리 서버가 충분한 용량을 갖고 있는 한 VIM을 통해 이 작업을 수행할 수 있다. 주어진 물리 서버가 수직 확장으로 충분한 용량을 지원할 수 없는 경우 VIM은 자원 풀 아키텍처의 일부로써 자원 복제를 이용해 가상 서버를 확장할 수 있다. 작업 부하 분산 아키텍처의 일부인 로드 밸런서 메커니즘을 사용해 풀의 IT 자원 간 작업 부하를 분산시켜 수평 확장 프로세스를 완료할 수 있다.

수동 확장은 클라우드 소비자가 IT 자원 확장을 명시적으로 요청하기 위해 사용 및 운영 프로그램과 상호 작용하도록 한다. 반대로 자동 확장 기능을 사용하려면 자동 확장 리스너가 작업 부하를 모니터링하고 특정 조건에서 자동적으로 자원 용량을 확장해야 한다. 자동 확장 메커니즘은 일반적으로 용량이 초과된 경우 자원 관리 시스템에 통보하기 위해 IT 자원 사용량을 기록하는 모니터링 에이전트 역할을 한다.

복제된 IT 자원은 표준 VIM 기능을 통해 구현할 수 있도록 장애 조치 시스템을 구성하는 고가용성 구성으로 배치될 수 있다. 또는, 고가용성 및 고성능 자원 클러스터는 물리 서버 수준이나 가상 서버 수준에서 만들거나 둘 다 동시에 만들 수 있다. 다중 경로 자원 접근 아키텍처는 중복된 접근 경로 사용을 통해 안정성을 높이기 위해 사용된다. 일부 클라우드 제공자는 자원 예약 아키텍처를 통해 전용 IT 자원의 프로비저닝을 제공한다.

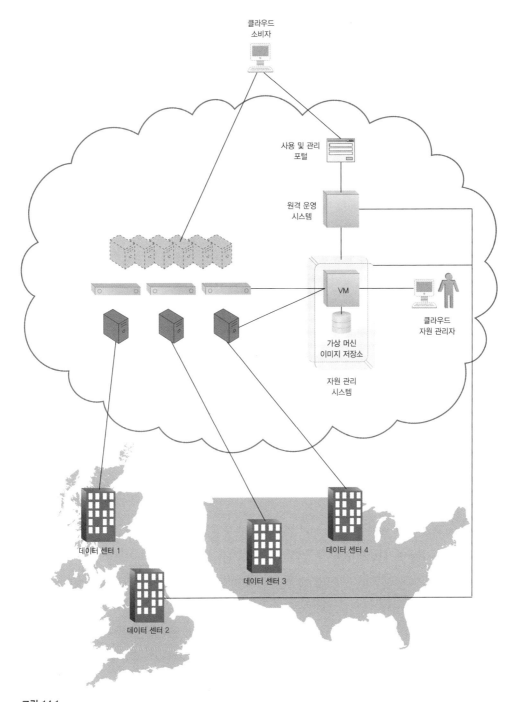

그림 14.1
클라우드 제공자는 미국과 영국에 있는 다른 데이터 센터로부터 IT 자원과 함께 IaaS 환경을 프로비저닝하고 관리한다.

모니터링

IaaS 환경에서 클라우드 사용 모니터는 VIM이나 가상화 플랫폼을 직접 구성하고 인터페이스하는 특수 모니터링 도구를 사용해 구현할 수 있다. IaaS 플랫폼의 몇 가지 일반적인 기능은 다음과 같다.

- **가상 서버 생명주기:** 사용량당 지불 모니터 및 시간 기반 청구를 위한 가동 시간 모니터링 및 IT 자원 할당의 기록 및 추적
- **데이터 스토리지:** 과금을 위해 스토리지 사용량을 기록하는 사용량당 과금 모니터를 위해 스토리지 용량의 할당을 추적 및 지정
- **네트워크 트래픽:** 인바운드 및 아웃바운드 네트워크 사용량을 측정하는 사용량당 과금 모니터와 응답 시간 및 네트워크 손실과 같은 QoS 지표를 추적하는 SLA 모니터
- **장애 조건 :** 장애 발생시 경고를 제공하는 IT 자원 및 QoS 지표를 추적하는 SLA 모니터
- **이벤트 트리거:** IT 자원의 규제 컴플라이언스를 평가하고 측정하는 감시 모니터

IaaS 환경의 모니터링 아키텍처는 일반적으로 백엔드 관리 시스템과 직접 통신하는 서비스 에이전트가 포함된다.

보안

IaaS 환경 보안과 관련된 클라우드 보안 메커니즘은 다음과 같다.

- 데이터 전송의 전반적인 보호를 위한 암호화, 해싱, 디지털 서명, 공개키 기반 구조 메커니즘
- 사용자 식별, 인증 및 권한 부여 기능에 의존하는 보안 시스템에서 서비스 및 인터페이스에 접근하기 위한 IAM^{IAM, Indexed Access Method}과 싱글 사인온 메커니즘
- 네트워크 관리 소프트웨어를 통해 하이퍼바이저와 네트워크 세그먼트를 바탕으로 가상 환경을 격리시키는 클라우드 기반 보안 그룹
- 내외부적으로 이용 가능한 가상 서버 환경을 위해 강화된 가상 서버 이미지
- 비정상적인 사용 패턴을 탐지하기 위해 프로비저닝된 가상 IT 자원을 추적하는 다양한 클라우드 사용량 모니터

PaaS 환경 장비 구축

PaaS 환경은 일반적으로 다양한 프로그래밍 모델과 언어, 프레임워크를 적용하기 위한 애플리케이션 개발과 배포 플랫폼을 선택할 필요가 있다. 대개 플랫폼에 맞춰 특별히 개발된 애플리케이션을 구동시키기 위한 필수 소프트웨어를 포함하는 개별적인 프로그래밍 스택마다 별도의 기성 환경이 생성된다.

각 플랫폼에는 일치하는 소프트웨어 개발 키트[SDK]와 통합 개발 환경[IDE]이 있으며, 클라우드 제공자가 지원하는 IDE 플러그인에 의해 구축될 수 있다. IDE 툴킷은 PaaS 환경에서 로컬로 클라우드 런타임을 시뮬레이션할 수 있으며 보통 실행 가능한 애플리케이션 서버를 포함한다. 런타임에 내재된 보안 제약 사항 역시 개발 환경에서 시뮬레이트될 수 있고 시스템 IT 자원에 대한 권한이 부여되지 않은 접근 시도를 체크할 수 있다.

클라우드 제공자는 PaaS 플랫폼에 맞게 사용자 정의된 자원 관리 시스템 메커니즘을 제공해 클라우드 소비자가 기성 환경에서 고객 맞춤 가상 서버 이미지를 생성하고 통제할 수 있게 한다. 또한 설치된 애플리케이션의 관리, 멀티테넌시 설정과 같은 PaaS 플랫폼에 특화된 기능을 제공한다. 클라우드 제공자는 기성 환경을 제공하기 위해 특별히 설계된 플랫폼 프로비저닝으로 알려진 신속한 프로비저닝 아키텍처를 사용한다.

확장성과 신뢰성

PaaS 환경에 설치된 클라우드 서비스와 애플리케이션의 확장성 요구 사항은 대개 동적 확장과 자동 확장 리스너, 로드 밸런서의 사용을 필요로 하는 작업 부하 분산 아키텍처를 이용해 해결될 수 있다. 지원 풀링 아키텍처는 여러 클라우드 소비자가 이용 가능한 자원 풀로부터 IT 자원을 프로비저닝할 때 사용된다.

클라우드 제공자는 클라우드 소비자가 제공하는 매개 변수 및 비용 제한에 따라 과도한 부하가 몰린 애플리케이션을 확장할 때, 인스턴스 작업 부하에 대한 네트워크 트래픽 및 서버 측 연결의 사용을 조사할 수 있다. 또는, 클라우드 소비자가 이용 가능한 메커니즘 자체의 통합을 사용자 정의할 수 있도록 애플리케이션을 설계할 수도 있다.

기성 환경 및 제공되는 클라우드 서비스 및 애플리케이션의 안정성은 표준 장애 조치 시스템 메커니즘(그림 14.2) 및 무중단 서비스 재배치 아키텍처를 통해 지원되므로 클라우드 소비자를 장애 상황에서 보호할 수 있다. 자원 예약 아키텍처는 PaaS 기반 IT 자원에 독점적으로 접근할 수 있는 위치에 있을 수도 있다. 다른 IT 자원과 마찬가지로 여러 데이터 센터 및 지리적 영역에 걸쳐 있기 때문에 가용성과 탄력성을 더욱 높일 수 있다.

모니터링

PaaS 환경의 특화된 클라우드 사용량 모니터는 다음 사항들을 모니터링하기 위해 사용된다.

- **기성 환경 인스턴스:** 기성 환경 인스턴스의 애플리케이션은 시간 기반 사용 요금 계산을 위한 사용량당 과금 모니터에 의해 기록된다.
- **데이터 지속성:** 데이터 지속성 통계는 객체의 수와 개별적 점유 스토리지 크기, 과금 기간당 데이터베이스 트랜잭션을 기록하는 사용량당 과금 모니터에 의해 제공된다.
- **네트워크 사용량:** 인바운드 및 아웃바운드 네트워크 사용량은 사용량당 과금 모니터와 네트워크 관련 QoS 지표를 추적하는 SLA 모니터를 위해 추적된다.
- **장애 조건:** IT 자원의 QoS 지표를 추적하는 SLA 모니터는 오류 통계를 캡처해야 한다.
- **이벤트 트리거:** 이벤트 트리거 지표는 주로 특정 형태의 이벤트에 응답할 필요가 있는 감시 모니터에 의해 사용된다.

보안

기본적으로 PaaS 환경은 IaaS 환경에 이미 제공되는 것 이상의 새로운 클라우드 보안 메커니즘이 필요하지는 않는다.

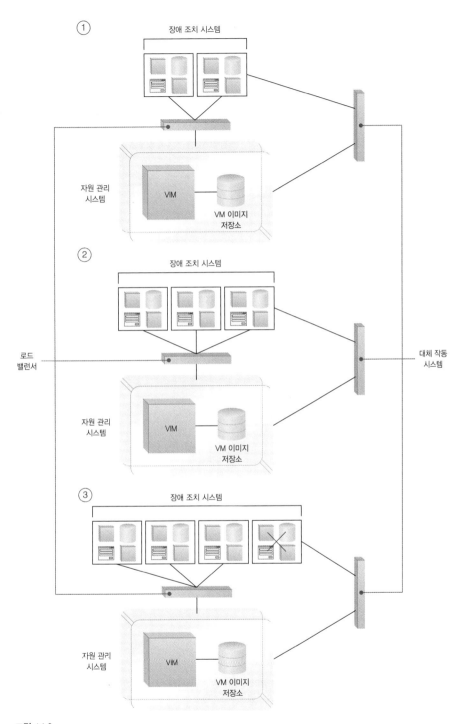

그림 14.2

자동 확장 리스너가 네트워크와 인스턴스의 작업 부하를 감시하는 데 사용되는 동안, 로드 밸런서가 장애 조치 시스템의 일부인 기성 환경 인스턴스를 분산하기 위해 사용된다(1). 기성 환경은 작업 부하의 증가에 대응해 확장되고(2), 장애 조치 시스템은 실패 상태를 탐지하고 장애가 발생한 기성 환경의 복제를 중단한다(3).

SaaS 환경 최적화

SaaS 구현에서 대부분의 클라우드 서비스 아키텍처는 동시에 발생하는 클라우드 소비자 접근을 활성화하고 조정하는 멀티테넌시 환경에 기반한다(그림 14.3). **IaaS**와 **PaaS** 환경에서와 달리 **SaaS IT** 자원 분리는 **SaaS** 환경의 인프라 수준에서는 거의 일어나지 않는다.

SaaS 구현은 기본 동적 확장 및 작업 부하 분산 아키텍처 뿐만 아니라 장애 조치 상태가 **SaaS** 기반 클라우드 서비스의 가용성에 영향을 미치지 않도록 보장하는 무중단 서비스 재배치 기능을 제공한다.

그러나 **IaaS**와 **PaaS** 상품의 비교적 평범한 설계와 달리 개별 **SaaS** 설치는 고유한 아키텍처적, 기능적, 런타임 요구 사항을 수반함을 인식해야 한다. 이러한 요구 사항은 클라우드 서비스 소비자의 고유한 사용 패턴과 **SaaS** 기반 클라우드 서비스가 프로그래밍된 비즈니스 로직 특성에 따라 다르다.

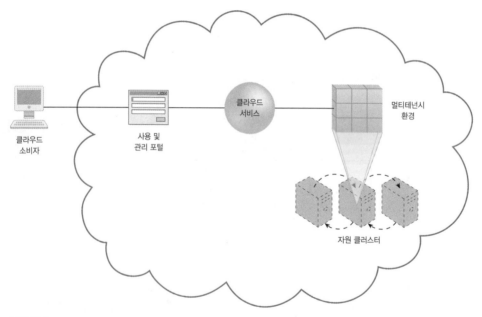

그림 14.3
SaaS 기반 클라우드 서비스는 고성능 가상 서버 클러스터에 설치된 멀티테넌시 환경에 의해 제공된다. 클라우드 소비자가 클라우드 서비스에 접근하고 설정할 때 사용 및 운영 포털을 사용한다.

예를 들어 다음과 같은 온라인 SaaS 제공품의 기능과 사용법의 다양성을 생각해보자.

- 공동 저작 및 정보 공유(위키피디아, 블로거)
- 공통 관리(Zimbra, 구글 앱스)
- 인스턴트 메시징, 오디오/비디오 통신을 위한 컨퍼런싱 서비스(스카이프, 구글 톡)
- 기업 관리 시스템(ERP, CRM, CM)
- 파일 공유 및 콘텐츠 배포(유튜브, 드롭박스)
- 산업 특화 소프트웨어(엔지니어링, 바이오인포매틱스)
- 메시징 시스템(이메일, 음성메일)
- 모바일 앱 마켓(안드로이드 플레이스토어, 애플 앱스토어)
- 오피스 생산성 소프트웨어 제품군(마이크로소프트 오피스, 어도비 크리에이티브 클라우드)
- 검색 엔진(구글, 야후)
- 소셜 네트워킹 미디어(트위터, 링크드인)

이제 앞서 열거된 수많은 클라우드 서비스가 다음의 구현 수단 중 하나 이상을 통해 제공된다고 생각해보자.

- 모바일 애플리케이션
- REST 서비스
- 웹 서비스

각 SaaS 구현 수단은 클라우드 소비자의 인터페이스를 위한 웹 기반의 API를 제공한다. 웹 기반 API를 제공하는 온라인 SaaS 기반 클라우드 서비스의 예는 다음과 같다.

- 전자 결제 서비스(페이팔)
- 지도 및 경로 안내 서비스(구글 맵스)
- 출판 도구(워드프레스)

모바일 서비스가 가능한 SaaS 구현은 일반적으로 클라우드 서비스가 특정 모바일 기기에 의한 접근만 허용하도록 하는 경우가 아니라면 다중 장치 중개자 메커니즘에 의해 지원된다.

SaaS 기능의 다양성, 구현 기술의 다양성, 여러 구현 수단을 통해 SaaS 기반 클라우드 서비스를 제공하려는 경향으로 인해 SaaS 환경 설계는 고도로 전문화돼 있다. SaaS 구현에는 필수적인 것은 아니지만 특화된 처리 요구 사항으로 인해 다음과 같은 아키텍처 모델이 필요할 수 있다.

- **서비스 로드 밸런싱**: 중복된 SaaS 기반 클라우드 서비스 구현 전반의 작업 부하 분산
- **동적 장애 감지 및 복구**: SaaS 구현에 서비스의 중단 없이 자동으로 장애 조건을 해결할 수 있는 시스템 구축
- **스토리지 유지 보수 윈도우**: SaaS 구현 가용성에 영향을 주지 않는 계획된 유지 관리 다운 타임을 허용하는 것
- **탄력적인 자원 용량/탄력적인 네트워크 용량**: 다양한 런타임 확장성 요구 사항을 자동으로 적용할 수 있게 하는 SaaS 기반 클라우드 서비스 아키텍처의 탄력성을 구축하는 것
- **클라우드 밸런싱**: SaaS 구현 내에서 광범위한 복원력을 구축하며, 동시 사용량이 극심한 클라우드 서비스에 특히 중요하다.

다음과 같은 형태의 지표를 측정하기 위해 SaaS 환경에 특화된 클라우드 사용량 모니터가 사용될 수 있다.

- **테넌트 가입 기간**: 이 지표는 사용량당 과금 모니터가 시간 기반 과금에 대한 애플리케이션 사용을 기록하고 추적하는 데 사용된다. 이러한 모니터링 유형에는 일반적으로 IaaS 및 PaaS 환경의 시간별 기간을 넘어서 연장되는 임대 기간에 대한 애플리케이션 라이선스 및 정기적인 평가가 포함된다.
- **애플리케이션 사용량**: 사용자 또는 보안 그룹에 기반해 사용량당 과금 모니터와 함께 과금을 목적으로 애플리케이션 사용량을 측정하고 기록하는 데 사용된다.
- **테넌트 애플리케이션 기능 모듈**: 기능 기반 과금을 위한 사용량당 과금 모니터에 의해 사용된다. 클라우드 서비스는 클라우드 소비자가 무료 구독자인지 유료 구독자인지에 따라 기능 계층이 다를 수 있다.

보안

SaaS 구현은 일반적으로 배포 환경에 내재된 보안 제어의 기반^{foundation}에 의존한다. 차별화된 비즈니스 프로세싱 로직은 추가 클라우드 보안 메커니즘 또는 특수 보안 기술 계층을 추가할 수 있다.

14.2 클라우드 제공 모델: 클라우드 소비자 관점

이 절에서는 클라우드 소비자의 관점에서 클라우드 제공 모델을 관리하고 활용하는 다양한 방식에 관한 여러 가지 고려 사항을 다룬다.

IaaS 환경에서의 작업

가상 서버는 원격 터미널 애플리케이션을 사용해 운영체제 수준에서 접근된다. 이에 따라 사용되는 클라이언트 소프트웨어의 종류는 가상 서버가 구동되는 운영체제의 종류에 따라 다른데, 두 가지 공통 옵션은 다음과 같다.

- **원격 데스크탑(또는 원격 데스크탑 연결) 클라이언트**: 윈도우 기반 환경을 위한 윈도우 GUI 데스크탑
- **SSH 클라이언트**: 서버 운영체제제상에 구동되는 텍스트 기반 셸 계정에 보안 채널 연결이 되도록 하는 맥 및 기타 리눅스 기반 환경

그림 14.4는 관리 인터페이스를 사용해 생성된 IaaS 서비스로 제공되는 가상 서버의 일반적인 사용 시나리오를 보여준다.

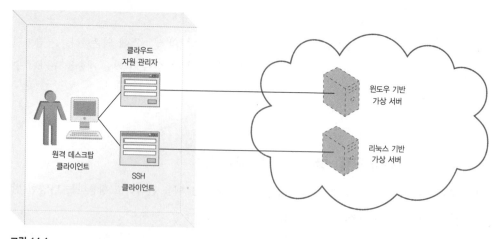

그림 14.4

클라우드 자원 관리자는 윈도우 기반 가상 서버를 관리하기 위해 윈도우 기반 원격 데스크탑을, 리눅스 기반 가상 서버를 위해 SSH 클라이언트를 사용한다.

클라우드 스토리지 장치는 가상 서버에 직접 연결되고 운영체제의 관리를 위해 가상 서버의 기능적 인터페이스를 통해 접근할 수 있다. 또는 클라우드 외부에서 호스팅되는 IT 자원(WAN 또는 VPN을 통한 온프레미스 장치와 같은)에 클라우드 스토리지 장치를 연결할 수 있다. 이러한 경우 클라우드 스토리지 데이터의 조작과 전송을 위해 다음과 같은 형식이 주로 사용된다.

- **네트워크 파일 시스템:** 운영체제 내에서 폴더가 구성되는 방식과 비슷한 파일 렌더링 방식의 시스템 기반 스토리지 접근(NFS, CIFS)
- **SAN 장치:** 블록 기반 스토리지 접근은 최적의 네트워크 전송을 위해 지리적으로 분산된 데이터를 응집한다(iSCSI, 광 채널).
- **웹 기반 자원:** 웹 기반 인터페이스를 통해 접근할 수 있는 객체 기반 스토리지 접근에서는 운영체제에 통합돼 있지 않은 인터페이스가 논리적으로 파일을 보여준다(아마존 S3).

IT 자원 프로비저닝 고려 사항

클라우드 소비자는 IT 자원이 IaaS 환경의 일부로 프로비저닝 되는 방법 및 범위에 대해 높은 수준의 제어 권한을 갖는다. 예는 다음과 같다.

- 확장성 기능 제어(자동화된 확장, 로드 밸런싱)

- 가상 IT 자원의 생명주기 제어(정지, 재시작, 가상 장치 작동 시작)
- 가상 네트워크 환경과 네트워크 접근 규칙 제어(방화벽, 논리 네트워크 경계)
- 서비스 프로비저닝 합의서 설정 및 표시(재정 상황, 사용 조건)
- 클라우드 스토리지 장치의 연결 관리
- 클라우드 기반 IT 자원의 사전 할당 관리(자원 예약)
- 클라우드 자원 관리자의를 위한 자격 증명 및 비밀번호 관리
- IAM을 이용해 가상화 IT 자원에 접근하는 클라우드 기반 보안 그룹의 자격 증명 관리
- 보안 관련 구성 관리
- 사용자 정의 가상 서버 이미지 저장소 관리(importing, exporting, 백업)
- 고가용성 옵션 선택(장애 조치, IT 자원 클러스터링)
- SLA 지표의 선택과 모니터링
- 기본 소프트웨어 구성 선택(운영체제, 신규 가상 서버에 사전 설치된 소프트웨어)
- 사용 가능한 하드웨어 관련 설정 및 옵션 중 IaaS 자원 인스턴스 선택(프로세싱 용량, RAM, 스토리지)
- 클라우드 기반 IT 자원이 제공될 지리적 위치 선택
- 추적 및 관리 비용

위의 프로비저닝 작업을 위한 관리 인터페이스는 대개 사용 및 운영 포털이지만 많은 스크립트 관리 작업의 실행을 단순화할 수 있는 커맨드 라인 인터페이스 CLI도구를 통해 제공될 수도 있다. 일반적으로 관리 기능 및 제어의 표시를 표준화하는 것이 좋지만 때로는 다양한 도구와 사용자 인터페이스를 사용하는 것이 적절할 수 있다. 예를 들어 CLI를 통해 밤마다 가상 서버의 전원을 올리고 내리도록 스크립트를 만들 수 있고 포탈을 이용해 스토리지 용량의 추가 및 제거를 좀 더 쉽게 수행할 수 있다.

PaaS 환경에서의 작업

일반적인 PaaS IDE는 소프트웨어 라이브러리, 클래스 라이브러리, 프레임워크, API, 고안된 클라우드 기반 배포 환경을 에뮬레이션하는 다양한 런타임 기능과 같은 여러 종류의 도구 및 프로그래밍 자원을 제공할 수 있다. 이러한 기능을 통해 개발자는 IDE를 사용해 클라우드 배포 환

경을 에뮬레이트하면서 클라우드 또는 로컬(사내)에서 애플리케이션 코드를 생성, 테스트, 실행할 수 있다. 그런 다음 컴파일되거나 완료된 애플리케이션을 번들로 클라우드에 업로드하고 기성 환경을 통해 배포한다. 이 배포 프로세스는 IDE를 통해 제어할 수도 있다.

또한 PaaS는 애플리케이션이 클라우드 스토리지 장치를 독립형 데이터 저장 시스템으로 사용해 개발 관련 데이터를 보유할 수 있게 한다(예를 들어 클라우드 환경 외부에서 이용 가능한 저장소에서). 일반적으로 SQL과 NoSQL 데이터베이스 구조 모두 지원된다.

IT 자원 프로비저닝 고려 사항

PaaS 환경은 IaaS 환경보다 적은 관리 제어 옵션을 제공하지만 여전히 상당한 범위의 관리 기능을 제공한다. 그 예는 다음과 같다.

- 재정 상황, 사용 조건과 같은 서비스 프로비저닝 합의 설정 및 표시
- 기성 환경을 위한 소프트웨어 플랫폼 및 개발 프레임워크 선택
- 프론트엔드나 백엔드 인스턴스와 같은 인스턴스 형태 선택
- 기성 환경에서의 사용을 위한 클라우드 스토리지 장치 선택
- PaaS로 개발된 애플리케이션의 생명주기 제어(설치, 시작, 정지, 재시작, 배포)
- 설치된 애플리케이션과 모듈의 버전 통제
- 가용성 및 신뢰성 관련 메커니즘의 설정
- IAM을 사용해 개발자와 클라우드 자원 관리자의 자격 증명 관리
- 접근 가능한 네트워크 포트와 같은 일반적인 보안 설정 관리
- PaaS 관련 SLA 지표 선택 및 모니터링
- 사용량 및 IT 자원 비용의 관리 및 모니터링
- 사용량 할당, 활성 인스턴스 임계치, 자동 확장 리스너 및 로드 밸런서 메커니즘의 설정 및 배포와 같은 확장성 기능 제어

PaaS 관리 기능에 접근하기 위해 사용되는 사용 및 운영 포털은 IT 자원이 시작되고 중지되는 시간을 선제적으로 선택하는 기능을 제공한다. 예를 들어, 클라우드 자원 관리자는 오전 9시에 켜고 12시간 이후에 꺼지도록 클라우드 스토리지 장치를 설정할 수 있다. 이런 시스템을 구축하면, 특정 애플리케이션에 대한 데이터 요청을 받으면 기성 환경이 자체적으로 활성화되고 오랜

시간 동안 사용하지 않으면 정지할 수 있다.

SaaS 서비스에서의 작업

SaaS 기반 클라우드 서비스는 거의 항상 고급 **API**와 일반 **API**가 함께 제공되므로 일반적으로 대규모 분산 솔루션의 일부로 통합되도록 설계된다. 구글 맵스^{Google Maps}가 일반적인 예로, 지도 정보와 이미지를 웹사이트와 웹 기반 애플리케이션에 통합할 수 있는 포괄적인 **API**를 제공한다.

많은 **SaaS** 제품이 무료로 제공되지만 이러한 클라우드 서비스는 대개 클라우드 제공자의 이익을 위해 사용 데이터를 수집하는 데이터 수집 서브 프로그램과 함께 제공된다. 제3자가 후원하는 **SaaS** 제품을 사용할 때 백그라운드 정보 수집 형식을 수행할 가능성이 있다. 클라우드 공급자의 계약서를 읽으면 일반적으로 클라우드 서비스가 수행하도록 설계된 모든 부차적인 활동을 밝힐 수 있다.

클라우드 제공자가 공급하는 **SaaS** 제품을 사용하는 클라우드 소비자는 기본 호스팅 환경을 구현하고 관리할 책임이 없다. 클라우드 소비자는 사용자 정의 옵션을 이용할 수 있으나 이러한 옵션은 대개 클라우드 소비자에 의해, 클라우드 소비자를 위해 특별히 생성된 클라우드 서비스 인스턴스의 런타임 사용권한 제어로 제한된다. 그 예는 다음과 같다.

- 보안 관련 구성 관리
- 가용성 및 신뢰성 옵션의 선택 관리
- 사용 비용 관리
- 사용자 계정, 프로필 및 접근 권한 관리
- **SLA**의 선택 및 모니터링
- 수동 및 자동 확장 옵션과 한계의 설정

DTGOV는 IaaS 관리 아키텍처를 완성하기 위해 여러 가지 추가 메커니즘과 기술이 필요하다는 것을 발견했다(그림 14.5).

- 네트워크 가상화는 논리적 네트워크 토폴로지에 통합되며 논리 네트워크 경계는 다른 방화벽 및 가상 네트워크를 사용해 설정된다.

- VIM은 IaaS 플랫폼을 제어하고 셀프 프로비저닝 기능을 갖춘 핵심적인 도구다.

- 추가 가상 서버와 클라우드 스토리지 장치 메커니즘은 가상화 플랫폼을 통해 구현된다. 가상 서버의 기본적인 템플릿 구성을 제공하는 여러 가상 서버 이미지가 생성된다.

- 자동 확장 리스너를 사용해 VIM의 API를 통해 동적 확장을 추가한다.

- 자원 복제와 로드 밸런서, 장애 조치 시스템, 자원 클러스터 메커니즘을 사용해 고가용성 가상 서버 클러스터가 생성된다.

- SSO와 IAM 시스템 메커니즘을 직접 사용하는 사용자 정의된 애플리케이션은 원격 운영 시스템, 네트워크 관리 도구, VIM 사이의 상호 운용성을 가능하게 한다.

DTGOV는 VIM 및 SLA 모니터링 에이전트에서 수집한 이벤트 정보를 SLA 측정 데이터 베이스에 저장하도록 고안된 강력한 상용 네트워크 관리 도구를 사용한다. 관리 도구와 데이터베이스는 더 큰 SLA 관리 시스템의 일부로 사용된다. 과금 처리를 가능하게 하기 위해 DTGOV는 사용량당 과금 모니터에 의해 생성된 데이터베이스의 일련의 사용량 측정에 기반한 독점 소프트웨어 도구를 확장한다. 과금 관리 시스템 메커니즘의 기본 구현으로 과금 소프트웨어가 사용된다.

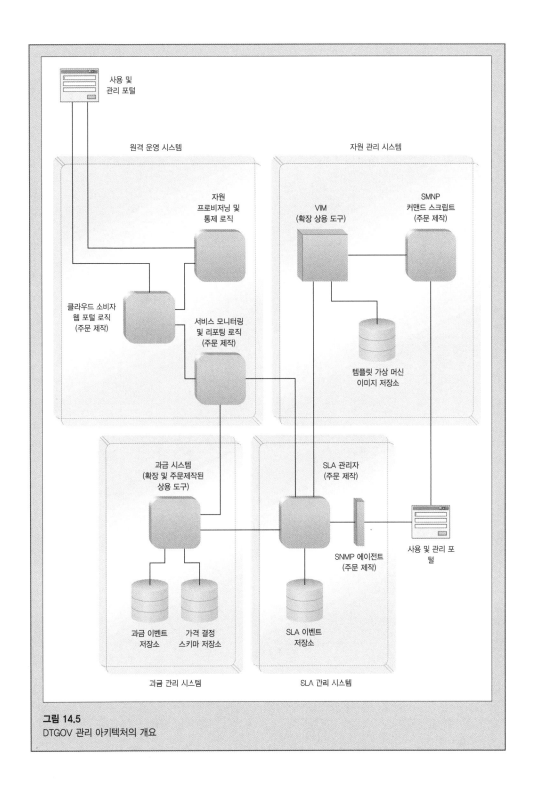

그림 14.5
DTGOV 관리 아키텍처의 개요

비용 지표와
가격 결정 모델

15장

운영 비용을 줄이고 IT 환경을 최적화하는 것은 온프레미스 및 클라우드 기반 환경 구축에 대한 비용 모델을 이해하고 비교하는데 있어 매우 중요한 요소다. 퍼블릭 클라우드에 사용되는 가격 책정 구조는 일반적으로 유틸리티 중심의 사용량당 과금 모델을 기반으로 하므로, 클라우드 소비자는 선행되는 인프라 투자를 피할 수 있다. 이러한 모델은 온프레미스 인프라 투자 및 관련 총 소유 비용 약정의 재정적 영향을 평가할 필요가 있다.

16장에서는 클라우드 소비자가 클라우드 도입 계획을 세울 때 정확한 재무 분석을 하는 데 도움이 되는 지표, 공식 및 사례를 제공한다.

15.1 비즈니스 비용 지표

이 절에서는 온프레미스 자원을 구매하는 것과 비교할 때 클라우드 기반 IT 자원을 임대하는 경우의 예상 비용과 비즈니스 가치를 평가하는 데 사용되는 일반적인 지표 유형을 설명한다.

선행 및 지속 비용

선행 비용은 조직이 사용할 IT 자원에 대한 초기 투자와 관련이 있다. 여기에는 IT 자원을 획득하는 비용과 설치 및 관리하는 데 소요되는 비용이 모두 포함된다.

- 온프레미스 IT 자원의 구매 및 설치를 위한 선행 비용은 비교적 높다. 온프레미스 환경 선행 비용의 예로는 하드웨어 및 소프트웨어, 설치를 위한 인력이 포함될 수 있다.
- 클라우드 기반 IT 자원을 임대하기 위한 선행 비용은 비교적 낮다. 클라우드 기반 환경에 대한 선행 비용의 사례에는 클라우드 환경을 평가하고 설정하는 데 필요한 인건비가 포함될 수 있다.

지속 비용은 조직이 사용하는 IT 자원을 실행하고 유지 관리하는 데 필요한 비용이다.

- 온프레미스 IT 자원의 운영 비용은 다양하다. 예를 들면 라이선스 비용, 전력, 보험, 및 인건비가 포함된다.
- 클라우드 기반 IT 자원 운영에 대한 지속 비용 역시 다양하지만 종종 온프레미스 자원의 지속 비용을 초과하는 경우가 많다(특히 일정 기간을 넘어설 때). 예를 들면 가상 하드웨어 임대 비용, 대역폭 사용료, 라이선스 비용 및 인건비가 포함된다.

추가 비용

일반적인 선행 및 지속 비즈니스 비용 지표의 계산과 비교 이외의 재무 분석을 보완하고 확장하기 위해 좀 더 전문화된 비즈니스 비용 지표 몇 가지가 있다. 예는 다음과 같다.

- **자본 비용:** 자본 비용은 필요한 자금을 모금하는 데 드는 비용을 나타낸다. 예를 들어 3년 동안 150,000달러를 모금하는 것보다 초기 투자 비용으로 150,000달러를 모금하는 데 더 많은 비용이 든다. 자본 비용의 적합성은 조직이 필요한 기금을 어떻게 모으느냐에 달려있다. 초기 투자를 위한 자본 비용이 높다면 클라우드 기반 IT 자원 임대가 타

당하다고 평가할 수 있다.

- **매몰 비용:** 조직은 이미 구매해 운영하고 있는 기존 IT 자원을 갖고 있을 것이다. 온프레미스 IT 자원에 사용된 이전의 투자를 매몰 비용이라 한다. 주요 매몰 비용과 함께 선행 비용을 비교하면 대안으로 클라우드 기반 IT 자원을 임대를 정당화하는 것이 더 어려울 수 있다.

- **통합 비용:** 통합 비용은 새로운 클라우드 플랫폼과 같이 외부 환경에서 IT 자원이 호환 가능하고 상호 운용 가능하게 하는 데 필요한 노력을 측정할 때 필요한 일종의 테스트다. 조직이 고려하는 클라우드 배포 모델과 클라우드 제공 모델에 따라 클라우드 서비스 소비자와 클라우드 서비스간의 상호 운용성을 위해 추가 인력과 통합 테스팅 수행을 위한 자금을 추가로 할당해야 할 수 있다. 이런 비용을 통합 비용이라 한다. 높은 통합 비용은 클라우드 기반 IT 자원 임대에 대한 선호도를 낮출 수 있다.

- **락인 비용**Locked-in Cost: 3장의 '위험 및 도전 과제' 절에서 설명했듯이 클라우드 환경에는 이식성의 한계가 있을 수 있다. 장기적으로 지표 분석을 수행할 때 클라우드 제공자를 변경할 수 있다는 가능성을 염두에 둘 필요가 있다. 클라우드 서비스 소비자가 한 클라우드 환경의 독점적 특성에 종속될 수 있기 때문에 이러한 형태의 이동과 관련한 락인 비용이 있을 수 있다. 락인 비용은 클라우드 기반 IT 자원 임대의 장기적인 비즈니스 가치를 더 떨어뜨릴 수 있다.

ATN은 두 레거시 애플리케이션을 PaaS 환경에 이관하는 것에 대한 총 소유 비용(TCO, Total Cost-of-Ownership) 분석을 수행한다. 분석 보고서는 3년의 기간을 기준으로 온프레미스와 클라우드 기반 구현을 비교 평가 및 검토한다.

다음은 두 애플리케이션 각각에 대한 보고서 요약이다.

제품 카탈로그 브라우저

제품 카탈로그 브라우저는 ATN 웹 포털과 여러 다른 시스템에서 상호 운용되는 웹 애플리케이션에서 전 세계적으로 사용된다. 2대의 전용 물리 서버에서 구동되는 4대의 가상 서버로 구성된 가상 서버 클러스터에 설치돼 있다. 애플리케이션은 분리된 HA 클러스터에 설치된 300GB의 데이터베이스를 갖고 있다. 클라우드로의 이관을 준비하기 전에 소소한 이식성 문제가 풀어야 할 과제로 남아 있다.

TCO 분석을 통해 다음을 파악할 수 있다.

사내 선행 비용

- 라이선싱: 애플리케이션을 제공하는 각 물리 서버 구매 비용은 7,500달러로, 4대의 서버를 구동시키려면 총 30,500달러가 필요하다.
- 인건비: 설정과 애플리케이션 설치를 포함해 5,500달러로 산정된다.

총 선행 비용: (7,500달러 x 2) + 30,500달러 + 5,500달러 = 51,000달러

서버 구성은 피크 작업 부하를 처리하는 용량 계획에서 시작된다. 애플리케이션 데이터베이스는 애플리케이션 설치에 무시해도 될 정도 영향을 받는다고 가정해 스토리지는 이 계획의 일부로 간주되지 않는다.

사내 지속 비용

월별 지속 비용은 다음과 같다.

- 환경 수수료: 750달러
- 라이선스료: 520달러
- 하드웨어 유지 보수: 100달러
- 인건비: 2,600달러

총 사내 지속 비용: 750달러 + 520달러 + 100달러 + 2,600달러 = 3,970달러

클라우드 기반 선행 비용

클라우드 제공자로부터 서버를 임대한다면 하드웨어나 소프트웨어 선행 비용은 들지 않는다. 상호 운용성 문제 해결과 애플리케이션 설정에 소요되는 인건비는 5,000달러로 측정된다.

클라우드 기반 지속 비용

월별 지속 비용은 다음과 같다.

- 서버 인스턴스: 사용료는 가상 서버 한 대당 시간당 1.25달러의 비율로 계산된다. 4대의 가상 서버에 대해 4 x (1.25달러 x 720) = 3,600달러. 그러나 서버 인스턴스 확장을 고려할 때 애플리케이션 소비는 2.3서버와 동일하므로 평균 활성 지속 서버 사용 비용은 2,070달러다.

- 데이터베이스 서버 및 스토리지: 사용료는 데이터베이스 크기에 따라 계산되며 1GB당 1.09달러로 한 달에 327달러다.

- 네트워크: 사용료는 아웃바운드 WAN 트래픽 기준으로 계산되며 1GB당 0.10달러로 한 달에 420GB이므로 42달러다.

- 인건비: 클라우드 자원 관리 작업 지출을 포함해 월별 800달러로 추산된다.

총 지속 비용: 2,070달러 + 327달러 + 42달러 + 800달러 = 3,139달러

제품 카탈로그 브라우저 애플리케이션의 소유 총 비용 내역은 표 15.1에 제공된다.

선행 비용	클라우드 환경	사내 환경
하드웨어	0달러	15,000달러
라이선싱	0달러	30,500달러
인건비	5,000달러	5,500달러
총 선행 비용	5,000달러	51,000달러

월별 지속 비용	클라우드 환경	사내 환경
애플리케이션 서버	2,070달러	0달러
데이터베이스 서버	327달러	0달러
WAN 네트워크	42달러	0달러
환경	0달러	750달러
소프트웨어 라이선싱	0달러	520달러
하드웨어 유지 보수	0달러	100달러
관리	800달러	2,600달러
총 지속 비용	3,139달러	3,970달러

표 15.1
제품 카탈로그 브라우저 애플리케이션의 TCO 분석

두 가지 접근에 대해 3년의 기간을 기준으로 TCO를 비교하면 다음과 같은 결론이 나온다.

- 사내 TCO: 51,000달러 선행 + (3,970달러 x 36) 지속 = 193,920달러

- 클라우드 기반 TCO: 5,000달러 선행 + (3,139달러 x 36) 지속 = 118,004달러

TCO 분석 결과에 따라 ATN은 애플리케이션을 클라우드에 이관하기로 결정했다.

클라이언트 데이터베이스

클라이언트 데이터베이스 애플리케이션은 또 다른 시스템 데이터베이스와 결합된 HA 클러스터의 1.5TB 데이터베이스가 있는 2대의 전용 물리 서버에서 구동되는 가상 서버 8대로 구성된 가상 서버 클러스터에 설치된다. 애플리케이션 코드는 오래돼 PaaS 환경에 포팅시킬 때 상당한 노력이 필요하다.

TCO 분석을 통해 다음을 파악할 수 있었다.

온프레미스 선행 비용

- 라이선싱: 애플리케이션을 제공하는 데 사용되는 각 물리 서버의 가격은 7,500달러이며 8대 의 가상 서버를 구동시키는 데 필요한 소프트웨어 비용은 15,200달러다.

- 인건비: 5,500달러로 측정되며, 새로운 환경을 설정하고 새로운 서버에 애플리케이션을 설치 하는 데 드는 비용을 포함한다.

총 선행 비용: (7,500달러 x 2) + 15,200달러 + 5,500달러 = 35,700달러

온프레미스 지속 비용

월별 지속 비용은 다음과 같다.

- 환경 수수료: 1,050달러

- 라이선스료: 300달러

- 하드웨어 유지 보수: 100달러

- 관리: 4,500달러

총 지속 비용: 1,050달러 + 300달러 + 100달러 + 4,500달러 = 5,950달러

클라우드 기반 선행 비용

서버를 클라우드 제공자로부터 임대한다면 선행 하드웨어나 소프트웨어 비용은 들지 않는다. 통합 테스트 와 애플리케이션 이식 작업을 위해 45,000달러의 인건비가 소요된다.

클라우드 기반 지속 비용

월별 지속 비용은 다음과 같다.

- 서버 인스턴스: 가상 서버 한 대에 시간당 1.25로 사용료가 계산된다. 가상 서버의 예상 확장은 실제 서비스 사용량이 3.8대의 서버를 활용하는 것과 같음을 의미하므로 결과적으로 총 3,420달러다.

- 데이터베이스 서버 및 스토리지: 사용료는 데이터베이스 크기 단위로 한 달에 1.09달러/GB다 = 1,635달러

- 네트워크: 아웃바운드 WAN 트래픽 사용은 0.10달러/GB로 계산된다. 한 달에 800GB 사용 = 80달러

- 인건비: 클라우드 자원 관리 작업이 포함되면 1,200달러로 계산된다.

총 지속 비용: 3,420달러 + 1,635달러 + 80달러 + 1,200달러 = 6,335달러

클라이언트 데이터베이스 애플리케이션의 총 소유 비용 내역이 표 15.2에 정리된다.

선행 비용	클라우드 환경	사내 환경
하드웨어	0달러	15,000달러
라이선싱	0달러	15,200달러
인건비	45,000달러	5,500달러
총 선행 비용	45,000달러	35,700달러

월별 지속 비용	클라우드 환경	사내 환경
애플리케이션 서버	3,420달러	0달러
데이터베이스 서버	1,635달러	0달러
WAN 네트워크	80달러	0달러
환경	0달러	1,050달러
소프트웨어 라이선싱	0달러	100달러
하드웨어 유지 보수	0달러	100달러
관리	1,200달러	4,500달러
총 지속 비용	6,335달러	5,950달러

표 15.2
클라이언트 데이터베이스 애플리케이션의 TCO분석

3년의 기간을 기준으로 TCO를 비교하면 다음과 같은 결론이 나온다.

- 사내 TCO: 35,700달러 선행 + (5,950달러 x 36) 지속 = 251,700달러

- 클라우드 기반 TCO: 45,000달러 선행 + (6,335달러 x 36) 지속 = 273,060달러

TCO 분석에 따라 애플리케이션을 클라우드로 이관하지 않기로 했다.

15.2 클라우드 사용 비용 지표

다음 절에서는 클라우드 기반 IT 자원 사용량 측정과 관련된 비용을 계산하기 위한 일련의 사용 비용 지표를 기술한다.

- **네트워크 사용량:** 클라우드 내부 네트워크 트래픽은 물론 인바운드 및 아웃바운드 네트워크 트래픽

- **서버 사용량:** 가상 서버 할당(및 자원 예약)

- **클라우드 스토리지 장치:** 스토리지 용량 할당

- **클라우드 서비스:** 가입 기간, 지정된 사용자 수, (클라우드 서비스와 클라우드 기반 애플리케이션의)트랜잭션 수

각 사용 비용 지표에 대해 가장 적용하기 적합한 클라우드 제공 모델과 해당 지표에 대한 설명, 측정 단위 및 측정 빈도가 제공된다. 각 측정 항목에는 간단한 예가 더 추가적으로 설명된다.

네트워크 사용량

네트워크 연결을 통해 전달되는 데이터의 양으로 정의되는 네트워크 사용량은 클라우드 서비스나 다른 IT 자원과 관련해 독립적으로 측정된 인바운드 네트워크 사용 트래픽과 아웃바운드 네트워크 사용 트래픽 지표를 사용해 계산한다.

인바운드 네트워크 사용량 지표

- **설명:** 인바운드 네트워크 트래픽

- **측정:** Σ, 인바운드 네트워크 트래픽 바이트

- **빈도:** 주어진 기간의 연속 및 누적

- **클라우드 제공 모델:** IaaS, PaaS, SaaS

- **예제:** 한 달에 1GB까지 무료, 한 달에 1GB에서 10TB까지는 0.001달러/GB

아웃바운드 네트워크 사용량 지표

- **설명:** 아웃바운드 네트워크 트래픽
- **측정:** Σ, 아웃바운드 네트워크 트래픽 바이트
- **빈도:** 주어진 기간의 연속 및 누적
- **클라우드 제공 모델:** IaaS, PaaS, SaaS
- **예제:** 한 달에 1GB까지 무료, 한 달에 1GB에서 10TB까지는 0.01달러/GB

네트워크 사용량 지표는 동기화 및 데이터 복제, 관련 프로세싱 형식에 대한 비용을 계산하기 위해 서로 다른 지역에 있는 한 클라우드의 IT 자원 간의 WAN 트래픽에 적용될 수 있다. 반대로 LAN 사용량과 같은 데이터 센터 내에 있는 IT 자원 간 네트워크 트래픽은 일반적으로 측정되지 않는다.

클라우드간 WAN 사용량 지표

- **설명:** 같은 클라우드의 지리적으로 분산된 IT 자원 간의 네트워크 트래픽
- **측정:** Σ, 클라우드 간 WAN 트래픽 바이트
- **빈도:** 주어진 기간의 연속 및 누적
- **클라우드 제공 모델:** IaaS, PaaS, SaaS
- **예제:** 일별 500MB까지 무료이며 이후부터 0.01달러/GB, 월별 1TB 사용 이후부터 0.005달러/GB

많은 클라우드 제공자가 클라우드 소비자가 클라우드로 데이터를 이관하도록 유도하기 위해 인바운드 트래픽에 대해서는 과금하지 않는다. 일부 클라우드 사용자는 동일 클라우드 내의 WAN 트래픽에 대해서도 과금하지 않는다.

네트워크 관련 비용 지표는 다음의 특성에 의해 결정된다.

- **정적 IP 주소 사용:** IP 주소 할당 시간(정적 IP가 필요한 경우)
- **네트워크 로드 밸런싱:** 로드 밸런싱된 네트워크 트래픽의 양(바이트 단위)
- **가상 방화벽:** 방화벽에서 처리된 네트워크 트래픽의 양(할당 시간 당)

서버 사용량

가상 서버의 할당은 IaaS 및 PaaS 환경에서 일반적인 사용량당 과금 지표를 사용해 측정되며, 가상 서버 및 기성 환경의 수에 따라 정량화된다. 이런 형태의 서버 사용량 측정은 온디맨드(주문형) 가상 머신 인스턴스 할당과 예약 가상 머신 인스턴스 할당 지표로 나뉜다.

전자는 단기간의 사용량당 과금 수수료를 계산하며 후자는 일정 기간 동안 사용하는 가상 서버에 대한 사전 예약 수수료를 계산한다.

온디맨드 가상 머신 인스턴스 할당 지표

- **설명:** 가상 서버 인스턴스 가동 시간
- **측정:** Σ , 가상 서버 시작일~정지일
- **빈도:** 주어진 기간의 연속 및 누적
- **클라우드 제공 모델:** IaaS, PaaS
- **예제:** 소형 인스턴스 0.10달러/시간, 중형 인스턴스 0.20달러/시간, 대형 인스턴스 0.90 달러/시간

예약 가상 머신 인스턴스 할당 지표

- **설명:** 가상 서버 인스턴스 예약의 선행 비용
- **측정:** Σ , 가상 서버 예약 시작일~만료일
- **빈도:** 일간, 월간, 연간
- **클라우드 제공 모델:** IaaS, PaaS
- **예제:** 소형 인스턴스 55.10달러/시간, 중형 인스턴스 99.90달러/시간, 대형 인스턴스 249.90달러/시간

가상 서버 사용에 대한 또 다른 일반적인 비용 지표는 성능 용량을 측정하는 것이다. IaaS와 PaaS 환경의 클라우드 제공자는 CPU와 RAM 소비량 및 이용 가능한 전용 할당 스토리지의 양으로 결정되는 다양한 성능 특성에 따라 가상 서버를 프로비저닝하는 경향이 있다.

클라우드 스토리지 장치 사용량

클라우드 스토리지는 일반적으로 온디맨드 스토리지 할당 지표로 측정돼 주어진 기간 동안 할당된 공간의 양으로 요금이 부과된다. IaaS 기반 비용 지표와 비슷하게 온디맨드 스토리지 할당 요금도 단시간(시간당 등)을 기반으로 한다. 클라우드 스토리지에 대한 또 다른 공통적인 지표로 전송된 입출력 데이터의 양으로 측정되는 전송된 I/O 데이터가 있다.

온디맨드 스토리지 공간 할당 지표

- 설명: 바이트 단위의 온디맨드 스토리지 공간 할당 크기 및 기간
- 측정: Σ, 데이터 스토리지 해제/재할당
- 빈도: 연속
- 클라우드 제공 모델: IaaS, PaaS, SaaS
- 예제: 시간당 0.01달러/GB(일반적으로 GB/월로 표현됨)

전송된 I/O 데이터 지표

- **설명:** 전송된 I/O 데이터의 양
- **측정:** Σ, I/O 데이터 바이트
- **빈도:** 연속
- **클라우드 제공 모델:** IaaS, PaaS
- 예제: 0.10달러/TB

어떤 클라우드 제공자는 IaaS와 PaaS 구현에 대한 I/O 사용량은 과금하지 않으며 스토리지 공간 할당에만 과금한다.

클라우드 서비스 사용량

SaaS 환경에서 클라우드 서비스 사용량은 다음의 세 가지 지표를 사용해 측정한다.

애플리케이션 가입 기간 지표

- **설명:** 클라우드 서비스 가입 기간
- **측정:** Σ, 가입 시작일~만료일

- **빈도:** 일, 월, 년
- **클라우드 제공 모델:** SaaS
- **예제:** 월별 69.90달러

지정 사용자 수 지표

- **설명:** 합법적 접근이 가능한 등록된 사용자 수
- **측정:** 사용자 수
- **빈도:** 월, 년
- **클라우드 제공 모델:** SaaS
- **예제:** 월별로 추가 사용자당 0.90달러

트랜잭션 사용자 수 지표

- **설명:** 클라우드 서비스에 의해 제공되는 트랜잭션 수
- **측정:** 트랜잭션 수(요청 응답 메시지 교환)
- **빈도:** 연속
- **클라우드 제공 모델:** PaaS, SaaS
- **예제:** 1,000 트랜잭션당 0.05달러

15.3 비용 관리 고려 사항

비용 관리는 종종 다음과 같이 클라우드 서비스의 생명주기 단계를 중심으로 이루어진다.

- **클라우드 서비스 설계 및 개발:** 가격 모델과 비용 템플릿은 대개 클라우드 서비스를 제공하는 조직이 결정한다.
- **클라우드 서비스 배포:** 클라우드 서비스를 배포하기 전과 도중에 사용량당 과금 모니터와 청구 관리 시스템 메커니즘의 위치를 포함해 사용량 측정과 과금 관련 데이터 수집을 위한 백엔드 아키텍처가 결정되고 구현된다.
- **클라우드 서버 계약:** 사용량 비용 지표에 기반한 요금에 대한 상호 협의를 맺는 것을 목

적으로 하며 클라우드 소비자와 클라우드 제공자 간의 협상을 포함한다.

- **클라우드 서비스 오퍼링:** 이용 가능한 사용자 지정 옵션과 함께 비용 템플릿을 바탕으로 한 클라우드 서비스의 가격 모델을 구체적으로 제공한다.

- **클라우드 서비스 프로비저닝:** 클라우드 서비스 사용량과 인스턴스 생성 임계치가 클라우드 제공자에 의해 부여되거나 클라우드 소비자에 의해 설정된다. 둘 중 어느 쪽이든, 이러한 프로비저닝 옵션은 사용 비용과 기타 수수료에 영향을 미칠 수 있다.

- **클라우드 서비스 운영:** 클라우드 서비스를 적극적으로 사용하면서 사용 비용 지표 데이터가 생성되는 단계이다.

- **클라우드 서비스 중단:** 클라우드 서비스가 일시적 또는 영구적으로 비활성화되면 통계적 비용 데이터가 기록된다.

클라우드 제공자와 클라우드 소비자가 앞서 언급한 생명주기 단계를 참조하거나 구축하는 비용 관리 시스템을 구현할 수 있다. 클라우드 공급자가 클라우드 소비자를 대신해 비용 관리 단계를 수행하고 클라우드 소비자에게 정기적인 보고서를 제공할 수도 있다.

가격 모델

클라우드 제공자가 사용하는 가격 모델은 사용량 비용 지표에 따라 세분화된 자원 사용량에 대한 단위 비용을 명시한 템플릿을 이용해 정의된다. 다음과 같은 다양한 요인들이 가격 모델에 영향을 줄 수 있다.

- 시장 경쟁 및 규제 요건
- 클라우드 서비스와 기타 IT 자원의 설계, 개발, 배포 및 운영에서 발생하는 오버헤드
- IT 자원 공유와 데이터 센터 최적화를 통한 비용 절감 기회

대부분의 주요 클라우드 제공자들은 자체 비용이 변동될 수 있지만 비교적 안정적이며 경쟁력 있는 가격에 클라우드 서비스를 제공한다. 가격 템플릿이나 가격 책정 계획은 어떻게 클라우드 서비스 사용료가 측정되고 계산되는지를 기술한 표준화된 비용 및 지표를 포함한다. 가격 템플릿은 다양한 측정 단위, 사용 할당량, 할인 및 기타 분류된 사용료를 설정해서 가격 모델 구조를 정의한다. 가격 모델은 여러 가격 템플릿을 포함할 수 있으며 가격 템플릿의 공식은 다음과 같은 변수들에 의해 결정된다.

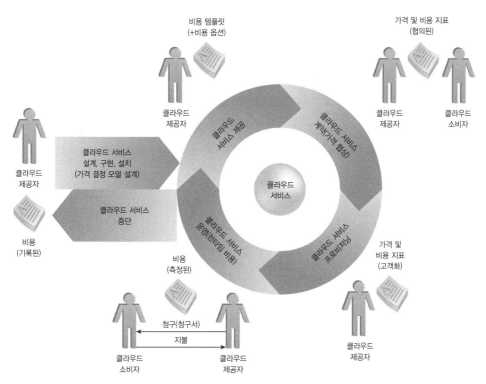

그림 15.1
비용 관리 고려 사항과 관련된 일반적인 클라우드 서비스 생명주기 단계

- **비용 지표 및 관련 가격:** (온디맨드인지 예약 할당인지와 같은)IT 자원 할당의 형태에 따라 결정된다.

- **고정 및 변동 요금 정의:** 고정 요금은 자원 할당에 기반해 정해진 가격에 포함된 사용량 한도를 정의하며 변동 요금은 실제 자원 사용량에 맞춰 조정된다.

- **수량 할인:** IT 자원 확장이 꾸준히 증가함에 따라 IT 자원이 더 많이 사용될수록 클라우드 사용자는 더 높은 할인을 받을 수 있다.

- **비용 및 가격 사용자 정의 옵션:** 이 변수는 지불 옵션 및 일정과 관련이 있다. 예를 들어, 클라우드 소비자는 월별 또는 반기별, 연간 결제 분할을 선택할 수있다.

가격 템플릿은 도입된 클라우드 전달 모델에 따라 다양할 수 있기 때문에 클라우드 공급자를 평가하고 사용료를 협상하는 클라우드 소비자에게 중요하다.

예를 들면 다음과 같다.

- IaaS: 가격은 일반적으로 전송된 네트워크 데이터의 양과 가상 서버의 수, 할당된 스토리지 용량을 포함하는 IT 자원 할당 및 사용량에 기반한다.

- PaaS: IaaS와 비슷하게 전송된 네트워크 데이터와 가상 서버, 스토리지에 대한 가격을 정의한다. 가격은 소프트웨어 구성 및 개발 도구, 라이선스 비용과 같은 요소에 따라 달라질 수 있다.

- SaaS: 응용프로그램 소프트웨어 사용과 관련이 있기 때문에 가격은 등록된 애플리케이션 모듈의 수, 지정된 클라우드 서비스 사용자 수, 트랜잭션 수에 따라 결정된다.

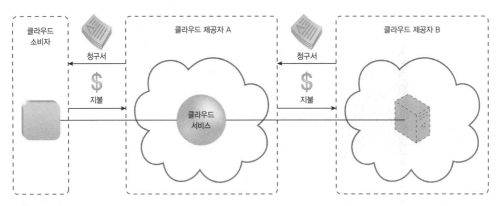

그림 15.2
통합된 가격 모델. 클라우드 소비자는 클라우드 제공자 B로부터 (클라우드 서비스를 제공하는 가상 서버를 포함함) IaaS 환경을 임대한 클라우드 제공자 A로부터 SaaS 제품을 임대한다. 클라우드 소비자는 클라우드 제공자 A에게 사용료를 지불한다. 클라우드 제공자 A는 클라우드 제공자 B에게 사용료를 지불한다.

한 클라우드 제공자에 의해 제공되는 클라우드 서비스가 다른 클라우드 제공자가 프로비저닝하는 IT 자원에 구축될 수 있다. 그림 15.2와 15.3은 두 가지 시나리오를 보여준다.

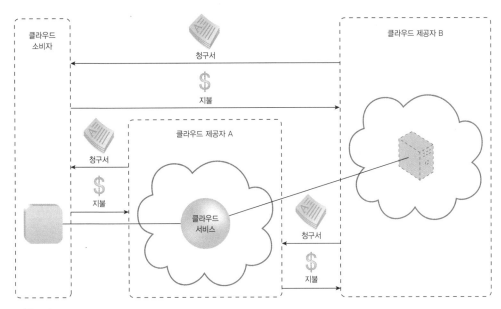

그림 15.3

분리된 가격 모델이 사용된다. 클라우드 소비자는 클라우드 제공자 A로부터 클라우드 서비스를 호스팅하기 위해 클라우드 제공자 B로 부터 가상 서버를 임대한다. 두 임대 합의서 모두 클라우드 제공자 A에 의해 클라우드 소비자에게 주어진다. 이 합의서의 일부로 일부 사용료를 클라우드 제공자 B가 클라우드 제공자 A에게 직접 청구한다.

추가 고려 사항

- 협상: 클라우드 제공자의 가격 책정은 종종 협상이 가능하며 특히 대량 또는 장기 계약을 기꺼이 추진하려는 고객에게 적합하다. 가격 협상은 때로는 제안된 할인과 함께 예상 사용량을 제출해 클라우드 제공자의 웹 사이트를 통해 온라인으로 실행될 수도 있다. 웹 사이트에는 클라우드 소비자가 정확한 IT 자원 사용량 견적을 산출하는데 도움이 되는 도구도 있다.

- 지불 옵션: 개별 측정 기간이 완료된 후 클라우드 제공자의 과금 관리 시스템은 클라우드 소비자가 지불해야 하는 금액을 계산한다. 클라우드 소비자에게는 선불 결제와 후불 결제와 같은 두 가지 일반적인 지불 옵션이 있다. 선불 결제를 사용하면 클라우드 소비자에게 향후 사용 요금 청구서에 적용할 수 있는 IT 자원 사용량 크레딧이 제공된다. 후불 결제 방식은 대개 월 단위로, IT 자원을 소비하는 기간마다 클라우드 소비자에게 요금을 청구한다.

- 비용 아카이빙: 과거 청구 정보를 추적해 클라우드 제공자와 클라우드 소비자 모두에게 사용량과 재무 추세 파악에 도움이 되는 통찰력 있는 보고서를 생성할 수 있다.

DTGOV는 자원 할당이 온디맨드 또는 이미 예약된 IT 자원 기반으로 수행된다는 가정하에 가상 서버와 블록 기반 클라우드 스토리지 장치를 위한 패키지를 임대하는 가격 모델을 구성한다. 온디맨드 자원 할당은 시간 단위로 측정해 요금을 부과하는 반면, 예약 자원 할당은 클라우드 소비자에게 1년에서 3년 단위의 계약을 요구하며 요금은 월 단위로 부과한다.

IT 자원은 자동으로 확장되고 축소되므로 예약된 IT 자원이 할당된 용량을 넘어 확장될 때마다 추가적으로 사용된 용량은 사용량당 과금 기준으로 부과된다. 윈도우와 리눅스 기반 가상 서버는 다음의 기본적인 성능 프로필 내에서 이용된다.

- 소형 가상 서버 인스턴스: 루트 파일 시스템 내 1개의 가상 프로세서 코어, 4GB 가상 RAM, 320GB 스토리지

- 중형 가상 서버 인스턴스: 루트 파일 시스템 내 2개의 가상 프로세서 코어, 8GB 가상 RAM 540GB 스토리지

- 대형 가상 서버 인스턴스: 루트 파일 시스템 내 8개의 가상 프로세서 코어, 16GB 가상 RAM, 1.2TB 스토리지

- 대용량 메모리 가상 서버 인스턴스: 루트 파일 시스템 내 8개의 가상 프로세서 코어, 64GB 가상 RAM, 1.2TB 스토리지

- 대용량 프로세서 가상 서버 인스턴스: 루트 파일 시스템 내 32개의 가상 프로세서 코어, 16GB 가상 RAM, 1.2TB 스토리지

- 초대형 프로세서 가상 서버 인스턴스: 루트 파일 시스템 내 128개의 가상 프로세서 코어, 512GB 가상 RAM, 1.2TB 스토리지

가상 서버는 '복원력'이 있거나 '클러스터'된 형태로 이용 가능하다. 전자의 옵션을 위해 가상 서버는 최소한 두 군데의 데이터 센터에 복제된다. 후자를 위해 가상 서버는 가상화 플랫폼에 의해 구현된 고가용성 클러스터에서 구동된다.

가격 모델은 최소 40GB이며 1GB의 배수로 표현되는 클라우드 스토리지 장치의 용량에 기반한다. 스토리지 장치 용량은 클라우드 소비자가 고정할 수도 있고 용량을 증가시키거나 감소시키기 위해 조정할 수도 있다. 반면 블록 스토리지는 최대 1.2TB의 용량을 갖는다. 클라우드 장치를 오가는 I/O 이동은 아웃바운드 WAN 트래픽에 적용되는 사용량당 과금 요금에 더해 부과된다. 인바운드 WAN과 클라우드 간 트래픽은 무료다.

첫 90일 동안 클라우드 소비자에게 3개의 소형 가상 서버 인스턴스와 60GB 블록 기반 클라우드 스토리지 장치, 월별 5GB I/O 전송, 월별 5GB의 WAN 아웃바운드 트래픽까지 무료로 제공한다. DTGOV는 퍼블릭 배포를 위한 가격 모델을 준비하면서 다음과 같은 이유로 클라우드 서비스 가격을 책정하는 일이 생각보다 어려운 일임을 알게 됐다.

- DTGOV에 이윤을 남기고 다른 클라우드 오퍼링보다 경쟁력을 가지면서 가격은 시장 상황을 반영해야 한다.

- DTGOV는 새로운 고객을 염두에 두고 있기 때문에 클라이언트 포트폴리오가 아직 구축되지 않았다. 실제적인 이관 비율을 예측하는 것은 매우 어렵지만 클라우드를 사용하지 않는 고객이 꾸준히 클라우드로 이관할 것을 기대한다.

추가적인 시장 조사 후에 DTGOV는 가상 서버 인스턴스 할당에 대한 다음의 가격 템플릿을 책정했다.

가상 서버 온디맨드 인스턴스 할당
- 지표: 온디맨드 인스턴스 할당
- 측정: 매월 총 서비스 사용량에 대해 계산해 사용량당 과금(인스턴스가 확장될 때 실제 인스턴스 크기에 대해 시간 단위 요금제를 사용한다)
- 과금 기간: 월

표 15.3은 가격 템플릿 개요를 나타낸다.

인스턴스 이름	인스턴스 크기	운영체제	시간당
소형 가상 서버 인스턴스	1 가상 프로세서 코어 4GB 가상 RAM 20GB 스토리지	리눅스 우분투	0.06달러
		리눅스 레드햇	0.08달러
		윈도우	0.09달러
중형 가상 서버 인스턴스	2 가상 프로세서 코어 8GB 가상 RAM 20GB 스토리지	리눅스 우분투	0.14달러
		리눅스 레드햇	0.17달러
		윈도우	0.19달러
대형 가상 서버 인스턴스	8 가상 프로세서 코어 16GB 가상 RAM 20GB 스토리지	리눅스 우분투	0.32달러
		리눅스 레드햇	0.37달러
		윈도우	0.39달러
대용량 메모리 가상 서버 인스턴스	8 가상 프로세서 코어 64GB 가상 RAM 20GB 스토리지	리눅스 우분투	0.89달러
		리눅스 레드햇	0.95달러
		윈도우	0.99달러
대용량 프로세서 가상 서버 인스턴스	32 가상 프로세서 코어 16GB 가상 RAM 20GB 스토리지	리눅스 우분투	0.89달러
		리눅스 레드햇	0.95달러
		윈도우	0.99달러
초대형 가상 서버 인스턴스	128 가상 프로세서 코어 512GB 가상 RAM 20GB 스토리지	리눅스 우분투	1.29달러
		리눅스 레드햇	1.69달러
		윈도우	1.89달러

표 15.3
가상 서버 온디맨드 인스턴스 할당에 대한 가격 템플릿

클러스터된 IT 자원에 대한 추가 요금: 120%

복원력 있는 IT 자원에 대한 추가 요금: 150%

가상 서버 예약 인스턴스 할당

- 지표: 예약 인스턴스 할당
- 측정: 매월 총 소비량에 기반해 계산된 사용량당 과금 요금에 따라 선행해 부과된 예약 인스턴스 할당 요금(인스턴스가 확장된 기간에 대해 추가적인 요금 부과를 적용한다)
- 과금 기간: 월

표 15.4는 가격 템플릿 개요를 나타낸다.

인스턴스 이름	인스턴스 크기	운영체제	1년 가격		3년 가격	
			선행	시간당	선행	시간당
소형 가상 서버 인스턴스	1 가상 프로세서 코어 4GB 가상 RAM 20GB 스토리지	리눅스 우분투	57.10달러	0.032달러	87.97달러	0.026달러
		리눅스 레드햇	76.14달러	0.043달러	117.30달러	0.034달러
		윈도우	85.66달러	0.048달러	131.96달러	0.038달러
중형 가상 서버 인스턴스	2 가상 프로세서 코어 8GB 가상 RAM 20GB 스토리지	리눅스 우분투	133.24달러	0.075달러	205.27달러	0.060달러
		리눅스 레드햇	161.79달러	0.091달러	249.26달러	0.073달러
		윈도우	180.83달러	0.102달러	278.58달러	0.081달러
대형 가상 서버 인스턴스	8 가상 프로세서 코어 16GB 가상 RAM 20GB 스토리지	리눅스 우분투	304.55달러	0.172달러	469.19달러	0.137달러
		리눅스 레드햇	352.14달러	0.199달러	542.50달러	0.158달러
		윈도우	371.17달러	0.210달러	571.82달러	0.167달러
대용량 메모리 가상 서버 인스턴스	8 가상 프로세서 코어 64GB 가상 RAM 20GB 스토리지	리눅스 우분투	751.86달러	0.425달러	1158.30달러	0.338달러
		리눅스 레드햇	808.97달러	0.457달러	1246.28달러	0.363달러
		윈도우	847.03달러	0.479달러	1304.92달러	0.381달러

인스턴스 이름	인스턴스 크기	운영체제	1년 가격		3년 가격	
			선행	시간당	선행	시간당
대용량 프로세서 가상 서버 인스턴스	32 가상 프로세서 코어 16GB 가상 RAM 20GB 스토리지	리눅스 우분투	751.86달러	0.425달러	1158.30달러	0.338달러
		리눅스 레드햇	808.97달러	0.457달러	1246.28달러	0.363달러
		윈도우	847.03달러	0.479달러	1304.92달러	0.381달러
초대형 가상 서버 인스턴스	128 가상 프로세서 코어 512GB 가상 RAM 20GB 스토리지	리눅스 우분투	1132.55달러	0.640달러	1744.79달러	0.509달러
		리눅스 레드햇	1322.90달러	0.748달러	2038.03달러	0.594달러
		윈도우	1418.07달러	0.802달러	2184.65달러	0.637달러

표 15.4
가상 서버 예약 인스턴스 할당에 대한 가격 템플릿
클러스터된 IT 자원에 대한 추가 요금: 100%
복원력 있는 IT 자원에 대한 추가 요금: 120%

DTGOV는 클라우드 스토리지 장치 할당과 WAN 대역폭 사용에 대한 간단한 가격 템플릿을 제공한다.

클라우드 스토리지 장치

- 지표: 온디맨드 스토리지 할당, 전송된 I/O 데이터
- 측정: 매월 총 소비량에 기반해 계산된 사용량당 과금 부과(시간 단위 및 누적 I/O 전송량에 의해 계산된 스토리지 할당)
- 과금 기간: 월

가격 템플릿: 할당된 스토리지에 월별 0.10달러/GB, I/O 전송에 대해 0.001달러/GB

WAN 트래픽

- 지표: 아웃바운드 네트워크 사용량
- 측정: 매월 총 소비량에 기반해 계산된 사용량당 과금 부과(누적 계산된 WAN 트래픽 양)
- 과금 기간: 월
- 가격 템플릿: 아웃바운드 네트워크 데이터에 대해 0.01달러/GB

서비스 품질 지표와 SLA

서비스 수준 계약[SLA]은 협상, 계약 조건, 법적 의무 및 런타임 지표와 측정의 중점 사항이다. SLA 는 클라우드 제공자가 제시한 보증 내용을 공식화하고 가격 모델 및 지불 조건을 결정하거나 이에 영향을 미친다. SLA는 클라우드 소비자의 기대치를 설정하고 어떻게 기업이 클라우드 기반 IT 자원을 활용해 사업 자동화를 구축할 것인가에 필수적인 요소가 된다.

클라우드 제공자가 클라우드 소비자에게 한 보증 내용은 클라우드 소비자 조직이 그들의 고객 이나 사업 파트너 또는 클라우드 제공자가 제공하는 서비스와 솔루션에 영향을 받는 모든 이들 에게 동일하게 적용된다. 따라서 클라우드 소비자의 사업 요구 사항을 지원하기 위해 SLA 및 관 련 서비스 품질 지표를 이해하고 조정하는 것은 물론 클라우드 제공자가 실제로 안정적이고 일 관된 서비스를 보장할 수 있도록 하는 것이 중요하다. 특히 보장 내용과 관련한 고려 사항은 클 라우드 소비자에게 많은 양의 공유 IT 자원을 제공하는 클라우드 제공자와 관련이 있으며 개별 클라우드 사용자는 각자 SLA 보증을 받게 된다.

<u>16.1</u> 서비스 품질 지표

클라우드 제공자가 발행한 SLA는 하나 이상의 클라우드 기반 IT자원의 서비스 품질[QoS] 기능과 보증 및 제한 사항을 설명하는 가독성 있는 문서다.

SLA는 측정 가능한 QoS 특성을 표현하기 위해 다음과 같은 서비스 품질 지표를 사용한다.

- **가용성:** 가동 시간, 가동 중단 시간, 서비스 기간
- **신뢰성:** 실패 최소 시간, 성공적인 응답 보장 비율
- **성능:** 용량, 응답 시간, 전달 시간 보장
- **확장성:** 용량 변동성 및 응답성 보장
- **복원력:** 교체 및 복구까지의 평균 수행 시간

SLA 관리 시스템은 다양한 형태의 통계적 분석을 위해 SLA 관련 데이터를 수집하고 SLA 보장 준수 여부를 확인하는 주기적인 측정을 수행하는 데 위와 같은 지표를 사용한다.

각 서비스 품질 지표는 다음의 특성을 사용해 정의된다.

- **정량화 가능:** 측정 단위는 정량적 측정을 기반으로 측정할 수 있도록 명확하고 절대적이며 적절하다.
- **반복 가능:** 동일한 조건에서 반복될 때 지표 측정 방법이 동일한 결과를 제공해야 한다.
- **비교 가능:** 지표에서 사용되는 측정 단위는 표준화돼 있고 비교 가능해야 한다. 예를 들어 서비스 품질 지표는 비트 단위보다 더 작은 데이터나 바이트 단위보다 더 큰 단위는 측정할 수 없다.
- **획득 용이:** 클라우드 소비자가 쉽게 이해하고 얻을 수 있도록 지표는 특정 업체에 독점적이지 않은 공통적인 측정 형식을 기반으로 해야 한다.

다음 절에서 일련의 공통적인 서비스 품질 지표를 제공한다. 각 지표는 설명, 측정 단위, 측정 빈도, 적용 가능한 클라우드 제공 모델, 간단한 예제와 함께 기술된다.

서비스 가용성 지표

가용율 지표

IT 자원의 전체적인 가용성은 대개 가동 시간의 백분율로 표현된다. 예를 들어 IT 자원이 항상 이용 가능하다면 100%의 가동 시간을 갖는 것이다.

- **설명:** 서비스 가동 시간 백분율
- **측정:** 총 가동 시간/총 시간

- **빈도:** 주, 월, 연 단위
- **클라우드 제공 모델:** IaaS, PaaS, SaaS
- **예제:** 최소 95% 가동 시간

가용율은 누적으로 계산된다. 총 가동 중지 시간을 계산할 때는 비가용 기간이 합산된다(표 16.1).

가용성(%)	정지시간/주(초)	정지시간/월(초)	정지시간/연(초)
99.5	3024	216	158112
99.8	1210	5174	63072
99.9	606	2592	31536
99.95	302	1294	15768
99.99	60.6	259.2	3154
99.999	6.05	25.9	316.6
99.9999	0.605	2.59	31.5

표 16.1
초단위로 측정된 가용률 견본

가동 중단 기간 지표

이 서비스 품질 지표는 최대 및 평균 연속 서비스 중단 수준 목표를 정의하는 데 사용된다.

- **설명:** 단일 가동 중단 지속 시간
- **측정:** 가동 중단 종료 일/시간 – 가동 중단 시작 일/시간
- **빈도:** 이벤트 발생 시
- **클라우드 제공 모델:** IaaS, PaaS, SaaS
- **예제:** 최대 1시간, 평균 15분

노트

정량적으로 측정되는 것 외에도 가용성은 고가용성(HA) 같은 용어를 사용해 정성적으로 기술할 수 있다. 고가용성이란 일반적으로 기본 자원 복제 및 클러스터링 인프라를 사용했을 때 IT 자원이 예외적으로 낮은 가동 중지 시간을 보이는 것을 나타낸다.

서비스 신뢰성 지표

가용성과 관련이 깊은 특성인 신뢰성은 IT 자원이 주어진 환경에서 실패 없이 의도된 기능을 수행하는 확률이다. 신뢰성은 서비스가 예상대로 수행되는 빈도에 초점을 맞추고 서비스는 이를 위해 작동 가능하고 사용 가능한 상태를 유지해야 한다. 어떤 신뢰성 지표는 런타임 오류 및 예외 조건만 고려하는데, 이는 주로 IT 자원이 이용 가능한 상태일 때만 측정된다.

평균 장애 간격(MTBF, Mean-Time Between Failures) 지표

- **설명:** 연속적인 서비스 실패 사이의 예상 시간
- **측정:** Σ, 정상적인 구동 시간/실패 횟수
- **빈도:** 월, 연 단위
- **클라우드 제공 모델:** IaaS, PaaS
- **예제:** 평균 90일

신뢰율 지표

전체적인 신뢰성은 측정하기가 더욱 복잡하고 대개 성공적인 서비스 결과의 백분율로 표현되는 신뢰성 비율에 의해 정의된다. 신뢰율 지표는 가동 시간 동안 발생하는 치명적이지 않은 오류 및 장애의 영향을 측정한다. 예를 들어 IT 자원이 호출될 때마다 예상대로 수행되면 신뢰성은 100%고, 다섯 번에 한 번씩 실패한다면 80%가 된다.

- **설명:** 사전 정의된 조건 하에서 성공적인 서비스 결과의 백분율
- **측정:** 총 성공 응답 횟수/총 요청 횟수
- **빈도:** 주, 월, 연 단위
- **클라우드 제공 모델:** IaaS, PaaS, SaaS
- **예제:** 최소 99.5%

서비스 성능 지표

서비스 성능이란 IT 자원이 예상되는 매개 변수 내에서 기능을 수행할 수 있는 능력을 일컫는다. 품질은 서비스 용량 지표를 사용해 측정되며, 각 지표는 IT 자원 용량의 측정 가능한 특성에

중점을 둔다. 이 절에서는 일반적인 성능 용량 지표를 제공한다. 측정하는 IT 자원의 유형에 따라 다른 지표가 적용돼야 한다.

네트워크 용량 지표

- **설명:** 네트워크 용량의 측정 가능한 특성
- **측정:** 대역폭/초당 비트 처리량
- **빈도:** 연속
- **클라우드 제공 모델:** IaaS, PaaS, SaaS
- **예제:** 초당 10MB

스토리지 장치 용량 지표

- **설명:** 스토리지 장치 용량의 측정 가능한 특성
- **측정:** GB 단위의 스토리지 크기
- **빈도:** 연속
- **클라우드 제공 모델:** IaaS, PaaS, SaaS
- **예제:** 80GB 스토리지

서버 용량 지표

- **설명:** 서버 용량의 측정 가능한 특성
- **측정:** CPU 개수, GHz 단위의 CPU 주파수, GB 단위의 RAM 크기, GB 단위의 스토리지 크기
- **빈도:** 연속
- **클라우드 제공 모델:** IaaS, PaaS
- **예제:** 1.7GHz의 1 코어 CPU, 16GB RAM, 80GB 스토리지

웹 애플리케이션 용량 지표

- **설명:** 웹 애플리케이션 용량의 측정 가능한 특성
- **측정:** 분당 요청률

- **빈도:** 연속
- **클라우드 제공 모델:** SaaS
- **예제:** 분당 최대 100,000건의 요청

인스턴스 시작 시간 지표

- **설명:** 새 인스턴스를 초기화하는 데 필요한 시간
- **측정:** 인스턴스 활성화 시각/날짜 – 인스턴스 시작 요청 시각/날짜
- **빈도:** 이벤트 발생 시
- **클라우드 제공 모델:** IaaS, PaaS
- **예제:** 최장 5분, 평균 3분

응답 시간 지표

- **설명:** 동시 동작 수행 시 필요한 시간
- **측정:** 〔요청 시각/날짜 – 응답 시각〕/날짜/총 요청 횟수
- **빈도:** 일, 주, 월 단위
- **클라우드 제공 모델:** SaaS
- **예제:** 평균 5ms

완료 시간 지표

- **설명:** 비동기적 작업을 완료하는 데 필요한 시간
- **측정:** 〔요청 날짜 – 응답 날짜〕 / 총 요청 횟수
- **빈도:** 일, 주, 월 단위
- **클라우드 제공 모델:** PaaS, SaaS
- **예제:** 평균 1초

서비스 확장성 지표

서비스 확장성 지표는 IT 자원의 탄력성과 관련이 있으며 작업 부하 변동성에 대한 수용력의 측정과 IT 자원이 도달할 수 있는 최대 용량과 관계가 있다. 예를 들어 서버는 최대 **128CPU 코어**

와 512GB RAM으로 수직 확장될 수 있고, 최대 16개의 로드 밸런싱된 복제 인스턴스로 수평 확장될 수 있다.

다음의 지표는 수동 또는 자동 IT 자원 할당 프로세스의 영향뿐 아니라 동적 서비스 요구를 선행적으로 실행할 것인지, 그때그때 대응해 실행할 것인지 여부를 결정하는 데 도움이 된다.

스토리지 확장성(수평적) 지표

- **설명:** 증가하는 작업 부하에 따라 허용되는 스토리지 장치 용량 변화
- **측정:** GB 단위의 스토리지 크기
- **빈도:** 연속
- **클라우드 제공 모델:** IaaS, PaaS, SaaS
- **예제:** 최대 1,000GB(자동 확장)

서버 확장성(수평적) 지표

- **설명:** 증가하는 작업 부하에 따라 허용되는 서버 용량 변화
- **측정:** 자원 풀 내의 가상 서버 수
- **빈도:** 연속
- **클라우드 제공 모델:** IaaS, PaaS
- **예제:** 최소 가상 서버 1대, 최대 가상 서버 10대(자동 확장)

서버 확장성(수직적) 지표

- **설명:** 증가하는 작업 부하에 따라 허용되는 서버 용량 변동량
- **측정:** CPU의 수, GB 단위의 RAM 크기
- **빈도:** 연속
- **클라우드 제공 모델:** IaaS, PaaS
- **예제:** 최대 512코어, 512GB RAM

서비스 복원력 지표

운영 상의 장애로부터 복구할 수 있는 IT 자원의 능력은 종종 서비스 복원력 지표를 사용해 측

정된다. 복원력이 SLA 복원력 보증 내에서 또는 해당 보증과 관련해서 설명될 때, 다양한 물리적 재난에 대한 중복 구현 및 리소스 복제는 물론 다양한 재난 복구 시스템을 기반으로 한다.

클라우드 제공 모델의 유형은 복원력이 어떻게 구현되고 측정되는지를 결정한다. 예를 들어 회복력 있는 클라우드 서비스를 구현하는 복제된 가상 서버의 물리적 위치가 IaaS 환경의 SLA에서 명시적으로 표현될 수 있으며 해당 PaaS와 SaaS 환경에 대해서는 암묵적으로 표현된다.

복원력 지표는 세 가지 단계로 적용돼 일반적인 수준의 서비스를 위협할 수 있는 문제와 이벤트를 해결할 수 있다.

- **설계 단계:** 준비된 시스템과 서비스가 어떻게 문제에 대처할 것인지를 측정하는 지표
- **운용 단계:** 가용성과 신뢰성, 성능, 확장성 지표에 의해 추가로 규정된 다운 타임 이벤트 또는 서비스 중단 전, 도중, 이후의 서비스 수준 차이를 측정하는 지표
- **복구 단계:** 시스템이 중단 및 새로운 가상 서버로 전환되는 동안과 같이 IT 자원이 장애에서 복구되는 속도를 측정하는 지표

복원력 측정과 관련된 두 가지 공통 지표는 다음과 같다.

평균 전환 시간(MTSO, Mean Time to SwitchOver) 지표

- **설명:** 심각한 장애에서 다른 지리적 영역의 복제된 인스턴스로 전환이 완료될 것으로 예상되는 시간
- **측정:** 〔전환 완료 날짜/시간 – 실패 날짜/시간〕/전체 실패 횟수
- **빈도:** 월간, 연간
- **클라우드 제공 모델:** IaaS, PaaS, SaaS
- **예:** 평균 10분

평균 복구 시간(MTSR, Mean-Time System Recovery) 지표

- **설명:** 탄력적인 시스템이 중대한 오류로부터 완전히 복구되기까지 예상되는 시간
- **측정:** 〔복구 날짜/시간 – 실패 날짜/시간〕/총 실패 횟수
- **빈도:** 월간, 연간
- **클라우드 제공 모델:** IaaS, PaaS, SaaS
- **예:** 평균 120 분

웹 포털을 약 1시간 동안 사용할 수 없도록 한 클라우드 중단 사건으로 인해 이노바르토스는 SLA 이용 약관을 철저히 검토하기로 결정했다. 이는 클라우드 제공자의 가용성 보증을 연구하는 것으로 시작했다. 클라우드 제공자의 SLA 관리 시스템에서 어떤 이벤트가 "다운 타임"으로 분류돼 있는지 명확하게 밝히지 않았기 때문에 모호하다. 이노바르토스는 또한 SLA에 클라우드 서비스 운영에 필수적인 요소가 되는 신뢰성과 복원력 지표가 없다는 사실을 발견했다.

클라우드 제공자와 SLA 조건 재협상을 준비하면서 이노바르토스는 다음의 추가 요구 사항 목록을 작성하고 보증 조항의 목록을 편집하려 한다.

- 서비스 가용성 조건을 좀 더 효과적으로 관리하려면 가용성 비율을 자세히 설명해야 한다.

- 중요한 서비스의 운영이 내결함성(fault-tolerant)과 탄력성을 유지할 수 있도록 서비스 운영 모델을 지원하는 기술 데이터가 포함돼야 한다.

- 서비스 품질 평가를 지원하는 추가적인 지표 항목이 포함돼야 한다.

- 가용성 측정 시 측정 대상에서 제외해야 하는 모든 이벤트를 명확히 정의해야 한다.

클라우드 제공업체 영업 대표와 여러 차례 대화를 나눈 후에 이노바르토스는 다음의 추가 기능을 갖춘 개정된 SLA를 제공받는다.

- 클라우드 서비스의 가용성을 측정하는 방법과 ATN 핵심 프로세스가 지원하는 IT 자원을 지원하는 방법

- 이노바르토스가 승인한 일련의 신뢰성 및 성능 지표를 포함

6개월 뒤 이노바르토스는 또 다른 SLA 지표 평가를 수행하고 새로 생성된 값을 SLA 개선 이전에 생성된 값과 비교한다(표 16.2).

SLA 지표	이전 SLA 통계	개정된 SLA 통계
평균 가용성	98.10%	99.98%
고가용성 모델	콜드 대기	핫 대기
평균 서비스 품질 *고객 만족 설문에 근거	52%	70%

표 16.2
클라우드 자원 관리자에 모니터링한 대로 이노바르토스의 SLA 평가가 진화

16.3 SLA 가이드라인

이 절은 클라우드 사용자에게 적용할 수 있는 SLA로 작업하기 위한 여러 모범 사례와 권장 사항을 제공한다.

- **SLA에 사업 사례의 매핑:** 주어진 자동화 솔루션에 필요한 QoS 요구 사항을 확인하고 자동화된 IT 자원의 SLA에 명시된 보증에 구체적으로 연결할 필요가 있다. 이렇게 하면 SLA가 부주의하게 잘못 정의되거나 IT 자원 사용 후 부당하게 보증받지 못하는 상황을 피할 수 있다.

- **클라우드와 온프레미스 SLA로 작업:** 퍼블릭 클라우드에서 IT 자원을 지원할 수 있는 방대한 인프라로 인해 클라우드 기반 IT 자원의 SLA에서 발행한 QoS 보장은 일반적으로 온프레미스 IT 자원에 제공되는 것보다 우수하다. 온프레미스 및 클라우드 기반 서비스를 모두 사용하는 하이브리드 분산 솔루션을 구축하거나 클라우드 버스트 같은 교차 환경 기술 아키텍처를 통합할 때 이러한 차이를 이해할 필요가 있다.

- **SLA의 범위 이해:** 클라우드 환경은 IT 자원이 상주하고 통합되는 많은 지원 아키텍처 및 인프라 계층으로 구성된다. 주어진 IT 자원 보증이 적용되는 범위를 인정하는 것은 중요하다. 예를 들어 SLA는 IT 자원 구현으로 제한될 수 있지만 기본 호스팅 환경에는 제한되지 않는다.

- **SLA 모니터링 범위의 이해:** SLA는 모니터링이 수행되는 위치와 주로 클라우드의 방화벽과 관련해 측정이 계산되는 위치를 지정해야 한다. 예를 들어 클라우드 방화벽 내의 모니터링이 클라우드 소비자의 필수 QoS 보장에 항상 유리하거나 관련이 있는 것은 아니다. 가장 효율적인 방화벽조차도 성능에 대해 일정 정도 영향을 주며 일종의 실패 지점을 제공할 수 있다.

- **적절한 세분화를 통한 보증 문서화:** 클라우드 제공자가 사용하는 SLA 템플릿은 때로는 광범위한 용어로 보증을 정의한다. 클라우드 소비자에게 특정 요구 사항이 있다면 해당 보증 수준을 설명할 때 해당 세부 수준을 사용해야 한다. 예를 들어 데이터 복제를 특정 지리적 위치에서 수행해야 하는 경우 SLA 내에서 직접 지정해야 한다.

- **컴플라이언스 미준수 시 벌금 정의:** 클라우드 제공자가 SLA 내에 약속된 QoS 보장을 수행할 수 없는 경우 보상, 처벌, 환급 또는 기타 측면에서 공식적으로 문서화할 수 있다.

- **측정 불가능한 요구 조건의 포함:** 일부 품질 보증은 서비스 품질 지표를 통해 쉽게 측정할 수 없지만 QoS와 관련이 있으므로 SLA 내에서 문서화해야 한다. 예를 들어 클라우드 소비자는 클라우드 제공자가 호스팅하는 데이터에 대해 특정 보안 및 개인 정보 보호 요구 사항을 갖고 있을 수도 있다. 이는 클라우드 제공자가 임대중인 클라우드 스토리지 장치에 대한 SLA 보장을 통해 해결이 가능하다.

- **컴플라이언스 검증 및 관리의 공개:** 클라우드 제공자는 자체 SLA에 대한 컴플라이언 스를 보장하기 위해서 IT 자원을 감시할 책임이 있을 수 있다. 이런 경우, SLA 조항에는 법규와 관련된 감사뿐만 아니라 컴플라이언스 확인 프로세스를 수행하는 데 사용되는 도구와 업무 관행을 명시해야 한다.

- **특정 지표 공식의 포함:** 일부 클라우드 제공자는 일반적인 SLA 지표나 SLA 내 지표 관련 계산을 언급하지 않고, 대신 모범 사례와 고객 지원의 활용을 강조하는 서비스 수준의 명세 및 설명에 초점을 맞추기도 한다. SLA를 측정하는 데 사용되는 지표는 SLA 문서의 명시적인 한 부분이며, 해당 지표가 기반하고 있는 공식 및 계산을 포함해야 한다.

- **독립적인 SLA 모니터링 고려:** 클라우드 제공자가 종종 정교한 SLA 관리 시스템과 SLA 모니터를 확보하고 있더라도, 클라우드 소비자의 입맛에 가장 잘 맞는 것은 독자적인 감시를 수행하는 제3의 업체를 고용하는 것일 수 있다. 주기적으로 발행되는 감시 보고서에 기재된 결과와는 달리, 클라우드 제공자가 항상 SLA 보장 사항을 지키지는 않을 것이라는 의심이 있는 경우에는 특히 그렇다.

- **SLA 데이터의 아카이빙:** SLA 모니터가 수집한 SLA 관련 통계는 추후 보고 목적으로 보통 클라우드 제공자가 저장 및 아카이빙한다. 클라우드 제공자가 특정 클라우드 소비자의 SLA 데이터를 해당 소비자와 더는 거래하지 않고도 유지하는 경우 이러한 사항은 공개돼야 한다. 해당 클라우드 소비자는 이러한 종류의 정보를 허가 받지 않고 저장하는 것을 금지하는 데이터 보호 요구 사항을 갖고 있을 수 있다. 유사하게 클라우드 제공자와 클라우드 소비자의 거래 도중 및 이후에 클라우드 소비자는 SLA 관련 데이터의 기록에 대한 복사본을 확보 및 유지할 수 있다. 이 또한 추후 클라우드 제공자들을 비교할 때 특히 유용하게 사용될 수 있나.

- **타 클라우드 간 의존성의 공개:** 클라우드 제공자는 타 클라우드 제공자로부터 IT 자원을 임대할 수 있고, 이는 곧 클라우드 소비자에게 보장한 보장 내용에 대한 통제권을 잃게

되는 결과가 된다. 클라우드 제공자가 타 클라우드 제공자가 보장한 **SLA** 보장 사항에 의존한다 하더라도, 클라우드 소비자는 해당 클라우드 제공자가 임대하고 있는 **IT** 자원이 임대 대상 클라우드 제공자의 환경에 의존성을 갖고 있다는 사실을 공개하길 원할 수 있다.

16.4 사례 연구

DTGOV는 클라우드 소비자에게 SLA 보증을 설명하는 온라인 웹 페이지와 함께 '접근 허용'을 제시하는 접근법을 확고히 한 법률 자문 팀과 협력해 SLA 템플릿 작성 프로세스를 시작한다. 기본 계약에는 다음과 같이 가능한 SLA 미준수와 관련해 DTGOV의 책임에 대한 광범위한 제한 사항이 포함돼 있다.

- SLA는 서비스 가용성에 대해서만 보증을 정의한다.

- 서비스 가용성은 모든 클라우드 서비스에 대해 동시에 정의된다.

- 서비스 가용성 지표는 예기치 않은 중단에 대한 유연성 수준을 설정하기 위해 느슨히 정의된다.

- 이용 약관은 클라우드 서비스 고객 계약과 연결되며, 이는 셀프서비스 포털을 사용하는 모든 클라우드 소비자가 묵시적으로 허용한다.

- 연장된 비가용 기간은 추후 청구서에 할인되고 실제 화폐 가치가 없는 '서비스 크레딧'에 의해 보상된다.

DTGOV의 SLA 템플릿에서 발췌된 핵심 내용은 다음과 같다.

범위와 적용 가능성

본 서비스 수준 계약서(SLA)는 DTGOV의 클라우드 서비스(DTGOV 클라우드)의 사용에 적용될 서비스 품질 매개 변수를 설정하며 DTGOV 클라우드 서비스 고객 계약 (DTGOV Cloud Agreement)의 일부가 된다.

본 계약서에 명시된 이용 약관은 여기에 "적용 대상 서비스"라고 하는 가상 서버 및 클라우드 스토리지 장치 서비스에만 적용된다. 이 SLA는 DTGOV 클라우드를 사용하는 각 클라우드 소비자(소비자)에게 개별적으로 적용된다. DTGOV는 언제든지 DTGOV 클라우드 계약에 따라 이 SLA의 조항을 변경할 수 있는 권한을 보유한다.

서비스 품질 보증

해당 서비스는 특정 달에 최소 99.95%의 가동 시간을 유지해 소비자에게 제공된다. 소비자가 SLA 의무를 이행하는 동안 DTGOV가 SLA 요구 사항을 충족시키지 못하면 소비자는 보상으로 재무적인 서비스 크레딧을 받을 수 있다. 이 SLA는 SLA 요구 사항을 충족시키기 위한 DTGOV의 장애에 대한 보상에 관해 소비자의 독점권을 명시한다.

정의

다음의 정의는 DTGOV의 SLA에 적용되는 것이다.

- 비가용성은 고객이 웹 애플리케이션이나 웹 서비스 API를 통해 원격 운영 시스템에 명령을 실행할 수 없는 최소 연속 5분 기간에 대해 외부 연결이 불가능한 것으로 간주한다.
- 다운 타임 기간은 서비스가 5분 이상 연속적으로 사용 불가능 상태에 있는 기간으로 정의된다. 5분 미만의 '간헐적인 가동 중지 시간'은 다운 타임 기간으로 간주하지 않는다.
- 월별 가동 시간 백분율(MUP, Monthly Uptime Percentage)은 다음으로 계산된다. (월간 총 시간(분) − 월간 전체 다운 타임 기간 분)/(월간 총 시간(분))
- '서비스 크레딧'은 다음과 같이 계산된 소비자의 미래 월별 청구서에 포함되는 월별 청구서 총액의 백분율로 정의된다.
  월별 청구서의 99.00% < MUP % < 99.95% − 10%는 고객 청구서에 반영된다.
  월별 청구서의 89.00% < MUP % < 99.00% − 30%는 고객 청구서에 반영된다.
  월별 청구서의 MUP % < 89.00% − 100%는 고객 청구서에 반영된다.

서비스 크레딧의 사용

각 청구 기간의 MUP는 월별 청구서에 표시된다. 고객은 서비스 크레딧을 환급받을 수 있도록 서비스 크레딧 요청을 제출해야 한다. 이를 위해 소비자는 정의된 SLA 아래 MUP가 명시된 청구서를 수령한 날로부터 30일 이내에 DTGOV에 통지해야 한다. 알림은 DTGOV로 전자 메일로 전송된다. 이 요구 사항을 준수하지 않으면 소비자가 서비스 크레딧을 사용할 권리가 상실된다.

SLA 제외 사항

SLA는 다음 중 어느 것에도 적용되지 않는다.

- DTGOV가 합리적으로 예견할 수 없거나 막을 수 없는 요소로 인한 비가용 기간
- 고객의 소프트웨어나 하드웨어, 제3자 소프트웨어나 하드웨어, 혹은 둘 모두의 오작동으로 인한 비가용 기간
- DTGOV 클라우드 협약을 위반하는 악용, 악의적 행동과 조치로 인한 비가용 기간
- 연체된 청구서를 가진 고객이나 DTGOV와의 신뢰 관계가 양호하지 않은 고객

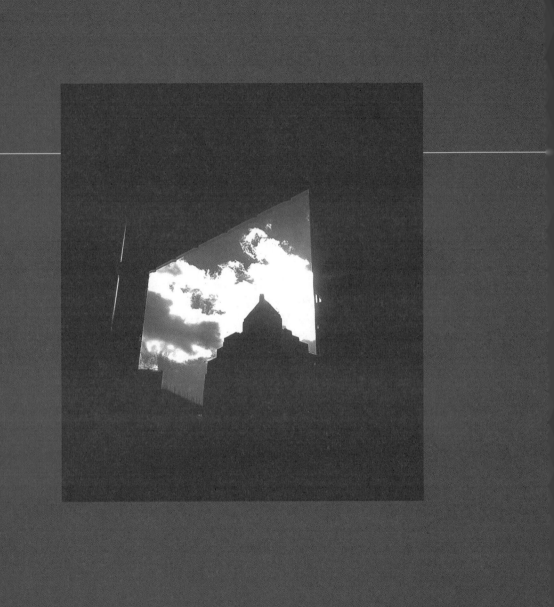

5

부록

사례 연구 결론

부록 A는 2장에서 처음 소개한 세 가지 사례 연구의 줄거리를 간략히 매듭짓는다.

<u>A.1</u> ATN

클라우드 이니셔티브는 선택한 애플리케이션 및 IT 서비스를 클라우드로 이관해야 하므로 복잡한 애플리케이션 포트폴리오에서 솔루션을 통합 및 폐기할 수 있었다. 모든 애플리케이션을 이관할 수 있는 것은 아니었으므로, 적절한 애플리케이션을 선택하는 것이 중요한 사안이었다. 선택한 애플리케이션 중 일부는 새로운 클라우드 환경에 적응하기 위해 상당한 재개발을 필요로 했다.

클라우드로 이관된 대부분의 애플리케이션에서 비용이 효과적으로 절감됐다. 이것은 6개월 간의 비용이 3년 간의 전통적인 애플리케이션 비용과 비교된 후에 밝혀졌다. ROI 평가에는 자본 비용과 운영 비용이 모두 사용됐다.

ATN의 서비스 수준은 클라우드 기반 애플리케이션을 사용하는 사업 영역에서 개선돼 왔다. 과거에 대부분의 이러한 애플리케이션은 사용량이 많은 기간 동안 눈에 띄게 성능이 저하됐다. 클라우드 기반 애플리케이션은 이제 최대 작업 부하가 발생할 때마다 확장될 수 있다.

ATN은 이제 향후의 또 다른 클라우드 이관을 위해 다른 애플리케이션을 평가하는 중이다.

A.2 DTGOV

DTGOV는 30년 이상 공공 부문 조직의 IT 자원을 아웃소싱하고 있지만, 클라우드와 관련 IT 인프라를 구축하는 것은 2년이 걸리는 중요한 사업이었다. DTGOV는 이제 IaaS 서비스를 정부 부문에 제공하고, 민간 부문 조직을 대상으로 새로운 클라우드 서비스 포트폴리오를 구축하고 있다.

성숙한 클라우드를 생산하기 위해 기술 아키텍처를 변경한 후에 DTGOV가 취할 수 있는 다음 논리적 단계는 고객과 서비스 포트폴리오를 다양화하는 것이다. 다음 단계를 진행하기 전에 DTGOV는 클라우드 도입이 완료된 '클라우드 전환' 관련 보고서를 작성했다. 보고서 요약은 표 A.1에 기술돼 있다.

클라우드 도입 이전 상태	필요한 변화	사업적 혜택	도전 과제
데이터 센터와 관계된 IT 자원은 완전히 표준화되지 않았다.	서버와 스토리지 시스템, 네트워크 장치, 가상화 플랫폼, 관리 시스템이 포함된 IT 자원의 표준화	요구된 투자 비용은 많은 IT 인프라 구매를 취득해서 절감된다. 운용 비용은 IT 인프라를 최적화해서 절감된다.	IT 조달과 기술 생명주기, 데이터 센터 관리를 위한 새 관행을 수립하는 것
IT 자원은 장기간 고객 책무 때문에 반응적으로 배치된다.	대규모 계산량과 함께 인프라에 의해 지원되는 IT 자원의 배치	투자는 많은 IT 인프라 구매를 취득하고, 고객 요구에 IT 자원을 확장해서 절감된다.	용량 계획 및 연관된 ROI 계산은 지속하는 훈련을 요구하는 도전 업무다.
IT 자원은 장기간 책무 계약을 통해 프로비전된다.	가상화를 완전히 적용해서 이용 가능한 IT 자원의 유연한 할당과 재할당, 통제	클라우드 서비스 프로비저닝은 고객에게 빠르게 제공되고 온디맨드식이며, IT 자원의 유연한(소프트웨어 기반의) 할당과 관리를 통해 수행된다.	IT 자원 프로비저닝에 연관된 가상화 플랫폼을 수립하는 것
능력을 모니터링하는 것은 기본이다.	클라우드 서비스 사용과 QoS의 세세한 모니터링	서비스 프로비저닝은 고객에게 온디맨드식이고, 사용량당 과금이다. 서비스 변화는 실제 IT 자원 소비에 비례한다. 서비스 품질 관리는 사업-관련 SLA를 사용한다.	DTGOV의 아키텍처에 전부 새로운 SLA 모니터를 수립하는 것과 모니터를 과금하는 것, 관리 메커니즘
전체 IT 아키텍처의 회복력은 기본이다.	서로 완전히 연결된 데이터 센터와 협력하는 IT 자원 할당 및 관리와 함께 IT 아키텍처의 강화된 회복력	계산 회복력은 고객을 위해 향상됐다.	대규모 회복력을 규제하고 관리하기 위한 통치와 관리 노력은 중요하다.

클라우드 도입 이전 상태	필요한 변화	사업적 혜택	도전 과제
계약의 외주와 연관된 프로비전은 '계약 단위'와 '고객 단위' 기준에 따른다.	클라우드 서비스 프로비저닝을 위한 새 가격과 SLA 계약	고객을 위해 빠르고 온디맨드식에 확장 가능한(계산적 용량) 서비스	새 클라우드 기반 계약 모델에 존재하는 고객과 계약을 협상하는 것

표 A.1
DTGOV의 클라우드 계획의 분석 결과

A.3 이노바르토스

회사의 성장을 추구한다는 사업 목표에 따라 지역 클라우드 제공자에서 대규모 글로벌 클라우드 제공자로 이관해야 했기 때문에 주요 수정 작업을 수행해야 했다. 호환성 문제는 옮겨진 다음에야 발견됐고, 지역 클라우드 제공자가 모든 요구를 충족시킬 수 없는 경우 새로운 클라우드 제공 업체 조달 프로세스를 만들어야 했다. 데이터 복구와 애플리케이션 이관 및 상호 운용성 문제도 해결됐다.

자금과 투자 자원에 대한 접근이 초기부터 가능하지 않았기 때문에 고가용성의 컴퓨팅 IT 자원과 사용량당 과금 기능이 이노바르토스의 사업 실현 가능성을 구현하는데 핵심적인 것이었다.

이노바르토스는 향후 2년 동안 달성할 몇 가지 사업 목표를 정의했다.

- 탄력성을 높이고 개별 클라우드 제공자에의 종속성을 줄이기 위해 여러 클라우드 제공자를 사용해 추가 애플리케이션을 다른 클라우드로 이관한다.
- 클라우드 서비스에 대한 모바일 접근이 20% 증가했기 때문에 새로운 모바일 전용 비즈니스 영역을 만든다.
- 이노바르토스가 개발한 애플리케이션 플랫폼은 부가가치가 높은 PaaS로 평가돼 웹 기반 및 모바일 애플리케이션 개발을 위해 향상되고 혁신적인 UI 중심 기능을 요구하는 기업에 제공된다.

산업 표준 기구

부록 B

부록 B는 산업 표준 개발 기구의 개요와 클라우드 컴퓨팅 산업의 표준화에 대한 기여를 간략하게 설명한다.

B.1 NIST

NIST^{National Institute of Standards and Technology}는 대중의 안전과 삶의 질 향상을 위해 표준과 기술 개발을 장려하는 미국 상무부 내의 연방 기관이다. NIST의 한 프로젝트는 데이터 이식성과 클라우드 상호 운용성, 클라우드 보안을 위한 표준에 대한 연방 정부의 노력을 이끌어내는 것이다.

이 기관은 다음을 포함하는 클라우드 컴퓨팅에 연관된 여러 표준과 권장 사항을 개발해 왔다.

- 클라우드 컴퓨팅의 NIST 정의(특별 출판물 800-145): 특성과 모델 관점에서 광범위한 클라우드 컴퓨팅 정의를 제공한다. 목표는 혁신을 저해하는 사양을 피하기 위해 최소한의 제한으로 산업 표준을 개발하는 것이다.

- 퍼블릭 클라우드 컴퓨팅 내의 보안과 프라이버시의 NIST 지침(특별 출판물 800-144): 퍼블릭 클라우드 컴퓨팅에 적절한 보안과 프라이버시 문제에 대한 개요를 제공하고, 퍼블릭 클라우드 환경에 데이터와 애플리케이션, 인프라를 아웃소싱할 때 조직이 가져야

할 고려 사항을 지적한다.

- NIST 클라우드 컴퓨팅 표준 로드맵(특별 출판물 500-291): 클라우드 컴퓨팅과 관련된 보안, 휴대성 및 상호 운용성 표준, 모델 및 이용 사례에 대한 기존 표준을 조사하고 현재 표준과의 격차와 우선순위를 파악한다.

- NIST 클라우드 컴퓨팅 참조 아키텍처(특별 출판 500-292): 클라우드 컴퓨팅의 요구 사항과 구조, 운용을 논의하기 위한 일반적인 고수준 개념적 모델을 묘사하는 NIST 클라우드 컴퓨팅 정의의 확장으로서 고안된 클라우드 컴퓨팅 참조 아키텍처를 묘사한다.

공식 웹 사이트: www.nist.gov

B.2 CSA

CSA^{Cloud Security Alliance}는 2008년 12월에 결성됐고, 클라우드 컴퓨팅 분야에서 보안 보증을 위한 모범 사례 사용을 장려하는 역할을 담당하는 회원 중심 조직이다. CSA 법인의 회원은 다양한 업계의 대규모 업체와 공급자로 이루어진다.

이 동맹은 다음과 같은 클라우드 보안 관련 모범 사례 안내와 체크리스트를 출판했고, 동맹 자체를 표준 개발 조직보다는 표준 인큐베이터라고 포지셔닝한다.

- **클라우드 컴퓨팅에서 중요한 핵심 영역 보안 지침(3판):** 이 문서는 14개의 도메인(클라우드 아키텍처와 정부와 기업의 위험, 법률: 계약과 전자 증거 수집, 규정 준수와 감사, 정보 생명 주기 관리와 데이터 보안과 이동성, 상호 운용성, 전통적인 보안, 사업 지속성과 재난 회복, 데이터 센터 운용, 사고 대응, 애플리케이션 보안, 암호화와 키 관리, ID와 접근 관리, 가상화, 서비스로서의 보안)으로 구성된 기본 모범 사례를 설명한다.
- **클라우드 통제 매트릭스**^{CCM, Cloud Controls Matrix}**(2.1판):** 보안 개념과 원칙에 대한 자세한 이해를 가능하게 하는 보안 통제 목록 및 프레임워크를 제공한다.

공식 웹 사이트: www.cloudsecurityalliance.org

B.3 DMTF

DMTF^{Distributed Management Task Force}는 상호 운용 가능한 IT 관리를 가능하게 하고, 전 세계 여러 업체의 상호 운용성을 촉진하기 위한 표준 개발에 중점을 둔다. DMTF의 이사회 회원은 AMD^{Advanced Micro Devices}와 브로드컴^{Broadcom} 사, CA 주식회사, 시스코^{Cisco}, 시트릭스 시스템즈^{Citrix Systems} 주식회사, EMC, 후지쯔^{Fujitsu}, HP, 화웨이^{Huawei}, IBM, 인텔 사, 마이크로소프트 사, 넷앱^{NetApp}, 오라클^{Oracle}, 레드햇^{RedHat}, 선가드^{SunGard}, VM웨어^{VMware} 주식회사와 같은 회사를 대표한다.

DMTF에 의해 개발된 클라우드 컴퓨팅 표준은 가상화된 환경 간의 상호 운용성을 가능하게 하는 것이 목적인 산업 표준인 공개 가상화 형식^{OVF, Open Virtualization Format}(DMTF 표준 1.1판)을 포함한다.

공식 웹 사이트: www.dmtf.org

B.4 SNIA

SNIA^{Storage Networking Industry Association}의 주된 목표는 정보 관리를 위해 표준과 기술, 교육 서비스를 개발하고 증진하는 것이다. SNIA는 국제 표준 기구^{ISO, International Standards Organization}에서 채택한 스토리지 관리 계획 설명서^{SMI-S, Storage Management Initiative Specification}규격을 개발했다. SNIA는 클라우드 스토리지 이니셔티브라는 중간 중재 협의회를 설립해 탄력적인 사용량당 과금되는 온 디맨드식의 스토리지를 제공하기 위해 서비스로서의 스토리지 클라우드 제공 모델의 채택을 촉진했다.

SNIA 표준 포트폴리오에는 클라우드 스토리지에서 상호 운용 가능한 데이터 전송 및 관리는 물론 다양한 클라우드 스토리지 기능을 검색할 수 있는 기능 인터페이스를 정의하는 업계 표준인 클라우드 데이터 관리 인터페이스^{CDMI, Cloud Data Management Interface}가 포함된다. CDMI를 사용하는 클라우드 소비자는 다른 클라우드 제공자에 의해 제공되는 표준화된 클라우드 스토리지 장치의 기능을 사용할 수 있다.

공식 웹 사이트: www.snia.org

B.5 OASIS

OASIS^{Organization for the Advancement of Structured Information Standards}는 IT 제품 상호 운용성 지침 개발에 전념하는 벤더 및 사용자 컨소시엄으로, 글로벌 정보 사회가 공개 표준을 수립하고 채택할 수 있다. 이 조직은 보안과 클라우드 컴퓨팅, 서비스지향 아키텍처, 웹 서비스, 스마트 그리드 같은 분야의 표준을 생산하고, UDDI와 WS-BPEL, SAML, WS- SecurityPolicy, WS-Trust, SCA, ODF를 포함하는 다양한 서비스 기술 권장 사항을 제시한다.

공식 웹 사이트: www.oasis-open.org

B.6 오픈 그룹

오픈 그룹^{Open Group}은 클라우드 보안 동맹과 클라우드 컴퓨팅 상호 운용성 포럼과 같은 다른 표준 기관과 함께 작업하는 컨소시엄이다. 이들의 임무는 공개 표준과 세계 상호 운용성에 기반을 둔 기업 내외의 통합된 정보에 접근을 가능하게 하는 것이다.

오픈 그룹은 클라우드 제공자와 소비자를 교육하기 위한 전용 클라우드 워킹 그룹을 형성했는데, 이 교육은 클라우드 기술을 활용해 비용 절감, 확장성과 민첩성과 같은 효과를 완전히 달성할 수 있도록 도와준다.

공식 웹 사이트: www.opengroup.org

B.7 OCC

OCC^{Open Cloud Consortium}는 과학, 환경, 의료, 및 건강 관리 연구를 지원하기 위해 클라우드 인프라를 관리하고 운영하는 비영리 조직이다. 이 조직은 데이터 집약적인 클라우드 기반 환경에 중점을 두고 클라우드 컴퓨팅 산업 표준 개발을 지원한다.

OCC의 기고문에는 데이터 집약적인 클라우드 구현을 테스트하고 벤치마킹하기 위한 도구인 MalGen 벤치마크를 포함하는 참조 구현과 벤치마크, 표준의 개발을 포함한다. 또한 OCC는 OCC 가상 네트워크 테스트 베드와 공개 클라우드 테스트 베드와 같은 수많은 클라우드 테스트 베드를 구축했다.

OCC의 회원은 시스코와 야후, 시트릭스, **NASA**, **Aerospace** 기업, 존스 홉킨스^{John Hopkins} 대학교, 시카고^{Chicago} 대학교 같은 기관과 대학을 포함한다.

공식 웹 사이트: **www.opencloudconsortium.org**

B.8 ETSI

ETSI^{European Telecommunications Standard Institute}는 정보 통신 기술에 대해 세계적으로 적용 가능한 표준을 개발하는 유럽 연합^{EU}의 공식 산업 표준기구로 인정받고 있다. 이 조직의 주요 목표는 다중 공급 업체, 다중 네트워크 및 다중 서비스 환경에서 표준화를 통한 상호 운용성을 지원하는 것이다.

ETSI는 클라우드 컴퓨팅 기술을 사용, 통합 및 배포하기 위한 표준화된 솔루션을 구축하는 데 주력하는 **TC CLOUD**라는 기관 같은 여러 기술위원회로 구성된다. 이 위원회는 특히 통신 업계의 상호 운용성 솔루션에 중점을 두고 **IaaS** 제공 모델을 강조한다.

공식 웹 사이트: **www.etsi.org**

B.9 TIA

세계의 정보 통신 기술^{ICT, Information and Communications Technology} 산업을 대표하는, 1988년에 설립된 무역 협회인 **TIA**^{Telecommunications Industry Association}는 표준 개발과 정책 이니셔티브, 사업 기회, 시장 인텔리전스, 및 네트워킹 이벤트를 담당한다.

TIA는 데이터 센터를 위한 통신 인프라 표준(2005년에 출판되고 2010년에 마지막으로 개정된 **TIA-942 표준**)과 같은 통신과 데이터 센터 기술을 위한 표준을 개발한다. 이 표준은 데이터 센터 및 전산실 원격 통신 인프라의 인프라 중복뿐만 아니라 네 가지 계층의 인프라 이중화에 대한 최소 요구 사항을 설명한다. 후자에는 단일 입주 기업 데이터 센터 및 멀티테넌시 인터넷 호스팅 데이터 센터가 포함된다.

공식 웹 사이트: **www.tiaonline.org**

B.10 자유 동맹^{Liberty Alliance}

자유 동맹은 프라이버시와 ID 정보 등을 보호하기 위한 공개 표준을 개발한다. 해당 기관은 신뢰할 수 있는 ID의 제휴를 용이하게 하고 클라우드 제공자를 포함한 신원 서비스 제공 업체 간의 일관성과 상호 운용성을 증진하기 위해 자유 ID 보증 틀^{LIAF, Liberty Identity Assurance Framework}을 발행했다. LIAF의 주된 구성 요소는 보증 단계 표준과 서비스 평가 표준, 인가 및 인증 규칙이다.

공식 웹 사이트: www.projectliberty.org

B.11 OGF

OGF^{Open Grid Forum}는 클라우드 인프라의 원격 관리를 위한 API 사양을 제공하기 위해 공개 클라우드 컴퓨팅 인터페이스^{OCCI, Open Cloud Computing Interface} 워킹 그룹을 시작했다. OCCI 사양은 배포와 자동화된 확장, 모니터링을 포함하는 일반적인 작업을 위한 상호 운용 도구의 개발을 지원한다. 사양은 핵심 모델과 인프라 모델, XHTML5 렌더링, HTTP 헤더 렌더링으로 구성된다.

공식 웹 사이트: www.ogf.org

특성으로의
매핑 메커니즘

부록 C

다음 표는 4장에서 소개한 클라우드 특성과 7장과 8, 9장에서 설명한 클라우드 컴퓨팅 메커니즘 간의 직접적인 관계를 요약한다.

클라우드 특성	클라우드 메커니즘
온디맨드식의 사용	하이퍼바이저
	가상 서버
	기성 환경
	자원 복제
	원격 관리 환경
	자원 관리 시스템
	SLA 관리 시스템
	과금 관리 시스템
유비쿼터스 접근	논리 네트워크 경계
	다중 장치 중개자

클라우드 특성	클라우드 메커니즘
멀티테넌시/자원 풀링	논리 네트워크 경계
	하이퍼바이저
	자원 복제
	자원 클러스터
	자원 관리 시스템
탄력성	하이퍼바이저
	클라우드 사용 모니터
	자동화된 확장 리스너
	자원 복제
	로드 밸런서
	자원 관리 시스템
사용량 측정	하이퍼바이저
	클라우드 사용 모니터
	SLA 모니터
	사용량당 과금 모니터
	감시 모니터
	SLA 관리 시스템
	과금 관리 시스템
복원력	하이퍼바이저
	자원 복제
	장애 조치 시스템
	자원 클러스터
	자원 관리 시스템

표 C.1
클라우드 특성은 **클라우드 컴퓨팅 메커니즘에** 매핑된다. 근본적으로 나열된 **클라우드 컴퓨팅 메커니즘의** 사용은 상응하는 **클라우드 특성의** 실현을 지원한다.

TIA-942
데이터 센터 기관

부록 D

부록 D는 TIA의 데이터 센터를 위한 TIA-942 통신 인프라 표준에 관해 데이터 센터 기능의 공통 부분을 설명함으로써 5장의 '데이터 센터 기술' 절을 부연 설명한다. 데이터 센터 인프라의 복잡성을 더 잘 이해하려면 이러한 세부 사항을 이해하는 것이 도움이 될 수 있다.

D.1 기본 공간

전기실

전력 분배와 우회와 같은 전기 장치나 설비를 위해 비축된 공간은 일시적인 비상용 주택 발전기 전용 UPS, 배터리 뱅크 및 기타 전기 서브 시스템 전용실로 나뉜다.

기계실

에어컨과 냉각 엔진과 같은 기계 장비를 수용한다.

저장소 및 스테이징

백업에 사용되는 이동식 미디어와 같이 새 소모품과 사용한 소모품을 안전하게 보관하는 데 사용된다.

사무실과 운영 센터, 지원

데이터 센터 운영과 관련된 인력 배치를 위해 일반적으로 컴퓨터실과 격리된 건물이다.

전기 통신 입구

보통 컴퓨터실 외부에 위치한 이 공간은 전기 통신 장비와 데이터 센터 경계에 들어가는 외부 배선의 끝을 수용하는 경계 영역이다.

컴퓨터실

엄격하게 환경을 통제하고 권한이 부여된 직원에게만 접근을 제한하는 매우 중요한 영역인 컴퓨터실은 보통 물리적 위험으로부터 데이터 센터 장비를 보호하기 위해 고안된 이중 바닥과 안전 금고를 갖추고 있다. 컴퓨터실은 다음의 특화된 영역으로 다시 나뉜다.

- **주요 분배 영역**(MDA, Main Distribution Area): 주 스위치와 방화벽, **PBX**, 멀티플랙서 MUX, MUltipleXer 같은 백본 수준의 전기 통신과 네트워크 장비를 포함한다.

- **수평적 분배 영역**(HDM, Horizontal Distribution Area): 네트워크와 스토리지, 키보드, 비디오, 마우스(KVM) 스위치를 포함한다.

- **장치 분배 영역**(EDM, Equipment Distribution Area): 컴퓨팅과 스토리지 장치가 표준화된 랙 캐비닛에 설치되는 곳이다. 보통 백본 케이블(주 상호 연결)과 수평적 케이블링(개별 장치 연결)로 나뉘는 케이블링 서브 시스템은 그림 **D.1**에 묘사된 모든 데이터 센터 장치를 상호 연결한다.

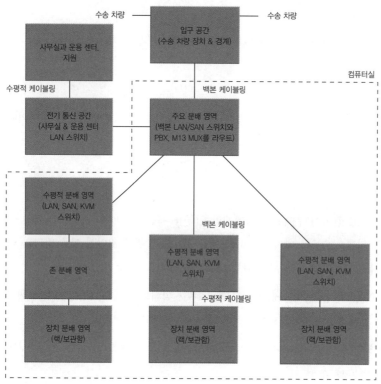

그림 D.1
데이터 센터의 백본과 수평적 케이블링으로 나뉘는(TIA-942에 적용됨) 인터넷 영역

D.2 환경적 통제

환경적 통제 서브 시스템은 화재 진압과 가습 및 제습, 난방, 환기, 공조[HVAC, Heating, Ventilation, and Air Conditioning]를 포함한다. 그림 D.2는 HVAC 서브 시스템을 효율적으로 사용하는 냉기 순환을 가능하게 하는 세 개의 랙 캐비닛을 보여준다. 이 기류를 제어하는 것은 서버 랙에서 발생한 상당한 양의 열을 처리하는 데 중요하다.

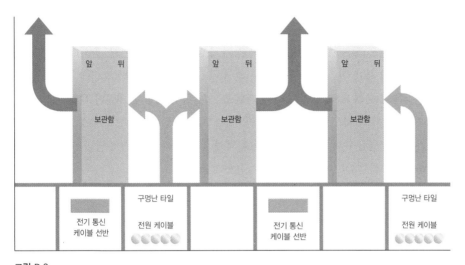

그림 D.2
전형적인 데이터 센터 설계의 서버 랙을 수용하는 차갑고 뜨거운 공기 흐름의 묘사. 뜨거운 공기는 일반적으로 천장의 공기관을 통한 공간에 남아 있다(TIA-942에 적용됨).

전력 공급 시스템은 다음을 포함하는 여러 서브 시스템을 포함하는 복잡한 전기 엔지니어링 설치다.

외부 전력 공급자 상호 연결

유틸리티 전원 인프라는 외부 전원 유틸리티 공급자와 상호 연결하고 보통 더 큰 데이터 센터의 고전압 전력선에 의해 공급된다. 전압 변환에는 현지의 유틸리티 발전소가 필요하며 전기 그리드 구성에는 중복 상호 연결이 필요하다.

배전

전통적으로 작동을 위해 저전압 교류$^{AC, Alternating Current}$를 사용하는 전기적 서브 시스템인 배전 시스템은 모든 데이터 센터 장치에 전력을 공급하는 배전 장치로 구성된다. 컴퓨터 장치에 장착된 전원 공급 장치는 IT 장비의 일부 전기 회로가 DC 전원으로 작동하기 때문에 AC/DC 변환이 필요할 수 있다. 전압과 AC/DC 변환의 일반적인 비효율은 정전을 일으키는 것으로 유명하다.

무정전 전원(UPS)

대부분의 물리 서버 같은 많은 IT 자원은 예기치 않게 종료되면 데이터 손실 및 기타 유형의 오작동을 발생시킨다. 이 서브 시스템은 임시 기본 전원 소스 장애 시 데이터 센터에 전원을 공급하는 장비로 구성된다. 여러 UPS 장치는 다른 전원 소스와 함께 작동해 데이터 센터의 전원 요구 사항을 신속하게 충족시킬 수 있다. 또한 UPS 서브 시스템은 유입되는 전류를 정상화하고 IT 인프라에 과도한 부담을 주지 않도록 전압 흐름의 변동을 제거한다. UPS 장비는 대개 몇 시간의 백업 전력만 제공하는 DC 배터리 뱅크를 사용한다.

발전기

가스 발생기는 자연 재해 및 전력망 고장 시 운영을 유지하기 위해 대규모 데이터 센터에 사용되는 표준 연소 엔진이다. 에너지 효율은 보통 다음과 같이 IT 장치에 의해 사용되는 전력에 데이터 센터에 들어오는 전체 시설 전력의 비율로 표현되는 전력 사용 효율$^{PUE, Power Usage Effectiveness}$로 측정된다.

$$PUE = \frac{전체\ 데이터\ 센터\ 전력}{IT\ 장치에\ 의해\ 사용된\ 전력}$$

PUE는 IT 장비의 지원 서브 시스템에 필요한 전력으로 결정되고 1.0 비율이 이상적이다. 평균 데이터 센터는 PUE가 2.0 이상이지만 더 복잡하고 효율적인 데이터 센터의 PUE는 1.2에 가깝다.

D.3 인프라 중복 요약

TIA-942 분류는 데이터 센터 시설을 비교하고 평가하기에 유용한 방법인 4계층의 인프라 이중화에 대한 최소 요구 사항을 명시한다(표 D.1에 간략히 묘사됨).

계층	특성
1	기본 데이터 센터 • 전력과 냉각 분배 시스템을 위한 단일 경로 • 비 중복 구성 요소(전력, 냉각 장치) • 선택적 이중 바닥과 UPS, 발전기 • IT 하드웨어 운영이 중단될 수 있다. • 평균 가용성(가동 시간): 99.671%
2	중복 구성 요소 데이터 센터 • 전력과 냉각 분배 시스템을 위한 단일 경로 • 중복 구성 요소(다중 전력과 냉각 백업) • 필수 이중 바닥과/혹은 UPS, 전기 발전기 • 전원 경로 장애로 인해 IT 하드웨어 작동이 중단될 수 있다. • 평균 가용성(가동 시간): 99.741%
3	동시 유지되는 데이터 센터 • 전력과 냉각 분배 시스템을 위한 다중 경로 • IT 하드웨어 운영을 중단하지 않고 유지 보수 활동을 수행할 수 있다. • 평균 가용성(가동 시간): 99.982%
4	내결함성(Fault-Tolerant) 데이터 센터 • 내결함성(Fault-Tolerant) 구성 요소 • 계획된 활동은 임계 부하에 영향을 주지 않는다. • IT 하드웨어 작동을 중단하지 않고도 유지 보수 중 계획되지 않은 최악의 경우의 장애 1가지를 복구할 수 있다. • 평균 가용성(가동 시간): 99.995%

표 D.1
가용성 평균과 데이터 센터 중복의 4계층

최신 기술

부록 E

부록 E는 클라우드 컴퓨팅에 관련된 주요 최신 기술 두 가지를 보여준다.

E.1 자율 컴퓨팅

자율 컴퓨팅은 다음과 같은 기능을 포함하는 자체 관리 기능을 말한다.

- **자체 구성:** 다양하고 예측 불가한 조건을 수용할 수 있는 능력
- **자체 회복:** 문제 발생 시 기능을 유지하는 능력
- **자체 방어:** 위협을 감지하고 적절한 대처를 하는 능력
- **자체 최적화:** 최적의 작동을 위한 지속적인 모니터링

자율 컴퓨팅 시스템은 구성 요소와 운영 환경(자체 지식)에 대한 포괄적인 지식을 유지하므로 외부 입력(자체 적응)에 대해 자체 반응할 수 있다. 이러한 시스템에는 자동으로 반응할 수 있도록 적절한 반응 조치를 결정하고 실행하기 위해 환경 조건 및 외부 입력(감각 수용량)을 모니터링하는 센서가 내장돼 있다.

자체 적응은 조건을 변경하거나 시스템 목표를 통해 트리거된다. 시스템 목표는 외부 조건 변화에 대비해 사전 지정된 규칙을 준수하는 운영 상태로 시스템을 유지하도록 설계된 의사 결정 논리에 의해 해석되는 고급 정책 및 규칙으로 지정할 수 있다.

482

자율 시스템은 일반적으로 센서가 외부 조건을 모니터링하고 수집된 데이터를 의사 결정 논리로 다시 공급하는 폐쇄 루프 제어 시스템으로 모델링된다. 이렇게 하면 정의된 시스템 목적에 맞게 시스템 구성이 최적화된다. 작동은 자동으로 이루어지므로 사람의 개입이 필요 없다. 목표는 사용자가 입력할 필요 없이 시스템 복잡성이 증가함에 따라 자체 실행 가능한 시스템을 갖추는 것이다. 이러한 시스템은 사용자는 모르는 높은 수준의 내장 인공 지능을 가질 수 있다. 자율 컴퓨팅은 퍼베이시브 컴퓨팅의 빌딩 블록 중 하나며, 미래의 컴퓨팅 모델이 될 것이다.

자율 컴퓨팅은 다음을 포함하는 몇 가지 클라우드 컴퓨팅 특성을 지원한다.

- **탄력성:** 자율 시스템은 사용자 조건을 모니터할 수 있고 클라우드 기반 IT 자원이 필요한 서비스 수준을 유지하기 위해 필요에 따라 IT 자원을 자동으로 확보하고 해제할 수 있다.

- **회복성:** 자율 시스템은 자동으로 사용 불가한 IT 자원을 감지하고 필요한 대체 IT 자원을 할당하기 위해 자체 반응할 수 있다.

각 클라우드 기반 IT 자원은 클라우드 소비자 측의 IT 자원 수신인에게 연결되는 자동화된 확장 리스너가 수반된다. 자동화된 확장 리스너와 수신인 간의 연결은 클라우드 서비스 소비자가 자동으로 변화에 반응할 수 있게 한다. 예를 들어 클라우드 서비스 하나가 사용 불가가 되면 다른 클라우드의 대체 클라우드 서비스가 증가한 작업 부하를 처리하기 위해 더욱 확장된다.

E.2 그리드 컴퓨팅

그리드 컴퓨팅은 그리드 노드로 불리는 여러 IT 자원이 큰 계산 능력을 공동으로 제공하는 분산 컴퓨팅의 특수한 형태다. 클러스터 컴퓨팅 같이 다른 유형의 고성능 시스템과 달리 그리드 컴퓨팅은 컴퓨팅 IT 자원이 더 느슨하게 결합돼 여러 관리 도메인과 관련된 것이 특징이다. 이러한 IT 자원은 일반적으로 이기종이며 지리적으로 분산돼 있다.

그리드 컴퓨팅에 사용된 IT 자원은 인터넷을 포함하는 통신 네트워크를 통해 연결되고 사설이나 공공으로 소유되고 관리될 수 있다. 이 IT 자원은 처리 노드 사이의 작업 부하를 분배하고 처리 결과를 조직화하기 위해 일반적인 분신 및 조정 미들웨어를 사용한다.

이렇게 느슨하게 결합된 관계의 결과로 작업 부하는 시스템의 다른 노드와 통신 없이 스스로 주어진 처리 업무를 수행하는 개별 노드에 분산된다. 그리드 노드는 일반적으로 그리드 컴퓨팅 시스템과 관련해 자율성을 갖기 때문에 노드가 독립적으로 참여하고 사라질 수 있다. 작업부하 처리를 조정하는 미들웨어는 불완전한 컴퓨팅 작업을 다른 사용 가능한 노드로 보내서 그리드 노드 오류에 응답한다.

이러한 느슨한 결합의 두 번째 영향은 그리드 노드가 고속 네트워크를 공유하지 않기 때문에 통신 기능이 제한된다는 것이다. 애플리케이션은 대개 대규모 컴퓨팅 작업을 직접적인 통신 기능이 필요하지 않은 여러 컴퓨팅 시스템에서 병렬로 처리할 수 있는 작은 작업으로 나눠서 그리드에서 작동하도록 특별히 설계해야 한다.

그리드 지원 애플리케이션은 독립적으로 처리될 필요가 있는 큰 데이터 집합과(데이터 분할) 관리 가능한 컴퓨팅 용량(게놈과 단백질 분석)을 필요로 하는 개별 데이트 비트부터 더 작고 관리가 용이한 작업 부하로 쪼개질 필요가 있는 계산(컴퓨팅 작업 부하 분할)에 이르기까지 다양한 컴퓨팅 요구 사항을 처리할 수 있다.

컴퓨팅 작업의 병렬 처리는 애플리케이션 설계 시간 동안 프로그래밍되고, 인간 공학에 의존하며, 컴퓨팅 모델의 적용 가능성을 제한할 수 있는 복잡성이 있다.

그리드 컴퓨팅은 기존 IT 자원의 유휴 용량을 사용해 고성능 컴퓨팅 시스템을 구축할 수 있는 기회뿐만 아니라 저비용 상용 하드웨어를 사용해 고성능 컴퓨팅 시스템을 구축하려는 목표에서 비롯됐다. IT 자원은 자발적으로 그리드에 추가될 수 있으며, 기업 정책 및 파트너 조직과의 계약 결과로 추가될 수 있다.

소유권이 다르며 다른 관리 도메인에서 비롯된 IT 자원으로 구성된 그리드 컴퓨팅 시스템은 눈에 띄는 보안 문제가 심각하다. 그리드 노드 소유자는 배포 및 조정 미들웨어 관리자가 클라이언트 컴퓨터에서 안전하지 않거나 악성 코드를 실행하지 않을 것임을 믿어야 한다. 또한, 미들웨어 관리자는 그리드 노드 소유자가 자신이 할당된 컴퓨팅 작업에 대해 잘못된 결과를 의도적으로 생성하지 않을 것임을 믿어야 한다.

그리드와 클라우드 컴퓨팅은 네트워크 액세스, 공유, 확장 가능 및 탄력적인 IT 자원을 사용해 제3자가 제공할 수 있기 때문에 일반적인 특성이 공유된다. 따라서 그리드 및 클라우드 컴퓨팅 공급자는 컴퓨팅 플랫폼을 구축할 때 유사한 문제를 경험하게 된다.

서비스 그리드

서비스 그리드 플랫폼은 수평적으로 확장 가능한 처리와 캐싱을 제공하는 인프라의 확장으로 볼 수 있다. 서비스 그리드는 여러 물리적 서버로 확장될 수 있으므로 내장된 로드 밸런싱 조정 및 장애 조치 지원을 제공할 수 있는 컴퓨팅 플랫폼을 제공한다. 서비스 그리드를 사용하면 클라우드 서비스 및 클라우드 기반 IT 자원의 확장성 및 안정성을 크게 높일 수 있다.

그리드 컴퓨팅 시스템을 사용해 수많은 물리적 서버에 걸쳐있는 가상화된 그리드 서버를 생성하는 것과 같이 서비스 그리드를 여러 가지 방법으로 구성할 수 있다(그림 E.1). 이로써 다음과 같은 다양한 이점을 제공하는 컴퓨팅 플랫폼이 생성된다.

- 수평적 확장 가능한 처리와 캐싱
- 클라우드 기반 IT 자원의 기본 제공 로드 밸런싱
- 장애 조치 지원과 가용성
- 클라우드 기반 서비스와 IT 자원의 확장성과 신뢰성

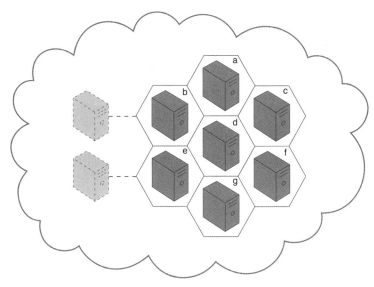

그림 E.1
그리드 컴퓨팅 시스템은 가상 그리드 서버로 표현된다.

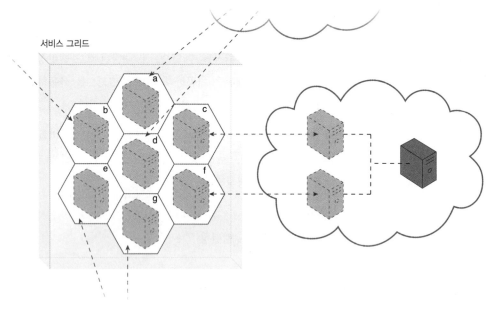

서비스 그리드

그림 E.2
다른 클라우드에 속하는 클라우드 기반 IT 자원은 그리드 컴퓨팅 시스템을 총괄해 형성한다.

클라우드 기반 IT 자원은 서비스 그리드의 구성과 확장에 사용될 수 있다. 서비스 그리드를 개발하기 위해 클라우드 기반 IT 자원을 사용하는 클라우드 소비자는 그들이 실제 소비하는 IT 자원에 대해서만 비용을 지불하면 된다(그림 E.2).

그림 E.1과 E.2에서 설명된 서비스 그리드는 다음과 같은 많은 클라우드 컴퓨팅 특성을 효과적으로 지원할 수 있다.

- **멀티테넌시와 자원 풀링**: 여러 클라우드 소비자가 동일한 기본 그리드 컴퓨팅 시스템을 공유
- **탄력성**: 가상 서버 확장
- **회복성**: 그리드 시스템에 내장된 장애 조치 지원

클라우드 프로비저닝 계약

부록 F

클라우드 프로비저닝 계약은 클라우드 소비자와 클라우드 제공자 간의 기본적인 계약으로, 계약 조건과 약정terms and conditions을 포함한다.

이 부록에서는 일반적인 클라우드 프로비저닝 계약의 공통 부분과 절을 자세히 설명하고 클라우드 제공자 선택에 대한 지침을 제공한다(부분적으로 클라우드 프로비저닝 계약 내용을 기반으로 함).

F.1 클라우드 프로비저닝 계약 구조

클라우드 프로비저닝 계약은 클라우드 공급자가 클라우드 소비자에게 제공하는 범위에 대한 권리, 책임, 조건 및 조건을 정의하는 법적 구속력이 있는 문서이다.

그림 F.1에서 볼 수 있듯이 클라우드 프로비저닝 계약 문서는 일반적으로 다음과 같이 구성된다.

- **기술 조건:** 제공된 IT 자원과 상응하는 SLA를 명시한다.
- **경제 조건:** 비용 지표, 확정 가격 및 청구 절차를 포함한 가격 책정 정책 및 모델을 정의한다.
- **서비스 약관:** 일반적으로 다음 다섯 가지 요소로 구성되는 서비스 조항의 일반 조건을 제공한다.

- **서비스 사용 정책**: 수용 가능한 서비스 사용 방법과 사용 조건, 사용 용어, 위반에 대한 적절한 조치 과정을 정의한다.

- **보안 및 개인 정보 보호 정책**: 보안 및 우선 요구 사항에 대한 이용 약관을 정의한다.

- **보증과 책임**: 보증과 책임, SLA 불이행의 보상을 포함하는 기타 위험 감소 조항을 설명한다.

- **권리와 의무**: 클라우드 소비자와 클라우드 제공자의 의무와 책임을 설명한다.

- **계약 해지와 갱신**: 계약의 해지와 갱신에 대한 조건을 정의한다.

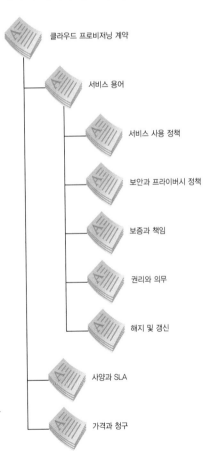

클라우드 프로비저닝 계약

서비스 용어

서비스 사용 정책

보안과 프라이버시 정책

보증과 책임

권리와 의무

해지 및 갱신

사양과 SLA

가격과 청구

그림 F.1
콘텐츠의 샘플 클라우드 프로비저닝 계약 테이블

클라우드 프로비저닝 계약은 일반적으로 템플릿을 기반으로 온라인으로 제공되며 버튼 클릭만으로 클라우드 소비자가 승인할 수 있다. 사실 이러한 계약은 일반적으로 클라우드 공급자의 위험과 책임을 제한하는 데 초점을 두고 있다. 예를 들어, 컨택 템플릿에서 프로비저닝 및 책임을 지정하는 공통 절은 다음과 같다.

- 클라우드 서비스는 보증 없이 '있는 그대로' 제공된다.
- 책임 제한은 대부분의 손해에 대한 보상을 제공하지 않는다.
- 성능 지표에 대해서는 보증이 제공되지 않는다.
- 서비스 연속성 보장을 위한 보증이 제공되지 않는다.
- 클라우드 공급자는 이러한 이벤트로 인해 발생하는 데이터 보안 위반 및 손해에 대해 최소한의 책임도 지지 않는다.
- 클라우드 제공자는 사전 통보 없이 이용 약관을 일방적으로 수정할 수 있다.

일반적으로 불완전한 데이터 프라이버시 보증 및 조항은 클라우드 기반 데이터의 '공유'와 데이터 프라이버시의 다른 잠재적 위협을 가져온다.

서비스 약관

이 부분은 다음의 세부 항목으로 나눌 수 있는 일반 이용 약관을 정의한다.

서비스 사용 정책

서비스 사용 정책 혹은 허용 가능한 사용 정책[AUP, Acceptable Use Policy]은 다음과 같은 규정이 있는 클라우드 서비스 사용의 허용 방법에 대한 정의를 포함한다.

- 클라우드 소비자는 클라우드 서비스를 통한 전송 내용에 대해 전적으로 책임을 진다.
- 클라우드 서비스는 불법적인 용도로 사용돼서는 안되며, 전송된 자료는 제3자 또는 법적 규정에 의해 불법, 명예 훼손, 학대, 유해 또는 기타 불쾌한 것으로 간주돼서는 안 된다.
- 클라우드 서비스 사용은 당사자의 지적 재산권, 저작권 또는 기타 권리를 침해하지 않는다.
- 전송 및 저장된 데이터에는 바이러스, 악성 코드 또는 기타 유해한 내용이 포함돼서는 안 된다.

- 클라우드 서비스는 전자 메일의 원치 않는 대량 배포에 사용돼서는 안 된다.

클라우드 소비자가 검토하고 협상할 필요가 있는 서비스 사용 정책의 구성 요소는 다음을 포함한다.

- **조건의 상호 관계:** 한 당사자의 행동 및 비즈니스 운영이 다른 당사자의 운영에 직접적으로 영향을 주기 때문에 클라우드 소비자 및 클라우드 제공 업체에도 조건이 동일하게 적용돼야 한다.
- **정책 갱신 조건:** 많은 계약 템플릿에 정책 업데이트에 사전 공지가 필요하지 않다고 나와 있더라도 클라우드 서비스 사용 조건에 대한 일방적인 수정은 클라우드 소비자에게 해로울 수 있다. 클라우드 소비자는 특히 큰 계약의 경우 정책에 적용되기 전에 변경 사항을 공식적으로 인정해야 한다.
- **위반에 대한 대응:** 위반이 탐지 및 통보되는 방식, 위반 시 정정 조치를 발급하고 수행할 수 있는 시간 및 위반 시 클라우드 서비스 종료 조건에 대한 스펙이다.

보안 및 개인 정보 보호 정책

보안과 개인 정보 보호와 관련된 조건은 측정하기 쉬운 용어로 정의하기 복잡하고 어려울 수 있다. 따라서 이러한 문제는 일반적으로 클라우드 프로비저닝 계약의 전용 절에서 분리된다.

많은 계약 템플릿은 데이터 유출 및 기타 보안 위반이 발생할 경우 책임 및 보증을 제한함으로써 클라우드 제공 업체를 보호하도록 고안됐다. 클라우드 소비자가 보안 관련 클라우드 서비스 구성 및 사용에 대한 책임을 일정 부분 지도록 하는 것이다. 일부 계약 템플릿에는 클라우드 제공자가 클라우드 소비자 데이터를 일반화되고 주관적이며 모호한 용어를 사용해 타사와 공유할 수 있는 권한을 부여하는 정책이 포함돼 있다.

- 사기 및 기타 불법 행위를 방지한다.
- 신체적 상해를 방지한다.
- 다른 클라우드 소비자를 보안 및 개인 정보 보호 정책 위반으로부터 보호한다.

중요한 성책 기순은 여러 가지 수순의 클라우드 아키텍저가 차별화돼 있는지 확인하는 것이다. 정책은 종종 광범위한 데이터 보안 문제를 처리하고 해결해야 하기 때문이다.

보안 및 개인 정보 보호 정책 평가 및 협상 시 추가 고려 사항이 필요한 일반적인 문제는 다음과 같다.

- **보안 대책:** 정책은 클라우드 서비스 운영과 소비자 데이터를 보호하기 위한 클라우드 제공 업체의 조치를 명확하게 설명하고 클라우드 소비자의 책임을 식별한다.
- **접근 통제:** 클라우드 서비스에 액세스하는 다양한 방법, 사용을 제어하고 모니터링하는 클라우드 메커니즘 및 클라우드 서비스가 조작하는 모든 데이터는 잘 정의돼야 한다.
- **취약성 통제:** 클라우드 공급자가 보안 취약성을 처리하고 클라우드 소비자가 요구하는 패치 방법을 문서화해야 한다.
- **데이터 전송:** 클라우드에 들어오고 나가는 데이터의 보안 정책은 클라우드 제공자가 데이터 전송 중 내부 및 외부 위협을 방어하려는 방법을 설명해야 한다.
- **데이터 보안:** 정책은 데이터 소유권 관리 및 정보 보안을 보호하는 보증을 명확하게 정의해야 한다. 이 보안 관련 문제는 다음과 관련된다.
    - **데이터 접근:** 데이터에 액세스하는 방법 및 클라우드 공급자 락인의 위험을 줄이기 위한 최적의 형식
    - **데이터 차단 조건:** 데이터 접근을 막기 위한 조건
    - **데이터 분류:** 공개 및 개인 데이터 간 다른 소유권 및 기밀 유지 요구 사항
    - **기술 및 조직 측정:** 클라우드 스토리지와 전송, 처리에 데이터의 기밀성과 무결성을 보장하는 컨트롤
- **데이터 공개:** 클라우드 소비자 데이터를 클라우드 공급자 및 제3자에게 공개하는 조건
    - 법적 강제 접근
    - 기밀 유지 및 비공개
- **지적 재산권과 보존:** IaaS와 PaaS 플랫폼에서 작성된 원본 소프트웨어는 클라우드 제공자와 제3자에 노출돼 잠재적으로 악용될 수 있다.
- **데이터 백업과 재해 복구 절차:** 해당 정책은 서비스 지속성을 보존하기 위해 재해 복구와 사업 연속성 계획을 적절하게 제공하기 위한 조건을 설명해야 한다. 이 조항들은 상세히 명시돼야 한다. 대개 이들은 서로 다른 지리적 위치에 있는 데이터 복제 및 탄력적인 구현의 사용과 관련된다.

- **통제의 변화:** 이 정책은 클라우드 제공 업체가 제어 소유주 변경 시 계약 의무를 준수하는 방법과 계약 해지 조건을 명확하게 정의해야 한다.

보증과 책임

많은 계약 템플릿은 서비스가 아무런 보증 없이 '있는 그대로' 제공돼야 한다고 명시돼 있다. 책임 제한은 데이터 보안 위반에 대한 클라우드 공급자의 책임이 거의 없거나, 대부분의 금전적 손해를 배제한다. 측정 가능한 보상 조건은 계약 템플릿에 일반적으로 존재하지 않고 서비스 실패 및 비가용 기간 조건은 모호하게 정의될 수 있다. 만족스럽지 못한 서비스를 받는 클라우드 소비자를 위한 거의 유일한 수단 중 하나는 클라우드 프로비저닝 계약을 조기에 종료해 금전적인 손해를 물게 하는 것이다.

클라우드 소비자는 일부 지불 조건이 다른 서비스 조건과 SLA가 준수될 때만 충족돼 지불되는 보상 기반 접근 방식에 대해 협상하게 될 수도 있다. 이러한 'at-risk' 지불 방식은 위험을 클라우드 제공자와 공유하거나 전가하는 확실하고 효과적인 방법이 될 수 있다.

권리와 의무

이 절에서는 계약에서 양 당사자의 법적 의무 및 권리를 규정한다. 클라우드 소비자의 의무는 일반적으로 다음과 같다.

- 서비스 약관과 관련 정책을 준수해야 한다.
- 가격 모델과 요금에 따라 사용 중인 클라우드 서비스에 대해 비용을 지불한다.

클라우드 소비자의 권리는 다음과 같다.

- 클라우드 프로비저닝 계약에 명시된 대로 IT 자원에 접근하고 사용한다.
- IT 자원 사용과 SLA 준수 및 청구에 대한 보고서를 받는다.
- 클라우드 제공자 SLA 미준수 시 적절한 보상을 받는다.
- 합의에 따라 IT 자원 사용 약관을 해지하거나 갱신할 수 있다.

클라우드 제공자의 의무는 다음과 같다.

- 서비스 약관 및 관련 정책을 준수해야 한다.
- 미리 정의된 조건을 준수해 IT 자원을 제공한다.

- SLA와 IT 자원 사용, 청구 비용을 정확하게 관리하고 보고한다.
- SLA 미준수 시 클라우드 소비자에게 보상한다.

클라우드 제공자의 권리는 다음과 같다.

- 가격 모델과 요금에 따라 제공된 IT 자원 사용에 대한 대금을 수령한다.
- 합의 조항의 충분한 검토 후에 클라우드 소비자가 계약 위반 시 IT 자원을 종료한다.

해지 및 갱신

이 절에서는 다음을 기술한다.

- **갱신 조건:** 갱신된 계약에 적용되는 최대 가격을 포함한 계약 갱신 조건
- **계약 해지:** 계약 만료일에 계약이 갱신되지 않은 경우 IT 자원에 접근이 중단된다.
- **편의상 해지:** 일반적으로 클라우드 소비자가 요청한 계약 종료의 조건으로 클라우드 제공자가 잘못되거나 위반된 것을 요구하지 않는다.
- **종결 사유:** 당사자의 서비스 약관 위반으로 인한 계약 해지 조건
- **해지 시 지불:** 계약 해지를 위한 지불 조건
- **종료 이후 데이터 복구에 대한 기간:** 계약 해지 이후 클라우드 제공자가 데이터를 복원할 수 있어야 하는 기간

사양과 SLA

계약의 해당 부분은 IT 자원과 QoS 보장의 상세 설명을 제공한다. SLA의 큰 부분은 벤치마크와 목표가 식별된 서비스 품질 지표의 모니터링 및 측정을 다룬다.

SLA 템플릿에 기반을 둔 많은 SLA는 불완전하고 서비스 가용성과 같은 QoA 보장에 대한 막연한 정의를 사용한다. 지표와 측정 절차를 명확히 하는 것에 더불어 가용성에 대한 사양은 다음의 정의를 허용해야 한다.

- **회복 시점 목표(RPO, Recovery Point Objective):** 장애 발생 후 IT 자원이 작동을 재개하는 방법과 가능한 손실 유형을 식별하는 방법에 대한 설명
- **회복 시간 목표(RTO, Recovery Time Objective):** IT 자원이 장애 발생 시 작동하지 않는 기간을 정의

가격과 청구

가격 구조와 모델, 가능한 요금의 세부 사항을 제공하는 데 다음과 같은 기본 청구 유형이 있다.

- 무과금
- 체납금 청구/사후 지불(IT 자원 사용이 시작된 이후 청구된다)
- 사전/선불 결제(IT 자원 사용 전에 청구된다)

다른 문제

법률 및 규정 준수 문제

클라우드 소비자가 규정된 IT 자원을 사용하는 방법에 관한 법률 및 규정이 적용될 수 있는 경우, 클라우드 공급 계약은 클라우드 소비자 및 클라우드 제공자가 법적 및 규제 요구 사항을 충족할 수 있도록 충분한 보증을 제공해야 한다. 일부 클라우드 제공 업체는 사전 정의된 기준을 사용해 사용자 정의할 수 있는 계약 템플릿을 사용한다. 예를 들어, 클라우드 소비자 데이터를 호스팅하기 위해 제안된 물리적 위치 또는 지리적 영역이 법적 문제를 제기할 때 필요한 템플릿이 이미 있을 수 있다.

감사 가능성과 책임

애플리케이션, 시스템 및 데이터를 감사하면 장애 인스턴스, 실패 원인 및 관련 당사자에 대한 조사가 가능하다. 감사 기능 및 책임 요구 사항은 일반적으로 클라우드 프로비저닝 계약에 명시되며 계약 협상 중에 평가 및 논의해야 한다.

계약이용약관의 변경

대규모 클라우드 제공자와 체결한 계약은 종종 클라우드 제공자가 사전 공지 없이 계약 수정을 허용하는 일반화된 조항을 포함할 것이기 때문에 시간이 지남에 따라 조정할 수 있다.

F.2 클라우드 제공자 선택 지침

클라우드 제공자를 선택하는 것은 클라우드 소비자 조직이 내린 가장 중요한 전략적 의사 결정 중 하나일 수 있다. 클라우드 기반 IT 자원이 채택되고 의존되는 정도에 따라 클라우드 소비자의 비즈니스 자동화 성공 여부는 클라우드 제공 업체가 클라우드 공급 계약에서 약속한 사항을 따르는 정도에 따라 다르다.

이 절에는 클라우드 공급자를 평가하는 데 사용할 수 있는 질문 및 고려 사항의 체크리스트가 포함돼 있다.

클라우드 제공자 생존 가능성

- 클라우드 제공자는 얼마나 오래 사업을 운영했으며, 서비스 제공은 시간이 지나며 어떻게 진화했는가?
- 클라우드 제공자가 재정적으로 안정적인가?
- 클라우드 제공자는 입증된 백업 및 복구 전략을 가지고 있는가?
- 클라우드 제공자의 비즈니스 전략과 재무 상태가 고객에게 얼마나 투명하게 보고되는가?
- 클라우드 제공자가 다른 회사의 인수 대상인가?
- 인프라와 관련해 클라우드 제공자의 현재 관행 및 공급 업체와의 파트너십은 어떠한가?
- 클라우드 제공자의 현재 및 예상 서비스 및 제품은 무엇인가?
- 클라우드 제공자의 과거 조항 검토가 온라인에서 가능한가?
- 클라우드 제공자가 취득한 기술 인증은 어떤 유형인가?
- 클라우드 제공자의 보안 및 개인 정보 보호 정책은 클라우드 소비자의 요구 사항을 어떻게 지원하는가?
- 보안 및 관리 도구의 기능은 무엇인가? (그리고 시장의 타사 제품과 비교해 얼마나 성숙한가?)
- 클라우드 제공자가 관련 클라우드 컴퓨팅 업계 표준의 개발 또는 적용을 지원하는가?
- 클라우드 제공자가 감사 기능 및 보안법, 인증 및 프로그램을 지원하는가? 여기에는 지급 카드 산업 데이터 보안 표준$^{PCI\ DSS,\ Payment\ Card\ Industry\ Data\ Security\ Standard}$과 클라우드 통제 지표$^{CCM,\ Cloud\ Controls\ Matrix}$, 감사 기준 No. 70$^{SAS\ 70,\ Statement\ on\ Auditing\ Standards\ No.\ 70}$과 같은 산업 표준을 포함할 수 있다.

조직의 특정 비즈니스 요구 사항을 모두 충족시키려면 여러 클라우드 프로비저닝 계약 및 클라우드 제공 업체와의 SLA 협상이 필요할 수 있다.

클라우드 사업 사례

부록 G는 클라우드 컴퓨팅 모델과 환경, 기술 적용을 위한 사업 사례를 구성하기 위한 일반적인 템플릿을 제공한다. 템플릿의 유형은 조직의 요구 사항 및 환경 설정에 더 잘 부합하기 위해 추가 사용자 정의가 필요한 일반적인 출발점으로 사용된다.

클라우드 비즈니스 사례 템플릿은 클라우드 채택과 관련된 고려 사항의 효과적인 체크리스트 역할을 한다. 이 템플릿을 기반으로 한 비즈니스 사례 초안은 사전 계획 단계에서 클라우드 채택의 정당성에 대한 토론을 촉진하는 데 사용될 수 있다.

G.1 사업 사례 식별

이 절은 다음과 같이 세세한 사업 사례를 명시하는 정보를 제공한다.

- **사업 사례 이름**
- **기술:** 사업 사례의 용도와 목표의 간단한 요약
- **후원자:** 사업 사례 이해관계자의 식별
- **변경 목록(선택):** 통제나 역사적 기록이 요구될 경우, 날짜와 저자, 승인에 의한 변경

G.2 사업 니즈

클라우드 적용으로 주장되고 만족하는 예상된 이익과 요구는 보기의 G.2에서 설명한다.

- **배경:** 사업 사례를 위해 동기가 자극된 상응하는 역사적 정보의 묘사
- **사업 목표:** 사업 사례와 연관된 전략적이고 중대한 사업 목표 목록
- **사업 요구:** 사업 목표 성취에 만족하는 것이 기대되는 사업 요구 목록
- **성능 목표:** 사업 목표와 사업 요구에 상응하는 성능 목표의 목록
- **우선순위:** 우선순위 순서에 나열된 사업 목표와 사업 요구, 성능 목표
- **영향을 받는 온프레미스 솔루션(선택):** 이관해야 하는 현재 또는 계획된 온프레미스 솔루션이나, 도입 노력에 따라 영향을 받을 수 있는 온프레미스 솔루션에 대한 자세한 설명
- **목표 환경 :** 사업 사례를 지원하기 위해 구축될 클라우드 기반 솔루션의 고수준 개요를 포함해 프로젝트 채택의 예상 결과에 대한 설명

G.3 목표 클라우드 환경

클라우드 채택 노력의 일환으로 사용될 것으로 예상되는 클라우드 배포 및 제공 모델을 나열하고 간략하게 설명하며 계획된 클라우드 서비스 및 클라우드 기반 솔루션과 관련된 기타 정보를 제공한다.

- **클라우드 배포 모델:** 모델 선택의 이유, 장점 및 단점이 정당성 확보에 도움이 된다.
- **클라우드 특성:** 계획된 목표 상태가 클라우드 특성과 관련돼 지원되는 방식에 대한 설명
- **클라우드 서비스 후보(선택 사항):** 후보 클라우드 서비스 및 해당 사용량 추정 목록
- **클라우드 제공자 후보(선택 사항):** 잠재적인 클라우드 제공자 목록 및 비용과 기능의 비교
- **클라우드 제공 모델:** 비즈니스 사례의 비즈니스 목표를 달성하는 데 필요한 클라우드 제공 모델

G.4 기술 이슈

일반 기술적 고려 사항에 연관된 요구 조건과 제한이다.

- 솔루션 아키텍처
- **SLA**
- 보안 요구 조건
- 정부 요구 조건
- 상호운용성 요구 조건
- 이동 가능성 요구 조건
- 규제력을 지닌 규정 요구 조건
- 이관 방법(선택)

G.5 경제 요소

계산 및 분석에 사용되는 가격 책정, 비용 및 공식 도구와 관련된 비즈니스 사례의 경제적 측면과 관련된 고려 사항이다. 이 절에 통합될 수 있는 광범위한 재무 매트릭스, 공식 및 고려 사항은 15장을 참조하라.

이 책에 도움을 주신 분들

- 가브리엘라 이나시오 알베스, 브라질리아 대학교
- 개리 스미스, 클라우드컴퓨팅아키텍트닷컴^{CloudComputingArchitect.com}
- 귀도 스머즈, Trivadis
- 기 제이슨 티벨트, 모션10
- 대니얼 스타세비치, 레이시온
- 댄 로사노바, 웨스트 먼로 파트너
- 데미안 마셰, 독일 철도
- 랜디 아드킨스, 모더스21
- 로라 올슨, IBM 웹스피어
- 로저 스토퍼스, HP
- 리차드 힐, 더비 대학교
- 마르첼로 앤셀모, IBM 래셔널 소프트웨어 서비스
- 매시커 마헨드라 수크매니가라, 액센츄어 컨설턴트
- 마크 스킬턴, 캡제미니
- 멜라니 앨리슨, 인티그레이티드 컨설팅 서비스
- 미가엘라 이올가 박사
- 번트 트롭스, 탈렌드
- 비센테 나바로, 유럽우주국

- 비제이 스리니바산, 코그니전트 테크놀로지 솔루션즈
- 세르게이 포포프, 리버티 글로벌 인터내셔널
- 수잔 드수자, **KBACE** 테크놀로지스
- 스콧 모리슨, 레이어7 테크놀로지스
- 스티브 밀럿지, **C2B2**
- 아메드 아머, 알파이살리아 그룹
- 아민 나세포르, **HP**
- 안드레 토스트, **IBM** 소프트웨어 그룹
- 안드로 토파넬로, **IBTI**
- 안토니오 브루노, **UBS AG**
- 알렉산더 그로모프, 정보 통제 기술 센터
- 알렉스 랜코브, **EMC**
- 올리비에 푸페니, 드림페이스 인터랙티브
- 요하네스 마리아 자하 박사
- 요한 쿰프스, 리얼돌멘
- 이그나스 완더스, **Archimiddle**
- 제이미 라이언, 레이어7 테크놀로지스
- 지앤 제프 종, 퓨트렌드 테크놀로지스
- 조지 윌리엄스, 랙스페이스
- 체사레 포타소, 루가노 대학교
- 카필 배크시, 시스코 시스템즈
- 케빈 데이비스 박사
- 크리스 하다드, **WSO2**
- 크리스토프 시트코, 마이크로소프트
- 클레멘스 어시크, 베링거 임겔하임 제약
- 클레이노 마자롤로, **IBTI**

- 토니 팔라스, 인텔
- 투픽 부베즈, 메타포 소프트웨어
- 페스루 라지 첼리아, 와이프로
- 폴 뷰흘러 박사, 모더스21
- 필리포스 산타스, 크레딧스위스
- 필립 위크, 레드플렉스
- 호르헤 밍게즈, 탈레스 독일

이 책의 기본 토대가 돼준 CCP 코스 모듈을 개발한 클라우드스쿨닷컴^{CloudSchool.com} 연구개발 팀에게 특별히 감사드린다.

기여자 소개

구스타보 아졸린^{Gustavo Azzolin}

IT, 통신, 공공 부문 및 미디어 업계에서 10년 이상의 전문 경력을 쌓은 책임급 IT 컨설턴트다. 글로벌 시장 리더들과 주요 정부 조직 등에 기술 및 관리 컨설팅 서비스를 제공해왔고, 기술 및 서비스 관리와 관련된 여러 IT 전문가 인증을 보유하고 있다. 마이크로소프트, 시스코, VMware와 같은 거대 클라우드 업체의 제품군을 활용해 업무를 진행해왔다. 브라질리아 대학교에서 공학 학사를, 스웨덴 스톡홀름의 KTH 왕립 공과 대학교에서 공학 석사를 수여받았다.

아민 네저포어^{Amin Naserpour}

솔루션 아키텍처와 설계, 엔지니어링 및 컨설팅에서 14년 이상의 경력을 쌓은 검증된 IT 전문가다. 특히 일부 혹은 전역 가상화된 프론트엔드 인프라를 위한 중대형 규모의 복잡한 솔루션 설계가 전문 분야다. 포트폴리오는 프론트엔드와 백엔드 인프라 계층 솔루션을 통합하는 업무로 구성돼 있으며, VMware, 마이크로소프트, 시트릭스와 같은 고객을 레퍼런스로 포함한다. 2012년 5번째 국제 SOA, 클라우드 및 서비스 기술 심포지움에서 강연한 업체 독립적인 통합 클라우드 컴퓨팅 프레임워크를 설계했다. 클라우드 컴퓨팅, 가상화, 스토리지에 관한 자격증을 보유하고 있으며 호주 HP에서 기술 컨설턴트 및 클라우드 운영 리더를 맡고 있다.

비니치에스 파체코 Vinicius Pacheco

브라질의 여러 연방 공공 부처에서 네트워크 관리, 네트워크 보안, 컨버전스, IT 거버넌스와 관련해 13년 이상의 IT 경력을 쌓아왔다. 브라질의 국가 통합 내각에서 2년 동안 CIO로 근무했으며, 최근 클라우드 컴퓨팅 패러다임 내 개인정보보호를 구현하는 데 초점을 둔 여러 학술 논문을 발표했다. 브라질리아 대학교에서 2007년 통신 분야 공학 석사를 받았으며 현재 동대학원에서 클라우드 보안 분야의 박사 학위 과정을 밟고 있다.

매티어스 지글러 Matthias Ziegler

신규 기술 혁신 사례를 선도해왔으며 오스트리아, 스위스, 독일 엑센츄어에서 클라우드 컴퓨팅 사업을 담당하고 있다. 클라우드 컴퓨팅, 빅데이터, 분석 및 소셜 미디어와 같은 신규 기술을 살피는 국제 팀의 일원이며 고객의 비즈니스 가치를 창출하기 위한 혁신적인 솔루션을 개발하고 있다. 고객의 최고 경영진과 혁신 워크샵을 갖거나, 엔터프라이즈 아키텍트들과 함께 아키텍처의 대안을 논의하고, 신규 기술 솔루션을 성공적으로 운영계에 정착시키는 팀을 이끄는 일을 주로 한다. 또한 SOA, 클라우드, 서비스 기술 심포지엄 등과 같은 컨퍼런스에 초대 연사로 섰다. 뷔르츠부르크 대학교에서 컴퓨터과학 학위를 받았으며 뮌헨 공대에서 박사 학위를 받고 에르딩 응용 관리 대학교에서 정보 시스템 관리를 강의하고 있다. 독일 뮌헨 근처에서 아내와 세 아이들과 거주하고 있다.

옮긴이 소개

강송희 dellabee7@hotmail.com

소프트웨어정책연구소에서 선임 연구원으로 근무하고 있으며, 서울대학교 기술경영경제정책과정 대학원에서 박사 과정을 밟고 있다.

강서연 seoyeon.kang@gmail.com

KAIST 전산학과를 졸업하고 동대학원 전산학과에서 석사 학위를 취득했다. 대용량 네트워크 데이터 처리 기법 관련 연구를 진행한 바 있다. 세상에 꼭 필요한 일을 하며 살고 싶다는 포부로 **2010**년부터 현재까지 금융결제원에서 각종 금융결제정보시스템 개발자로 근무하고 있다.

김인정 pypupipo@gmail.com

성신여대 컴퓨터정보학부를 졸업하고, 포항공대 석사 과정으로 시스템 소프트웨어 연구실에서 이동성 저장 장치에 개인 컴퓨팅 환경을 담는 가상화 기법을 연구했다. 이후 안철수 연구소 기반 기술 팀에서 게임과 인터넷 뱅킹에 사용되는 윈도우 커널 레벨의 보안 업무를 담당했다. 그리고 뉴욕 컬럼비아 대학교 석사 과정에서 **IaaS**와 **SaaS**를 접목시킨 분야를 연구했으며, 현재 **KT** 클라우드 추진 본부에서 프라이빗 클라우드의 기업 고객 기술 지원 및 프라이빗 클라우드 구축, 온라인 및 오프라인 고객 교육과 기술 컨설팅을 하고 있다. 가상화 기술의 국내외 특허와 논문을 냈으며 클라우드 및 커널 레벨의 시스템 프로그래밍에 관심이 있다.

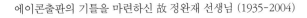

에이콘출판의 기틀을 마련하신 故 정완재 선생님 (1935-2004)

클라우드 컴퓨팅: 개념에서 설계, 아키텍처까지

발 행 | 2018년 6월 11일

지은이 | 토마스 얼, 자이엄 마흐무드, 리카르도 푸티니
옮긴이 | 강송희, 강서연, 김인정

펴낸이 | 권 성 준
편집장 | 황 영 주
편 집 | 이 지 은
　　　　조 유 나
디자인 | 박 주 란

에이콘출판주식회사
서울특별시 양천구 국회대로 287 (목동)
전화 02-2653-7600, 팩스 02-2653-0433
www.acornpub.co.kr / editor@acornpub.co.kr

한국어판 © 에이콘출판주식회사, 2018, Printed in Korea.
ISBN 979-11-6175-178-8
ISBN 978-89-6077-279-3 (세트)
http://www.acornpub.co.kr/book/cloud-computing

이 도서의 국립중앙도서관 출판시도서목록(CIP)은 서지정보유통지원시스템 홈페이지(http://seoji.nl.go.kr)와
국가자료공동목록시스템(http://www.nl.go.kr/kolisnet)에서 이용하실 수 있습니다.(CIP제어번호: CIP201801)

책값은 뒤표지에 있습니다.